Engelsk-Svensk Ordbok

Swedish-English Dictionary

Berlitz Dictionaries

Dansk	Engelsk, Fransk, Italiensk, Spansk, Tysk
Deutsch	Dänisch, Englisch, Finnisch, Französisch, Italienisch, Niederländisch, Norwegisch, Potugiesisch, Schwedish, Spanisch
English	Danish, Dutch, Finnish, French, German, Italian, Norwegian, Portuguese, Spanish, Swedish, Turkish
Espãnol	Alemán, Danés, Finlandés, Francés, Holandés, Inglés, Noruego, Sueco
Français	Allemand, Anglais, Danois, Espagnol, Finnois, Italien, Néerlandais, Norvégien, Portugais, Suédois
Italiano	Danese, Finlandese, Francese, Inglese, Norvegese, Olandese, Svedese, Tedesco
Nederlands	Duits, Engels, Frans, Italiaans, Portugees, Spaans
Norsk	Engelsk, Fransk, Italiensk, Spansk, Tysk
Português	Alemão, Francês, Holandês, Inglês, Sueco
Suomi	Englanti, Espanja, Italia, Ranska, Ruotsi, Saksa
Svenska	Engelska, Franska, Italienska, Portugisiska, Spanska, Tyska

Engelsk-Svensk
Ordbok

Swedish-English
Dictionary

© 2002 Apa Publications GmbH & Co. Verlag KG, Singapore Branch, Singapore

Svensk utgivning: Wahlström & Widstrand
4:e upplagan, reviderad 2003

ISBN 978-91-46-18276-4

Printed in Sweden by Fälth & Hässler, Värnamo, 2008

Innehållsförteckning

Contents

	Sida		Page
Förord	6	Preface	7
Inledning	11	Introduction	165
Uttal	12	Guide to Pronunciation	166

ENGELSK-SVENSK ORDBOK	15	ENGLISH-SWEDISH DICTIONARY	15

Gastronomisk ordlista	135	Menu Reader	311
Minigrammatik	146	Mini Grammar	323
Engelska förkortningar	152	Swedish Abbreviations	331
Räkneord	155	Numerals	333
Klockan	156	Time	334
Några vanliga uttryck	157	Some Basic Phrases	157
Mått och temperatur	335	Measures and Temperature	335

SVENSK-ENGELSK ORDBOK	169	SWEDISH-ENGLISH DICTIONARY	169

Förord

När vi på Berlitz valt ut 12 500 ord och uttryck för varje språk har vi framför allt tänkt på resenärens behov. Ordboken blir säkert ovärderlig för alla tusentals resenärer, turister och affärsfolk som uppskattar en liten, tillförlitlig och praktisk bok. Men inte bara resenärer utan även de som studerar och nybörjare kan ha nytta av det basordförråd som ordboken erbjuder.

Vi hoppas att den här boken – som har utarbetats med hjälp av en databank – liksom våra parlörer och guideböcker genom sitt behändiga format skall tilltala dagens resenär.

Utöver det ni vanligen hittar i ordböcker kan Berlitz erbjuda:

- en ljudskrift som följer det internationella fonetiska alfabetet (IPA)
- en gastronomisk ordlista som gör det lättare för er att tolka matsedeln på restauranger utomlands
- praktiska upplysningar om hur man anger klockslag, räkneord, oregelbundna verb, vanliga förkortningar och några användbara uttryck.

Ingen ordbok i detta format kan anses vara fullständig, men vi hoppas ändå att ni känner er väl rustad att göra en resa utomlands. Vi vill gärna höra av er om ni har någon kommentar, kritik eller ett förslag som ni tror kan hjälpa oss när vi förbereder framtida upplagor.

Preface

In selecting the 12.500 word-concepts in each language for this dictionary, the editors have had the traveller's needs foremost in mind. This book will prove invaluable to all the millions of travellers, tourists and business people who appreciate the reassurance a small and practical dictionary can provide. It offers them—as it does beginners and students—all the basic vocabulary they are going to encounter and to have to use, giving the key words and expressions to allow them to cope in everyday situations.

Like our successful phrase books and travel guides, these dictionaries—created with the help of a computer data bank—are designed to slip into pocket or purse, and thus have a role as handy companions at all times.

Besides just about everything you normally find in dictionaries, there are these Berlitz bonuses:

- imitated pronunciation next to each foreign-word entry, making it easy to read and enunciate words whose spelling may look forbidding

- a unique, practical glossary to simplify reading a foreign restaurant menu and to take the mystery out of complicated dishes and indecipherable names on bills of fare

- useful information on how to tell the time and how to count, on conjugating irregular verbs, commonly seen abbreviations and converting to the metric system, in addition to basic phrases.

While no dictionary of this size can pretend to completeness, we expect the user of this book will feel well armed to affront foreign travel with confidence. We should, however, be very pleased to receive comments, criticism and suggestions that you think may be of help in preparing future editions.

swedish-english
svensk-engelsk

Inledning

Vid utarbetandet av denna ordbok har vi framför allt strävat efter att göra den så praktisk och användbar som möjligt. Mindre viktiga språkliga upplysningar har utelämnats. Uppslagsorden står i alfabetisk ordning oavsett om uppslagsordet skrivs i ett, två eller flera ord eller med bindestreck. Det enda undantaget från denna regel är några få idiomatiska uttryck som i stället står under huvudordet i uttrycket. När ett uppslagsord följs av flera sammansättningar och uttryck har dessa också satts i alfabetisk ordning.

Varje huvuduppslagsord följs av ljudskrift (se Uttal) och i de flesta fall av ordklass. Då uppslagsordet kan tillhöra mer än en ordklass står de olika betydelserna efter respektive ordklass. Oregelbundna pluralformer av substantiv har angivits och vi har också satt ut pluralformen i en del fall där tvekan kan uppstå. I stället för att upprepa uppslagsordet vid oregelbundna pluralformer eller i sammansättningar och uttryck används en symbol (~) som står för hela uppslagsordet i fråga.

Vid oregelbundna pluralformer av sammansatta ord skrivs endast den del ut som förändras, medan den oförändrade delen ersätts med ett streck (–).

En asterisk (*) före ett verb anger att detta är oregelbundet och att dess böjningsmönster återfinns i listan över oregelbundna verb. Ordboken är baserad på brittisk engelska. Amerikanska ord och uttryck har markerats med *Am*.

Förkortningar

adj	adjektiv	*pl*	pluralis
adv	adverb	*plAm*	pluralis
Am	amerikanska		(amerikanska)
art	artikel	*pp*	perfekt particip
c	realgenus	*pr*	presens
conj	konjunktion	*pref*	prefix (förstavelse)
n	substantiv	*prep*	preposition
nAm	substantiv (amerikanska)	*pron*	pronomen
nt	neutrum	*suf*	suffix (ändelse)
num	räkneord	*v*	verb
p	imperfektum	*vAm*	verb (amerikanska)

Uttal

I denna del av ordboken anges uttalet av huvuduppslagsorden med internationell ljudskrift (IPA). Varje tecken i ljudskriften står för ett bestämt ljud. De tecken som inte närmare förklaras här uttalas ungefär som motsvarande svenska ljud.

Konsonanter

ð	tonande läspljud, dvs. med tungspetsen mot övre framtändernas baksida
g	alltid som i gå
k	alltid som i kall
ŋ	som ng i lång
r	som slappt r i rar (ung. som r uttalas i Stockholmstrakten)
ʃ	tonlöst sje-ljud (ung. som i mellansvenskt uttal av rs i fors)
θ	tonlöst läspljud, dvs. med tungspetsen mot övre framtändernas baksida
w	mycket kort o-ljud (ung. som oä i oändlig)
z	tonande s-ljud
ʒ	som g i gelé, men tonande

Obs! [sj] skall läsas som [s] följt av ett [j]-ljud och *inte* som sj i sjö.

Vokaler

ɑ:	som a i dag
æ	som ä i smärre
ʌ	ung. som a i katt
e	som i bett
ɛ	som ä i källa
ə	som e i gosse (med dragning åt ö)
i	som i sitt
ɔ	som å i fått
u	som o i bott

1) Kolon [:] efter vokalljudstecknet anger lång vokal.
2) Ett fåtal franska låneord innehåller nasala vokaler, vilket anges med en til [˜] över vokalen (t. ex. [ɑ̃]). Nasala vokaler uttalas samtidigt genom munnen och näsan.

Diftonger

En diftong är en förening av två vokaler, varav en är starkare (betonad) och en svagare (obetonad). De uttalas tillsammans "glidande", ung. som **au** i mj**au**. I engelska språket är alltid andra vokalen svagare.

Betoning

Tecknet ['] står framför betonad stavelse och [ˌ] framför stavelse med biaccent.

Amerikanskt uttal

Vår ljudskrift återger brittiskt-engelskt riksspråk. Det amerikanska uttalet skiljer sig från engelska på några punkter (det finns även en mängd lokala variationer, som vi inte tar upp här).

1) I motsats till brittiskt-engelskt uttal uttalas r även före en konsonant och i slutet av ett ord.

2) I många ord som t.ex. *ask, castle, laugh* osv. blir [ɑ:] till [æ:].

3) En amerikan uttalar [ɔ]-ljudet som [ɑ] eller också ofta som [ɔ:].

4) I ord som *duty, tune, new* osv. bortfaller ofta [j]-ljudet framför [u:].

5) Många ord betonas annorlunda.

A

a [ei,ə] *art* (an) en *art*
abbey ['æbi] *n* kloster *nt*
abbreviation [ə,bri:vi'eiʃən] *n* förkort-
ning *c*
aberration [,æbə'reiʃən] *n* avvikelse *c*
ability [ə'biləti] *n* skicklighet *c;* för-
måga *c*
able ['eibəl] *adj* i stånd att; duglig;
•be ~ to *vara i stånd till; *kun-
na
abnormal [æb'nɔ:məl] *adj* onaturlig,
abnorm
aboard [ə'bɔ:d] *adv* ombord
abolish [ə'bɒliʃ] *v* avskaffa
abortion [ə'bɔ:ʃən] *n* abort *c*
about [ə'baut] *prep* om; beträffande,
angående; *adv* ungefär, omkring
above [ə'bʌv] *prep* ovanför; *adv* ovan
abroad [ə'brɔ:d] *adv* utomlands
abscess ['æbses] *n* böld *c*
absence ['æbsəns] *n* frånvaro *c*
absent ['æbsənt] *adj* frånvarande
absolutely ['æbsəlu:tli] *adv* absolut
abstain from [əb'stein] *avstå från,
*avhålla sig från
abstract ['æbstrækt] *adj* abstrakt
absurd [əb'sɔ:d] *adj* orimlig, absurd
abundance [ə'bʌndəns] *n* överflöd *nt*
abundant [ə'bʌndənt] *adj* riklig

abuse [ə'bju:s] *n* missbruk *nt*
abyss [ə'bis] *n* avgrund *c*
academy [ə'kædəmi] *n* akademi *c*
accelerate [ək'seləreit] *v* öka farten
accelerator [ək'seləreitə] *n* gaspedal *c*
accent ['æksənt] *n* accent *c;* tonvikt *c*
accept [ək'sept] *v* acceptera, *motta
access ['ækses] *n* tillträde *nt*
accessary [ək'sesəri] *n* medbrottsling
c
accessible [ək'sesəbəl] *adj* tillgänglig
accessories [ək'sesəriz] *pl* tillbehör *pl*
accident ['æksidənt] *n* olycksfall *nt*,
olycka *c*
accidental [,æksi'dentəl] *adj* slumpar-
tad
accommodate [ə'kɒmədeit] *v* härbär-
gera, logera
accommodation [ə,kɒmə'deiʃən] *n*
husrum *nt*, logi *nt*
accompany [ə'kʌmpəni] *v* åtfölja;
följa; ackompanjera
accomplish [ə'kʌmpliʃ] *v* fullborda
in accordance with [in ə'kɔ:dəns wið] i
enlighet med
according to [ə'kɔ:diŋ tu:] enligt
account [ə'kaunt] *n* konto *nt;* redogö-
relse *c;* ~ for redovisa; on ~ of på
grund av
accountable [ə'kauntəbəl] *adj* ansva-
rig
accurate ['ækjurət] *adj* noggrann

accuse [ə'kju:z] *v* beskylla; anklaga
accused [ə'kju:zd] *n* anklagad person
accustom [ə'kʌstəm] *v* *vänja; **accustomed** van
ache [eik] *v* värka; *n* värk *c*
achieve [ə'tʃi:v] *v* uppnå; prestera
achievement [ə'tʃi:vmənt] *n* prestation *c*
acid [ˈæsid] *n* syra *c*
acknowledge [ək'nɔlidʒ] *v* erkänna; bekräfta
acne [ˈækni] *n* finnar
acorn [ˈeikɔ:n] *n* ekollon *nt*
acquaintance [ə'kweintəns] *n* bekant *c*
acquire [ə'kwaiə] *v* skaffa sig
acquisition [ˌækwiˈziʃən] *n* förvärv *nt*
acquittal [ə'kwitəl] *n* frikännande *nt*
across [ə'krɔs] *prep* över; *adv* på andra sidan
act [ækt] *n* handling *c*; akt *c*; nummer *nt*; *v* handla, uppträda; uppföra sig; spela
action [ˈækʃən] *n* handling *c*
active [ˈæktiv] *adj* aktiv
activity [ækˈtivəti] *n* aktivitet *c*
actor [ˈæktə] *n* aktör, skådespelare *c*
actress [ˈæktris] *n* skådespelerska *c*, aktris *c*
actual [ˈæktʃuəl] *adj* faktisk, verklig
actually [ˈæktʃuəli] *adv* faktiskt
acute [ə'kju:t] *adj* akut
adapt [ə'dæpt] *v* anpassa
adaptor [ə'dɑptə] *n* adapter *c*
add [æd] *v* addera; *lägga till
addition [ə'diʃən] *n* addition *c*; tillägg *nt*
additional [ə'diʃənəl] *adj* extra; ytterligare
address [ə'dres] *n* adress *c*; *v* adressera; vända sig till
addressee [ˌædreˈsi:] *n* adressat *c*

adequate [ˈædikwət] *adj* tillräcklig; passande, adekvat
adjective [ˈædʒiktiv] *n* adjektiv *nt*
adjourn [ə'dʒə:n] *v* *uppskjuta
adjust [ə'dʒʌst] *v* justera; anpassa
administer [əd'ministə] *v* dela ut
administration [ədˌminiˈstreiʃən] *n* administration *c*; förvaltning *c*
administrative [əd'ministrətiv] *adj* administrativ; förvaltande; ~ **law** förvaltningsrätt *c*
admiral [ˈædmərəl] *n* amiral *c*
admiration [ˌædməˈreiʃən] *n* beundran *c*
admire [əd'maiə] *v* beundra
admission [əd'miʃən] *n* inträde *nt*; intagning *c*
admit [əd'mit] *v* *ta in, släppa in; erkänna, *medge; rymma
admittance [əd'mitəns] *n* tillträde *nt*; **no ~** tillträde förbjudet
adopt [ə'dɔpt] *v* adoptera
adorable [ə'dɔ:rəbəl] *adj* bedårande
adult [ˈædʌlt] *n* vuxen *c*; *adj* vuxen
advance [əd'vɑ:ns] *n* framsteg *nt*; förskott *nt*; *v* *göra framsteg; förskottera; **in ~** i förväg, på förhand
advanced [əd'vɑ:nst] *adj* avancerad
advantage [əd'vɑ:ntidʒ] *n* fördel *c*
advantageous [ˌædvənˈteidʒəs] *adj* fördelaktig
adventure [əd'ventʃə] *n* äventyr *nt*
adverb [ˈædvə:b] *n* adverb *nt*
advertisement [əd'və:tismənt] *n* annons *c*
advertising [ˈædvətaiziŋ] *n* reklam *c*
advice [əd'vais] *n* råd *nt*
advise [əd'vaiz] *v* råda
advocate [ˈædvəkət] *n* försvarare *c*, förespråkare *c*
aerial [ˈeəriəl] *n* antenn *c*
aeroplane [ˈeərəplein] *n* flygplan *nt*
affair [ə'feə] *n* angelägenhet *c*; för-

hållande *nt*, kärleksaffär *c*
affect [ə'fekt] *v* påverka; beröra
affected [ə'fektid] *adj* tillgjord
affection [ə'fekʃən] *n* tillgivenhet *c*
affectionate [ə'fekʃənit] *adj* kärleks-full, tillgiven
affiliated [ə'filieitid] *adj* ansluten
affirmative [ə'fə:mətiv] *adj* jakande
affliction [ə'flikʃən] *n* lidande *nt*
afford [ə'fɔ:d] *v* *ha råd med
afraid [ə'freid] *adj* rädd, ängslig; ***be**
~ ***vara rädd
Africa ['æfrikə] Afrika
African ['æfrikən] *adj* afrikansk; *n*
afrikan *c*
after ['a:ftə] *prep* efter; *conj* sedan
afternoon [ˌɑ:ftə'nu:n] *n* eftermiddag *c*; **this** ~ i eftermiddag
afterwards ['a:ftəwədz] *adv* sedan; efteråt
again [ə'gen] *adv* igen; åter; ~ **and
again** gång på gång
against [ə'genst] *prep* mot
age [eidʒ] *n* ålder *c*; ålderdom *c*; **of**
~ myndig; **under** ~ minderårig
aged ['eidʒid] *adj* åldrig; gammal
agency ['eidʒənsi] *n* agentur *c*; byrå *c*
agenda [ə'dʒendə] *n* dagordning *c*
agent ['eidʒənt] *n* agent *c*, represen-tant *c*
aggressive [ə'gresiv] *adj* aggressiv
ago [ə'gou] *adv* för ... sedan
agrarian [ə'greəriən] *adj* jord-, lant-bruks-
agree [ə'gri:] *v* *vara enig; instäm-ma; stämma överens
agreeable [ə'gri:əbəl] *adj* angenäm
agreement [ə'gri:mənt] *n* kontrakt *nt*; avtal *nt*, överenskommelse *c*
agriculture ['ægrikʌltʃə] *n* jordbruk *nt*
ahead [ə'hed] *adv* framför; ~ **of** fö-re; ***go** ~ *fortsätta; **straight** ~ rakt fram
aid [eid] *n* hjälp *c*; *v* *bistå, hjälpa

AIDS [eidz] *n* aids *c*
ailment ['eilmənt] *n* lidande *nt*; kräm-pa *c*
aim [eim] *n* syfte *nt*; ~ **at** sikta, sikta på; sträva efter
air [ɛə] *n* luft *c*; *v* lufta
air-conditioning ['ɛəkən͵diʃəniŋ] *n*
luftkonditionering *c*; **air-condi-tioned** *adj* luftkonditionerad
aircraft ['ɛəkrɑ:ft] *n* (pl ~) flygplan *nt*; flygmaskin *c*
airfield ['ɛəfi:ld] *n* flygfält *nt*
air-filter ['ɛə͵filtə] *n* luftfilter *nt*
airline ['ɛəlain] *n* flygbolag *nt*
airmail ['ɛəmeil] *n* flygpost *c*
airplane ['ɛəplein] *n*Am flygplan *nt*
airport ['ɛəpɔ:t] *n* flygplats *c*
air-sickness ['ɛə͵siknəs] *n* flygsjuka *c*
airtight ['ɛətait] *adj* lufttät
airy ['ɛəri] *adj* luftig
aisle [ail] *n* sidoskepp *nt*; gång *c*
alarm [ə'lɑ:m] *n* alarm *nt*; *v* larma
alarm-clock [ə'lɑ:mklɔk] *n* väckar-klocka *c*
album ['ælbəm] *n* album *nt*
alcohol ['ælkəhɔl] *n* alkohol *c*
alcoholic [ˌælkə'hɔlik] *adj* alkoholhal-tig
ale [eil] *n* öl *nt*
algebra ['ældʒibrə] *n* algebra *c*
Algeria [æl'dʒiəriə] Algeriet
Algerian [æl'dʒiəriən] *adj* algerisk; *n* algerier *c*
alien ['eiliən] *n* utlänning *c*; främling *c*; *adj* utländsk
alike [ə'laik] *adj* likadan, lik; *adv* på samma sätt
alimony ['æliməni] *n* underhåll *nt*
alive [ə'laiv] *adj* levande
all [ɔ:l] *adj* all; ~ **in** allt inkluderat; ~ **right!** fint!; **at** ~ överhuvudta-get
allergy ['ælədʒi] *n* allergi *c*
alley ['æli] *n* gränd *c*

alliance [ə'laiəns] n allians c
Allies ['ælaiz] pl (de) allierade
allot [ə'lɔt] v tilldela
allow [ə'lau] v *tillåta, bevilja; ~ to
*låta; *be allowed *vara tillåten;
*be allowed to *få
allowance [ə'lauəns] n fickpengar pl,
underhåll nt
all-round [,ɔ:l'raund] adj mångsidig
almanac ['ɔ:lmənæk] n almanacka c
almond ['a:mənd] n mandel c
almost ['ɔ:lmoust] adv nästan
alone [ə'loun] adv endast; adj ensam,
för sig själv
along [ə'lɔŋ] prep längs
aloud [ə'laud] adv högt
alphabet ['ælfəbet] n alfabet nt
already [ɔ:l'redi] adv redan
also ['ɔ:lsou] adv också; dessutom,
även
altar ['ɔ:ltə] n altare nt
alter ['ɔ:ltə] v förändra, ändra
alteration [,ɔ:ltə'reiʃən] n ändring c,
förändring c
alternate [ɔ:l'tə:nət] adj alternerande
alternative [ɔ:l'tə:nətiv] n alternativ
nt
although [ɔ:l'ðou] conj fastän, även
om
altitude ['æltitju:d] n höjd c
alto ['æltou] n (pl ~s) alt c
altogether [,ɔ:ltə'geðə] adv helt och
hållet
always ['ɔ:lweiz] adv alltid
am [æm] v (pr be)
amaze [ə'meiz] v förbluffa, förvåna
amazement [ə'meizmənt] n förvåning
c
ambassador [æm'bæsədə] n ambassa-
dör c
amber ['æmbə] n bärnsten c
ambiguous [æm'bigjuəs] adj tvetydig
ambitious [æm'biʃəs] adj ambitiös;
ärelysten

ambulance ['æmbjuləns] n ambulans c
ambush ['æmbuʃ] n bakhåll nt
America [ə'merikə] Amerika
American [ə'merikən] adj ameri-
kansk; n amerikan c
amethyst ['æmiθist] n ametist c
amid [ə'mid] prep bland; mitt ibland,
mitt i
ammonia [ə'mouniə] n ammoniak c
amnesty ['æmnisti] n amnesti c
among [ə'mʌŋ] prep bland; mellan,
ibland; ~ other things bland an-
nat
amount [ə'maunt] n mängd c; summa
c, belopp nt; ~ to *uppgå till
amuse [ə'mju:z] v roa, *underhålla
amusement [ə'mju:zmənt] n nöje nt,
förströelse c
amusing [ə'mju:ziŋ] adj lustig
anaemia [ə'ni:miə] n blodbrist c
anaesthesia [,ænis'θi:ziə] n bedövning
c
anaesthetic [,ænis'θetik] n bedöv-
ningsmedel nt
analyse ['ænəlaiz] v analysera
analysis [ə'næləsis] n (pl -ses) analys
c
analyst ['ænəlist] n analytiker c; psy-
koanalytiker c
anarchy ['ænəki] n anarki c
anatomy [ə'nætəmi] n anatomi c
ancestor ['ænsestə] n förfader c
anchor ['æŋkə] n ankare nt
anchovy ['æntʃəvi] n sardell c, ansjo-
vis c
ancient ['einʃənt] adj gammal; forntida
and [ænd, ənd] conj och
angel ['eindʒəl] n ängel c
anger ['æŋgə] n ilska c, vrede c
angle ['æŋgəl] v meta; n vinkel c
angry ['æŋgri] adj vred, arg
animal ['æniməl] n djur nt
ankle ['æŋkəl] n ankel c

annex¹ ['æneks] n annex nt; bilaga c

annex² [ə'neks] v annektera

anniversary [,æni'vəːsəri] n årsdag c

announce [ə'nauns] v *tillkännage, *offentliggöra

announcement [ə'naunsmənt] n tillkännagivande nt, kungörelse c

annoy [ə'nɔi] v förarga, irritera; reta

annoyance [ə'nɔiəns] n förargelse c

annoying [ə'nɔiiŋ] adj förarglig, retsam

annual ['ænjuəl] adj årlig; n årsbok c

per annum [pər 'ænəm] per år

anonymous [ə'nɔniməs] adj anonym

another [ə'nʌðə] adj en till; en annan

answer ['ɑːnsə] v svara; besvara; n svar nt

answering machine ['ɑːnsəriŋ mə'ʃiːn] n telefonsvarare

ant [ænt] n myra c

anthology [æn'θɔlədʒi] n antologi c

antibiotic [,æntibai'ɔtik] n antibiotikum nt

anticipate [æn'tisipeit] v *förutse, *föregripa; *förekomma

antifreeze ['æntifriːz] n frostskyddsvätska c

antipathy [æn'tipəθi] n motvilja c

antique [æn'tiːk] adj antik; n antikvitet c

antiquity [æn'tikwəti] n Antiken; antiquities pl antikviteter

antiseptic [,ænti'septik] n antiseptiskt medel

anxiety [æŋ'zaiəti] n bekymmer nt

anxious ['æŋkʃəs] adj ivrig; orolig

any ['eni] adj någon

anybody ['enibɔdi] pron vem som helst

anyhow ['enihau] adv hur som helst

anyone ['eniwʌn] pron varje

anything ['eniθiŋ] pron vad som helst

anyway ['eniwei] adv i varje fall

anywhere ['eniweə] adv var som helst

apart [ə'pɑːt] adv isär, var för sig; ~ from bortsett från

apartment [ə'pɑːtmənt] nAm våning c, lägenhet c; ~ house Am hyreshus nt

aperitif [ə'perətiv] n aperitif c

apologize [ə'pɔlədʒaiz] v *be om ursäkt

apology [ə'pɔlədʒi] n ursäkt c

apparatus [,æpə'reitəs] n anordning c, apparat c

apparent [ə'pærənt] adj uppenbar; tydlig

apparently [ə'pærəntli] adv tydligen

apparition [,æpə'riʃən] n uppenbarelse c

appeal [ə'piːl] n vädjan c

appear [ə'piə] v verka, tyckas; *framgå; synas; framträda

appearance [ə'piərəns] n utseende nt; framträdande nt

appendicitis [ə,pendi'saitis] n blindtarmsinflammation c

appendix [ə'pendiks] n (pl -dices, -dixes) blindtarm c

appetite ['æpətait] n aptit c, matlust c

appetizer ['æpətaizə] n aptitretare c

appetizing ['æpətaiziŋ] adj aptitlig

applause [ə'plɔːz] n applåd c

apple ['æpəl] n äpple nt

appliance [ə'plaiəns] n apparat c, anordning c

application [,æpli'keiʃən] n användning c; ansökan c

apply [ə'plai] v tillämpa, *lägga på; använda; ansöka; gälla

appoint [ə'pɔint] v anställa, utnämna

appointment [ə'pɔintmənt] n avtalat möte, avtal nt; utnämning c

appreciate [ə'priːʃieit] v uppskatta, *värdesätta

appreciation [ə,priːʃi'eiʃən] n värdestegring c; uppskattning c

approach [ə'proutʃ] v närma sig; n tillvägagångssätt nt; närmande nt

appropriate [ə'proupriət] adj rätt, lämplig, ändamålsenlig

approval [ə'pru:vəl] n gillande nt; bifall nt; on ~ till påseende

approve [ə'pru:v] v gilla; ~ of godkänna

approximate [ə'prɔksimət] adj ungefärlig

approximately [ə'prɔksimətli] adv ungefär, cirka

apricot ['eiprikɔt] n aprikos c

April ['eiprəl] april

apron ['eiprən] n förkläde nt

Arab ['ærəb] adj arabisk; n arab c

arbitrary ['a:bitrəri] adj godtycklig

arcade [a:'keid] n pelargång c, arkad c

arch [a:tʃ] n valvbåge c; valv nt

archaeologist [ˌa:ki'ɔlədʒist] n arkeolog c

archaeology [ˌa:ki'ɔlədʒi] n arkeologi c

archbishop [ˌa:tʃ'biʃəp] n ärkebiskop c

arched [a:tʃt] adj bågformig

architect ['a:kitekt] n arkitekt c

architecture ['a:kitektʃə] n byggnadskonst c, arkitektur c

archives ['a:kaivz] pl arkiv nt

are [a:] v (pr be)

area ['tɛəriə] n område nt; yta c; ~ code riktnummer nt

Argentina [ˌa:dʒən'ti:nə] Argentina

Argentinian [ˌa:dʒən'tiniən] adj argentinsk; n argentinare c

argue ['a:gju:] v argumentera, diskutera, debattera; gräla

argument ['a:gjumənt] n argument nt; diskussion c; ordväxling c

arid ['ærid] adj torr

***arise** [ə'raiz] v *uppstå

arithmetic [ə'riθmətik] n räkning c

arm [a:m] n arm c; vapen nt; armstöd nt; v beväpna

armchair ['a:mtʃɛə] n fåtölj c

armed [a:md] adj beväpnad; ~ forces beväpnade styrkor

armour ['a:mə] n rustning c

army ['a:mi] n armé c

aroma [ə'roumə] n arom c

around [ə'raund] prep omkring; adv runt

arrange [ə'reindʒ] v ordna; arrangera

arrangement [ə'reindʒmənt] n arrangemang nt; avtal nt; åtgärd c

arrest [ə'rest] v arrestera; n arrestering c

arrival [ə'raivəl] n ankomst c

arrive [ə'raiv] v anlända

arrow ['ærou] n pil c

art [a:t] n konst c; skicklighet c; list c; ~ collection konstsamling c; ~ exhibition konstutställning c; ~ gallery konstgalleri nt; ~ history konsthistoria c; arts and crafts konstindustri c; ~ school konstakademi c

artery ['a:təri] n pulsåder c

artichoke ['a:titʃouk] n kronärtskocka c

article ['a:tikəl] n artikel c

artifice ['a:tifis] n knep nt

artificial [ˌa:ti'fiʃəl] adj konstgjord

artist ['a:tist] n konstnär c; konstnärinna c

artistic [a:'tistik] adj artistisk, konstnärlig

as [æz] conj liksom, som; lika; därför att, eftersom; ~ from från; från och med; ~ if som om

asbestos [æz'bestəs] n asbest c

ascend [ə'send] v *stiga; *stiga uppåt; *bestiga

ascent [ə'sent] n stigning c; bestigning c

ascertain [ˌæsə'tein] v konstatera; förvissa sig om, fastställa

ash [æʃ] n aska c

ashamed [əˈʃeimd] adj skamsen; *be ~ skämmas

ashore [əˈʃɔː] adv i land

ashtray [ˈæʃtrei] n askkopp c

Asia [ˈeiʃə] Asien

Asian [ˈeiʃən] adj asiatisk; n asiat c

aside [əˈsaid] adv åt sidan

ask [ɑːsk] v fråga; *be; *inbjuda

asleep [əˈsliːp] adj sovande

asparagus [əˈspærəgəs] n sparris c

aspect [ˈæspekt] n aspekt c

asphalt [ˈæsfælt] n asfalt c

aspire [əˈspaiə] v sträva

aspirin [ˈæspərin] n aspirin nt

ass [æs] n åsna c

assassination [əˌsæsiˈneiʃən] n mord nt

assault [əˈsɔːlt] v *angripa; *våldta

assemble [əˈsembəl] v samla; *sätta ihop, montera

assembly [əˈsembli] n församling c, sammankomst c

assignment [əˈsainmənt] n uppdrag nt

assign to [əˈsain] tilldela; *överlåta

assist [əˈsist] v hjälpa, *bistå; ~ at *vara närvarande vid

assistance [əˈsistəns] n hjälp c; bistånd nt, understöd nt

assistant [əˈsistənt] n assistent c

associate¹ [əˈsouʃiət] n kompanjon c, delägare c; kollega c; medlem c

associate² [əˈsouʃieit] v associera; ~ with *umgås med

association [əˌsousiˈeiʃən] n förening c, sammanslutning c

assort [əˈsɔːt] v sortera

assortment [əˈsɔːtmənt] n urval nt, sortiment nt

assume [əˈsjuːm] v *anta, förmoda

assure [əˈʃuə] v försäkra

asthma [ˈæsmə] n astma c

astonish [əˈstɔniʃ] v förvåna

astonishing [əˈstɔniʃiŋ] adj förvånans-

värd

astonishment [əˈstɔniʃmənt] n förvåning c

astronomy [əˈstrɔnəmi] n astronomi c

asylum [əˈsailəm] n asyl c; mentalsjukhus nt, vårdanstalt c

at [æt] prep på, hos, i

ate [et] v (p eat)

atheist [ˈeiθiist] n ateist c

athlete [ˈæθliːt] n atlet c

athletics [æθˈletiks] pl friidrott c

Atlantic [ətˈlæntik] Atlanten

atmosphere [ˈætməsfiə] n atmosfär c; stämning c

atom [ˈætəm] n atom c

atomic [əˈtɔmik] adj atom-; kärn-

atomizer [ˈætəmaizə] n sprayflaska c; spray c

attach [əˈtætʃ] v fästa; bifoga; attached to fäst vid

attack [əˈtæk] v *anfalla; n anfall nt

attain [əˈtein] v uppnå

attainable [əˈteinəbəl] adj uppnåelig; åtkomlig

attempt [əˈtempt] v försöka, pröva; n försök nt

attend [əˈtend] v *vara närvarande vid; ~ on uppassa; ~ to *ta hand om, *se till; beakta, uppmärksamma

attendance [əˈtendəns] n deltagande nt

attendant [əˈtendənt] n vaktmästare c

attention [əˈtenʃən] n uppmärksamhet c

attentive [əˈtentiv] adj uppmärksam

attic [ˈætik] n vindsrum nt

attitude [ˈætitjuːd] n inställning c

attorney [əˈtɔːni] n advokat c

attract [əˈtrækt] v *tilldra sig

attraction [əˈtrækʃən] n attraktion c; lockelse c

attractive [əˈtræktiv] adj tilldragande

auburn [ˈɔːbən] adj kastanjebrun

auction [ˈɔːkʃən] n auktion c
audible [ˈɔːdibəl] adj hörbar
audience [ˈɔːdiəns] n publik c
auditor [ˈɔːditə] n åhörare c
auditorium [ˌɔːdiˈtɔːriəm] n hörsal c
August [ˈɔːgəst] augusti
aunt [ɑːnt] n tant c, moster c, faster c
Australia [ɔˈstreiliə] Australien
Australian [ɔˈstreiliən] adj australisk; n australier c
Austria [ˈɔstriə] Österrike
Austrian [ˈɔstriən] adj österrikisk; n österrikare c
authentic [ɔːˈθentik] adj autentisk; äkta
author [ˈɔːθə] n författare c
authoritarian [ɔːˌθɔriˈtɛəriən] adj auktoritär
authority [ɔːˈθɔrəti] n auktoritet c; maktbefogenhet c; **authorities** pl myndigheter pl
authorization [ˌɔːθəraiˈzeiʃən] n tillåtelse c
automatic [ˌɔːtəˈmætik] adj automatisk
automation [ˌɔːtəˈmeiʃən] n automatisering c
automobile [ˈɔːtəməbiːl] n bil c; ~ **club** automobilklubb c
autonomous [ɔːˈtɔnəməs] adj autonom
autopsy [ˈɔːtɔpsi] n obduktion c
autumn [ˈɔːtəm] n höst c
available [əˈveiləbəl] adj disponibel, tillgänglig, i lager
avalanche [ˈævəlɑːnʃ] n lavin c
avenue [ˈævənjuː] n aveny c
average [ˈævəridʒ] adj genomsnittlig; n genomsnitt nt; **on the** ~ i genomsnitt
averse [əˈvəːs] adj obenägen, ovillig
aversion [əˈvəːʃən] n motvilja c
avert [əˈvəːt] v vända bort

avoid [əˈvɔid] v *undgå; *undvika
await [əˈweit] v vänta på, vänta sig
awake [əˈweik] adj vaken
***awake** [əˈweik] v väcka
award [əˈwɔːd] n pris nt; v tilldela
aware [əˈwɛə] adj medveten
away [əˈwei] adv bort; ***go** ~ åka bort
awful [ˈɔːfəl] adj fruktansvärd, ryslig
awkward [ˈɔːkwəd] adj brydsam; tafatt, klumpig
awning [ˈɔːniŋ] n markis c
axe [æks] n yxa c
axle [ˈæksəl] n hjulaxel c

B

baby [ˈbeibi] n baby c; ~ **carriage** Am barnvagn c
babysitter [ˈbeibiˌsitə] n barnvakt c
bachelor [ˈbætʃələ] n ungkarl c
back [bæk] n rygg c; adv tillbaka; ***go** ~ åka tillbaka
backache [ˈbækeik] n ryggvärk c
backbone [ˈbækboun] n ryggrad c
background [ˈbækgraund] n bakgrund c; utbildning c
backwards [ˈbækwədz] adv bakåt
bacon [ˈbeikən] n bacon nt
bacterium [bækˈtiːriəm] n (pl -ria) bakterie c
bad [bæd] adj dålig, allvarlig; stygg
bag [bæg] n påse c; väska c, handväska c; resväska c
baggage [ˈbægidʒ] n bagage nt; ~ **deposit office** Am bagageinlämning c; **hand** ~ handbagage nt
bail [beil] n borgen c
bailiff [ˈbeilif] n fogde c
bait [beit] n bete nt
bake [beik] v baka
baker [ˈbeikə] n bagare c

bakery ['beikəri] *n* bageri *nt*

balance ['bæləns] *n* jämvikt *c*; våg *c*; saldo *nt*

balcony ['bælkəni] *n* balkong *c*

bald [bɔ:ld] *adj* flintskallig

ball [bɔ:l] *n* boll *c*; bal *c*

ballet ['bælei] *n* balett *c*

balloon [bə'lu:n] *n* ballong *c*

ballpoint-pen ['bɔ:lpɔintpen] *n* kulspetspenna *c*

ballroom ['bɔ:lru:m] *n* balsal *c*

bamboo [bæm'bu:] *n* (pl ~s) bambu *c*

banana [bə'nɑ:nə] *n* banan *c*

band [bænd] *n* band *nt*

bandage ['bændidʒ] *n* förband *nt*

bandit ['bændit] *n* bandit *c*

bangle ['bæŋgəl] *n* armband *nt*

banisters ['bænistəz] *pl* trappräcke *nt*

bank [bæŋk] *n* flodbank *c*; bank *c*; *v* deponera, *sätta in; ~ account bankkonto *nt*

banknote ['bæŋknout] *n* sedel *c*

bank-rate ['bæŋkreit] *n* diskonto *nt*

bankrupt ['bæŋkrʌpt] *adj* konkursmässig, bankrutt

banner ['bænə] *n* baner *nt*

banquet ['bæŋkwit] *n* bankett *c*

banqueting-hall ['bæŋkwitiŋhɔ:l] *n* bankettsal *c*

baptism ['bæptizəm] *n* dop *nt*

baptize [bæp'taiz] *v* döpa

bar [bɑ:] *n* bar *c*; stång *c*; fönstergaller *nt*

barber ['bɑ:bə] *n* herrfrisör *c*

bare [bɛə] *adj* naken, bar; kal

barely ['bɛəli] *adv* nätt och jämt

bargain ['bɑ:gin] *n* fynd *nt*; *v* *köpslå, pruta

baritone ['bæritoun] *n* baryton *c*

bark [bɑ:k] *n* bark *c*; *v* skälla

barley ['bɑ:li] *n* korn *nt*

barmaid ['bɑ:meid] *n* kvinnlig bartender

barman ['bɑ:mən] *n* (pl -men) bartender *c*

barn [bɑ:n] *n* lada *c*

barometer [bə'rɔmitə] *n* barometer *c*

baroque [bə'rɔk] *adj* barock

barracks ['bærəks] *pl* kasern *c*

barrel ['bærəl] *n* tunna *c*, fat *nt*

barrier ['bæriə] *n* barriär *c*; bom *c*

barrister ['bæristə] *n* advokat *c*

bartender ['bɑ:ˌtendə] *n* bartender *c*

base [beis] *n* bas *c*; grundval *c*; *v* basera

baseball ['beisbɔ:l] *n* baseboll *c*

basement ['beismənt] *n* källarvåning *c*

basic ['beisik] *adj* grundläggande

basilica [bə'zilikə] *n* basilika *c*

basin ['beisən] *n* balja *c*, skål *c*

basis ['beisis] *n* (pl bases) basis *c*, grundprincip *c*

basket ['bɑ:skit] *n* korg *c*

bass[1] [beis] *n* bas *c*

bass[2] [bæs] *n* (pl ~) abborre *c*

bastard ['bɑ:stəd] *n* bastard *c*; tölp *c*

batch [bætʃ] *n* parti *nt*; hop *c*

bath [bɑ:θ] *n* bad *nt*; ~ salts badsalt *nt*; ~ towel badhanduk *c*

bathe [beið] *v* bada

bathing-cap ['beiðiŋkæp] *n* badmössa *c*

bathing-suit ['beiðiŋsu:t] *n* baddräkt *c*; badbyxor *pl*

bathrobe ['bɑ:θroub] *n* badrock *c*

bathroom ['bɑ:θru:m] *n* badrum *nt*; toalett *c*

batter ['bætə] *n* smet *c*

battery ['bætəri] *n* batteri *c*

battle ['bætəl] *n* slag *nt*; kamp *c*, strid *c*; *v* kämpa

bay [bei] *n* vik *c*; *v* skälla

***be** [bi:] *v* *vara

beach [bi:tʃ] *n* strand *c*; **nudist ~** nudistbadstrand *c*

bead [bi:d] *n* pärla *c*; **beads** *pl* pärl-

halsband *nt*; radband *nt*
beak [bi:k] *n* näbb *c*
beam [bi:m] *n* stråle *c*; bjälke *c*
bean [bi:n] *n* böna *c*
bear [bɛə] *n* björn *c*
bear [bɛə] *v* *bära; tåla; *utstå
beard [biəd] *n* skägg *nt*
beast [bi:st] *n* djur *nt*; ~ of prey
rovdjur *nt*
beat [bi:t] *v* *slå; besegra
beautiful [ˈbju:tifəl] *adj* vacker
beauty [ˈbju:ti] *n* skönhet *c*; ~ par-
lour skönhetssalong *c*; ~ salon
skönhetssalong *c*; ~ treatment
skönhetsvård *c*
beaver [ˈbi:və] *n* bäver *c*
because [biˈkɔz] *conj* därför att; ef-
tersom; ~ of på grund av
become [biˈkʌm] *v* *bli; klä
bed [bed] *n* säng *c*; ~ and board hel-
pension *c*, mat och logi; ~ and
breakfast rum med frukost
bedding [ˈbediŋ] *n* sängkläder *pl*
bedroom [ˈbedru:m] *n* sovrum *nt*
bee [bi:] *n* bi *nt*
beech [bi:tʃ] *n* bok *c*
beef [bi:f] *n* oxkött *nt*
beehive [ˈbi:haiv] *n* bikupa *c*
been [bi:n] *v* (pp be)
beer [biə] *n* öl *nt*
beet [bi:t] *n* beta *c*
beetle [ˈbi:təl] *n* skalbagge *c*
beetroot [ˈbi:tru:t] *n* rödbeta *c*
before [biˈfɔ:] *prep* före; framför;
conj innan; *adv* förut; innan
beg [beg] *v* tigga; *bönfalla; *be
beggar [ˈbegə] *n* tiggare *c*
begin [biˈgin] *v* begynna, börja
beginner [biˈginə] *n* nybörjare *c*
beginning [biˈginiŋ] *n* begynnelse *c*;
början *c*
on behalf of [biˈhɑ:f] på ... vägnar
behave [biˈheiv] *v* uppföra sig
behaviour [biˈheivjə] *n* uppförande *nt*

behind [biˈhaind] *prep* bakom; *adv*
bakom
beige [beiʒ] *adj* beige
being [ˈbi:iŋ] *n* varelse *c*
Belgian [ˈbeldʒən] *adj* belgisk; *n* bel-
gare *c*
Belgium [ˈbeldʒəm] Belgien
belief [biˈli:f] *n* tro *c*
believe [biˈli:v] *v* tro
bell [bel] *n* klocka *c*; ringklocka *c*
bellboy [ˈbelbɔi] *n* hotellpojke *c*
belly [ˈbeli] *n* buk *c*
belong [biˈlɔŋ] *v* tillhöra
belongings [biˈlɔŋiŋz] *pl* tillhörighe-
ter *pl*
beloved [biˈlʌvd] *adj* älskad
below [biˈlou] *prep* nedanför; under;
adv nedan
belt [belt] *n* bälte *nt*; garter ~ *Am*
strumpebandshållare *c*
bench [bentʃ] *n* bänk *c*
bend [bend] *n* kurva *c*, böjning *c*;
krök *c*
bend [bend] *v* böja; ~ down böja
sig
beneath [biˈni:θ] *prep* under; *adv* ne-
danför
benefit [ˈbenifit] *n* vinst *c*, nytta *c*;
förmån *c*; *v* *dra nytta
bent [bent] *adj* (pp bend) böjd
beret [ˈberei] *n* basker *c*
berry [ˈberi] *n* bär *nt*
berth [bə:θ] *n* sovbrits *c*; koj *c*
beside [biˈsaid] *prep* bredvid
besides [biˈsaidz] *adv* dessutom; för-
resten; *prep* utom
best [best] *adj* bäst
bet [bet] *n* vad *nt*; insats *c*
bet [bet] *v* *slå vad
betray [biˈtrei] *v* förråda
better [ˈbetə] *adj* bättre
between [biˈtwi:n] *prep* mellan
beverage [ˈbevəridʒ] *n* dryck *c*
beware [biˈwɛə] *v* akta sig

bewitch [bi'witʃ] v förhäxa

beyond [bi'jɔnd] prep bortom; på andra sidan om; utöver; adv bortom

bible ['baibəl] n bibel c

bicycle ['baisikəl] n cykel c

big [big] adj stor; omfångsrik; tjock; viktig

bile [bail] n galla c

bilingual [bai'lingwəl] adj tvåspråkig

bill [bil] n räkning c; nota c; v fakturera

billiards ['biljədz] pl biljard c

*bind [baind] v *binda

binding ['baindiŋ] n band nt; bård c

binoculars [bi'nɔkjələz] pl kikare c

biology [bai'ɔlədʒi] n biologi c

birch [bə:tʃ] n björk c

bird [bə:d] n fågel c

birth [bə:θ] n födelse c

birthday ['bə:θdei] n födelsedag c

biscuit ['biskit] n kex nt

bishop ['biʃəp] n biskop c

bit [bit] n bit c; smula c

bitch [bitʃ] n tik c

bite [bait] n munsbit c; bett nt

*bite [bait] v *bita

bitter ['bitə] adj bitter

black [blæk] adj svart; ~ market svarta börsen

blackberry ['blækbəri] n björnbär nt

blackbird ['blækbə:d] n koltrast c

blackboard ['blækbɔ:d] n svarta tavlan

black-currant [,blæk'kʌrənt] n svarta vinbär

blackmail ['blækmeil] n utpressning c; v utpressa pengar

blacksmith ['blæksmiθ] n smed c

bladder ['blædə] n urinblåsa c

blade [bleid] n knivblad nt; ~ of grass grässtrå nt

blame [bleim] n klander nt; v förebrå, klandra

blank [blæŋk] adj blank

blanket ['blæŋkit] n filt c

blast [blɑ:st] n explosion c

blazer ['bleizə] n blazer c

bleach [bli:tʃ] v bleka

bleak [bli:k] adj karg, kal

*bleed [bli:d] v blöda

bless [bles] v välsigna

blessing ['blesiŋ] n välsignelse c

blind [blaind] n persienn c, rullgardin c; adj blind; v blända

blister ['blistə] n blåsa c, vattenblåsa c

blizzard ['blizəd] n snöstorm c

block [blɔk] v blockera, spärra; n kloss c; ~ of flats hyreshus nt

blonde [blɔnd] n blondin c

blood [blʌd] n blod nt; ~ pressure blodtryck nt

blood-poisoning ['blʌd,pɔizəniŋ] n blodförgiftning c

blood-vessel ['blʌd,vesəl] n blodkärl nt

blot [blɔt] n fläck c; blotting paper läskpapper nt

blouse [blauz] n blus c

blow [blou] n örfil c, slag nt; vindpust c

*blow [blou] v blåsa

blow-out ['blouaut] n punktering c

blue [blu:] adj blå; nedstämd

blunt [blʌnt] adj slö; trubbig

blush [blʌʃ] v rodna

board [bɔ:d] n bräda c; tavla c; pension c; styrelse c; ~ and lodging mat och logi, helpension c

boarder ['bɔ:də] n internatselev c, inackordering c

boarding-house ['bɔ:diŋhaus] n pensionat nt

boarding-school ['bɔ:diŋsku:l] n internatskola c

boast [boust] v *skryta

boat [bout] n båt c, skepp nt

body ['bɔdi] n kropp c
bodyguard ['bɔdigɑ:d] n livvakt c
bog [bɔg] n träsk nt
boil [bɔil] v koka; n spikböld c
bold [bould] adj djärv, fräck
Bolivia [bə'liviə] Bolivia
Bolivian [bə'liviən] adj boliviansk; n bolivian c
bolt [boult] n regel c; bult c
bomb [bɔm] n bomb c; v bombardera
bond [bɔnd] n obligation c
bone [boun] n ben nt; fiskben nt; v urbena
bonnet ['bɔnit] n motorhuv c
book [buk] n bok c; v boka, reservera; bokföra, *skriva in
booking ['bukiŋ] n beställning c, reservation c
bookmaker ['buk₁meikə] n vadhållningsagent c
bookseller ['buk₁selə] n bokhandlare c
bookstand ['bukstænd] n bokstånd nt
bookstore ['bukstɔ:] n bokhandel c, boklåda c
boot [bu:t] n stövel c; bagageutrymme nt
booth [bu:ð] n bod c; hytt c
border ['bɔ:də] n gräns c; kant c
bore¹ [bɔ:] v tråka ut; borra; n tråkmåns c
bore² [bɔ:] v (p bear)
boring ['bɔ:riŋ] adj tråkig, långtråkig
born [bɔ:n] adj född
borrow ['bɔrou] v låna
bosom ['buzəm] n barm c; bröst c
boss [bɔs] n chef c
botany ['bɔtəni] n botanik c
both [bouθ] adj båda; both ... and både ... och
bother ['bɔðə] v besvära, störa; *göra sig besvär; n besvär nt
bottle ['bɔtəl] n flaska c; ~ opener flasköppnare c; hot-water ~

varmvattensflaska c
bottleneck ['bɔtəlnek] n flaskhals c
bottom ['bɔtəm] n botten c; bakdel c, stjärt c; adj nedersta
bough [bau] n gren c
bought [bɔ:t] v (p, pp buy)
boulder ['bouldə] n stenblock nt
bound [baund] n gräns c; *be ~ to *måste; ~ for på väg till
boundary ['baundəri] n gränslinje c; landgräns c
bouquet [bu'kei] n bukett c
bourgeois ['buəʒwɑ:] adj kälkborgerlig
boutique [bu'ti:k] n boutique c
bow¹ [bau] v bocka
bow² [bou] n båge c; ~ tie fluga c
bowels [bauəlz] pl inälvor pl, tarmar pl
bowl [boul] n skål c
bowling ['bouliŋ] n kägelspel nt, bowling c; ~ alley bowlingbana c
box¹ [bɔks] v boxas; boxing match boxningsmatch c
box² [bɔks] n ask c
box-office ['bɔks₁ɔfis] n biljettlucka c, biljettkassa c
boy [bɔi] n pojke c; tjänare c; ~ scout scout c
bra [brɑ:] n behå c
bracelet ['breislit] n armband nt
braces ['breisiz] pl hängslen pl
brain [brein] n hjärna c; förstånd nt
brain-wave ['breinweiv] n snilleblixt c
brake [breik] n broms c; ~ drum bromstrumma c; ~ lights bromsljus nt
branch [brɑ:ntʃ] n gren c; filial c
brand [brænd] n märke nt; brännmärke nt
brand-new [₁brænd'nju:] adj splitter ny
brass [brɑ:s] n mässing c; ~ band mässingsorkester c

brassiere ['bræziə] *n* bysthållare *c*

brassware ['braːsweə] *n* mässingsföremål *nt*

brave [breiv] *adj* tapper, modig

Brazil [brə'zil] Brasilien

Brazilian [brə'ziljən] *adj* brasiliansk; *n* brasilianare *c*

breach [briːtʃ] *n* rämna *c*; brott *nt*

bread [bred] *n* bröd *nt*; **wholemeal ~** fullkornsbröd *nt*

breadth [bredθ] *n* bredd *c*

break [breik] *n* brytning *c*; rast *c*

***break** [breik] *v* *bryta; **~ down** *gå sönder; *bryta samman; analysera

breakdown ['breikdaun] *n* sammanbrott *nt*, motorstopp *nt*

breakfast ['brekfəst] *n* frukost *c*

bream [briːm] *n* (pl ~) braxen *c*

breast [brest] *n* bröst *nt*

breaststroke ['breststrouk] *n* bröstsim *nt*

breath [breθ] *n* anda *c*

breathe [briːð] *v* andas

breathing ['briːðiŋ] *n* andning *c*

breed [briːd] *n* ras *c*; art *c*

***breed** [briːd] *v* uppföda

breeze [briːz] *n* bris *c*

brew [bruː] *v* brygga

brewery ['bruːəri] *n* bryggeri *nt*

bribe [braib] *v* muta

bribery ['braibəri] *n* mutning *c*

brick [brik] *n* tegelsten *c*

bricklayer ['brikleiə] *n* murare *c*

bride [braid] *n* brud *c*

bridegroom ['braidgruːm] *n* brudgum *c*

bridge [bridʒ] *n* bro *c*; bridge *c*

brief [briːf] *adj* kort; kortfattad

briefcase ['briːfkeis] *n* portfölj *c*

briefs [briːfs] *pl* trosor *pl*, kalsonger *pl*

bright [brait] *adj* glänsande; strålande; kvicktänkt, skärpt

brill [bril] *n* slätvar *c*

brilliant ['briljənt] *adj* briljant; begåvad

brim [brim] *n* brädd *c*

***bring** [briŋ] *v* *ta med, medföra; *ha med sig; **~ back** återföra; **~ up** uppfostra; *ta upp

brisk [brisk] *adj* pigg

British ['britiʃ] *adj* brittisk

Briton ['britən] *n* britt *c*

broad [brɔːd] *adj* bred; utsträckt, vidsträckt; allmän

broadcast ['brɔːdkɑːst] *n* utsändning *c*

***broadcast** ['brɔːdkɑːst] *v* utsända

brochure ['brouʃuə] *n* broschyr *c*

broke[1] [brouk] *v* (p break)

broke[2] [brouk] *adj* pank

broken ['broukən] *adj* (pp break) sönder; trasig

broker ['broukə] *n* mäklare *c*

bronchitis [brɔŋ'kaitis] *n* luftrörskatarr *c*

bronze [brɔnz] *n* brons *c*; *adj* bronsbrooch** [broutʃ] *n* brosch *c*

brook [bruk] *n* bäck *c*

broom [bruːm] *n* kvast *c*

brothel ['brɔθəl] *n* bordell *c*

brother ['brʌðə] *n* bror *c*; broder *c*

brother-in-law ['brʌðərinlɔː] *n* (pl brothers-) svåger *c*

brought [brɔːt] *v* (p, pp bring)

brown [braun] *adj* brun

bruise [bruːz] *n* blodutgjutning *c*, blåmärke *nt*; *v* *slå gul och blå

brunette [bruː'net] *n* brunett *c*

brush [brʌʃ] *n* borste *c*; pensel *c*; *v* borsta

brutal ['bruːtəl] *adj* brutal

bubble ['bʌbəl] *n* bubbla *c*

bucket ['bʌkit] *n* hink *c*

buckle ['bʌkəl] *n* spänne *nt*

bud [bʌd] *n* knopp *c*

budget ['bʌdʒit] *n* budget *c*

buffet ['bufei] n gående bord
bug [bʌg] n vägglus c; skalbagge c;
nAm insekt c
*build [bild] v bygga
building ['bildiŋ] n byggnad c
bulb [bʌlb] n blomlök c; light ~
glödlampa c
Bulgaria [bʌl'geəriə] Bulgarien
Bulgarian [bʌl'geəriən] adj bulgarisk;
n bulgar c
bulk [bʌlk] n volym c; massa c; största
delen
bulky ['bʌlki] adj omfångsrik, skrym-
mande
bull [bul] n tjur c
bullet ['bulit] n kula c
bullfight ['bulfait] n tjurfäktning c
bullring ['bulriŋ] n tjurfäktningsare-
na c
bump [bʌmp] v stöta; sammanstöta;
dunka; n duns c, slag nt, stöt c
bumper ['bʌmpə] n kofångare c
bumpy ['bʌmpi] adj gropig
bun [bʌn] n bulle c
bunch [bʌntʃ] n bukett c; hop c
bundle ['bʌndəl] n bunt c; v bunta
ihop
bunk [bʌŋk] n koj c
buoy [bɔi] n boj c
burden ['bəːdən] n börda c
bureau ['bjuərou] n (pl ~x, ~s)
skrivbord nt; nAm byrå c
bureaucracy [bjuə'rɔkrəsi] n byråkra-
ti c
burglar ['bəːglə] n inbrottstjuv c
burgle ['bəːgəl] v *göra inbrott
burial ['beriəl] n begravning c, grav-
sättning c
burn [bəːn] n brännsår nt
*burn [bəːn] v *brinna; bränna; vid-
bränna
*burst [bəːst] v *spricka; *brista
bury ['beri] v begrava
bus [bʌs] n buss c

bush [buʃ] n buske c
business ['biznəs] n affärer pl, han-
del c; affär c, affärsverksamhet c;
sysselsättning c; ~ hours kontors-
tid c, affärstid c; ~ trip affärsresa
c; on ~ i affärer
business-like ['biznislaik] adj affärs-
mässig
businessman ['biznəsmən] n (pl
-men) affärsman c
bust [bʌst] n byst c
bustle ['bʌsəl] n jäkt nt
busy ['bizi] adj upptagen; livlig
but [bʌt] conj men; dock; prep utom
butcher ['butʃə] n slaktare c
butter ['bʌtə] n smör nt
butterfly ['bʌtəflai] n fjäril c; ~
stroke fjärilsim nt
buttock ['bʌtək] n skinka c
button ['bʌtən] n knapp c; v knäppa
buttonhole ['bʌtənhoul] n knapphål
nt
*buy [bai] v köpa; anskaffa
buyer ['baiə] n köpare c
by [bai] prep av; med; vid
by-pass ['baipaːs] n omfartsled c; v
*fara förbi; *undvika

C

cab [kæb] n taxi c
cabaret ['kæbərei] n kabaré c; natt-
klubb c
cabbage ['kæbidʒ] n kål c
cab-driver ['kæb,draivə] n taxichauf-
för c
cabin ['kæbin] n kabin c; hydda c;
hytt c; kajuta c
cabinet ['kæbinət] n skåp nt; regering
c
cable ['keibəl] n kabel c; telegram nt;
v telegrafera

cadre [ˈkɑːdə] *n* stamanställd *c*; stamtrupp *c*

café [ˈkæfei] *n* kafé *nt*

cafeteria [ˌkæfəˈtiəriə] *n* kafeteria *c*

caffeine [ˈkæfiːn] *n* koffein *nt*

cage [keidʒ] *n* bur *c*

cake [keik] *n* kaka *c*; bakverk *nt*, tårta *c*

calamity [kəˈlæməti] *n* katastrof *c*, olycka *c*

calcium [ˈkælsiəm] *n* kalcium *nt*

calculate [ˈkælkjuleit] *v* räkna ut, beräkna

calculation [ˌkælkjuˈleiʃən] *n* beräkning *c*

calculator [ˈkælkjuleitə] *n* miniräknare *c*

calendar [ˈkæləndə] *n* kalender *c*

calf [kɑːf] *n* (pl calves) kalv *c*; vad *c*; ~ **skin** kalvskinn *nt*

call [kɔːl] *v* ropa; kalla; ringa; *n* rop *nt*; besök *nt*; påringning *c*; *be* **called** heta; ~ **names** skymfa; ~ **on** besöka; ~ **up** *Am* ringa upp

callus [ˈkæləs] *n* valk *c*

calm [kɑːm] *adj* stilla, lugn; ~ **down** lugna

calorie [ˈkæləri] *n* kalori *c*

Calvinism [ˈkælvinizəm] *n* kalvinism *c*

came [keim] *v* (p come)

camel [ˈkæməl] *n* kamel *c*

camera [ˈkæmərə] *n* kamera *c*; filmkamera *c*; ~ **shop** fotoaffär *c*

camp [kæmp] *n* läger *nt*; *v* kampa

campaign [kæmˈpein] *n* kampanj *c*

camp-bed [ˌkæmpˈbed] *n* tältsäng *c*, fältsäng *c*

camper [ˈkæmpə] *n* kampare *c*

camping [ˈkæmpiŋ] *n* kamping *c*; ~ **site** kampingplats *c*

camshaft [ˈkæmʃɑːft] *n* kamaxel *c*

can [kæn] *n* konservburk *c*; ~ **opener** konservöppnare *c*

*can [kæn] *v* *kunna

Canada [ˈkænədə] Kanada

Canadian [kəˈneidiən] *adj* kanadensisk; *n* kanadensare *c*

canal [kəˈnæl] *n* kanal *c*

canary [kəˈneəri] *n* kanariefågel *c*

cancel [ˈkænsəl] *v* annullera; avbeställa

cancellation [ˌkænsəˈleiʃən] *n* annullering *c*

cancer [ˈkænsə] *n* cancer *c*

candelabrum [ˌkændəˈlɑːbrəm] *n* (pl -bra) kandelaber *c*

candidate [ˈkændidət] *n* kandidat *c*

candle [ˈkændəl] *n* stearinljus *nt*

candy [ˈkændi] *nAm* karamell *c*; snask *nt*, godis *nt*; ~ **store** *Am* gottaffär *c*

cane [kein] *n* rör *nt*; käpp *c*

canister [ˈkænistə] *n* bleckburk *c*

canoe [kəˈnuː] *n* kanot *c*

canteen [kænˈtiːn] *n* kantin *c*

canvas [ˈkænvəs] *n* smärting *c*

cap [kæp] *n* skärmmössa *c*, mössa *c*

capable [ˈkeipəbəl] *adj* kapabel, duglig

capacity [kəˈpæsəti] *n* kapacitet *c*; förmåga *c*

cape [keip] *n* cape *c*; udde *c*

capital [ˈkæpitəl] *n* huvudstad *c*; kapital *nt*; *adj* huvudsaklig, huvud-; ~ **letter** stor bokstav

capitalism [ˈkæpitəlizəm] *n* kapitalism *c*

capitulation [kəˌpitjuˈleiʃən] *n* kapitulation *c*

capsule [ˈkæpsjuːl] *n* kapsyl *c*

captain [ˈkæptin] *n* kapten *c*

capture [ˈkæptʃə] *v* *tillfångata; *inta; *n* tillfångatagande *nt*; erövring *c*

car [kɑː] *n* bil *c*; ~ **hire** biluthyrning *c*; ~ **park** parkeringsplats *c*; ~ **rental** *Am* biluthyrning *c*

carafe [kəˈræf] *n* karaff *c*

caramel [ˈkærəməl] *n* karamell *c*

carat ['kærət] n karat c

caravan ['kærəvæn] n husvagn c

carburettor [ˌkɑːbjuˈretə] n förgasare c

card [kɑːd] n kort nt; brevkort nt

cardboard ['kɑːdbɔːd] n papp c; adj papp-

cardigan ['kɑːdigən] n kofta c

cardinal ['kɑːdinəl] n kardinal c; adj huvudsaklig, huvud-

care [kɛə] n vård c; bekymmer nt; ~ about bry sig om; ~ for *vilja ha; tycka om; *take ~ of sköta om, *ta hand om

career [kəˈriə] n karriär c

carefree ['kɛəfriː] adj sorglös

careful ['kɛəfəl] adj försiktig; omsorgsfull

careless ['kɛələs] adj vårdslös, slarvig

caretaker ['kɛəˌteikə] n vaktmästare c

cargo ['kɑːgou] n (pl ~es) last c, laddning c

carnival ['kɑːnivəl] n karneval c

carp [kɑːp] n (pl ~) karp c

carpenter ['kɑːpintə] n snickare c

carpet ['kɑːpit] n matta c

carriage ['kæridʒ] n järnvägsvagn c; vagn c, ekipage nt

carriageway ['kæridʒwei] n körbana c

carrot ['kærət] n morot c

carry ['kæri] v *bära; föra; ~ on *fortsätta; ~ out genomföra

carry-cot ['kærikɔt] n babykorg c

cart [kɑːt] n kärra c

cartilage ['kɑːtilidʒ] n brosk nt

carton ['kɑːtən] n kartong c; cigarrettlimpa c

cartoon [kɑːˈtuːn] n tecknad film c

cartridge ['kɑːtridʒ] n patron c

carve [kɑːv] v *skära; *utskära, snida

carving ['kɑːviŋ] n snideri nt

case [keis] n fall nt; resväska c; etui nt; attaché ~ dokumentportfölj c; in ~ ifall; in ~ of i händelse av

cash [kæʃ] n kontanter pl; v lösa in, inkassera; ~ dispenser bankomat c

cashier [kæˈʃiə] n kassör c; kassörska c

cashmere ['kæʃmiə] n kaschmir c

casino [kəˈsiːnou] n (pl ~s) kasino nt

cask [kɑːsk] n tunna c

cast [kɑːst] n kast nt

*cast [kɑːst] v kasta; cast iron gjutjärn nt

castle ['kɑːsəl] n slott nt, borg c

casual ['kæʒuəl] adj informell; flyktig, oförmodad, tillfällig

casualty ['kæʒuəlti] n offer nt; olycksfall nt

cat [kæt] n katt c

catacomb ['kætəkoum] n katakomb c

catalogue ['kætələg] n katalog c

catarrh [kəˈtɑː] n katarr c

catastrophe [kəˈtæstrəfi] n katastrof c

*catch [kætʃ] v fånga; *gripa; överrumpla; *hinna

category ['kætigəri] n kategori c

cathedral [kəˈθiːdrəl] n domkyrka c, katedral c

catholic ['kæθəlik] adj katolsk

cattle ['kætəl] pl boskap c

caught [kɔːt] v (p, pp catch)

cauliflower ['kɔliflauə] n blomkål c

cause [kɔːz] v orsaka; vålla; n orsak c; grund c, anledning c; sak c; ~ to förmå att

caution ['kɔːʃən] n försiktighet c; v varna

cautious ['kɔːʃəs] adj försiktig

cave [keiv] n grotta c

cavern ['kævən] n håla c

caviar ['kæviɑː] n kaviar c

cavity ['kæviti] n hålighet c

cease [siːs] v upphöra

ceiling ['siːliŋ] n innertak nt

celebrate ['selibreit] v fira
celebration [,seli'breiʃən] n firande nt
celebrity [si'lebrəti] n berömdhet c
celery ['seləri] n selleri nt
celibacy ['selibəsi] n celibat nt
cell [sel] n cell c
cellar ['selə] n källare c
cellophane ['seləfein] n cellofan nt
cement [si'ment] n cement nt
cemetery ['semitri] n kyrkogård c,
 begravningsplats c
censorship ['sensəʃip] n censur c
centimetre ['sentimi:tə] n centimeter
 c
central ['sentrəl] adj central; ~ heat-
 ing centralvärme c; ~ station cen-
 tralstation c
centralize ['sentrəlaiz] v centralisera
centre ['sentə] n centrum nt; medel-
 punkt c
century ['sentʃəri] n århundrade nt
ceramics [si'ræmiks] pl keramik c,
 lergods nt
ceremony ['serəməni] n ceremoni c
certain ['sə:tən] adj säker; viss
certificate [sə'tifikət] n certifikat nt;
 intyg nt, handling c, diplom nt, at-
 test c
chain [tʃein] n kedja c
chair [tʃeə] n stol c
chairman ['tʃeəmən] n (pl -men) ord-
 förande c
chalet ['ʃælei] n alpstuga c
chalk [tʃɔ:k] n krita c
challenge ['tʃæləndʒ] v utmana; n ut-
 maning c
chamber ['tʃeimbə] n kammare c
chambermaid ['tʃeimbəmeid] n städer-
 ska c
champagne [ʃæm'pein] n champagne
 c
champion ['tʃæmpjən] n mästare c;
 förkämpe c
chance [tʃɑ:ns] n slump c; chans c,

tillfällighet c; risk c; by ~ av en
 slump
change [tʃeindʒ] v förändra, ändra;
 växla; klä om sig; byta; n föränd-
 ring c; småpengar pl
channel ['tʃænəl] n kanal c; English
 Channel Engelska kanalen
chaos ['keiɔs] n kaos nt
chaotic [kei'ɔtik] adj kaotisk
chap [tʃæp] n karl c
chapel ['tʃæpəl] n kapell nt
chaplain ['tʃæplin] n kaplan c
character ['kærəktə] n karaktär c
characteristic [,kærəktə'ristik] adj be-
 tecknande, karakteristisk; n kän-
 netecken nt; karaktärsdrag nt
characterize ['kærəktəraiz] v karakte-
 risera
charcoal ['tʃɑ:koul] n träkol nt
charge [tʃɑ:dʒ] v *ta betalt; *ålägga;
 anklaga; lasta; n avgift c; laddning
 c, börda c, belastning c; anklagelse
 c; ~ plate Am kreditkort nt; free
 of ~ kostnadsfri; in ~ of ansvarig
 för; *take ~ of *ta hand om
charity ['tʃærəti] n välgörenhet c
charm [tʃɑ:m] n tjusning c, charm c;
 amulett c
charming ['tʃɑ:miŋ] adj charmerande
chart [tʃɑ:t] n tabell c; diagram nt;
 sjökort nt; conversion ~ omräk-
 ningstabell c
chase [tʃeis] v förfölja; *fördriva, ja-
 ga bort; n jakt c
chasm ['kæzəm] n klyfta c
chassis ['ʃæsi] n (pl ~) chassi nt
chaste [tʃeist] adj kysk
chat [tʃæt] v prata, småprata; n prat-
 stund c, prat nt, småprat nt
chatterbox ['tʃætəbɔks] n pratmakare
 c
chauffeur ['ʃoufə] n chaufför c
cheap [tʃi:p] adj billig; förmånlig
cheat [tʃi:t] v lura, fuska; *bedra

check [tʃek] v kolla, kontrollera; n rutigt mönster; nota c; nAm check c; check! schack!; ~ in checka in, *skriva in sig; ~ out lämna

check-book ['tʃekbuk] nAm checkhäfte c

checkerboard ['tʃekəbɔːd] nAm schackbräde nt

checkers ['tʃekəz] plAm damspel nt

checkroom ['tʃekruːm] nAm garderob c

check-up ['tʃekʌp] n undersökning c

cheek [tʃiːk] n kind c

cheek-bone ['tʃiːkboun] n kindben nt

cheer [tʃiə] v heja, hälsa med jubel; ~ up muntra upp

cheerful ['tʃiəfəl] adj munter, glad

cheese [tʃiːz] n ost c

chef [ʃef] n kökschef c

chemical ['kemikəl] adj kemisk

chemist ['kemist] n apotekare c; chemist's apotek nt; kemikalieaffär c

chemistry ['kemistri] n kemi c

cheque [tʃek] n check c

cheque-book ['tʃekbuk] n checkhäfte nt

chequered ['tʃekəd] adj rutig

cherry ['tʃeri] n körsbär nt

chess [tʃes] n schack nt

chest [tʃest] n bröst nt; bröstkorg c; kista c; ~ of drawers byrå c

chestnut ['tʃesnʌt] n kastanj c

chew [tʃuː] v tugga

chewing-gum ['tʃuːiŋgʌm] n tuggummi nt

chicken ['tʃikin] n kyckling c

chickenpox ['tʃikinpɔks] n vattkoppor pl

chief [tʃiːf] n chef c; adj huvud-, över-

chieftain ['tʃiːftən] n hövding c

chilblain ['tʃilblein] n frostknöl c

child [tʃaild] n (pl children) barn nt

childbirth ['tʃaildbəːθ] n förlossning c

childhood ['tʃaildhud] n barndom c

Chile ['tʃili] Chile

Chilean ['tʃiliən] adj chilensk; n chilenare c

chill [tʃil] n rysning nt

chilly ['tʃili] adj kylig

chimes [tʃaimz] pl klockspel nt

chimney ['tʃimni] n skorsten c

chin [tʃin] n haka c

China ['tʃainə] Kina

china ['tʃainə] n porslin nt

Chinese [tʃai'niːz] adj kinesisk; n kines c

chink [tʃiŋk] n spricka c

chip [tʃip] n flisa c; spelmark c; v kantstöta, tälja; chips pommes frites

chiropodist [ki'rɔpədist] n fotspecialist c

chisel ['tʃizəl] n mejsel c

chives [tʃaivz] pl gräslök c

chlorine ['klɔːriːn] n klor c

chock-full ['tʃɔk'ful] adj fullpackad, proppfull

chocolate ['tʃɔklət] n choklad c; chokladpralin c

choice [tʃɔis] n val nt; urval c

choir [kwaiə] n kör c

choke [tʃouk] v kvävas; *strypa, kväva; n choke c

*choose [tʃuːz] v *välja

chop [tʃɔp] n kotlett c; v hacka

Christ [kraist] Kristus

christen ['krisən] v döpa

christening ['krisəniŋ] n dop nt

Christian ['kristʃən] adj kristen; ~ name förnamn nt

Christmas ['krisməs] jul c

chromium ['kroumiəm] n krom c

chronic ['krɔnik] adj kronisk

chronological [ˌkrɔnə'lɔdʒikəl] adj kronologisk

chuckle ['tʃʌkəl] v småskratta

chunk [tʃʌŋk] n stycke nt
church [tʃəːtʃ] n kyrka c
churchyard ['tʃəːtʃjɑːd] n kyrkogård c
cigar [siˈgɑː] n cigarr c; ~ shop cigarraffär c
cigarette [ˌsigəˈret] n cigarrett c
cigarette-case [ˌsigəˈretkeis] n cigarrettetui nt
cigarette-holder [ˌsigəˈretˌhouldə] n cigarrettmunstycke c
cigarette-lighter [ˌsigəˈretˌlaitə] n cigarrettändare c
cinema ['sinəmə] n biograf c
cinnamon ['sinəmən] n kanel c
circle ['səːkəl] n cirkel c; krets c; balkong c; v *omge, *omsluta
circulation [ˌsəːkjuˈleiʃən] n cirkulation c; blodcirkulation c; omlopp nt
circumstance ['səːkəmstæns] n omständighet c
circus ['səːkəs] n cirkus c
citizen ['sitizən] n stadsbo c
citizenship ['sitizənʃip] n medborgarskap nt
city ['siti] n stad c
civic ['sivik] adj medborgar-
civil ['sivəl] adj medborgerlig; hövlig; ~ law civilrätt c; ~ servant statstjänsteman c
civilian [siˈviljən] adj civil; n civilist c
civilization [ˌsivəlaiˈzeiʃən] n civilisation c
civilized ['sivəlaizd] adj civiliserad
claim [kleim] v kräva, fordra; *påstå; n anspråk nt, fordran c
clamp [klæmp] n klämma c; krampa c
clap [klæp] v applådera
clarify ['klærifai] v *klargöra
class [klɑːs] n klass c
classical ['klæsikəl] adj klassisk
classify ['klæsifai] v indela
class-mate ['klɑːsmeit] n klasskamrat c

classroom ['klɑːsruːm] n klassrum nt
clause [klɔːz] n klausul c
claw [klɔː] n klo c
clay [klei] n lera c
clean [kliːn] adj ren; v städa, *rengöra
cleaning ['kliːniŋ] n rengöring c; ~ fluid rengöringsmedel nt
clear [kliə] adj klar; tydlig; v röja
clearing ['kliəriŋ] n uthuggning c
cleft [kleft] n skreva c
clergyman ['kləːdʒimən] n (pl -men) präst c
clerk [klɑːk] n kontorist c; bokhållare c; sekreterare c
clever ['klevə] adj intelligent; skicklig, klok
client ['klaiənt] n kund c; klient c
cliff [klif] n klippa c
climate ['klaimit] n klimat nt
climb [klaim] v klättra; n klättring c
clinic ['klinik] n klinik c
cloak [klouk] n cape c
cloakroom ['kloukruːm] n kapprum nt
clock [klɔk] n ur nt; at ... oˈclock klockan ...
cloister ['klɔistə] n kloster nt
close¹ [klouz] v stänga, *sluta; closed adj stängd, sluten
close² [klous] adj nära
closet ['klɔzit] n skåp nt; garderob c
cloth [klɔθ] n tyg nt; trasa c
clothes [klouðz] pl kläder pl
clothes-brush ['klouðzbrʌʃ] n klädborste c
clothing ['klouðiŋ] n beklädnad c
cloud [klaud] n moln nt
cloud-burst ['klaudbəːst] n skyfall nt
cloudy ['klaudi] adj mulen, molnig
clover ['klouvə] n klöver c
clown [klaun] n clown c
club [klʌb] n klubb c, förening c; påk c, klubba c
clumsy ['klʌmzi] adj klumpig

clutch [klʌtʃ] *n* koppling *c*; grepp *nt*

coach [koutʃ] *n* buss *c*; vagn *c*; kaross *c*; tränare *c*

coachwork ['koutʃwəːk] *n* karosseri *nt*

coagulate [kou'ægjuleit] *v* koagulera

coal [koul] *n* kol *nt*

coarse [kɔːs] *adj* grov

coast [koust] *n* kust *c*

coat [kout] *n* överrock *c*, kappa *c*

coat-hanger ['kout,hæŋə] *n* galge *c*

cobweb ['kɔbweb] *n* spindelnät *nt*

cocaine [kou'kein] *n* kokain *nt*

cock [kɔk] *n* tupp *c*

cocktail ['kɔkteil] *n* cocktail *c*

coconut ['koukənʌt] *n* kokosnöt *c*

cod [kɔd] *n* (pl ~) torsk *c*

code [koud] *n* kod *c*

coffee ['kɔfi] *n* kaffe *nt*

cognac ['kɔnjæk] *n* konjak *c*

coherence [kou'hiərəns] *n* sammanhang *nt*

coin [kɔin] *n* mynt *nt*; slant *c*

coincide [,kouin'said] *v* *sammanfalla

cold [kould] *adj* kall; *n* kyla *c*; förkylning *c*; *catch a ~ *bli förkyld

collapse [kə'læps] *v* kollapsa, *bryta samman

collar ['kɔlə] *n* halsband *nt*; krage *c*; ~ stud kragknapp *c*

collarbone ['kɔləboun] *n* nyckelben *nt*

colleague ['kɔliːg] *n* kollega *c*

collect [kə'lekt] *v* samla; hämta; samla in

collection [kə'lekʃən] *n* samling *c*; brevlådstömning *c*; kollekt *c*, insamling *c*

collective [kə'lektiv] *adj* kollektiv

collector [kə'lektə] *n* samlare *c*; insamlare *c*

college ['kɔlidʒ] *n* högre läroanstalt; högskola *c*

collide [kə'laid] *v* kollidera

collision [kə'liʒən] *n* sammanstötning *c*, kollision *c*; ombordläggning *c*

Colombia [kə'lɔmbiə] Colombia

Colombian [kə'lɔmbiən] *adj* colombiansk; *n* colombian *c*

colonel ['kəːnəl] *n* överste *c*

colony ['kɔləni] *n* koloni *c*

colour ['kʌlə] *n* färg *c*; *v* färga; ~ film färgfilm *c*

colourant ['kʌlərənt] *n* färgämne *nt*

colour-blind ['kʌləblaind] *adj* färgblind

coloured ['kʌləd] *adj* färgad

colourful ['kʌləfəl] *adj* färgrik, färgstark

column ['kɔləm] *n* pelare *c*; kolumn *c*; rubrik *c*

coma ['koumə] *n* koma *c*

comb [koum] *v* kamma; *n* kam *c*

combat ['kɔmbæt] *n* kamp *c*, strid *c*; *v* bekämpa, kämpa

combination [,kɔmbi'neiʃən] *n* kombination *c*

combine [kəm'bain] *v* kombinera

*come [kʌm] *v* *komma; ~ across råka träffa, stöta på; *få tag i

comedian [kə'miːdiən] *n* skådespelare *c*; komiker *c*

comedy ['kɔmədi] *n* lustspel *nt*, komedi *c*; **musical** ~ musikalisk komedi

comfort ['kʌmfət] *n* komfort *c*, bekvämlighet *c*; tröst *c*; *v* trösta

comfortable ['kʌmfətəbəl] *adj* bekväm, komfortabel

comic ['kɔmik] *adj* komisk

comics ['kɔmiks] *pl* tecknad serie

coming ['kʌmiŋ] *n* ankomst *c*

comma ['kɔmə] *n* kommatecken *nt*

command [kə'mɑːnd] *v* befalla; *n* befallning *c*

commander [kə'mɑːndə] *n* befälhavare *c*

commemoration [kə,memə'reiʃən] *n* minnesfest *c*

commence [kə'mens] *v* börja

comment ['kɔment] n kommentar c; v kommentera

commerce ['kɔmə:s] n handel c

commercial [kə'mə:ʃəl] adj kommersiell, handels-; n reklamsändning c; ~ law handelsrätt c

commission [kə'miʃən] n kommission c

commit [kə'mit] v anförtro, överlämna; *begå, föröva

committee [kə'miti] n kommitté c, utskott nt

common ['kɔmən] adj gemensam; allmän, vanlig; simpel

commune ['kɔmju:n] n kommun c

communicate [kə'mju:nikeit] v meddela

communication [kə,mju:ni'keiʃən] n kommunikation c; meddelande nt

communism ['kɔmjunizəm] n kommunism c

communist ['kɔmjunist] n kommunist c

community [kə'mju:nəti] n gemenskap c, samhälle nt

commuter [kə'mju:tə] n pendlare c

compact ['kɔmpækt] adj kompakt

compact disc ['kɔmpækt disk] n CD-skiva c; ~ player CD-spelare c

companion [kəm'pænjən] n följeslagare c

company ['kʌmpəni] n sällskap nt; bolag nt; företag nt, firma c

comparative [kəm'pærətiv] adj relativ

compare [kəm'pɛə] v jämföra

comparison [kəm'pærisən] n jämförelse c

compartment [kəm'pɑ:tmənt] n kupé c; fack nt

compass ['kʌmpəs] n kompass c

compel [kəm'pel] v tvinga

compensate ['kɔmpənseit] v kompensera

compensation [,kɔmpən'seiʃən] n

kompensation c; skadeersättning c

compete [kəm'pi:t] v tävla

competition [,kɔmpə'tiʃən] n tävlan c; tävling c

competitor [kəm'petitər] n medtävlare c

compile [kəm'pail] v sammanställa, samla ihop

complain [kəm'plein] v klaga

complaint [kəm'pleint] n reklamation c, klagomål nt; complaints book reklamationsbok c

complete [kəm'pli:t] adj fullkomlig, komplett; v avsluta

completely [kəm'pli:tli] adv fullkomligt, totalt, fullständigt

complex ['kɔmpleks] n komplex nt; adj invecklad

complexion [kəm'plekʃən] n hy c

complicated ['kɔmplikeitid] adj komplicerad, invecklad

compliment ['kɔmplimənt] n komplimang c; v komplimentera, gratulera

compose [kəm'pouz] v sammanställa

composer [kəm'pouzə] n kompositör c

composition [,kɔmpə'ziʃən] n komposition c; sammansättning c

comprehensive [,kɔmpri'hensiv] adj omfattande, innehållsrik

comprise [kəm'praiz] v *inbegripa, omfatta

compromise ['kɔmprəmaiz] n kompromiss c

compulsory [kəm'pʌlsəri] adj obligatorisk

computer [kəm'pju:tə] n dator c

conceal [kən'si:l] v *dölja

conceited [kən'si:tid] adj egenkär

conceive [kən'si:v] v avla; tänka ut; fatta

concentrate ['kɔnsəntreit] v koncentrera

concentration [ˌkɔnsənˈtreiʃən] *n* koncentration *c*

conception [kənˈsepʃən] *n* uppfattning *c*; befruktning *c*

concern [kənˈsəːn] *v* beträffa, *angå; *n* oro *c*; angelägenhet *c*; koncern *c*

concerned [kənˈsəːnd] *adj* bekymrad; inblandad

concerning [kənˈsəːniŋ] *prep* angående, beträffande

concert [ˈkɔnsəˈ] *n* konsert *c*; ~ hall konsertsal *c*

concession [kənˈseʃən] *n* koncession *c*; beviljande *nt*

concise [kənˈsais] *adj* kortfattad, koncis

conclusion [kənˈkluːʒən] *n* slut *nt*, slutsats *c*

concrete [ˈkɔnkriːt] *adj* konkret; *n* betong *c*

concurrence [kənˈkʌrəns] *n* sammanträffande *nt*

concussion [kənˈkʌʃən] *n* hjärnskakning *c*

condition [kənˈdiʃən] *n* villkor *nt*; tillstånd *nt*, kondition *c*

conditional [kənˈdiʃənəl] *adj* villkorlig

conditioner [kənˈdiʃənə] *n* sköljmedel

condom [ˈkɔndəm] *n* kondom *c*

conduct[1] [ˈkɔndʌkt] *n* uppförande *nt*

conduct[2] [kənˈdʌkt] *v* ledsaga; dirigera

conductor [kənˈdʌktə] *n* förare *c*; dirigent *c*

confectioner [kənˈfekʃənə] *n* konditor *c*

conference [ˈkɔnfərəns] *n* konferens *c*

confess [kənˈfes] *v* erkänna; bikta sig; bekänna

confession [kənˈfeʃən] *n* bekännelse *c*; bikt *c*

confidence [ˈkɔnfidəns] *n* förtroende *nt*

confident [ˈkɔnfidənt] *adj* tillitsfull

confidential [ˌkɔnfiˈdenʃəl] *adj* konfidentiell

confirm [kənˈfəːm] *v* bekräfta

confirmation [ˌkɔnfəˈmeiʃən] *n* bekräftelse *c*

confiscate [ˈkɔnfiskeit] *v* konfiskera

conflict [ˈkɔnflikt] *n* konflikt *c*

confuse [kənˈfjuːz] *v* förvirra

confusion [kənˈfjuːʒən] *n* förvirring *c*

congratulate [kənˈgrætʃuleit] *v* lyckönska, gratulera

congratulation [kənˌgrætʃuˈleiʃən] *n* lyckönskning *c*, gratulation *c*

congregation [ˌkɔŋgriˈgeiʃən] *n* församling *c*; kongregation *c*

congress [ˈkɔŋgres] *n* kongress *c*

connect [kəˈnekt] *v* *förbinda, koppla; koppla till, *anknyta; *ansluta

connection [kəˈnekʃən] *n* förbindelse *c*; sammanhang *nt*, anknytning *c*

connoisseur [ˌkɔnəˈsəː] *n* kännare *c*

connotation [ˌkɔnəˈteiʃən] *n* bibetydelse *c*

conquer [ˈkɔŋkə] *v* erövra; besegra

conqueror [ˈkɔŋkərə] *n* erövrare *c*

conquest [ˈkɔŋkwest] *n* erövring *c*

conscience [ˈkɔnʃəns] *n* samvete *nt*

conscious [ˈkɔnʃəs] *adj* medveten

consciousness [ˈkɔnʃəsnəs] *n* medvetande *nt*

conscript [ˈkɔnskript] *n* värnpliktig *c*

consent [kənˈsent] *v* samtycka; *n* samtycke *nt*, bifall *nt*

consequence [ˈkɔnsikwəns] *n* verkan *c*, följd *c*

consequently [ˈkɔnsikwəntli] *adv* följaktligen

conservative [kənˈsəːvətiv] *adj* samhällsbevarande, konservativ

consider [kənˈsidə] *v* betrakta; överväga; *anse

considerable [kənˈsidərəbəl] *adj* betydlig; avsevärd, betydande

considerate [kən'sidərət] adj hänsynsfull

consideration [kən,sidə'reiʃən] n övervägande nt; hänsyn c, hänsynsfullhet c

considering [kən'sidəriŋ] prep med hänsyn till

consignment [kən'sainmənt] n försändelse c

consist of [kən'sist] *bestå av

conspire [kən'spaiə] v *sammansvärja sig

constant ['kɔnstənt] adj ständig

constipated ['kɔnstipeitid] adj förstoppad

constipation [,kɔnsti'peiʃən] n förstoppning c

constituency [kən'stitʃuənsi] n valkrets c

constitution [,kɔnsti'tju:ʃən] n grundlag c; sammansättning c

construct [kən'strʌkt] v konstruera; bygga, uppföra

construction [kən'strʌkʃən] n konstruktion c; uppförande nt; bygge nt, byggnad c

consul ['kɔnsəl] n konsul c

consulate ['kɔnsjulət] n konsulat nt

consult [kən'sʌlt] v rådfråga

consultation [,kɔnsəl'teiʃən] n konsultation c; ~ **hours** mottagningstid c

consumer [kən'sju:mə] n konsument c

contact ['kɔntækt] n kontakt c, beröring c; v kontakta; ~ **lenses** kontaktlinser pl

contagious [kən'teidʒəs] adj smittosam, smittande

contain [kən'tein] v *innehålla; rymma

container [kən'teinə] n behållare c; container c

contemporary [kən'tempərəri] adj samtida; nutida; n samtida person

contempt [kən'tempt] n förakt nt,

ringaktning c

content [kən'tent] adj nöjd

contents ['kɔntents] pl innehåll nt

contest ['kɔntest] n strid c; tävling c

continent ['kɔntinənt] n kontinent c, världsdel c

continental [,kɔnti'nentəl] adj kontinental

continual [kən'tinjuəl] adj ständig; **continually** adv oupphörligen

continue [kən'tinju:] v *fortsätta, *fortgå

continuous [kən'tinjuəs] adj oavbruten, kontinuerlig

contour ['kɔntuə] n kontur c

contraceptive [,kɔntrə'septiv] n preventivmedel nt

contract¹ ['kɔntrækt] n kontrakt nt

contract² [kən'trækt] v *ådraga sig

contractor [kən'træktə] n entreprenör c

contradict [,kɔntrə'dikt] v *motsäga

contradictory [,kɔntrə'diktəri] adj motsägande

contrary ['kɔntrəri] n motsats c; adj motsatt; **on the** ~ däremot

contrast ['kɔntrɑ:st] n kontrast c

contribution [,kɔntri'bju:ʃən] n bidrag nt

control [kən'troul] n kontroll c; v kontrollera

controversial [,kɔntrə'və:ʃəl] adj omtvistad, omstridd

convenience [kən'vi:njəns] n bekvämlighet c

convenient [kən'vi:njənt] adj bekväm; lämplig, passande

convent ['kɔnvənt] n kloster nt

conversation [,kɔnvə'seiʃən] n konversation c, samtal nt

convert [kən'və:t] v omvända; omräkna

convict¹ [kən'vikt] v förklara skyldig

convict² ['kɔnvikt] n brottsling c

conviction [kən'vikʃən] n övertygelse c; fällande dom

convince [kən'vins] v övertyga

convulsion [kən'vʌlʃən] n kramp c

cook [kuk] n kock c; v laga mat; tillaga

cookbook ['kukbuk] nAm kokbok c

cooker ['kukə] n spis c; gas ~ gasspis c

cookery-book ['kukəribuk] n kokbok c

cookie ['kuki] nAm kex nt

cool [ku:l] adj kylig; cooling system kylsystem nt

co-operation [kou,ɔpə'reiʃən] n samarbete nt; samverkan c

co-operative [kou'ɔpərətiv] adj kooperativ; samarbetsvillig; n kooperation c

co-ordinate [kou'ɔ:dineit] v samordna

co-ordination [kou,ɔ:di'neiʃən] n samordning c

copper ['kɔpə] n koppar c

copy ['kɔpi] n kopia c; avskrift c; exemplar nt; v kopiera; härma; carbon ~ karbonkopia c

coral ['kɔrəl] n korall c

cord [kɔ:d] n rep nt; lina c

cordial ['kɔ:diəl] adj hjärtlig

corduroy ['kɔ:dərɔi] n manchester c

core [kɔ:] n kärna c; kärnhus nt

cork [kɔ:k] n kork c

corkscrew ['kɔ:kskru:] n korkskruv c

corn [kɔ:n] n korn nt; spannmål c, säd c; liktorn c; ~ on the cob majskolv c

corner ['kɔ:nə] n hörn nt

cornfield ['kɔ:nfi:ld] n sädesfält nt

corpse [kɔ:ps] n lik nt

corpulent ['kɔ:pjulənt] adj korpulent; tjock

correct [kə'rekt] adj riktig, korrekt, rätt; v rätta, rätta till

correction [kə'rekʃən] n rättelse c

correctness [kə'rektnəs] n riktighet c

correspond [,kɔri'spɔnd] v korrespondera; överensstämma, motsvara

correspondence [,kɔri'spɔndəns] n överensstämmelse c, brevväxling c

correspondent [,kɔri'spɔndənt] n korrespondent c

corridor ['kɔridɔ:] n korridor c

corrupt [kə'rʌpt] adj korrumperad; v korrumpera

corruption [kə'rʌpʃən] n korruption c

corset ['kɔ:sit] n korsett c

cosmetics [kɔz'metiks] pl skönhetsmedel pl, kosmetika pl

cost [kɔst] n kostnad c; pris nt

*cost [kɔst] v kosta

cosy ['kouzi] adj mysig, hemtrevlig

cot [kɔt] nAm turistsäng c

cottage ['kɔtidʒ] n stuga c

cotton ['kɔtən] n bomull c

cotton-wool ['kɔtənwul] n bomull c

couch [kautʃ] n soffa c

cough [kɔf] n hosta c; v hosta

could [kud] v (p can)

council ['kaunsəl] n rådsförsamling c

councillor ['kaunsələ] n rådsmedlem c

counsel ['kaunsəl] n överläggning c, råd nt

counsellor ['kaunsələ] n rådgivare c

count [kaunt] v räkna; räkna ihop; medräkna; *anse; n greve c

counter ['kauntə] n disk c

counterfeit ['kauntəfi:t] v förfalska

counterfoil ['kauntəfɔil] n talong c

counterpane ['kauntəpein] n sängöverkast nt

countess ['kauntis] n grevinna c

country ['kʌntri] n land nt; landsbygd c; ~ house lantställe nt

countryman ['kʌntrimən] n (pl -men) landsman c

countryside ['kʌntrisaid] n landsbygd c

county ['kaunti] n grevskap nt

couple ['kʌpəl] n par nt
coupon ['ku:pɔn] n kupong c, biljett c
courage ['kʌridʒ] n tapperhet c, mod nt
courageous [kə'reidʒəs] adj modig, tapper
course [kɔːs] n kurs c; rätt c; lopp c; **intensive ~** snabbkurs c; **of ~** givetvis, naturligtvis
court [kɔːt] n domstol c; hov nt
courteous ['kɔːtiəs] adj artig
cousin ['kʌzən] n kusin c
cover ['kʌvə] v täcka; n skydd nt; lock nt; pärm c; **~ charge** kuvertavgift c
cow [kau] n ko c
coward ['kauəd] n ynkrygg c
cowardly ['kauədli] adj feg
crab [kræb] n krabba c
crack [kræk] n smäll c; spricka c; v smälla; *spricka, spräcka
cracker ['krækə] nAm kex nt
cradle ['kreidəl] n vagga c
cramp [kræmp] n kramp c
crane [krein] n lyftkran c
crankcase ['kræŋkeis] n vevhus nt
crankshaft ['kræŋkʃɑːft] n vevaxel c
crash [kræʃ] n kollision c; v kollidera; störta; **~ barrier** vägräcke nt
crate [kreit] n spjällåda c
crater ['kreitə] n krater c
crawl [krɔːl] v *krypa; n crawlsim nt
craze [kreiz] n mani c
crazy ['kreizi] adj galen; vansinnig, tokig
creak [kriːk] v gnissla
cream [kriːm] n kräm c; grädde c; adj gräddfärgad
creamy ['kriːmi] adj grädd-
crease [kriːs] n skrynkla; n veck nt; skrynkla c
create [kri'eit] v skapa
creature ['kriːtʃə] n varelse c
credible ['kredibəl] adj trovärdig

credit ['kredit] n kredit c; v kreditera; **~ card** kreditkort c
creditor ['kreditə] n fordringsägare c
credulous ['kredjuləs] adj godtrogen
creek [kriːk] n vik c
***creep** [kriːp] v *krypa
creepy ['kriːpi] adj kuslig
cremate [kri'meit] v kremera
cremation [kri'meiʃən] n kremering c
crew [kruː] n besättning c
cricket ['krikit] n kricket nt; syrsa c
crime [kraim] n brott nt
criminal ['kriminəl] n förbrytare c, brottsling c; adj kriminell, brottslig; **~ law** strafflag c
criminality [ˌkrimi'næləti] n brottslighet c
crimson ['krimzən] adj karmosinröd
crippled ['kripəld] adj invalidiserad
crisis ['kraisis] n (pl crises) kris c
crisp [krisp] adj knaprig, frasig
critic ['kritik] n kritiker c
critical ['kritikəl] adj kritisk, farlig
criticism ['kritisizəm] n kritik c
criticize ['kritisaiz] v kritisera
crochet ['krouʃei] v virka
crockery ['krɔkəri] n lergods nt, porslin nt
crocodile ['krɔkədail] n krokodil c
crooked ['krukid] adj krokig, vriden; oärlig
crop [krɔp] n skörd c
cross [krɔs] v *gå över; adj vresig, arg; n kors nt
cross-eyed ['krɔsaid] adj skelögd
crossing ['krɔsiŋ] n överfart c; korsning c; övergångsställe c
crossroads ['krɔsroudz] n gatukorsning c
crosswalk ['krɔswɔːk] nAm övergångsställe nt
crow [krou] n kråka c
crowbar ['kroubɑː] n bräckjärn nt
crowd [kraud] n folkmassa c, hop c

crowded ['kraudid] *adj* fullpackad; överfull

crown [kraun] *n* krona *c; v* kröna

crucifix ['kru:sifiks] *n* krucifix *nt*

crucifixion [,kru:si'fikʃən] *n* korsfästelse *c*

crucify ['kru:sifai] *v* korsfästa

cruel [kruəl] *adj* grym

cruise [kru:z] *n* kryssning *c*

crumb [krʌm] *n* smula *c*

crusade [kru:'seid] *n* korståg *nt*

crust [krʌst] *n* skorpa *c*

crutch [krʌtʃ] *n* krycka *c*

cry [krai] *v* *gråta; *skrika; ropa; *n* skrik *nt;* rop *nt*

crystal ['kristəl] *n* kristall *c; adj* kristall-

Cuba ['kju:bə] Kuba

Cuban ['kju:bən] *adj* kubansk; *n* kuban *c*

cube [kju:b] *n* kub *c;* tärning *c*

cuckoo ['kuku:] *n* gök *c*

cucumber ['kju:kəmbə] *n* gurka *c*

cuddle ['kʌdəl] *v* krama, kela med

cudgel ['kʌdʒəl] *n* påk *c*

cuff [kʌf] *n* manschett *c*

cuff-links ['kʌfliŋks] *pl* manschettknappar *pl*

cul-de-sac ['kʌldəsæk] *n* återvändsgränd *c*

cultivate ['kʌltiveit] *v* odla

culture ['kʌltʃə] *n* kultur *c*

cultured ['kʌltʃəd] *adj* kultiverad

cunning ['kʌniŋ] *adj* listig

cup [kʌp] *n* kopp *c;* pokal *c*

cupboard ['kʌbəd] *n* skåp *nt*

curb [kə:b] *n* trottoarkant *c; v* tygla, kuva

cure [kjuə] *v* bota; *n* kur *c;* tillfrisknande *nt*

curio ['kjuəriou] *n* (pl ~s) raritet *c*

curiosity [,kjuəri'ɔsəti] *n* nyfikenhet *c*

curious ['kjuəriəs] *adj* vetgirig, nyfiken; märkvärdig

curl [kə:l] *v* locka; krusa; *n* lock *c*

curler ['kə:lə] *n* papiljott *c*

curling-tongs ['kə:liŋtɔŋz] *pl* locktång *c*

curly ['kə:li] *adj* lockig

currant ['kʌrənt] *n* korint *c;* vinbär *nt*

currency ['kʌrənsi] *n* valuta *c;* **foreign ~** utländsk valuta

current ['kʌrənt] *n* ström *c; adj* nuvarande, gällande; **alternating ~** växelström *c;* **direct ~** likström *c*

curry ['kʌri] *n* curry *c*

curse [kə:s] *v* *svära; förbanna; *n* svordom *c*

curtain ['kə:tən] *n* gardin *c;* ridå *c*

curve [kə:v] *n* kurva *c;* krökning *c*

curved [kə:vd] *adj* böjd

cushion ['kuʃən] *n* kudde *c*

custodian [kʌ'stoudiən] *n* vaktmästare *c*

custody ['kʌstədi] *n* häkte *nt;* förvaring *c;* förmynderskap *nt*

custom ['kʌstəm] *n* vana *c;* bruk *nt*

customary ['kʌstəməri] *adj* vanlig, sedvanlig, bruklig

customer ['kʌstəmə] *n* kund *c;* klient *c*

Customs ['kʌstəmz] *pl* tull *c;* **~ duty** tull *c;* **~ officer** tulltjänsteman *c*

cut [kʌt] *n* snitt *nt;* skärsår *nt*

***cut** [kʌt] *v* *skära; klippa; *skära ned; **~ off** *skära av; klippa av; stänga av

cutlery ['kʌtləri] *n* bestick *nt*

cutlet ['kʌtlət] *n* kotlett *c*

cycle ['saikəl] *n* cykel *c;* kretslopp *nt*

cyclist ['saiklist] *n* cyklist *c*

cylinder ['silində] *n* cylinder *c;* **~ head** topplock *nt*

cystitis [si'staitis] *n* blåskatarr *c*

Czech Republic [,tʃek ri'pʌblik] Tjeckiska republiken

D

dad [dæd] n pappa c
daddy ['dædi] n pappa c
daffodil ['dæfədil] n påsklilja c
daily ['deili] adj daglig; n dagstidning c
dairy ['dɛəri] n mejeri nt
dam [dæm] n damm c; jordvall c
damage ['dæmidʒ] n skada c; v förstöra
damp [dæmp] adj fuktig; n fukt c; v fukta
dance [dɑ:ns] v dansa; n dans c
dandelion ['dændilaiən] n maskros c
dandruff ['dændrəf] n mjäll nt
Dane [dein] n dansk c
danger ['deindʒə] n fara c
dangerous ['deindʒərəs] adj farlig
Danish ['deiniʃ] adj dansk
dare [dɛə] v våga; utmana
daring ['dɛəriŋ] adj djärv, oförskräckt
dark [dɑ:k] adj mörk; n mörker nt
darling ['dɑ:liŋ] n älskling c
darn [dɑ:n] v stoppa
dash [dæʃ] v rusa; n tankstreck nt
dashboard ['dæʃbɔ:d] n instrumentbräda c
data ['deitə] pl data pl
date¹ [deit] n datum nt; träff c; v datera; out of ~ omodern
date² [deit] n dadel c
daughter ['dɔ:tə] n dotter c
dawn [dɔ:n] n gryning c; dagning c
day [dei] n dag c; by ~ om dagen; ~ trip dagsutflykt c; per ~ per dag; the ~ before yesterday i förrgår
daybreak ['deibreik] n dagbräckning c
daylight ['deilait] n dagsljus nt
dead [ded] adj död
deaf [def] adj döv

deal [di:l] n affärsuppgörelse c, affärstransaktion c
*deal [di:l] v dela ut; ~ with befatta sig med; *göra affärer med
dealer ['di:lə] n agent c, -handlare
dear [diə] adj kär; dyr; dyrbar
death [deθ] n död c; ~ penalty dödsstraff nt
debate [di'beit] n debatt c
debit ['debit] n debet c
debt [det] n skuld c
decaffeinated [di:'kæfineitid] adj koffeinfri
deceit [di'si:t] n bedrägeri nt
deceive [di'si:v] v *bedra
December [di'sembə] december
decency ['di:sənsi] n anständighet c
decent ['di:sənt] adj anständig
decide [di'said] v *besluta, bestämma, *avgöra
decision [di'siʒən] n avgörande nt, beslut nt
deck [dek] n däck nt; ~ cabin däckshytt c; ~ chair vilstol c
declaration [,deklə'reiʃən] n förklaring c; deklaration c
declare [di'klɛə] v förklara; *uppge; förtulla
decoration [,dekə'reiʃən] n dekoration c
decrease [di:'kri:s] v *skära ned, minska; *avta; n minskning c
dedicate ['dedikeit] v ägna
deduce [di'dju:s] v härleda
deduct [di'dʌkt] v *dra av
deed [di:d] n handling c, gärning c
deep [di:p] adj djup
deep-freeze [,di:p'fri:z] n frys c
deer [diə] n (pl ~) hjort c
defeat [di'fi:t] v besegra; n nederlag nt
defective [di'fektiv] adj bristfällig
defence [di'fens] n försvar nt
defend [di'fend] v försvara

deficiency [di'fiʃənsi] n brist c
deficit ['defisit] n underskott nt
define [di'fain] v definiera, bestämma
definite ['definit] adj bestämd
definition [,defi'niʃən] n definition c
deformed [di'fɔ:md] adj vanskapt, vanställd
degree [di'gri:] n grad c
delay [di'lei] v försena, *uppskjuta; n försening c; uppskov nt
delegate ['deligət] n delegat c
delegation [,deli'geiʃən] n deputation c, delegation c
deliberate[1] [di'libəreit] v *överlägga, överväga
deliberate[2] [di'libərət] adj överlagd
deliberation [di,libə'reiʃən] n överläggning c
delicacy ['delikəsi] n delikatess c
delicate ['delikət] adj fin; ömtålig; känslig
delicatessen [,delikə'tesən] n delikatessaffär c
delicious [di'liʃəs] adj utsökt, läcker
delight [di'lait] n förtjusning c, njutning c; v *glädja; **delighted** förtjust
delightful [di'laitfəl] adj härlig, förtjusande
deliver [di'livə] v leverera, avlämna; frälsa
delivery [di'livəri] n leverans c; förlossning c; frälsning c; ~ **van** varubil c
demand [di'ma:nd] v fordra, kräva; n begäran c; efterfrågan c
democracy [di'mɔkrəsi] n demokrati c
democratic [,demə'krætik] adj demokratisk
demolish [di'mɔliʃ] v *riva
demolition [,demə'liʃən] n rivning c
demonstrate ['demənstreit] v bevisa; demonstrera

demonstration [,demən'streiʃən] n demonstration c
den [den] n lya c
Denmark ['denma:k] Danmark
denomination [di,nɔmi'neiʃən] n benämning c
dense [dens] adj tät
dent [dent] n buckla c
dentist ['dentist] n tandläkare c
denture ['dentʃə] n tandprotes c
deny [di'nai] v förneka; neka, *bestrida, vägra
deodorant [di:'oudərənt] n deodorant c
depart [di'pa:t] v avresa, avlägsna sig; *avlida
department [di'pa:tmənt] n avdelning c, departement nt; ~ **store** varuhus nt
departure [di'pa:tʃə] n avgång c, avresa c
dependant [di'pendənt] adj beroende
depend on [di'pend] bero på; *vara beroende av
deposit [di'pɔzit] n inbetalning c; handpenning c, pant c; avlagring c, sediment nt; v deponera
depository [di'pɔzitəri] n förvaringsrum nt
depot ['depou] n depå c; nAm station c
depressed [di'prest] adj deprimerad
depressing [di'presiŋ] adj nedslående
depression [di'preʃən] n depression c; lågtryck nt
deprive of [di'praiv] beröva
depth [depθ] n djup nt
deputy ['depjuti] n deputerad c; ställföreträdare c
descend [di'send] v *stiga ned
descendant [di'sendənt] n ättling c
descent [di'sent] n nedstigning c
describe [di'skraib] v *beskriva
description [di'skripʃən] n beskrivning

c; signalement *nt*

desert[1] ['dezət] *n* öken *c; adj* öde

desert[2] [di'zə:t] *v* desertera; *överge

deserve [di'zə:v] *v* förtjäna

design [di'zain] *v* *planlägga; *n* utkast *nt;* mönster *nt*

designate ['dezigneit] *v* bestämma

desirable [di'zaiərəbəl] *adj* önskvärd, åtråvärd

desire [di'zaiə] *n* önskan *c;* lust *c,* begär *nt; v* önska, längta

desk [desk] *n* skrivbord *nt;* talarstol *c;* skolbänk *c*

despair [di'spɛə] *n* förtvivlan *c; v* förtvivla

despatch [di'spætʃ] *v* avsända

desperate ['despərət] *adj* desperat

despise [di'spaiz] *v* förakta

despite [di'spait] *prep* trots

dessert [di'zə:t] *n* dessert *c*

destination [,desti'neiʃən] *n* bestämmelseort *c*

destine ['destin] *v* *avse, bestämma

destiny ['destini] *n* öde *nt*

destroy [di'strɔi] *v* förstöra

destruction [di'strʌkʃən] *n* förstörelse *c;* undergång *c*

detach [di'tætʃ] *v* avskilja

detail ['di:teil] *n* detalj *c*

detailed ['di:teild] *adj* detaljerad, utförlig

detect [di'tekt] *v* upptäcka

detective [di'tektiv] *n* detektiv *c;* ~ **story** detektivroman *c*

detergent [di'tə:dʒənt] *n* rengöringsmedel *nt*

determine [di'tə:min] *v* bestämma, fastställa

determined [di'tə:mind] *adj* beslutsam

detour ['di:tuə] *n* omväg *c*

devaluation [,di:vælju'eiʃən] *n* devalvering *c*

devalue [,di:'vælju:] *v* devalvera

develop [di'veləp] *v* utveckla; framkalla

development [di'veləpmənt] *n* utveckling *c;* framkallning *c*

deviate ['di:vieit] *v* *avvika

devil ['devəl] *n* djävul *c*

devise [di'vaiz] *v* uttänka

devote [di'vout] *v* ägna, offra

dew [dju:] *n* dagg *c*

diabetes [,daiə'bi:ti:z] *n* sockersjuka *c,* diabetes *c*

diabetic [,daiə'betik] *n* diabetiker *c,* sockersjuk *c*

diagnose [,daiəg'nouz] *v* ställa en diagnos

diagnosis [,daiəg'nousis] *n* (pl -ses) diagnos *c*

diagonal [dai'ægənəl] *n* diagonal *c; adj* diagonal

diagram ['daiəgræm] *n* diagram *nt;* grafisk framställning

dialect ['daiəlekt] *n* dialekt *c*

diamond ['daiəmənd] *n* diamant *c*

diaper ['daiəpə] *nAm* blöja *c*

diaphragm ['daiəfræm] *n* diafragma *c;* bländare *c*

diarrhoea [daiə'riə] *n* diarré *c*

diary ['daiəri] *n* fickalmanacka *c;* dagbok *c*

dictaphone ['diktəfoun] *n* diktafon *c*

dictate [dik'teit] *v* diktera

dictation [dik'teiʃən] *n* diktamen *c;* rättskrivning *c*

dictator [dik'teitə] *n* diktator *c*

dictionary ['dikʃənəri] *n* ordbok *c*

did [did] *v* (p do)

die [dai] *v* *dö

diesel ['di:zəl] *n* diesel *c*

diet ['daiət] *n* diet *c*

differ ['difə] *v* *vara olik

difference ['difərəns] *n* skillnad *c*

different ['difərənt] *adj* olik; annan

difficult ['difikəlt] *adj* svår; kinkig

difficulty ['difikəlti] *n* svårighet *c*

*dig [dig] v gräva
digest [di'dʒest] v smälta maten
digestible [di'dʒestəbəl] adj lättsmält
digestion [di'dʒestʃən] n matsmältning c
digit ['didʒit] n siffra c
digital ['didʒital] adj digital
dignified ['dignifaid] adj värdig
dike [daik] n fördämning c
dilapidated [di'læpideitid] adj förfallen
diligence ['dilidʒəns] n nit nt, flit c
diligent ['dilidʒənt] adj ihärdig, flitig, arbetsam
dilute [dai'lju:t] v förtunna, utspäda
dim [dim] adj matt, dunkel; vag, oklar
dine [dain] v *äta middag
dinghy ['diŋgi] n jolle c
dining-car ['dainiŋka:] n restaurangvagn c
dining-room ['dainiŋru:m] n matsal c
dinner ['dinə] n middag c, lunch c
dinner-jacket ['dinə,dʒækit] n smoking c
dinner-service ['dinə,sə:vis] n matservis c
diphtheria [dif'θiəriə] n difteri c
diploma [di'ploumə] n diplom nt
diplomat ['dipləmæt] n diplomat c
direct [di'rekt] adj direkt; v rikta; vägleda; leda; regissera
direction [di'rekʃən] n riktning c; instruktion c; regi c; styrelse c, direktion c; directions for use bruksanvisning c
directive [di'rektiv] n direktiv nt
director [di'rektə] n direktör c; regissör c
dirt [də:t] n smuts c
dirty ['də:ti] adj smutsig
disabled [di'seibəld] adj invalidiserad, handikappad
disadvantage [,disəd'va:ntidʒ] n nack-

del c
disagree [,disə'gri:] v *vara oenig, *vara oense
disagreeable [,disə'gri:əbəl] adj obehaglig
disappear [,disə'piə] v *försvinna
disappoint [,disə'pɔint] v *göra besviken; *be disappointing *vara en besvikelse
disappointment [,disə'pɔintmənt] n besvikelse c
disapprove [,disə'pru:v] v ogilla
disaster [di'za:stə] n katastrof c, olycka c
disastrous [di'za:strəs] adj katastrofal
disc [disk] n kota c, skiva c; grammofonskiva c; slipped ~ diskbråck nt
discard [di'ska:d] v kassera
discharge [dis'tʃa:dʒ] v lossa; urladda; ~ of *frita från
discipline ['disiplin] n disciplin c
discolour [di'skʌlə] v urbleka, avfärga; discoloured missfärgad
disconnect [,diskə'nekt] v åtskilja; stänga av; *ta loss
discontented [,diskən'tentid] adj missbelåten
discontinue [,diskən'tinju:] v sluta, *avbryta
discount ['diskaunt] n rabatt c, avdrag nt
discover [di'skʌvə] v upptäcka
discovery [di'skʌvəri] n upptäckt c
discuss [di'skʌs] v diskutera; debattera
discussion [di'skʌʃən] n diskussion c; överläggning c, debatt c, samtal nt
disease [di'zi:z] n sjukdom c
disembark [,disim'ba:k] v *landstiga, *gå i land
disgrace [dis'greis] n skam c
disguise [dis'gaiz] v förklä sig; n förklädnad c

disgusting [dis'gʌstiŋ] adj äcklig, vidrig

dish [diʃ] n tallrik c; serveringsfat nt, fat nt; maträtt c

dishonest [di'sɔnist] adj oärlig

disinfect [,disin'fekt] v desinfektera

disinfectant [,disin'fektənt] n desinfektionsmedel nt

dislike [di'slaik] v inte tycka om, tycka illa om; n antipati c, motvilja c

dislocated ['disləkeitid] adj ur led

dismiss [dis'mis] v skicka bort; avskeda

disorder [di'sɔ:də] n oreda c

dispatch [dis'pætʃ] v avsända

display [di'splei] v utställa; visa; n utställning c

displease [di'spli:z] v misshaga, förarga

disposable [di'spouzəbəl] adj engångs-

disposal [di'spouzəl] n förfogande nt

dispose of [di'spouz] *göra sig av med

dispute [di'spju:t] n dispyt c; gräl nt, tvist c; v tvista, *bestrida

dissatisfied [di'sætisfaid] adj missnöjd

dissolve [di'zɔlv] v upplösa

dissuade from [di'sweid] avråda

distance ['distəns] n avstånd nt; ~ in kilometres kilometeravstånd nt

distant ['distənt] adj avlägsen

distinct [di'stiŋkt] adj tydlig; olik

distinction [di'stiŋkʃən] n skillnad c

distinguish [di'stiŋgwiʃ] v urskilja, *göra skillnad

distinguished [di'stiŋgwiʃt] adj framstående

distress [di'stres] n nöd c; ~ signal nödsignal c

distribute [di'stribju:t] v utdela

distributor [di'stribjutə] n distributör c; strömfördelare c

district ['distrikt] n distrikt nt; områ-

de nt; stadsdel c

disturb [di'stə:b] v störa

disturbance [di'stə:bəns] n störning c; oro c

ditch [ditʃ] n dike nt

dive [daiv] v *dyka

diversion [dai'və:ʃən] n trafikomläggning c; förströelse c

divide [di'vaid] v dela; indela; åtskilja

divine [di'vain] adj gudomlig

division [di'viʒən] n delning c; avdelning c

divorce [di'vɔ:s] n skilsmässa c; v skiljas, skilja sig

dizziness ['dizinəs] n yrsel c

dizzy ['dizi] adj yr

*do [du:] v *göra; *vara nog

dock [dɔk] n docka c; kaj c; v docka

docker ['dɔkə] n hamnarbetare c

doctor ['dɔktə] n doktor c, läkare c

document ['dɔkjumənt] n handling c, intyg nt

dog [dɔg] n hund c

dogged ['dɔgid] adj envis

doll [dɔl] n docka c

dome [doum] n kupol c

domestic [də'mestik] adj hem-; inhemsk; n tjänare c

domicile ['dɔmisail] n hemort c

domination [,dɔmi'neiʃən] n herravälde nt

dominion [də'minjən] n makt c

donate [dou'neit] v donera

donation [dou'neiʃən] n donation c

done [dʌn] v (pp do)

donkey ['dɔŋki] n åsna c

donor ['dounə] n donator c

door [dɔ:] n dörr c; revolving ~ svängdörr c; sliding ~ skjutdörr c

doorbell ['dɔ:bel] n dörrklocka c

door-keeper ['dɔ:,ki:pə] n dörrvaktmästare c

doorman ['dɔ:mən] n (pl -men) dörrvaktmästare c

dormitory ['dɔ:mitri] *n* sovsal *c*
dose [dous] *n* dos *c*
dot [dɔt] *n* punkt *c*
double ['dʌbəl] *adj* dubbel
doubt [daut] *v* tvivla, betvivla; *n* tvivel *nt*; **without** ~ utan tvivel
doubtful ['dautfəl] *adj* tvivelaktig; oviss
dough [dou] *n* deg *c*
down[1] [daun] *adv* ned; omkull, ner, nedåt; *adj* nedstämd; *prep* nedåt, nedför; ~ **payment** handpenning *c*
down[2] [daun] *n* dun *nt*
downpour ['daunpɔ:] *n* störtregn *nt*
downstairs [,daun'stɛəz] *adv* där nere, ner
downstream [,daun'stri:m] *adv* medströms
down-to-earth [,dauntu'ə:θ] *adj* omdömesgill
downwards ['daunwədz] *adv* nedåt
dozen ['dʌzən] *n* (pl ~, ~s) dussin *nt*
draft [drɑ:ft] *n* växel *c*
drag [dræg] *v* släpa
dragon ['drægən] *n* drake *c*
drain [drein] *v* dränera, *torrlägga; *n* avlopp *nt*
drama ['drɑ:mə] *n* drama *nt*; skådespel *nt*
dramatic [drə'mætik] *adj* dramatisk
dramatist ['dræmətist] *n* dramatiker *c*
drank [dræŋk] *v* (p drink)
draper ['dreipə] *n* manufakturhandlare *c*
draught [drɑ:ft] *n* drag *nt*; **draughts** damspel *nt*
draught-board ['drɑ:ftbɔ:d] *n* damspelsbräde *c*
draw [drɔ:] *n* dragplåster *nt*, oavgjord match; dragning *c*
***draw** [drɔ:] *v* rita; *dra; *ta ut; ~ **up** avfatta, redigera
drawbridge ['drɔ:bridʒ] *n* vindbrygga *c*

drawer ['drɔ:ə] *n* låda *c*, byrålåda *c*; **drawers** kalsonger *pl*
drawing ['drɔ:iŋ] *n* teckning *c*
drawing-pin ['drɔ:iŋpin] *n* häftstift *nt*
drawing-room ['drɔ:iŋru:m] *n* salong *c*
dread [dred] *v* frukta; *n* fruktan *c*
dreadful ['dredfəl] *adj* förskräcklig, förfärlig
dream [dri:m] *n* dröm *c*
***dream** [dri:m] *v* drömma
dress [dres] *v* klä på, klä sig; *förbinda; *n* klänning *c*
dressing-gown ['dresiŋgaun] *n* morgonrock *c*
dressing-room ['dresiŋru:m] *n* påklädningsrum *nt*
dressing-table ['dresiŋ,teibəl] *n* toalettbord *nt*
dressmaker ['dres,meikə] *n* sömmerska *c*
drill [dril] *v* borra; träna; *n* borr *c*
drink [driŋk] *n* drink *c*, dryck *c*
***drink** [driŋk] *v* *dricka
drinking-water ['driŋkiŋ,wɔ:tə] *n* dricksvatten *nt*
drip-dry [,drip'drai] *adj* strykfri
drive [draiv] *n* väg *c*; biltur *c*
***drive** [draiv] *v* köra
driver ['draivə] *n* förare *c*
drizzle ['drizəl] *n* duggregn *nt*
drop [drɔp] *v* tappa; *n* droppe *c*
drought [draut] *n* torka *c*
drown [draun] *v* dränka; *be **drowned** drunkna
drug [drʌg] *n* drog *c*; medicin *c*
drugstore ['drʌgstɔ:] *nAm* apotek *nt*, kemikalieaffär *c*; varuhus *nt*
drum [drʌm] *n* trumma *c*
drunk [drʌŋk] *adj* (pp drink) berusad, full
dry [drai] *adj* torr; *v* torka
dry-clean [,drai'kli:n] *v* kemtvätta

dry-cleaner's [ˌdraiˈkliːnəz] n kem-tvätt c
dryer [ˈdraiə] n torktumlare c
duchess [ˈdʌtʃis] n hertiginna c
duck [dʌk] n anka c
due [djuː] adj väntad; *bör betalas; betalbar
dues [djuːz] pl avgifter
dug [dʌg] v (p, pp dig)
duke [djuːk] n hertig c
dull [dʌl] adj tråkig, långtråkig; matt, dov; slö
dumb [dʌm] adj stum; dum
dune [djuːn] n dyn c
dung [dʌŋ] n dynga c
dunghill [ˈdʌŋhil] n gödselstack c
duration [djuˈreiʃən] n varaktighet c
during [ˈdjuəriŋ] prep under
dusk [dʌsk] n skymning c
dust [dʌst] n damm nt
dustbin [ˈdʌstbin] n soptunna c
dusty [ˈdʌsti] adj dammig
Dutch [dʌtʃ] adj holländsk, neder-ländsk
Dutchman [ˈdʌtʃmən] n (pl -men) holländare c, nederländare c
dutiable [ˈdjuːtiəbəl] adj tullpliktig
duty [ˈdjuːti] n plikt c; tullavgift c; Customs ~ tullavgift c
duty-free [ˌdjuːtiˈfriː] adj tullfri
dwarf [dwɔːf] n dvärg c
dye [dai] v färga; n färg c
dynamo [ˈdainəmou] n (pl ~s) dyna-mo c
dysentery [ˈdisəntri] n dysenteri c

E

each [iːtʃ] adj varje, var; ~ other varandra
eager [ˈiːgə] adj ivrig, otålig
eagle [ˈiːgəl] n örn c

ear [iə] n öra nt
earache [ˈiəreik] n örsprång nt
ear-drum [ˈiədrʌm] n trumhinna c
earl [əːl] n greve c
early [ˈəːli] adj tidig
earn [əːn] v tjäna, förtjäna
earnest [ˈəːnist] n allvar nt
earnings [ˈəːniŋz] pl inkomster, in-täkter pl
earring [ˈiəriŋ] n örhänge nt
earth [əːθ] n jord c; mark c
earthenware [ˈəːθənwɛə] n lergods nt
earthquake [ˈəːθkweik] n jordbävning c
ease [iːz] n lätthet c; välbefinnande nt
east [iːst] n öster c, öst
Easter [ˈiːstə] påsk c
easterly [ˈiːstəli] adj ostlig
eastern [ˈiːstən] adj ostlig, östra
easy [ˈiːzi] adj lätt; bekväm; ~ chair fåtölj c
easy-going [ˈiːziˌgouiŋ] adj avspänd, sorglös
*eat [iːt] v *äta
eavesdrop [ˈiːvzdrop] v tjuvlyssna
ebony [ˈeboni] n ebenholts c
eccentric [ikˈsentrik] adj excentrisk
echo [ˈekou] n (pl ~es) genljud nt, eko nt
eclipse [iˈklips] n förmörkelse c
economic [ˌiːkəˈnomik] adj ekonomisk
economical [ˌiːkəˈnomikəl] adj spar-sam, ekonomisk
economist [iˈkonəmist] n ekonom c
economize [iˈkonəmaiz] v spara
economy [iˈkonəmi] n ekonomi c
ecstasy [ˈekstəzi] n extas c
Ecuador [ˈekwədɔː] Ecuador
Ecuadorian [ˌekwəˈdɔːriən] n ecuado-rian c
eczema [ˈeksimə] n eksem nt
edge [edʒ] n kant c
edible [ˈedibəl] adj ätbar

edition [i'diʃən] *n* upplaga *c;* **morning ~** morgonupplaga *c*

editor ['editə] *n* redaktör *c*

educate ['edʒukeit] *v* uppfostra, utbilda

education [,edʒu'keiʃən] *n* uppfostran *c;* utbildning *c*

eel [i:l] *n* ål *c*

effect [i'fekt] *n* verkan *c; v* *åstadkomma; in ~* faktiskt

effective [i'fektiv] *adj* verksam, effektiv

efficient [i'fiʃənt] *adj* effektiv, duglig, verksam

effort ['efət] *n* ansträngning *c*

egg [eg] *n* ägg *nt*

egg-cup ['egkʌp] *n* äggkopp *c*

eggplant ['eglɑ:nt] *n* äggplanta *c*

egg-yolk ['egjouk] *n* äggula *c*

egoistic [,egou'istik] *adj* egoistisk

Egypt ['i:dʒipt] Egypten

Egyptian [i'dʒipʃən] *adj* egyptisk; *n* egypter *c*

eiderdown ['aidədaun] *n* duntäcke *nt*

eight [eit] *num* åtta

eighteen [,ei'ti:n] *num* arton

eighteenth [,ei'ti:nθ] *num* artonde

eighth [eitθ] *num* åttonde

eighty ['eiti] *num* åttio

either ['aiðə] *pron* endera; **either ... or** antingen ... eller

elaborate [i'læbəreit] *v* utarbeta

elastic [i'læstik] *adj* elastisk; tänjbar; **~ band** resårband *nt*

elasticity [,elæ'stisəti] *n* elasticitet *c*

elbow ['elbou] *n* armbåge *c*

elder ['eldə] *adj* äldre

elderly ['eldəli] *adj* äldre

eldest ['eldist] *adj* äldst

elect [i'lekt] *v* *välja

election [i'lekʃən] *n* val *nt*

electric [i'lektrik] *adj* elektrisk; **~ cord** sladd *c;* **~ razor** rakapparat *c*

electrician [,ilek'triʃən] *n* elektriker *c*

electricity [,ilek'trisəti] *n* elektricitet *c*

electronic [ilek'trɔnik] *adj* elektronisk

elegance ['eligəns] *n* elegans *c*

elegant ['eligənt] *adj* elegant

element ['elimənt] *n* element *nt,* beståndsdel *c*

elephant ['elifənt] *n* elefant *c*

elevator ['eliveitə] *nAm* hiss *c*

eleven [i'levən] *num* elva

eleventh [i'levənθ] *num* elfte

elf [elf] *n* (pl elves) älva *c,* alf *c*

eliminate [i'limineit] *v* eliminera

elm [elm] *n* alm *c*

else [els] *adv* annars

elsewhere [,el'sweə] *adv* någon annanstans

elucidate [i'lu:sideit] *v* belysa, förklara

emancipation [i,mænsi'peiʃən] *n* frigörelse *c*

embankment [im'bæŋkmənt] *n* vägbank *c*

embargo [em'bɑ:gou] *n* (pl ~es) embargo *nt*

embark [im'bɑ:k] *v* *gå ombord

embarkation [,embɑ:'keiʃən] *n* embarkering *c*

embarrass [im'bærəs] *v* genera, *göra förlägen; hindra; **embarrassed** förlägen; **embarrassing** pinsam

embassy ['embəsi] *n* ambassad *c*

emblem ['embləm] *n* emblem *c*

embrace [im'breis] *v* krama, omfamna; *n* omfamning *c*

embroider [im'brɔidə] *v* brodera

embroidery [im'brɔidəri] *n* broderi *nt*

emerald ['emərəld] *n* smaragd *c*

emergency [i'mə:dʒənsi] *n* nödsituation *c;* nödläge *nt; **~ exit** nödutgång *c*

emigrant ['emigrənt] *n* utvandrare *c*

emigrate ['emigreit] *v* utvandra

emigration [,emi'greiʃən] *n* utvandring *c*

emotion [i'mouʃən] n sinnesrörelse c, känsla c

emperor ['empərə] n kejsare c

emphasize ['emfəsaiz] v betona

empire ['empaiə] n imperium nt, kejsardöme nt

employ [im'plɔi] v *sysselsätta, anställa; använda

employee [,emplɔi'i:] n anställd c, löntagare c

employer [im'plɔiə] n arbetsgivare c

employment [im'plɔimənt] n anställning c, arbete nt; ~ exchange arbetsförmedling c

empress ['empris] n kejsarinna c

empty ['empti] adj tom; v tömma

enable [i'neibəl] v *möjliggöra

enamel [i'næməl] n emalj c

enamelled [i'næməld] adj emaljerad

enchanting [in'tʃɑ:ntiŋ] adj förtrollande, bedårande

encircle [in'sə:kəl] v inringa, omringa; *innesluta

enclose [iŋ'klouz] v bifoga

enclosure [iŋ'klouʒə] n bilaga c

encounter [iŋ'kauntə] v möta, träffa; n sammanträffande nt

encourage [iŋ'kʌridʒ] v uppmuntra

encyclopaedia [en,saiklə'pi:diə] n uppslagsbok c

end [end] n ände c, slut nt; v sluta

ending ['endiŋ] n slut nt

endless ['endləs] adj oändlig

endorse [in'dɔ:s] v endossera

endure [in'djuə] v *stå ut med

enemy ['enəmi] n fiende c

energetic [,enə'dʒetik] adj energisk

energy ['enədʒi] n energi c; kraft c

engage [iŋ'geidʒ] v anställa; förplikta sig; engaged förlovad; upptagen

engagement [iŋ'geidʒmənt] n förlovning c; förpliktelse c; avtalat möte; ~ ring förlovningsring c

engine ['endʒin] n maskin c, motor c;

lokomotiv nt

engineer [,endʒi'niə] n ingenjör c

England ['iŋglənd] England

English ['iŋgliʃ] adj engelsk

Englishman ['iŋgliʃmən] n (pl -men) engelsman c

engrave [iŋ'greiv] v gravera

engraver [iŋ'greivə] n gravör c

engraving [iŋ'greiviŋ] n gravyr c

enigma [i'nigmə] n gåta c

enjoy [in'dʒɔi] v *njuta, *njuta av

enjoyable [in'dʒɔiəbəl] adj rolig, trevlig

enjoyment [in'dʒɔimənt] n nöje nt

enlarge [in'lɑ:dʒ] v förstora; utvidga

enlargement [in'lɑ:dʒmənt] n förstoring c

enormous [i'nɔ:məs] adj väldig, enorm

enough [i'nʌf] adv nog; adj tillräcklig

enquire [iŋ'kwaiə] v underrätta sig, förhöra sig; undersöka

enquiry [iŋ'kwaiəri] n undersökning c; förfrågan c

enter ['entə] v *gå in, inträda; *skriva in

enterprise ['entəpraiz] n företag nt

entertain [,entə'tein] v *underhålla, roa; *mottaga som gäst

entertainer [,entə'teinə] n underhållare c

entertaining [,entə'teiniŋ] adj underhållande, roande

entertainment [,entə'teinmənt] n underhållning c

enthusiasm [in'θju:ziæzəm] n entusiasm c

enthusiastic [in,θju:zi'æstik] adj entusiastisk

entire [in'taiə] adj hel

entirely [in'taiəli] adv helt

entrance ['entrəns] n ingång c; tillträde nt; inträde nt

entrance-fee ['entrənsfi:] n inträdesavgift c

entry ['entri] n ingång c; tillträde nt; anteckning c; **no ~** tillträde förbjudet

envelope ['envəloup] n kuvert nt

envious ['enviəs] adj avundsjuk, avundsam

environment [in'vaiərənmənt] n miljö c; omgivning c

envoy ['envɔi] n envoyé c

envy ['envi] n avundsjuka c; v avundas

epic ['epik] n epos nt; adj episk

epidemic [,epi'demik] n epidemi c

epilepsy ['epilepsi] n epilepsi c

epilogue ['epilɔg] n epilog c

episode ['episoud] n episod c

equal ['i:kwəl] adj lika; v *vara likvärdig

equality [i'kwɔləti] n jämlikhet c

equalize ['i:kwəlaiz] v utjämna

equally ['i:kwəli] adv lika

equator [i'kweitə] n ekvatorn

equip [i'kwip] v utrusta, ekipera

equipment [i'kwipmənt] n utrustning c

equivalent [i'kwivələnt] adj motsvarande, likvärdig

eraser [i'reizə] n radergummi nt

erect [i'rekt] v uppbygga, upprätta; adj upprättstående, upprätt

err [ə:] v *ta fel, *missta; irra

errand ['erənd] n ärende nt

error ['erə] n misstag nt, fel nt

escalator ['eskəleitə] n rulltrappa c

escape [i'skeip] v *undslippa; *undgå, fly; n flykt c

escort¹ ['eskɔ:t] n eskort c

escort² [i'skɔ:t] v eskortera

especially [i'speʃəli] adv särskilt, i synnerhet

esplanade [,esplə'neid] n esplanad c

essay ['esei] n essä c; uppsats c

essence ['esəns] n essens c; väsen nt,

kärna c

essential [i'senʃəl] adj oumbärlig; väsentlig

essentially [i'senʃəli] adv väsentligen

establish [i'stæbliʃ] v etablera; fastställa

estate [i'steit] n lantegendom c

esteem [i'sti:m] n aktning c, respekt c; v uppskatta

estimate¹ ['estimeit] v värdera

estimate² ['estimət] n beräkning c

estuary ['estʃuəri] n flodmynning c

etcetera [et'setərə] och så vidare

etching ['etʃiŋ] n etsning c

eternal [i'tə:nəl] adj evig

eternity [i'tə:nəti] n evighet c

Ethiopia [iθi'oupiə] Etiopien

Ethiopian [iθi'oupiən] adj etiopisk; n etiopier c

Europe ['juərəp] Europa

European [juərə'pi:ən] adj europeisk; n europé c; **~ Union** Europeiska Unionen

evacuate [i'vækjueit] v evakuera

evaluate [i'væljueit] v värdera

evaporate [i'væpəreit] v avdunsta

even ['i:vən] adj jämn, plan, lika; adv till och med

evening ['i:vniŋ] n kväll c; **~ dress** aftonklädsel c

event [i'vent] n händelse c

eventual [i'ventʃuəl] adj slutlig

ever ['evə] adv någonsin; alltid

every ['evri] adj varje

everybody ['evri,bɔdi] pron var och en

everyday ['evridei] adj daglig

everyone ['evriwʌn] pron envar, var och en

everything ['evriθiŋ] pron allting

everywhere ['evriweə] adv överallt

evidence ['evidəns] n bevis nt

evident ['evidənt] adj tydlig

evil ['i:vəl] n ondska c; adj ond, elak

evolution [,i:və'lu:ʃən] n utveckling c

exact [ig'zækt] *adj* exakt

exactly [ig'zæktli] *adv* exakt

exaggerate [ig'zædʒəreit] *v* *överdriva

examination [ig,zæmi'neiʃən] *n* examen *c*; undersökning *c*; förhör *nt*

examine [ig'zæmin] *v* undersöka

example [ig'zɑ:mpəl] *n* exempel *nt*; **for ~** till exempel

excavation [,ekskə'veiʃən] *n* utgrävning *c*

exceed [ik'si:d] *v* *överskrida; överträffa

excel [ik'sel] *v* utmärka sig

excellent ['eksələnt] *adj* förträfflig

except [ik'sept] *prep* med undantag av, utom

exception [ik'sepʃən] *n* undantag *nt*

exceptional [ik'sepʃənəl] *adj* enastående, ovanlig

excerpt ['eksə:pt] *n* utdrag *nt*

excess [ik'ses] *n* överdrift *c*

excessive [ik'sesiv] *adj* överdriven

exchange [iks'tʃeindʒ] *v* växla, utbyta, byta ut; *n* byte *nt*; börs *c*; **~ office** växelkontor *nt*; **~ rate** växelkurs *c*

excite [ik'sait] *v* upphetsa

excitement [ik'saitmənt] *n* uppståndelse *c*, spänning *c*

exciting [ik'saitiŋ] *adj* spännande

exclaim [ik'skleim] *v* utropa

exclamation [,eksklə'meiʃən] *n* utrop *nt*

exclude [ik'sklu:d] *v* *utesluta

exclusive [ik'sklu:siv] *adj* exklusiv

exclusively [ik'sklu:sivli] *adv* enbart, uteslutande

excursion [ik'skə:ʃən] *n* utflykt *c*

excuse[1] [ik'skju:s] *n* ursäkt *c*

excuse[2] [ik'skju:z] *v* ursäkta

execute ['eksikju:t] *v* utföra

execution [,eksi'kju:ʃən] *n* avrättning *c*; utförande *nt*

executioner [,eksi'kju:ʃənə] *n* bödel *c*

executive [ig'zekjutiv] *adj* verkställande; *n* verkställande myndighet; direktör *c*

exempt [ig'ʒempt] *v* *frita, frikalla, befria; *adj* befriad

exemption [ig'zempʃən] *n* befrielse *c*

exercise ['eksəsaiz] *n* övning *c*; skriftligt prov; *v* öva; utöva

exhale [eks'heil] *v* utandas

exhaust [ig'zɔ:st] *n* avgas *c*; *v* utmatta; **~ gases** avgaser *pl*

exhibit [ig'zibit] *v* ställa ut; förevisa, uppvisa

exhibition [,eksi'biʃən] *n* utställning *c*

exile ['eksail] *n* landsflykt *c*; landsflykting *c*

exist [ig'zist] *v* existera

existence [ig'zistəns] *n* existens *c*

exit ['eksit] *n* utgång *c*; utfart *c*

exotic [ig'zɔtik] *adj* exotisk

expand [ik'spænd] *v* utvidga; utbreda

expect [ik'spekt] *v* vänta sig

expectation [,ekspek'teiʃən] *n* förväntan *c*

expedition [,ekspə'diʃən] *n* expedition *c*; snabbhet *c*

expel [ik'spel] *v* utvisa

expenditure [ik'spenditʃə] *n* utgifter, åtgång *c*

expense [ik'spens] *n* utgift *c*; **expenses** *pl* omkostnader *pl*

expensive [ik'spensiv] *adj* dyrbar, dyr; kostsam

experience [ik'spiəriəns] *n* erfarenhet *c*; *v* *erfara, uppleva; **experienced** erfaren

experiment [ik'sperimənt] *n* experiment *nt*, försök *nt*; *v* experimentera

expert ['ekspə:t] *n* fackman *c*, expert *c*; *adj* sakkunnig

expire [ik'spaiə] *v* utlöpa, *förfalla; utandas; **expired** ogiltig

expiry [ik'spaiəri] n förfallodag c, utgång c

explain [ik'splein] v förklara

explanation [,eksplə'neiʃən] n förklaring c

explicit [ik'splisit] adj tydlig, uttrycklig

explode [ik'sploud] v explodera

exploit [ik'sploit] v *utsuga, utnyttja

explore [ik'splɔ:] v utforska

explosion [ik'splouʒən] n explosion c

explosive [ik'splousiv] adj explosiv; n sprängämne nt

export¹ [ik'spɔ:t] v exportera

export² [ekspɔ:t] n export c

exportation [,ekspɔ:'teiʃən] n utförsel c

exports ['ekspɔ:ts] pl export c

exposition [,ekspə'ziʃən] n utställning c

exposure [ik'spouʒə] n utsättande nt; exponering c; ~ meter exponeringsmätare c

express [ik'spres] v uttrycka; *ge uttryck åt; adj snabbgående; uttrycklig; ~ train expresståg nt

expression [ik'spreʃən] n uttryck nt; yttrande nt

exquisite [ik'skwizit] adj utsökt

extend [ik'stend] v förlänga; utvidga; bevilja

extension [ik'stenʃən] n förlängning c; utvidgande nt; anknytningslinje c; ~ cord förlängningssladd c

extensive [ik'stensiv] adj omfångsrik; vidsträckt, omfattande

extent [ik'stent] n utsträckning c, omfång nt

exterior [ek'stiəriə] adj yttre; n yttre nt

external [ek'stə:nəl] adj utvändig

extinguish [ik'stiŋgwiʃ] v släcka

extort [ik'stɔ:t] v utpressa

extortion [ik'stɔ:ʃən] n utpressning c

extra ['ekstrə] adj extra

extract¹ [ik'strækt] v *utdra

extract² ['ekstrækt] n utdrag nt

extradite ['ekstrədait] v utlämna

extraordinary [ik'strɔ:dənri] adj utomordentlig

extravagant [ik'strævəgənt] adj överdriven, extravagant, slösaktig

extreme [ik'stri:m] adj extrem; ytterlig, yttersta; n ytterlighet c

exuberant [ig'zju:bərənt] adj översvallande

eye [ai] n öga nt

eyebrow ['aibrau] n ögonbryn nt

eyelash ['ailæʃ] n ögonfrans c

eyelid ['ailid] n ögonlock nt

eye-pencil ['ai,pensəl] n ögonbrynspenna c

eye-shadow ['ai,ʃædou] n ögonskugga c

eye-witness ['ai,witnəs] n ögonvittne nt

F

fable ['feibəl] n fabel c

fabric ['fæbrik] n tyg nt; struktur c

façade [fə'sɑ:d] n fasad c

face [feis] n ansikte nt; v konfrontera, *vara vänd mot; ~ massage ansiktsmassage c; facing mittemot

face-cream ['feiskri:m] n ansiktskräm c

face-pack ['feispæk] n ansiktsmask c

face-powder ['feis,paudə] n ansiktspuder nt

facility [fə'siləti] n lätthet c

fact [fækt] n faktum nt; in ~ i själva verket

factor ['fæktə] n faktor c

factory ['fæktəri] n fabrik c

factual ['fæktʃuəl] adj faktisk

faculty ['fækəlti] n förmåga c; fallenhet c, talang c; fakultet c

fad [fæd] n infall nt; mani c

fade [feid] v blekna

faience [fai'ɑ:s] n fajans c

fail [feil] v misslyckas; fattas; försumma; kuggas; **without** ~ helt säkert

failure ['feiljə] n misslyckande nt

faint [feint] v svimma; adj vag, svag

fair [fɛə] n marknad c; varumässa c; adj just, rättvis; ljushårig, blond; fager

fairly ['fɛəli] adv tämligen, ganska

fairy ['fɛəri] n fe c

fairytale ['fɛəriteil] n saga c

faith [feiθ] n tro c; tillit c

faithful ['feiθful] adj trogen

fake [feik] n förfalskning c

fall [fɔ:l] n fall nt; nAm höst c

***fall** [fɔ:l] v *falla

false [fɔ:ls] adj falsk; fel, oäkta; ~ **teeth** löständer pl

falter ['fɔ:ltə] v vackla; stamma

fame [feim] n ryktbarhet c, berömmelse c; rykte nt

familiar [fə'miljə] adj välkänd; familjär

family ['fæməli] n familj c; släkt c; ~ **name** efternamn nt

famous ['feiməs] adj berömd

fan [fæn] n fläkt c; solfjäder c; beundrare c; ~ **belt** fläktrem c

fanatical [fə'nætikəl] adj fanatisk

fancy ['fænsi] v *ha lust att, tycka om; tänka sig, föreställa sig; n nyck c; fantasi c

fantastic [fæn'tæstik] adj fantastisk

fantasy ['fæntəzi] n fantasi c

far [fɑ:] adj långt; adv mycket; **by** ~ på långt när; **so** ~ hittills

far-away ['fɑ:rəwei] adj långt bort

farce [fɑ:s] n fars c

fare [fɛə] n biljettpris nt; mat c, kost c

farm [fɑ:m] n lantbruk nt

farmer ['fɑ:mə] n lantbrukare c; **farmer's wife** lantbrukarhustru c

farmhouse ['fɑ:mhaus] n lantgård c

far-off ['fɑ:rɔf] adj avlägsen

fascinate ['fæsineit] v fascinera

fascism ['fæʃizəm] n fascism c

fascist ['fæʃist] adj fascistisk; n fascist c

fashion ['fæʃən] n mode nt; sätt nt

fashionable ['fæʃənəbəl] adj modern

fast [fɑ:st] adj snabb, hastig

fasten ['fɑ:sən] v fästa, spänna fast; stänga

fastener ['fɑ:sənə] n spänne nt

fat [fæt] adj tjock, fet; n fett nt

fatal ['feitəl] adj ödesdiger, fatal, dödlig

fate [feit] n öde nt

father ['fɑ:ðə] n far c; pater c

father-in-law ['fɑ:ðərinlɔ:] n (pl fathers-) svärfar c

fatherland ['fɑ:ðələnd] n fosterland nt

fatness ['fætnəs] n fetma c

fatty ['fæti] adj fet

faucet ['fɔ:sit] nAm vattenkran c

fault [fɔ:lt] n fel nt; defekt c

faultless ['fɔ:ltləs] adj felfri; oklanderlig

faulty ['fɔ:lti] adj bristfällig

favour ['feivə] n välvilja c, tjänst c; v favorisera, gynna

favourable ['feivərəbəl] adj gynnsam

favourite ['feivərit] n favorit c, gunstling c; adj älsklings-

fawn [fɔ:n] adj gulbrun; n rådjurskalv c, hjortkalv c

fax [fæks] n (tele)fax nt; **send a** ~ skicka ett fax, faxa

fear [fiə] n rädsla c, oro c; v frukta

feasible ['fi:zəbəl] adj utförbar

feast [fi:st] n fest c

feat [fi:t] n bragd c, prestation c

feather ['feðə] n fjäder c

feature ['fi:tʃə] n kännemärke nt; ansiktsdrag nt

February ['februəri] februari

federal ['fedərəl] adj förbunds-

federation [,fedə'reiʃən] n federation c; förbundsstat c

fee [fi:] n arvode nt

feeble ['fi:bəl] adj svag

***feed** [fi:d] v mata; **fed up with** utled på

***feel** [fi:l] v känna; känna på; ~ **like** *ha lust att

feeling ['fi:liŋ] n känsla c; känsel c

fell [fel] v (p fall)

fellow ['felou] n karl c

felt[1] [felt] n filt c

felt[2] [felt] v (p, pp feel)

female ['fi:meil] adj hon- pref

feminine ['feminin] adj feminin

fence [fens] n stängsel nt; staket nt; v fäkta

fender ['fendə] n stötfångare c

ferment [fə'ment] v jäsa

ferry-boat ['feribout] n färja c

fertile ['fə:tail] adj fruktbar

festival ['festivəl] n festival c

festive ['festiv] adj festlig

fetch [fetʃ] v hämta

feudal ['fju:dəl] adj feodal

fever ['fi:və] n feber c

feverish ['fi:vəriʃ] adj febrig

few [fju:] adj få

fiancé [fi'ã:sei] n fästman c

fiancée [fi'ã:sei] n fästmö c

fibre ['faibə] n fiber c

fiction ['fikʃən] n skönlitteratur c, fiktion c

field [fi:ld] n fält nt, åker c; ~ **glasses** fältkikare c

fierce [fiəs] adj vild, häftig

fifteen [,fif'ti:n] num femton

fifteenth [,fif'ti:nθ] num femtonde

fifth [fifθ] num femte

fifty ['fifti] num femtio

fig [fig] n fikon nt

fight [fait] n slagsmål nt; kamp c, strid c

***fight** [fait] v *strida, *slåss, kämpa

figure ['figə] n figur c; siffra c

file [fail] n fil c; brevpärm c, dossié c; rad c

Filipino [,fili'pi:nou] n filippinare c

fill [fil] v fylla; ~ **in** fylla i; **filling station** bensinstation c; ~ **out** Am fylla i; ~ **up** tanka

filling ['filiŋ] n plomb c; fyllning c

film [film] n film c; v filma

filter ['filtə] n filter nt

filthy ['filθi] adj lortig, smutsig

final ['fainəl] adj slutlig

finance [fai'næns] v finansiera

finances [fai'nænsiz] pl finanser pl

financial [fai'nænʃəl] adj finansiell

finch [fintʃ] n bofink c

***find** [faind] v hitta, *finna

fine [fain] n böter pl; adj fin; skön; härlig, utmärkt; ~ **arts** de sköna konsterna

finger ['fiŋgə] n finger nt; **little** ~ lillfinger nt

fingerprint ['fiŋgəprint] n fingeravtryck nt

finish ['finiʃ] v avsluta, sluta; fullborda; n slut nt; mållinje c; **finished** färdig

Finland ['finlənd] Finland

Finn [fin] n finländare c

Finnish ['finiʃ] adj finsk

fire [faiə] n eld c; eldsvåda c; v *skjuta; avskeda

fire-alarm ['faiərə,lɑ:m] n brandalarm c

fire-brigade ['faiəbri,geid] n brandkår c

fire-escape ['faiəri,skeip] n brandstege c

fire-extinguisher ['faiərik,stiŋgwiʃə] n

brandsläckare c

fireplace ['faiəpleis] n öppen spis

fireproof ['faiəpru:f] adj brandsäker; eldfast

firm [fə:m] adj fast, solid; n firma c

first [fə:st] num första; **at ~** först; **i början**; **~ name** förnamn nt

first-aid [,fə:st'eid] n första hjälpen; **~ kit** förbandslåda c; **~ post** hjälpstation c

first-class [,fə:st'kla:s] adj förstklassig

first-rate [,fə:st'reit] adj förstklassig

fir-tree ['fə:tri:] n gran c, barrträd nt

fish¹ [fiʃ] n (pl ~, ~es) fisk c; **~ shop** fiskaffär c

fish² [fiʃ] v fiska; meta; **fishing gear** fiskredskap nt; **fishing hook** metkrok c; **fishing industry** fiskerinäring c; **fishing licence** fiskekort nt; **fishing line** metrev c; **fishing net** fisknät nt; **fishing rod** metspö nt; **fishing tackle** fiskedon nt

fishbone ['fiʃboun] n fiskben nt

fisherman ['fiʃəmən] n (pl -men) fiskare c

fist [fist] n knytnäve c

fit [fit] adj lämplig; n anfall nt; v passa; **fitting room** provrum nt

five [faiv] num fem

fix [fiks] v laga

fixed [fikst] adj fästad, orörlig

fizz [fiz] n brus nt

fjord [fjɔ:d] n fjord c

flag [flæg] n flagga c

flame [fleim] n låga c

flamingo [flə'miŋgou] n (pl ~s, ~es) flamingo c

flannel ['flænəl] n flanell c

flash [flæʃ] n blixt c, glimt c

flash-bulb ['flæʃbʌlb] n blixtlampa c

flash-light ['flæʃlait] n ficklampa c

flask [fla:sk] n plunta c; **thermos ~** termos c

flat [flæt] adj flat, platt; n lägenhet c; **~ tyre** punktering c

flavour ['fleivə] n smak c; v smaksätta, krydda

fleet [fli:t] n flotta c

flesh [fleʃ] n kött nt

flew [flu:] v (p fly)

flex [fleks] n sladd c

flexible ['fleksibəl] adj böjlig; smidig

flight [flait] n flygresa c; **charter ~** charterflyg nt

flint [flint] n flintsten c

float [flout] v *flyta; n flöte nt, flottör c

flock [flɔk] n hjord c

flood [flʌd] n översvämning c; flod c

floor [flɔ:] n golv nt; våning c

florist ['flɔrist] n blomsterhandlare c

flour [flauə] n mjöl nt, vetemjöl nt

flow [flou] v *flyta, strömma

flower [flauə] n blomma c

flowerbed ['flauəbed] n rabatt c

flower-shop ['flauəʃɔp] n blomsterhandel c

flown [floun] v (pp fly)

flu [flu:] n influensa c

fluent ['flu:ənt] adj flytande

fluid ['flu:id] adj flytande; n vätska c

flute [flu:t] n flöjt c

fly [flai] n fluga c; gylf c

*fly [flai] v *flyga

foam [foum] n skum nt; v skumma

foam-rubber ['foum,rʌbə] n skumgummi nt

focus ['foukəs] n brännpunkt c

fog [fɔg] n dimma c

foggy ['fɔgi] adj dimmig

foglamp ['fɔglæmp] n dimlykta c

fold [fould] v *vika; n veck nt

folk [fouk] n folk nt; **~ song** folkvisa c

folk-dance ['foukda:ns] n folkdans c

folklore ['fouklɔ:] n folklore c

follow ['fɔlou] v följa efter; **following**

adj nästa, följande

be fond of [bi: fɒnd ɒv] tycka om

food [fu:d] *n* mat *c*; föda *c*; ~ **poisoning** matförgiftning *c*

foodstuffs [ˈfu:dstʌfs] *pl* matvaror *pl*

fool [fu:l] *n* dumbom *c*, dåre *c*; *v* skoja, lura

foolish [ˈfu:liʃ] *adj* löjlig, dåraktig; dum

foot [fut] *n* (pl feet) fot *c*; ~ **powder** fotpuder *nt*; **on** ~ till fots

football [ˈfutbɔ:l] *n* fotboll *c*; ~ **match** fotbollsmatch *c*

foot-brake [ˈfutbreik] *n* fotbroms *c*

footpath [ˈfutpɑ:θ] *n* gångstig *c*

footwear [ˈfutwɛə] *n* skodon *nt*

for [fɔ:, fə] *prep* till; i; av, på grund av, för; *conj* för

forbid [fəˈbid] *v* **förbjuda

force [fɔ:s] *v* tvinga; forcera; *n* makt *c*, kraft *c*; våld *nt*; **by** ~ med tvång; **driving** ~ drivkraft *c*

ford [fɔ:d] *n* vadställe *nt*

forecast [ˈfɔ:kɑ:st] *n* förutsägelse *c*; *v* **förutsäga

foreground [ˈfɔ:graund] *n* förgrund *c*

forehead [ˈfɔred] *n* panna *c*

foreign [ˈfɒrin] *adj* utländsk; främmande

foreigner [ˈfɒrinə] *n* utlänning *c*

foreman [ˈfɔ:mən] *n* (pl -men) förman *c*

foremost [ˈfɔ:moust] *adj* förnämst

foresail [ˈfɔ:seil] *n* fock *c*

forest [ˈfɒrist] *n* skog *c*

forester [ˈfɒristə] *n* skogvaktare *c*

forge [fɔ:dʒ] *v* förfalska

forget [fəˈget] *v* **glömma

forgetful [fəˈgetfəl] *adj* glömsk

forgive [fəˈgiv] *v* **förlåta

fork [fɔ:k] *n* gaffel *c*; vägskäl *nt*; *v* förgrenas, dela sig

form [fɔ:m] *n* form *c*; formulär *nt*; klass *c*; *v* forma

formal [ˈfɔ:məl] *adj* formell

formality [fɔ:ˈmæləti] *n* formalitet *c*

former [ˈfɔ:mə] *adj* förutvarande; före detta; **formerly** förr, förut

formula [ˈfɔ:mjulə] *n* (pl ~e, ~s) formel *c*

fort [fɔ:t] *n* fort *nt*

fortnight [ˈfɔ:tnait] *n* fjorton dagar

fortress [ˈfɔ:tris] *n* fästning *c*

fortunate [ˈfɔ:tʃənət] *adj* lycklig

fortune [ˈfɔ:tʃu:n] *n* förmögenhet *c*; öde *nt*, lycka *c*

forty [ˈfɔ:ti] *num* fyrtio

forward [ˈfɔ:wəd] *adv* fram, framåt; *v* eftersända

foster-parents [ˈfɒstəˌpɛərənts] *pl* fosterföräldrar *pl*

fought [fɔ:t] *v* (p, pp fight)

foul [faul] *adj* osnygg; gemen

found¹ [faund] *v* (p, pp find)

found² [faund] *v* grunda, stifta

foundation [faunˈdeiʃən] *n* stiftelse *c*; ~ **cream** underlagskräm *c*

fountain [ˈfauntin] *n* fontän *c*; källa *c*

fountain-pen [ˈfauntinpen] *n* reservoarpenna *c*

four [fɔ:] *num* fyra

fourteen [ˌfɔ:ˈti:n] *num* fjorton

fourteenth [ˌfɔ:ˈti:nθ] *num* fjortonde

fourth [fɔ:θ] *num* fjärde

fowl [faul] *n* (pl ~s, ~) fjäderfä *nt*

fox [fɒks] *n* räv *c*

foyer [ˈfɔiei] *n* foajé *c*

fraction [ˈfrækʃən] *n* bråkdel *c*

fracture [ˈfræktʃə] *v* **bryta; *n* brott *nt*

fragile [ˈfrædʒail] *adj* skör; bräcklig

fragment [ˈfrægmənt] *n* brottstycke *nt*

frame [freim] *n* ram *c*; montering *c*

France [frɑ:ns] Frankrike

franchise [ˈfræntʃaiz] *n* koncession *c*, rösträtt *c*

fraternity [frəˈtə:nəti] *n* broderlighet *c*

fraud [frɔːd] n bedrägeri nt
fray [frei] v fransa sig
free [friː] adj fri; gratis; ~ **of charge** kostnadsfri; ~ **ticket** fribiljett c
freedom [ˈfriːdəm] n frihet c
***freeze** [friːz] v *frysa
freezing [ˈfriːziŋ] adj iskall
freezing-point [ˈfriːziŋpɔint] n fryspunkt c
freight [freit] n frakt c, last c
freight-train [ˈfreittrein] nAm godståg nt
French [frentʃ] adj fransk
Frenchman [ˈfrentʃmən] n (pl -men) fransman m
frequency [ˈfriːkwənsi] n frekvens c; förekomst c
frequent [ˈfriːkwənt] adj ofta förekommande, vanlig; **frequently** ofta
fresh [freʃ] adj färsk; ny; uppfriskande; ~ **water** sötvatten nt
friction [ˈfrikʃən] n friktion c
Friday [ˈfraidi] fredag c
fridge [fridʒ] n kylskåp nt
friend [frend] n vän c; väninna c
friendly [ˈfrendli] adj vänlig, vänskaplig
friendship [ˈfrendʃip] n vänskap c
fright [frait] n fruktan c, skräck c
frighten [ˈfraitən] v skrämma
frightened [ˈfraitənd] adj skrämd; ***be ~** *bli förskräckt
frightful [ˈfraitfəl] adj förskräcklig, förfärlig
fringe [frindʒ] n frans c
frock [frɔk] n klänning c
frog [frɔg] n groda c
from [frɔm] prep från; av; från och med
front [frʌnt] n framsida c; **in ~ of** framför
frontier [ˈfrʌntiə] n gräns c
frost [frɔst] n frost c
froth [frɔθ] n skum nt

frozen [ˈfrouzən] adj frusen; ~ **food** djupfryst mat
fruit [fruːt] n frukt c
fry [frai] v steka
frying-pan [ˈfraiiŋpæn] n stekpanna c
fuel [ˈfjuːəl] n bränsle nt; bensin c; ~ **pump** Am bensinpump c
full [ful] adj full; ~ **board** helpension c; ~ **stop** punkt c; ~ **up** fullsatt
fun [fʌn] n nöje nt; skoj nt
function [ˈfʌŋkʃən] n funktion c
fund [fʌnd] n fond c
fundamental [ˌfʌndəˈmentəl] adj grundläggande
funeral [ˈfjuːnərəl] n begravning c
funnel [ˈfʌnəl] n tratt c
funny [ˈfʌni] adj rolig, lustig; konstig
fur [fəː] n päls c; ~ **coat** päls c; **furs** pälsverk nt
furious [ˈfjuəriəs] adj ursinnig, rasande
furnace [ˈfəːnis] n ugn c
furnish [ˈfəːniʃ] v leverera, *förse; möblera; ~ **with** *förse med
furniture [ˈfəːnitʃə] n möbler pl
furrier [ˈfʌriə] n körsnär c
further [ˈfəːðə] adj avlägsnare; ytterligare
furthermore [ˈfəːðəmɔː] adv dessutom
furthest [ˈfəːðist] adj längst bort
fuse [fjuːz] n propp c; stubintråd c
fuss [fʌs] n bråk nt, väsen nt
future [ˈfjuːtʃə] n framtid c; adj framtida

G

gable [ˈgeibəl] n gavel c
gadget [ˈgædʒit] n grej c
gaiety [ˈgeiəti] n munterhet c, glädje c

gain [gein] v *vinna; n förvärv nt, förtjänst c

gait [geit] n gångart c, hållning c

gale [geil] n storm c

gall [gɔ:l] n galla c; ~ bladder gallblåsa c

gallery ['gæləri] n galleri nt; konstgalleri nt

gallop ['gæləp] n galopp c

gallows ['gælouz] pl galge c

gallstone ['gɔ:lstoun] n gallsten c

game [geim] n spel nt; villebråd nt; ~ reserve djurreservat nt

gang [gæŋ] n gäng nt; skift nt

gangway ['gæŋwei] n landgång c

gaol [dʒeil] n fängelse nt

gap [gæp] n öppning c

garage ['gæra:ʒ] n garage nt; v ställa in i garaget

garbage ['ga:bidʒ] n avfall nt, sopor pl

garden ['ga:dən] n trädgård c; public ~ offentlig park; zoological gardens djurpark c

gardener ['ga:dənə] n trädgårdsmästare c

gargle ['ga:gəl] v gurgla

garlic ['ga:lik] n vitlök c

gas [gæs] n gas c; nAm bensin c; ~ cooker gaskök nt; ~ pump Am bensinpump c; ~ station bensinstation c; ~ stove gasspis c

gasoline ['gæsəli:n] nAm bensin c

gastric ['gæstrik] adj mag-; ~ ulcer magsår nt

gasworks ['gæswə:ks] n gasverk nt

gate [geit] n port c; grind c

gather ['gæðə] v samla; samlas; skörda

gauge [geidʒ] n mätare c

gauze [gɔ:z] n gasväv c

gave [geiv] v (p give)

gay [gei] adj munter; brokig

gaze [geiz] v stirra

gazetteer [ˌgæzə'tiə] n geografiskt lexikon

gear [giə] n växel c; utrustning c; change ~ växla; ~ lever växelspak c

gear-box ['giəbɔks] n växellåda c

gem [dʒem] n juvel c, ädelsten c; klenod c

gender ['dʒendə] n genus nt

general ['dʒenərəl] adj allmän; n general c; ~ practitioner allmänpraktiserande läkare; in ~ i allmänhet

generate ['dʒenəreit] v alstra

generation [ˌdʒenə'reiʃən] n generation c

generator ['dʒenəreitər] n generator c

generosity [ˌdʒenə'rɔsəti] n givmildhet c

generous ['dʒenərəs] adj generös, givmild

genital ['dʒenitəl] adj köns-

genius ['dʒi:niəs] n geni nt

gentle ['dʒentəl] adj mild; blid; varsam

gentleman ['dʒentəlmən] n (pl -men) herre c

genuine ['dʒenjuin] adj äkta

geography [dʒi'ɔgrəfi] n geografi c

geology [dʒi'ɔlədʒi] n geologi c

geometry [dʒi'ɔmətri] n geometri c

germ [dʒə:m] n bacill c; grodd c

German ['dʒə:mən] adj tysk; n tysk c

Germany ['dʒə:məni] Tyskland

gesticulate [dʒi'stikjuleit] v gestikulera

*get [get] v *få; hämta; *bli; ~ back *gå tillbaka, *komma tillbaka; ~ off *stiga av; ~ on *stiga på; *göra framsteg; ~ up resa sig, *stiga upp

ghost [goust] n spöke nt; ande c

giant ['dʒaiənt] n jätte c

giddiness ['gidinəs] n yrsel c

giddy ['gidi] adj yr
gift [gift] n gåva c; talang c
gifted ['giftid] adj begåvad
gigantic [dʒai'gæntik] adj väldig
giggle ['gigəl] v fnittra
gill [gil] n gäl c
gilt [gilt] adj förgylld
ginger ['dʒindʒə] n ingefära c
gipsy ['dʒipsi] n zigenare c
girdle ['gə:dəl] n gördel c
girl [gə:l] n flicka c; ~ guide flick-
  scout c
*give [giv] v *ge; överräcka; ~ away
  förråda; ~ in *ge efter; ~ up *ge
  upp
glacier ['glæsiə] n glaciär c
glad [glæd] adj glad; gladly gärna,
  med glädje
gladness ['glædnəs] n glädje c
glamorous ['glæmərəs] adj charme-
  rande, förtrollande
glance [glɑ:ns] n blick c; v kasta en
  blick
gland [glænd] n körtel c
glare [glɛə] n skarpt sken; sken nt
glaring ['glɛəriŋ] adj bländande; på-
  fallande; gräll
glass [glɑ:s] n glas nt; glas-; glasses
  glasögon pl; magnifying ~ försto-
  ringsglas nt
glaze [gleiz] v glasa; glasera
glen [glen] n dalgång c
glide [glaid] v *glida
glider ['glaidə] n segelflygplan nt
glimpse [glimps] n skymt c; glimt c; v
  skymta
global ['gloubəl] adj världsomfattan-
  de
globe [gloub] n jordklot nt, glob c
gloom [glu:m] n dunkelhet c
gloomy ['glu:mi] adj dyster
glorious ['glɔ:riəs] adj praktfull
glory ['glɔ:ri] n berömmelse c, ära c,
  lovord nt

gloss [glɔs] n glans c
glossy ['glɔsi] adj blank
glove [glʌv] n handske c
glow [glou] v glöda; n glöd c
glue [glu:] n lim nt
*go [gou] v *gå; *bli; ~ ahead
  *fortsätta; ~ away *fara; ~ back
  *gå tillbaka; ~ home *gå hem; ~
  in *gå in; ~ on *fortsätta; ~ out
  *gå ut; ~ through *genomgå
goal [goul] n mål nt
goalkeeper ['goul,ki:pə] n målvakt c
goat [gout] n get c
god [gɔd] n gud c
goddess ['gɔdis] n gudinna c
godfather ['gɔd,fɑ:ðə] n gudfar c
goggles ['gɔgəlz] pl skyddsglasögon
  pl
gold [gould] n guld nt; ~ leaf blad-
  guld nt
golden ['gouldən] adj gyllene
goldmine ['gouldmain] n guldgruva c
goldsmith ['gouldsmiθ] n guldsmed c
golf [gɔlf] n golf c
golf-club ['gɔlfklʌb] n golfklubb c
golf-course ['gɔlfkɔ:s] n golfbana c
golf-links ['gɔlfliŋks] n golfbana c
gondola ['gɔndələ] n gondol c
gone [gɔn] adv (pp go) borta
good [gud] adj bra, god; snäll
good-bye! [,gud'bai] adjö!
good-humoured [,gud'hju:məd] adj
  gladlynt
good-looking [,gud'lukiŋ] adj snygg
good-natured [,gud'neitʃəd] adj god-
  modig
goods [gudz] pl varor pl; ~ train
  godståg nt
good-tempered [,gud'tempəd] adj
  godlynt
goodwill [,gud'wil] n välvilja c
goose [gu:s] n (pl geese) gås c
gooseberry ['guzbəri] n krusbär nt
goose-flesh ['gu:sfleʃ] n gåshud c

gorge [gɔːdʒ] n bergsklyfta c
gorgeous ['gɔːdʒəs] adj praktfull
gospel ['gɔspəl] n evangelium nt
gossip ['gɔsip] n skvaller nt; v skvallra
got [gɔt] v (p, pp get)
gourmet ['guəmei] n gastronom c
gout [gaut] n gikt c
govern ['gʌvən] v regera
governess ['gʌvənis] n guvernant c
government ['gʌvənmənt] n regering c, styrelse c
governor ['gʌvənə] n guvernör c
gown [gaun] n klänning c
grace [greis] n grace c; nåd c
graceful ['greisfəl] adj graciös; intagande; behaglig
grade [greid] n grad c; v klassificera
gradient ['greidiənt] n stigning c
gradual ['grædʒuəl] adj gradvis
graduate ['grædʒueit] v *ta examen
grain [grein] n korn nt, sädeskorn nt
gram [græm] n gram nt
grammar ['græmə] n grammatik c
grammatical [grə'mætikəl] adj grammatisk
gramophone ['græməfoun] n grammofon c
grand [grænd] adj storslagen
granddaughter ['græn,dɔːtə] n sondotter c, dotterdotter c
grandfather ['græn,fɑːðə] n farfar c, morfar c
grandmother ['græn,mʌðə] n farmor c; mormor c
grandparents ['græn,pɛərənts] pl morföräldrar pl, farföräldrar pl
grandson ['grænsʌn] n sonson c, dotterson c
granite ['grænit] n granit c
grant [grɑːnt] v bevilja, *medge; n bidrag nt, stipendium c
grapefruit ['greipfruːt] n grapefrukt c
grapes [greips] pl vindruvor pl

graph [græf] n diagram nt
graphic ['græfik] adj grafisk
grasp [grɑːsp] v *gripa; n grepp nt
grass [grɑːs] n gräs nt
grasshopper ['grɑːs,hɔpə] n gräshoppa c
grate [greit] n spisgaller c; v *riva
grateful ['greitfəl] adj tacksam
grater ['greitə] n rivjärn nt
gratis ['grætis] adj gratis
gratitude ['grætitjuːd] n tacksamhet c
gratuity [grə'tjuːəti] n gratifikation c
grave [greiv] n grav c; adj allvarlig
gravel ['grævəl] n grus nt
gravestone ['greivstoun] n gravsten c
graveyard ['greivjɑːd] n begravningsplats c
gravity ['grævəti] n tyngdkraft c; allvar nt
gravy ['greivi] n sky c
graze [greiz] v beta; n skrubbsår nt
grease [griːs] n fett nt; v *smörja
greasy ['griːsi] adj flottig, oljig
great [greit] adj stor; Great Britain Storbritannien
Greece [griːs] Grekland
greed [griːd] n habegär nt
greedy ['griːdi] adj hagalen; glupsk
Greek [griːk] adj grekisk; n grek c
green [griːn] adj grön; ~ card grönt kort
greengrocer ['griːn,grousə] n grönsakshandlare c
greenhouse ['griːnhaus] n drivhus nt, växthus nt
greens [griːnz] pl grönsaker pl
greet [griːt] v hälsa
greeting ['griːtiŋ] n hälsning c
grey [grei] adj grå
greyhound ['greihaund] n vinthund c
grief [griːf] n sorg c, bedrövelse c
grieve [griːv] v sörja
grill [gril] n grill c; v grilla
grill-room ['grilruːm] n grillrestau-

rang c
grin [grin] v flina; n flin nt
*grind [graind] v mala; finmala
grip [grip] v *gripa; n grepp nt; nAm kappsäck c
grit [grit] n grus nt
groan [groun] v stöna
grocer ['grousə] n specerihandlare c; **grocer's** speceriaffär c
groceries ['grousəriz] pl specerier pl
groin [groin] n ljumske c
groove [gru:v] n skåra c, fåra c
gross¹ [grous] n (pl ~) gross nt
gross² [grous] adj grov; brutto-
grotto ['grotou] n (pl ~es, ~s) grotta c
ground¹ [graund] n grund c, mark c; ~ **floor** bottenvåning c; **grounds** mark c
ground² [graund] v (p, pp grind)
group [gru:p] n grupp c
grouse [graus] n (pl ~) vildhönsfågel c, ripa c
grove [grouv] n skogsdunge c
*grow [grou] v växa; odla; *bli
growl [graul] v morra
grown-up ['grounʌp] adj vuxen; n vuxen c
growth [grouθ] n växt c; svulst c
grudge [grʌdʒ] v missunna
grumble ['grʌmbəl] v knorra
guarantee [ˌgærən'ti:] n garanti c; säkerhet c; v garantera
guarantor [ˌgærən'tɔ:] n borgensman c
guard [gɑ:d] n vakt c; v bevaka
guardian ['gɑ:diən] n förmyndare c
guess [ges] v gissa; förmoda; n förmodan c
guest [gest] n gäst c
guest-house ['gesthaus] n pensionat nt
guest-room ['gestru:m] n gästrum nt
guide [gaid] n reseledare c; guide c; v

vägleda; guida
guidebook ['gaidbuk] n resehandbok c
guide-dog ['gaiddɔg] n ledarhund c
guilt [gilt] n skuld c
guilty ['gilti] adj skyldig
guinea-pig ['ginipig] n marsvin c
guitar [gi'tɑ:] n gitarr c
gulf [gʌlf] n bukt c
gull [gʌl] n mås c
gum [gʌm] n tandkött nt; gummi nt; klister nt
gun [gʌn] n gevär nt; kanon c
gunpowder ['gʌnˌpaudə] n krut nt
gust [gʌst] n kastby c
gusty ['gʌsti] adj stormig
gut [gʌt] n tarm c; **guts** mod nt
gutter ['gʌtə] n rännsten c
guy [gai] n karl c
gymnasium [dʒim'neiziəm] n (pl ~s, -sia) gymnastiksal c
gymnast ['dʒimnæst] n gymnast c
gymnastics [dʒim'næstiks] pl gymnastik c
gynaecologist [ˌgainə'kɔlədʒist] n gynekolog c

H

haberdashery ['hæbədæʃəri] n sybehörsaffär c
habit ['hæbit] n vana c
habitable ['hæbitəbəl] adj beboelig
habitual [hə'bitʃuəl] adj invand
had [hæd] v (p, pp have)
haddock ['hædək] n (pl ~) kolja c
haemorrhage ['heməridʒ] n blödning c
haemorrhoids ['hemərɔidz] pl hemorrojder pl
hail [heil] n hagel nt
hair [heə] n hår nt; ~ **cream** hår-

kräm c; ~ **gel** hårgelé nt; ~
piece löshår nt; ~ **rollers** hårrullar pl
hairbrush ['heəbrʌʃ] n hårborste c
haircut ['heəkʌt] n hårklippning c
hair-do ['heədu:] n frisyr c
hairdresser ['heə,dresə] n damfrisör c
hair-dryer ['heədraiə] n hårtork c
hair-grip ['heəgrip] n hårspänne nt
hair-net ['heənet] n hårnät nt
hair-oil ['heərɔil] n hårolja c
hairpin ['heəpin] n hårnål c
hair-spray ['heəsprei] n hårspray nt
hairy ['heəri] adj hårig
half¹ [hɑ:f] adj halv; adv till hälften
half² [hɑ:f] n (pl halves) hälft c
half-time [,hɑ:f'taim] n halvlek c
halfway [,hɑ:f'wei] adv halvvägs
halibut ['hælibət] n (pl ~) helge-
flundra c
hall [hɔ:l] n hall c; sal c
halt [hɔ:lt] v stanna
halve [hɑ:v] v halvera
ham [hæm] n skinka c
hamlet ['hæmlət] n liten by
hammer ['hæmə] n hammare c
hammock ['hæmək] n hängmatta c
hamper ['hæmpə] n matkorg c
hand [hænd] n hand c; v överlämna;
~ **cream** handkräm c
handbag ['hændbæg] n handväska c
handbook ['hændbuk] n handbok c
hand-brake ['hændbreik] n hand-
broms c
handcuffs ['hændkʌfs] pl handbojor pl
handful ['hændful] n handfull c
handicraft ['hændikrɑ:ft] n hantverk
nt; konsthantverk nt
handkerchief ['hæŋkətʃif] n näsduk c
handle ['hændəl] n skaft nt, handtag
nt; v hantera; behandla
hand-made [,hænd'meid] adj hand-
gjord
handshake ['hændʃeik] n handslag nt

handsome ['hænsəm] adj snygg
handwork ['hændwə:k] n hantverk nt
handwriting ['hænd,raitiŋ] n handstil
c
***hang** [hæŋ] v hänga
hanger ['hæŋə] n klädhängare c
hangover ['hæŋ,ouvə] n baksmälla c
happen ['hæpən] v hända, ske
happening ['hæpəniŋ] n händelse c
happiness ['hæpinəs] n lycka c
happy ['hæpi] adj belåten, lycklig
harbour ['hɑ:bə] n hamn c
hard [hɑ:d] adj hård; svår; **hardly**
knappt
hardware ['hɑ:dweə] n järnvaror pl;
~ **store** järnhandel c
hare [heə] n hare c
harm [hɑ:m] n skada c; ont nt; v ska-
da, *göra illa
harmful ['hɑ:mfəl] adj skadlig
harmless ['hɑ:mləs] adj oförarglig
harmony ['hɑ:məni] n harmoni c
harp [hɑ:p] n harpa c
harpsichord ['hɑ:psikɔ:d] n cembalo c
harsh [hɑ:ʃ] adj sträv; sträng; grym
harvest ['hɑ:vist] n skörd c
has [hæz] v (pr have)
haste [heist] n brådska c, hast c
hasten ['heisən] v skynda sig
hasty ['heisti] adj hastig
hat [hæt] n hatt c; ~ **rack** hatthylla
c
hatch [hætʃ] n lucka c
hate [heit] v hata; n hat nt
hatred ['heitrid] n hat nt
haughty ['hɔ:ti] adj högdragen
haul [hɔ:l] v släpa
***have** [hæv] v *ha; *få; ~ **to** *måste
haversack ['hævəsæk] n ränsel c
hawk [hɔ:k] n hök c; falk c
hay [hei] n hö nt; ~ **fever** hösnuva c
hazard ['hæzəd] n risk c
haze [heiz] n dis nt
hazelnut ['heizəlnʌt] n hasselnöt c

hazy ['heizi] adj disig

he [hi:] pron han

head [hed] n huvud nt; v leda; ~ of state statsöverhuvud nt; ~ teacher överlärare c

headache ['hedeik] n huvudvärk c

heading ['hediŋ] n överskrift c

headlamp ['hedlæmp] n strålkastare c

headland ['hedlənd] n udde c

headlight ['hedlait] n strålkastare c

headline ['hedlain] n rubrik c

headmaster [,hed'ma:stə] n rektor c

headquarters [,hed'kwɔ:təz] pl högkvarter nt

head-strong ['hedstrɔŋ] adj envis

head-waiter [,hed'weitə] n hovmästare c

heal [hi:l] v läka

health [helθ] n hälsa c; ~ centre hälsovårdscentral c; ~ certificate friskintyg nt

healthy ['helθi] adj frisk

heap [hi:p] n hög c

*hear [hiə] v höra

hearing ['hiəriŋ] n hörsel c

heart [ha:t] n hjärta nt; innersta nt; by ~ utantill; ~ attack hjärtattack c

heartburn ['ha:tbə:n] n halsbränna c

hearth [ha:θ] n eldstad c

heartless ['ha:tləs] adj hjärtlös

hearty ['ha:ti] adj hjärtlig

heat [hi:t] n hetta c, värme c; v uppvärma; heating pad värmedyna c

heater ['hi:tə] n kamin c; immersion ~ doppvärmare c

heath [hi:θ] n hed c

heathen ['hi:ðən] n hedning c; adj hednisk

heather ['heðə] n ljung c

heating ['hi:tiŋ] n uppvärmning c

heaven ['hevən] n himmel c

heavy ['hevi] adj tung

Hebrew ['hi:bru:] n hebreiska c

hedge [hedʒ] n häck c

hedgehog ['hedʒhɔg] n igelkott c

heel [hi:l] n häl c; klack c

height [hait] n höjd c; höjdpunkt c

hell [hel] n helvete nt

hello! [he'lou] hej!; goddag!

helm [helm] n rorkult c

helmet ['helmit] n hjälm c

helmsman ['helmzmən] n rorsman c

help [help] v hjälpa; n hjälp c

helper ['helpə] n hjälp c

helpful ['helpfəl] adj hjälpsam

helping ['helpiŋ] n portion c

hem [hem] n fåll c

hemp [hemp] n hampa c

hen [hen] n höna c

henceforth [,hens'fɔ:θ] adv hädanefter

her [hə:] pron henne; adj hennes

herb [hə:b] n ört c

herd [hə:d] n hjord c

here [hiə] adv här; ~ you are var så god

hereditary [hi'reditəri] adj ärftlig

hernia ['hə:niə] n brock nt

hero ['hiərou] n (pl ~es) hjälte c

heron ['herən] n häger c

herring ['heriŋ] n (pl ~, ~s) sill c

herself [hə:'self] pron sig; själv

hesitate ['heziteit] v tveka

heterosexual [,hetərə'sekʃuəl] adj heterosexuell

hiccup ['hikʌp] n hicka c

hide [haid] n djurhud c, skinn nt

*hide [haid] v gömma; *dölja

hideous ['hidiəs] adj avskyvärd

hierarchy ['haiəra:ki] n hierarki c

high [hai] adj hög

highway [' haiwei] n landsväg c; nAm motorväg c

hijack ['haidʒæk] v kapa

hijacker ['haidʒækə] n kapare c

hike [haik] v vandra

hill [hil] n kulle c; backe c

hillside ['hilsaid] *n* sluttning *c*

hilltop ['hiltɔp] *n* backkrön *nt*

hilly ['hili] *adj* backig, kuperad

him [him] *pron* honom

himself [him'self] *pron* sig; själv

hinder ['hində] *v* hindra

hinge [hindʒ] *n* gångjärn *nt*

hip [hip] *n* höft *c*

hire [haiə] *v* hyra; **for ~** till uthyrning

hire-purchase [,haiə'pə:tʃəs] *n* avbetalningsköp *nt*

his [hiz] *adj* hans

historian [hi'stɔ:riən] *n* historiker *c*

historic [hi'stɔrik] *adj* historisk

historical [hi'stɔrikəl] *adj* historisk

history ['histəri] *n* historia *c*

hit [hit] *n* schlager *c*

***hit** [hit] *v* *slå; träffa

hitchhike ['hitʃhaik] *v* lifta

hitchhiker ['hitʃ,haikə] *n* liftare *c*

hoarse [hɔ:s] *adj* skrovlig, hes

hobby ['hɔbi] *n* hobby *c*

hobby-horse ['hɔbihɔ:s] *n* käpphäst *c*

hockey ['hɔki] *n* hockey *c*

hoist [hɔist] *v* hissa

hold [hould] *n* lastrum *nt*

***hold** [hould] *v* *hålla fast, *hålla; *bibehålla; **~ on** *hålla sig fast; **~ up** stötta, *hålla uppe

hold-up ['houldʌp] *n* väpnat rån

hole [houl] *n* hål *nt*

holiday ['hɔlədi] *n* semester *c*; helgdag *c*; **~ camp** ferieläger *nt*; **~ resort** semesterort *c*; **on ~** på semester

Holland ['hɔlənd] Holland

hollow ['hɔlou] *adj* ihålig

holy ['houli] *adj* helig

homage ['hɔmidʒ] *n* hyllning *c*

home [houm] *n* hem *nt*; hus *nt*, vårdhem *nt*; *adv* hemma, hem; **at ~** hemma

home-made [,houm'meid] *adj* hemgjord

homesickness ['houm,siknəs] *n* hemlängtan *c*

homosexual [,houmə'sekʃuəl] *adj* homosexuell

honest ['ɔnist] *adj* ärlig; uppriktig

honesty ['ɔnisti] *n* ärlighet *c*

honey ['hʌni] *n* honung *c*

honeymoon ['hʌnimu:n] *n* smekmånad *c*, bröllopsresa *c*

honk [hʌŋk] *vAm* tuta

honour ['ɔnə] *n* heder *c*; *v* hedra, ära

honourable ['ɔnərəbəl] *adj* ärofull; rättskaffens

hood [hud] *n* kapuschong *c*; *nAm* motorhuv *c*

hoof [hu:f] *n* hov *c*

hook [huk] *n* krok *c*

hoot [hu:t] *v* tuta

hooter ['hu:tə] *n* signalhorn *nt*

hoover ['hu:və] *v* *dammsuga

hop[1] [hɔp] *v* hoppa; *n* hopp *nt*

hop[2] [hɔp] *n* humle *c*

hope [houp] *n* hopp *nt*; *v* hoppas

hopeful ['houpfəl] *adj* hoppfull

hopeless ['houpləs] *adj* hopplös

horizon [hə'raizən] *n* horisont *c*

horizontal [,hɔri'zɔntəl] *adj* horisontal

horn [hɔ:n] *n* horn *nt*; blåsinstrument *nt*; signalhorn *nt*

horrible ['hɔribəl] *adj* förskräcklig; ryslig, avskyvärd, gräslig

horror ['hɔrə] *n* skräck *c*, fasa *c*

hors-d'œuvre [ɔ:'də:vr] *n* förrätt *c*

horse [hɔ:s] *n* häst *c*

horseman ['hɔ:smən] *n* (pl -men) ryttare *c*

horsepower ['hɔ:s,pauə] *n* hästkraft *c*

horserace ['hɔ:sreis] *n* hästkapplöpning *c*

horseradish ['hɔ:s,rædiʃ] *n* pepparrot *c*

horseshoe ['hɔ:sʃu:] *n* hästsko *c*

horticulture ['hɔ:tikʌltʃə] *n* trädgårdsodling c

hosiery ['houʒəri] *n* trikåvaror *pl*

hospitable ['hɔspitəbəl] *adj* gästfri

hospital ['hɔspitəl] *n* sjukhus *nt*, lasarett *nt*

hospitality [,hɔspi'tæləti] *n* gästfrihet *c*

host [houst] *n* värd *c*

hostage ['hɔstidʒ] *n* gisslan *c*

hostel ['hɔstəl] *n* härbärge *nt*

hostess ['houstis] *n* värdinna *c*

hostile ['hɔstail] *adj* fientlig

hot [hɔt] *adj* varm, het

hotel [hou'tel] *n* hotell *nt*

hot-tempered [,hɔt'tempəd] *adj* hetlevrad

hour [auə] *n* timme *c*

hourly ['auəli] *adj* varje timme

house [haus] *n* hus *nt*; bostad *c*; ~ **agent** fastighetsmäklare *c*; ~ **block** *Am* husblock *nt*; public ~ restaurang *c*

houseboat ['hausbout] *n* husbåt *c*

household ['haushould] *n* hushåll *nt*

housekeeper ['haus,ki:pə] *n* hushållerska *c*

housekeeping ['haus,ki:piŋ] *n* hushållning *c*, hushållssysslor *pl*

housemaid ['hausmeid] *n* hembiträde *nt*

housewife ['hauswaif] *n* hemmafru *c*

housework ['hauswə:k] *n* hushållsarbete *nt*

how [hau] *adv* hur; så; ~ **many** hur många; ~ **much** hur mycket

however [hau'evə] *conj* likväl, emellertid

hug [hʌg] *v* omfamna; *n* kram *c*

huge [hju:dʒ] *adj* kolossal, jättestor, väldig

hum [hʌm] *v* nynna

human ['hju:mən] *adj* mänsklig; ~ **being** människa *c*

humanity [hju'mænəti] *n* mänsklighet *c*

humble ['hʌmbəl] *adj* ödmjuk

humid ['hju:mid] *adj* fuktig

humidity [hju'midəti] *n* fuktighet *c*

humorous ['hju:mərəs] *adj* skämtsam, humoristisk, lustig

humour ['hju:mə] *n* humor *c*

hundred ['hʌndrəd] *n* hundra

Hungarian [hʌŋ'gɛəriən] *adj* ungersk; *n* ungrare *c*

Hungary ['hʌŋgəri] Ungern

hunger ['hʌŋgə] *n* hunger *c*

hungry ['hʌŋgri] *adj* hungrig

hunt [hʌnt] *v* jaga; *n* jakt *c*

hunter ['hʌntə] *n* jägare *c*

hurricane ['hʌrikən] *n* orkan *c*; ~ **lamp** stormlykta *c*

hurry ['hʌri] *v* skynda sig; *n* brådska *c*; in a ~ fort

*•hurt** [hə:t] *v* värka, skada; såra

hurtful ['hə:tfəl] *adj* skadlig

husband ['hʌzbənd] *n* äkta man, make *c*

hut [hʌt] *n* hydda *c*

hydrogen ['haidrədʒən] *n* väte *nt*

hygiene ['haidʒi:n] *n* hygien *c*

hygienic [hai'dʒi:nik] *adj* hygienisk

hymn [him] *n* hymn *c*, psalm *c*

hyphen ['haifən] *n* bindestreck *nt*

hypocrisy [hi'pɔkrəsi] *n* hyckleri *nt*

hypocrite ['hipəkrit] *n* hycklare *c*

hypocritical [,hipə'kritikəl] *adj* hycklande, skenhelig

hysterical [hi'sterikəl] *adj* hysterisk

I

I [ai] *pron* jag

ice [ais] *n* is *c*

ice-bag ['aisbæg] *n* isblåsa *c*

ice-cream ['aiskri:m] *n* glass *c*

Iceland ['aislənd] Island

Icelander ['aisləndə] n islänning c

Icelandic [ais'lændik] adj isländsk

icon ['aikɔn] n ikon c

idea [ai'diə] n idé c; tanke c, infall nt; begrepp nt, föreställning c

ideal [ai'diəl] adj idealisk; n ideal nt

identical [ai'dentikəl] adj identisk

identification [ai,dentifi'keiʃən] n identifiering c; legitimation c

identify [ai'dentifai] v identifiera

identity [ai'dentəti] n identitet c; ~ card identitetskort nt

idiom ['idiəm] n idiom nt

idiomatic [,idiə'mætik] adj idiomatisk

idiot ['idiət] n idiot c

idiotic [,idi'ɔtik] adj idiotisk

idle ['aidəl] adj overksam; lat; gagnlös, tom

idol ['aidəl] n avgud c; idol c

if [if] conj om; ifall

ignition [ig'niʃən] n tändning c; ~ coil tändspole c

ignorant ['ignərənt] adj okunnig

ignore [ig'nɔ:] v ignorera

ill [il] adj sjuk; dålig; elak

illegal [i'li:gəl] adj olaglig, illegal

illegible [i'ledʒəbəl] adj oläslig

illiterate [i'litərət] n analfabet c

illness ['ilnəs] n sjukdom c

illuminate [i'lu:mineit] v lysa upp

illumination [i,lu:mi'neiʃən] n belysning c

illusion [i'lu:ʒən] n illusion c; villfarelse c

illustrate ['iləstreit] v illustrera

illustration [,ilə'streiʃən] n illustration c

image ['imidʒ] n bild c

imaginary [i'mædʒinəri] adj inbillad

imagination [i,mædʒi'neiʃən] n fantasi c, inbillning c

imagine [i'mædʒin] v föreställa sig; inbilla sig; tänka sig

imitate ['imiteit] v imitera, efterlikna

imitation [,imi'teiʃən] n imitation c

immediate [i'mi:djət] adj omedelbar

immediately [i'mi:djətli] adv genast, omedelbart

immense [i'mens] adj enorm, oerhörd, oändlig

immigrant ['imigrənt] n invandrare c

immigrate ['imigreit] v immigrera

immigration [,imi'greiʃən] n invandring c

immodest [i'mɔdist] adj oblyg

immunity [i'mju:nəti] n immunitet c

immunize ['imjunaiz] v immunisera

impartial [im'pɑ:ʃəl] adj opartisk

impassable [im'pɑ:səbəl] adj oframkomlig

impatient [im'peiʃənt] adj otålig

impede [im'pi:d] v hindra

impediment [im'pedimənt] n hinder nt

imperfect [im'pə:fikt] adj ofullkomlig

imperial [im'piəriəl] adj kejserlig; imperial-

impersonal [im'pə:sənəl] adj opersonlig

impertinence [im'pə:tinəns] n näsvishet c

impertinent [im'pə:tinənt] adj oförskämd, fräck, näsvis

implement¹ ['implimənt] n redskap nt, verktyg nt

implement² ['impliment] v utföra, *fullgöra

imply [im'plai] v antyda; *innebära

impolite [,impə'lait] adj ohövlig

import¹ [im'pɔ:t] v införa, importera

import² ['impɔ:t] n import c, införsel c, importvara c; ~ duty importtull c

importance [im'pɔ:təns] n betydelse c

important [im'pɔ:tənt] adj viktig, betydelsefull

importer [im'pɔ:tə] n importör c

imposing [im'pouziŋ] adj imponerande

impossible [im'pɔsəbəl] *adj* omöjlig

impotence ['impətəns] *n* impotens *c*

impotent ['impətənt] *adj* impotent

impound [im'paund] *v* *beslagta

impress [im'pres] *v* *göra intryck på, imponera

impression [im'preʃən] *n* intryck *nt*

impressive [im'presiv] *adj* imponerande

imprison [im'prizən] *v* fängsla

imprisonment [im'prizənmənt] *n* fångenskap *c*

improbable [im'prɔbəbəl] *adj* otrolig

improper [im'prɔpə] *adj* opassande, felaktig

improve [im'pru:v] *v* förbättra

improvement [im'pru:vmənt] *n* förbättring *c*

improvise ['imprəvaiz] *v* improvisera

impudent ['impjudənt] *adj* oförskämd

impulse ['impʌls] *n* impuls *c*; stimulans *c*

impulsive [im'pʌlsiv] *adj* impulsiv

in [in] *prep* i; om, på; *adv* in

inaccessible [ˌinæk'sesəbəl] *adj* otillgänglig

inaccurate [i'nækjurət] *adj* oriktig

inadequate [i'nædikwət] *adj* otillräcklig

incapable [iŋ'keipəbəl] *adj* oduglig

incense ['insens] *n* rökelse *c*

incident ['insidənt] *n* händelse *c*

incidental [ˌinsi'dentəl] *adj* tillfällig

incite [in'sait] *v* sporra

inclination [ˌiŋkli'neiʃən] *n* benägenhet *c*

incline [iŋ'klain] *n* sluttning *c*

inclined [iŋ'klaind] *adj* benägen; lutande; *be ~ to *vara benägen att

include [iŋ'klu:d] *v* innefatta, omfatta; included inberäknad

inclusive [iŋ'klu:siv] *adj* inklusive

income ['iŋkəm] *n* inkomst *c*

income-tax ['iŋkəmtæks] *n* inkomstskatt *c*

incompetent [iŋ'kɔmpətənt] *adj* inkompetent

incomplete [ˌiŋkəm'pli:t] *adj* ofullständig

inconceivable [ˌiŋkən'si:vəbəl] *adj* ofattbar

inconspicuous [ˌiŋkən'spikjuəs] *adj* oansenlig, försynt

inconvenience [ˌiŋkən'vi:njəns] *n* olägenhet *c*, besvär *nt*

inconvenient [ˌiŋkən'vi:njənt] *adj* olämplig; besvärlig

incorrect [ˌiŋkə'rekt] *adj* felaktig, oriktig

increase¹ [iŋ'kri:s] *v* öka; *tillta

increase² ['iŋkri:s] *n* ökning *c*

incredible [iŋ'kredəbəl] *adj* otrolig

incurable [iŋ'kjuərəbəl] *adj* obotlig

indecent [in'di:sənt] *adj* opassande

indeed [in'di:d] *adv* verkligen

indefinite [in'definit] *adj* obestämd

indemnity [in'demnəti] *n* skadeersättning *c*, gottgörelse *c*

independence [ˌindi'pendəns] *n* självständighet *c*

independent [ˌindi'pendənt] *adj* självständig; oberoende

index ['indeks] *n* register *nt*, förteckning *c*; ~ finger pekfinger *nt*

India ['indiə] Indien

Indian ['indiən] *adj* indisk; indiansk; *n* indier *c*; indian *c*

indicate ['indikeit] *v* påpeka, antyda, visa

indication [ˌindi'keiʃən] *n* tecken *nt*, antydan *c*

indicator ['indikeitə] *n* indikator *c*, blinker *c*

indifferent [in'difərənt] *adj* likgiltig

indigestion [ˌindi'dʒestʃən] *n* matsmältningsbesvär *nt*

indignation [ˌindig'neiʃən] *n* harm *c*, upprördhet *c*

indirect [ˌindiˈrekt] *adj* indirekt

individual [ˌindiˈvidʒuəl] *adj* enskild, individuell; *n* individ *c*, enskild person

Indonesia [ˌindəˈniːziə] Indonesien

Indonesian [ˌindəˈniːziən] *adj* indonesisk; *n* indones *c*

indoor [ˈindɔː] *adj* inomhus-

indoors [ˌinˈdɔːz] *adv* inomhus

indulge [inˈdʌldʒ] *v* *ge efter

industrial [inˈdʌstriəl] *adj* industriell; ~ **area** industriområde *nt*

industrious [inˈdʌstriəs] *adj* flitig

industry [ˈindəstri] *n* industri *c*

inedible [iˈnedibəl] *adj* oätbar

inefficient [ˌiniˈfiʃənt] *adj* ineffektiv; oduglig

inevitable [iˈnevitəbəl] *adj* oundviklig

inexpensive [ˌinikˈspensiv] *adj* billig

inexperienced [ˌinikˈspiəriənst] *adj* oerfaren

infant [ˈinfənt] *n* spädbarn *nt*

infantry [ˈinfəntri] *n* infanteri *nt*

infect [inˈfekt] *v* infektera, smitta

infection [inˈfekʃən] *n* infektion *c*

infectious [inˈfekʃəs] *adj* smittsam

infer [inˈfəː] *v* *innebära, *dra en slutsats

inferior [inˈfiəriə] *adj* underlägsen, sämre; mindervärdig; nedre

infinite [ˈinfinət] *adj* oändlig

infinitive [inˈfinitiv] *n* infinitiv *c*

infirmary [inˈfəːməri] *n* sjukvårdsrum *nt*

inflammable [inˈflæməbəl] *adj* eldfarlig

inflammation [ˌinfləˈmeiʃən] *n* inflammation *c*

inflatable [inˈfleitəbəl] *adj* uppblåsbar

inflate [inˈfleit] *v* blåsa upp

inflation [inˈfleiʃən] *n* inflation *c*

influence [ˈinfluəns] *n* påverkan *c*; *v* påverka

influential [ˌinfluˈenʃəl] *adj* inflytelserik

influenza [ˌinfluˈenzə] *n* influensa *c*

inform [inˈfɔːm] *v* informera; meddela, underrätta

informal [inˈfɔːməl] *adj* informell

information [ˌinfəˈmeiʃən] *n* uppgift *c*; upplysning *c*, meddelande *nt*; ~ **bureau** upplysningsbyrå *c*

infra-red [ˌinfrəˈred] *adj* infraröd

infrequent [inˈfriːkwənt] *adj* sällsynt

ingredient [inˈgriːdiənt] *n* ingrediens *c*

inhabit [inˈhæbit] *v* bebo

inhabitable [inˈhæbitəbəl] *adj* beboelig

inhabitant [inˈhæbitənt] *n* invånare *c*

inhale [inˈheil] *v* inandas

inherit [inˈherit] *v* ärva

inheritance [inˈheritəns] *n* arv *nt*

initial [iˈniʃəl] *adj* ursprunglig, första; *n* initial *c*; *v* parafera

initiative [iˈniʃətiv] *n* initiativ *nt*

inject [inˈdʒekt] *v* inspruta

injection [inˈdʒekʃən] *n* injektion *c*

injure [ˈindʒə] *v* skada, såra

injury [ˈindʒəri] *n* skada *c*, oförrätt *c*

injustice [inˈdʒʌstis] *n* orättvisa *c*

ink [iŋk] *n* bläck *nt*

inlet [ˈinlet] *n* sund *nt*, inlopp *nt*

inn [in] *n* värdshus *nt*

inner [ˈinə] *adj* inre; ~ **tube** innerslang *c*

inn-keeper [ˈinˌkiːpə] *n* värdshusvärd *c*

innocence [ˈinəsəns] *n* oskuld *c*

innocent [ˈinəsənt] *adj* oskyldig

inoculate [iˈnɔkjuleit] *v* ympa

inoculation [iˌnɔkjuˈleiʃən] *n* ympning *c*

inquire [iŋˈkwaiə] *v* *ta reda på, förhöra sig, förfråga sig

inquiry [iŋˈkwaiəri] *n* förfrågan *c*; undersökning *c*; ~ **office** upplysningsbyrå *c*

inquisitive [iŋˈkwizətiv] *adj* frågvis

insane [inˈsein] *adj* sinnessjuk

inscription [in'skripʃən] n inskription c

insect ['insekt] n insekt c; ~ repellent insektsmedel nt

insecticide [in'sektisaid] n insektsgift nt

insensitive [in'sensətiv] adj känslolös

insert [in'sə:t] v infoga, stoppa in

inside [,in'said] n insida c; adj inre; adv inne; inuti; prep innanför, in i; ~ out ut och in

insight ['insait] n insikt c

insignificant [,insig'nifikənt] adj obetydlig; oansenlig, intetsägande; oviktig

insist [in'sist] v insistera; *vidhålla

insolence ['insələns] n oförskämdhet c

insolent ['insələnt] adj oförskämd, fräck

insomnia [in'sɔmniə] n sömnlöshet c

inspect [in'spekt] v inspektera, undersöka, granska

inspection [in'spekʃən] n inspektion c; kontroll c

inspector [in'spektə] n inspektor c, inspektör c

inspire [in'spaiə] v inspirera

install [in'stɔ:l] v installera

installation [,instə'leiʃən] n installation c

instalment [in'stɔ:lmənt] n avbetalning c

instance ['instəns] n exempel nt; fall nt; for ~ till exempel

instant ['instənt] n ögonblick nt

instantly ['instəntli] adv ögonblickligen, omedelbart

instead of [in'sted ɔv] i stället för

instinct ['instiŋkt] n instinkt c

institute ['institju:t] n institut nt; anstalt c; v stifta, inrätta

institution [,insti'tju:ʃən] n institution c, grundande nt

instruct [in'strʌkt] v instruera

instruction [in'strʌkʃən] n undervisning c

instructive [in'strʌktiv] adj lärorik

instructor [in'strʌktə] n lärare c, instruktör c

instrument ['instrumənt] n instrument nt; musical ~ musikinstrument nt

insufficient [,insə'fiʃənt] adj otillräcklig

insulate ['insjuleit] v isolera

insulation [,insju'leiʃən] n isolering c

insulator ['insjuleitə] n isolator c

insult¹ ['insʌlt] v förolämpa

insult² ['insʌlt] n förolämpning c

insurance [in'ʃuərəns] n försäkring c; ~ policy försäkringsbrev nt

insure [in'ʃuə] v försäkra

intact [in'tækt] adj intakt

intellect ['intəlekt] n förstånd nt, intellekt nt

intellectual [,intə'lektʃuəl] adj intellektuell

intelligence [in'telidʒəns] n intelligens c

intelligent [in'telidʒənt] adj intelligent

intend [in'tend] v ämna

intense [in'tens] adj intensiv; häftig

intention [in'tenʃən] n avsikt c

intentional [in'tenʃənəl] adj avsiktlig

intercourse ['intəkɔ:s] n umgänge nt

interest ['intrəst] n intresse nt; ränta c; v intressera

interesting ['intrəstiŋ] adj intressant

interfere [,intə'fiə] v *ingripa; ~ with blanda sig i

interference [,intə'fiərəns] n inblandning c

interim ['intərim] n mellantid c

interior [in'tiəriə] n insida c; interiör c; inrikesärenden

interlude ['intəlu:d] n mellanspel nt

intermediary [,intə'mi:djəri] n för-

medlare *c*
intermission [ˌintəˈmiʃən] *n* paus *c*
internal [inˈtəːnəl] *adj* inre; invärtes; inhemsk, invändig
international [ˌintəˈnæʃənəl] *adj* internationell
interpret [inˈtəːprit] *v* tolka
interpreter [inˈtəːpritə] *n* tolk *c*
interrogate [inˈterəgeit] *v* förhöra
interrogation [inˌterəˈgeiʃən] *n* förhör *nt*
interrogative [ˌintəˈrogətiv] *adj* interrogativ
interrupt [ˌintəˈrʌpt] *v* *avbryta
interruption [ˌintəˈrʌpʃən] *n* avbrott *nt*
intersection [ˌintəˈsekʃən] *n* skärning *c*, vägkorsning *c*
interval [ˈintəvəl] *n* paus *c*; intervall *c*
intervene [ˌintəˈviːn] *v* *ingripa
interview [ˈintəvjuː] *n* intervju *c*
intestine [inˈtestin] *n* tarm *c*
intimate [ˈintimət] *adj* förtrolig
into [ˈintu] *prep* in i
intolerable [inˈtolərəbəl] *adj* outhärdlig
intoxicated [inˈtoksikeitid] *adj* berusad
intrigue [inˈtriːg] *n* intrig *c*
introduce [ˌintrəˈdjuːs] *v* presentera, introducera; införa
introduction [ˌintrəˈdʌkʃən] *n* presentation *c*; inledning *c*
invade [inˈveid] *v* invadera
invalid[1] [ˈinvəliːd] *n* invalid *c*; *adj* invalidiserad
invalid[2] [inˈvælid] *adj* ogiltig
invasion [inˈveiʒən] *n* invasion *c*
invent [inˈvent] *v* *uppfinna; uppdikta
invention [inˈvenʃən] *n* uppfinning *c*
inventive [inˈventiv] *adj* uppfinningsrik
inventor [inˈventə] *n* uppfinnare *c*
inventory [ˈinvəntri] *n* inventering *c*

invert [inˈvəːt] *v* kasta om, vända upp och ner
invest [inˈvest] *v* investera; placera pengar
investigate [inˈvestigeit] *v* efterforska, utreda
investigation [inˌvestiˈgeiʃən] *n* utredning *c*
investment [inˈvestmənt] *n* investering *c*, kapitalplacering *c*
investor [inˈvestə] *n* aktieägare *c*, vesterare *c*
invisible [inˈvizəbəl] *adj* osynlig
invitation [ˌinviˈteiʃən] *n* inbjudan *c*
invite [inˈvait] *v* *inbjuda
invoice [ˈinvɔis] *n* faktura *c*
involve [inˈvolv] *v* inblanda
inwards [ˈinwədz] *adv* inåt
iodine [ˈaiədiːn] *n* jod *c*
Iran [iˈrɑːn] Iran
Iranian [iˈreiniən] *adj* iransk; *n* iranier *c*
Iraq [iˈrɑːk] Irak
Iraqi [iˈrɑːki] *adj* irakisk; *n* irakier *c*
irascible [iˈræsibəl] *adj* lättretlig
Ireland [ˈaiələnd] Irland
Irish [ˈaiəriʃ] *adj* irländsk
Irishman [ˈaiəriʃmən] *n* (pl -men) irländare *c*
iron [ˈaiən] *n* järn *nt*; strykjärn *nt*; järn-; *v* *stryka
ironical [aiˈronikəl] *adj* ironisk
ironworks [ˈaiənwəːks] *n* järnverk *nt*
irony [ˈaiərəni] *n* ironi *c*
irregular [iˈregjulə] *adj* oregelbunden
irreparable [iˈrepərəbəl] *adj* oreparerbar
irrevocable [iˈrevəkəbəl] *adj* oåterkallelig
irritable [ˈiritəbəl] *adj* lättretad
irritate [ˈiriteit] *v* irritera, reta
is [iz] *v* (pr be)
island [ˈailənd] *n* ö *c*
isolate [ˈaisəleit] *v* isolera

isolation [ˌaisəˈleiʃən] n isolering c

Israel [ˈizreil] Israel

Israeli [izˈreili] adj israelisk; n israelier c

issue [ˈiʃuː] v *utge; n utgivning c, upplaga c, fråga c, tvisteämne nt; resultat nt, utgång c, följd c, konsekvens c

isthmus [ˈisməs] n näs nt

it [it] pron den, det

Italian [iˈtæljən] adj italiensk; n italienare c

italics [iˈtæliks] pl kursivering c

Italy [ˈitəli] Italien

itch [itʃ] n klåda c; v klia

item [ˈaitəm] n post c; punkt c

itinerant [aiˈtinərənt] adj kringresande

itinerary [aiˈtinərəri] n resrutt c, resplan c

ivory [ˈaivəri] n elfenben nt

ivy [ˈaivi] n murgröna c

J

jack [dʒæk] n domkraft c

jacket [ˈdʒækit] n kavaj c, jacka c; bokomslag nt

jade [dʒeid] n jade c

jail [dʒeil] n fängelse nt

jailer [ˈdʒeilə] n fångvaktare c

jam [dʒæm] n sylt c; trafikstockning c

janitor [ˈdʒænitə] n portvakt c

January [ˈdʒænjuəri] januari

Japan [dʒəˈpæn] Japan

Japanese [ˌdʒæpəˈniːz] adj japansk; n japan c

jar [dʒɑː] n kruka c; skakning c

jaundice [ˈdʒɔːndis] n gulsot c

jaw [dʒɔː] n käke c

jealous [ˈdʒeləs] adj svartsjuk

jealousy [ˈdʒeləsi] n svartsjuka c

jeans [dʒiːnz] pl jeans pl

jelly [ˈdʒeli] n gelé c

jelly-fish [ˈdʒelifiʃ] n manet c

jersey [ˈdʒəːzi] n jerseytyg nt; ylletröja c

jet [dʒet] n stråle c; jetplan nt

jetty [ˈdʒeti] n hamnpir c

Jew [dʒuː] n jude c

jewel [ˈdʒuːəl] n smycke nt

jeweller [ˈdʒuːələ] n juvelerare c; guldsmedsaffär c

jewellery [ˈdʒuːəlri] n smycken; juveler

Jewish [ˈdʒuːiʃ] adj judisk

job [dʒɔb] n jobb nt; plats c, arbete nt

jockey [ˈdʒɔki] n jockey c

join [dʒɔin] v *förbinda; *ansluta sig till; förena, sammanfoga

joint [dʒɔint] n led c; sammanfogning c; adj gemensam, förenad

jointly [ˈdʒɔintli] adv gemensamt

joke [dʒouk] n vits c, skämt nt

jolly [ˈdʒɔli] adj lustig; glad; trevlig; livad

Jordan [ˈdʒɔːdən] Jordanien

Jordanian [dʒɔːˈdeiniən] adj jordansk; n jordanier c

journal [ˈdʒəːnəl] n journal c, tidskrift c

journalism [ˈdʒəːnəlizəm] n journalism c

journalist [ˈdʒəːnəlist] n journalist c

journey [ˈdʒəːni] n resa c

joy [dʒɔi] n fröjd c, glädje c

joyful [ˈdʒɔifəl] adj förtjust, glad; glädjande

jubilee [ˈdʒuːbiliː] n jubileum nt

judge [dʒʌdʒ] n domare; v döma; bedöma

judgment [ˈdʒʌdʒmənt] n dom c

jug [dʒʌg] n tillbringare c

juice [dʒuːs] n saft c, juice c

juicy [ˈdʒuːsi] adj saftig

July [dʒuˈlai] juli

jump [dʒʌmp] v hoppa; n språng nt, hopp nt

jumper [ˈdʒʌmpə] n jumper c

junction [ˈdʒʌŋkʃən] n vägkorsning c; knutpunkt c

June [dʒuːn] juni

jungle [ˈdʒʌŋɡəl] n djungel c, urskog c

junior [ˈdʒuːnjə] adj junior

junk [dʒʌŋk] n skräp nt; djonk c

jury [ˈdʒuəri] n jury c

just [dʒʌst] adj rättvis, berättigad; riktig; adv just; precis

justice [ˈdʒʌstis] n rätt c; rättvisa c

juvenile [ˈdʒuːvənail] adj ungdomlig

K

kangaroo [ˌkæŋɡəˈruː] n känguru c

keel [kiːl] n köl c

keen [kiːn] adj livlig, angelägen; skarp

*keep [kiːp] v *hålla; bevara; *fortsätta; ~ away from hålla sig på avstånd från; ~ off *låta vara; ~ on *fortsätta; ~ quiet *tiga; ~ up *hålla ut; ~ up with hänga med

keg [keɡ] n kagge c

kennel [ˈkenəl] n hundkoja c; kennel c

Kenya [ˈkenjə] Kenya

kerosene [ˈkerəsiːn] n fotogen c

kettle [ˈketəl] n kittel c

key [kiː] n nyckel c

keyhole [ˈkiːhoul] n nyckelhål nt

khaki [ˈkɑːki] n kaki c

kick [kik] v sparka; n spark c

kick-off [ˌkikˈkɔf] n avspark c

kid [kid] n barn nt, unge c; getskinn nt; v *driva med

kidney [ˈkidni] n njure c

kill [kil] v *slå ihjäl, döda

kilogram [ˈkiləɡræm] n kilo nt

kilometre [ˈkiləˌmiːtə] n kilometer c

kind [kaind] adj snäll, vänlig; god; n sort c

kindergarten [ˈkindəˌɡɑːtən] n lekskola c

king [kiŋ] n kung c

kingdom [ˈkiŋdəm] n kungarike nt; rike nt

kiosk [ˈkiːɔsk] n kiosk c

kiss [kis] n kyss c, puss c; v kyssa

kit [kit] n utrustning c

kitchen [ˈkitʃin] n kök nt; ~ garden köksträdgård c

knapsack [ˈnæpsæk] n ryggsäck c

knave [neiv] n knekt c

knee [niː] n knä nt

kneecap [ˈniːkæp] n knäskål c

*kneel [niːl] v knäböja

knew [njuː] v (p know)

knickers [ˈnikəz] pl underbyxor pl

knife [naif] n (pl knives) kniv c

knight [nait] n riddare c

*knit [nit] v sticka

knob [nɔb] n handtag nt

knock [nɔk] v knacka; n knackning c; ~ against stöta emot; ~ down *slå omkull

knot [nɔt] n knut c; v *knyta

*know [nou] v *veta, känna

knowledge [ˈnɔlidʒ] n kunskap c

knuckle [ˈnʌkəl] n knoge c

L

label [ˈleibəl] n etikett c; v etikettera

laboratory [ləˈbɔrətəri] n laboratorium nt

labour [ˈleibə] n arbete nt; förlossningsarbete nt; v anstränga sig; labor permit Am arbetstillstånd nt labourer ['leibərə] n arbetare c

labour-saving ['leibə‚seiviŋ] adj arbetsbesparande

labyrinth ['læbərinθ] n labyrint c

lace [leis] n spets c; skosnöre nt

lack [læk] n saknad c, brist c; v sakna

lacquer ['lækə] n lack nt

lad [læd] n pojke c, gosse c

ladder ['lædə] n stege c

lady ['leidi] n dam c; ladies' room damtoalett c

lagoon [lə'gu:n] n lagun c

lake [leik] n sjö c

lamb [læm] n lamm nt; lammkött nt

lame [leim] adj ofärdig, halt, förlamad

lamentable ['læməntəbəl] adj bedrövlig

lamp [læmp] n lampa c

lamp-post ['læmppoust] n lyktstolpe c

lampshade ['læmpʃeid] n lampskärm c

land [lænd] n land nt; v landa; *gå i land

landlady ['lænd‚leidi] n hyresvärdinna c

landlord ['lændlɔ:d] n hyresvärd c

landmark ['lændmɑ:k] n landmärke nt

landscape ['lændskeip] n landskap nt

lane [lein] n gränd c, smal gata; körfil c

language ['læŋgwidʒ] n språk nt; ~ laboratory språklaboratorium nt

lantern ['læntən] n lykta c

lapel [lə'pel] n rockslag nt

larder ['lɑ:də] n skafferi nt

large [lɑ:dʒ] adj stor; rymlig

lark [lɑ:k] n lärka c

laryngitis [‚lærin'dʒaitis] n strupkatarr c

last [lɑ:st] adj sist; förra; v vara; at ~ till sist; till slut

lasting ['lɑ:stiŋ] adj varaktig

latchkey ['lætʃki:] n portnyckel c

late [leit] adj sen; för sent

lately ['leitli] adv på sista tiden, nyligen

lather ['lɑ:ðə] n lödder nt

Latin America ['lætin ə'merikə] Latinamerika

Latin-American [‚lætinə'merikən] adj latinamerikansk

latitude ['lætitju:d] n breddgrad c

laugh [lɑ:f] v skratta; n skratt nt

laughter ['lɑ:ftə] n skratt nt

launch [lɔ:ntʃ] v lansera; *sjösätta; *avskjuta; n slup c

launching ['lɔ:ntʃiŋ] n sjösättning c

launderette [‚lɔ:ndə'ret] n tvättomat c

laundry ['lɔ:ndri] n tvättinrättning c; tvätt c

lavatory ['lævətəri] n toalett c

lavish ['læviʃ] adj slösaktig

law [lɔ:] n lag c; juridik c; ~ court domstol c

lawful ['lɔ:fəl] adj laglig

lawn [lɔ:n] n gräsmatta c

lawsuit ['lɔ:su:t] n rättegång c, process c

lawyer ['lɔ:jə] n advokat c; jurist c

laxative ['læksətiv] n avföringsmedel nt

*lay [lei] v placera, *lägga, *sätta; ~ bricks mura

layer [leiə] n lager nt

layman ['leimən] n lekman c

lazy ['leizi] adj lat

*lead [li:d] v leda

lead[1] [li:d] n försprång nt; ledning c; koppel nt

lead[2] [led] n bly nt

leader ['li:də] n ledare c

leadership ['li:dəʃip] n ledarskap nt

leading ['li:diŋ] adj förnämst, ledande

leaf [li:f] n (pl leaves) löv nt, blad nt

league [li:g] n förbund c

leak [li:k] v läcka; n läcka c

leaky [ˈliːki] adj otät

lean [liːn] adj mager

*lean [liːn] v luta sig

leap [liːp] n hopp nt

*leap [liːp] v skutta, hoppa

leap-year [ˈliːpjiə] n skottår nt

*learn [ləːn] v lära sig

learner [ˈləːnə] n nybörjare c

lease [liːs] n hyreskontrakt nt; arrende nt; v hyra, arrendera ut; arrendera

leash [liːʃ] n koppel nt

least [liːst] adj minst; at ~ åtminstone

leather [ˈleðə] n läder nt; läder-, skinn-

leave [liːv] n ledighet c

*leave [liːv] v lämna, *ge sig av, resa bort, *låta; ~ behind efterlämna; ~ out utelämna

Lebanese [ˌlebəˈniːz] adj libanesisk; n libanes c

Lebanon [ˈlebənən] Libanon

lecture [ˈlektʃə] n föreläsning c, föredrag nt

left¹ [left] adj vänster

left² [left] v (p, pp leave)

left-hand [ˈlefthænd] adj vänster

left-handed [ˌleftˈhændid] adj vänsterhänt

leg [leg] n ben nt

legacy [ˈlegəsi] n legat nt

legal [ˈliːgəl] adj legal, laglig; juridisk

legalization [ˌliːgəlaiˈzeiʃən] n legalisering c

legation [liˈgeiʃən] n legation c

legible [ˈledʒibəl] adj läslig

legitimate [liˈdʒitimət] adj rättmätig, legitim

leisure [ˈleʒə] n ledighet c

lemon [ˈlemən] n citron c

lemonade [ˌleməˈneid] n läskedryck c

*lend [lend] v låna ut

length [leŋθ] n längd c

lengthen [ˈleŋθən] v förlänga

lengthways [ˈleŋθweiz] adv på längden

lens [lenz] n lins c; telephoto ~ teleobjektiv nt; zoom ~ zoomlins c

leprosy [ˈleprəsi] n spetälska c

less [les] adv mindre

lessen [ˈlesən] v förminska

lesson [ˈlesən] n läxa c, lektion c

*let [let] v *låta; hyra ut; ~ down *svika

letter [ˈletə] n brev nt; bokstav c; ~ of credit kreditiv nt; ~ of recommendation rekommendationsbrev nt

letter-box [ˈletəbɔks] n brevlåda c

lettuce [ˈletis] n grönsallad c

level [ˈlevəl] adj slät; plan, jämn; n plan nt, nivå c; vattenpass nt; v jämna, utjämna; ~ crossing järnvägsövergång c

lever [ˈliːvə] n hävstång c, spak c

liability [ˌlaiəˈbiləti] n skyldighet c

liable [ˈlaiəbəl] adj ansvarig, benägen; ~ to utsatt för

liberal [ˈlibərəl] adj liberal; frikostig, rundhänt, givmild

liberation [ˌlibəˈreiʃən] n frigörelse c, befrielse c; frigivande nt

Liberia [laiˈbiəriə] Liberia

Liberian [laiˈbiəriən] adj liberiansk; n liberian c

liberty [ˈlibəti] n frihet c

library [ˈlaibrəri] n bibliotek nt

licence [ˈlaisəns] n licens c; tillståndsbevis nt; driving ~ körkort nt; ~ number Am registreringsnummer nt; ~ plate nummerplåt c

license [ˈlaisəns] v *ge rättighet, auktorisera

lick [lik] v slicka; övertrumfa

lid [lid] n lock nt

lie [lai] v *ljuga; n lögn c

*lie [lai] v *ligga; ~ down *lägga

sig

life [laif] *n* (pl lives) liv *nt;* ~ **insurance** livförsäkring *c*

lifebelt [ˈlaifbelt] *n* livbälte *nt*

lifetime [ˈlaiftaim] *n* livstid *c*

lift [lift] *v* lyfta, höja; *n* hiss *c;* skjuts *c*

light [lait] *n* ljus *nt; adj* lätt; ljus; ~ **bulb** glödlampa *c*

***light** [lait] *v* tända

lighter [ˈlaitə] *n* tändare *c*

lighthouse [ˈlaithaus] *n* fyr *c*

lighting [ˈlaitiŋ] *n* belysning *c*

lightning [ˈlaitniŋ] *n* blixt *c*

like [laik] *v* tycka om; *adj* lik; *conj* såsom; *prep* liksom

likely [ˈlaikli] *adj* sannolik

like-minded [ˌlaikˈmaindid] *adj* likasinnad

likewise [ˈlaikwaiz] *adv* likaså, likaledes

lily [ˈlili] *n* lilja *c*

limb [lim] *n* lem *c*

lime [laim] *n* kalk *c;* lind *c;* grön citron

limetree [ˈlaimtri:] *n* lind *c*

limit [ˈlimit] *n* gräns *c; v* begränsa

limp [limp] *v* halta; *adj* slapp

line [lain] *n* rad *c;* streck *nt;* lina *c;* linje *c;* **stand in** ~ *Am* köa

linen [ˈlinin] *n* linne *nt*

liner [ˈlainə] *n* linjefartyg *nt*

lingerie [ˈlɔ̃ʒəri:] *n* damunderkläder *pl*

lining [ˈlainiŋ] *n* foder *nt*

link [liŋk] *v* *sammanbinda; n* länk *c*

lion [ˈlaiən] *n* lejon *nt*

lip [lip] *n* läpp *c*

lipsalve [ˈlipsɑ:v] *n* cerat *nt*

lipstick [ˈlipstik] *n* läppstift *nt*

liqueur [liˈkjuə] *n* likör *c*

liquid [ˈlikwid] *adj* flytande; *n* vätska *c*

liquor [ˈlikə] *n* sprit *c*

liquorice [ˈlikəris] *n* lakrits *c*

list [list] *n* lista *c; v* *inskriva

listen [ˈlisən] *v* lyssna

listener [ˈlisnə] *n* lyssnare *c*

literary [ˈlitrəri] *adj* litterär, litteratur-

literature [ˈlitrətʃə] *n* litteratur *c*

litre [ˈli:tə] *n* liter *c*

litter [ˈlitə] *n* avfall *nt;* kull *c*

little [ˈlitəl] *adj* liten; föga

live[1] [liv] *v* leva; bo

live[2] [laiv] *adj* levande

livelihood [ˈlaivlihud] *n* uppehälle *nt*

lively [ˈlaivli] *adj* livfull

liver [ˈlivə] *n* lever *c*

living-room [ˈliviŋru:m] *n* vardagsrum *nt*

load [loud] *n* last *c;* börda *c; v* lasta

loaf [louf] *n* (pl loaves) limpa *c*

loan [loun] *n* lån *nt*

lobby [ˈlɔbi] *n* vestibul *c;* foajé *c*

lobster [ˈlɔbstə] *n* hummer *c*

local [ˈloukəl] *adj* lokal-, lokal; ~ **call** lokalsamtal *nt;* ~ **train** lokaltåg *nt*

locality [louˈkæləti] *n* samhälle *nt*

locate [louˈkeit] *v* lokalisera

location [louˈkeiʃən] *n* läge *nt*

lock [lɔk] *v* låsa; *n* lås *nt;* sluss *c;* ~ **up** låsa in

locomotive [ˌloukəˈmoutiv] *n* lok *nt*

lodge [lɔdʒ] *v* inkvartera; *n* jaktstuga *c*

lodger [ˈlɔdʒə] *n* inackordering *c*

lodgings [ˈlɔdʒiŋz] *pl* inkvartering *c*

log [lɔg] *n* vedträ *nt;* stock *c*

logic [ˈlɔdʒik] *n* logik *c*

logical [ˈlɔdʒikəl] *adj* logisk

lonely [ˈlounli] *adj* ensam

long [lɔŋ] *adj* lång; långvarig; ~ **for** längta efter; **no longer** inte längre

longing [ˈlɔŋiŋ] *n* längtan *c*

longitude [ˈlɔndʒitju:d] *n* längdgrad *c*

look [luk] *v* titta; tyckas, *se ut; n* blick *c;* utseende *nt;* ~ **after** sköta, passa, *ta hand om; ~ **at** *se på, titta på; ~ **for** leta efter; ~ **out** *se upp; ~ **up** *slå upp

looking-glass ['lukɪŋglɑ:s] n spegel c
loop [lu:p] n ögla c
loose [lu:s] adj lös
loosen ['lu:sən] v lossa
lord [lɔ:d] n lord c
lorry ['lɔri] n lastbil c
***lose** [lu:z] v mista, förlora
loss [lɔs] n förlust c
lost [lɔst] adj vilsegången; försvunnen; ~ **and found** hittegods nt; ~ **property office** hittegodsmagasin nt
lot [lɔt] n lott c; mängd c, hög c
lottery ['lɔtəri] n lotteri nt
loud [laud] adj högljudd, gäll
loud-speaker [,laud'spi:kə] n högtalare c
lounge [laundʒ] n sällskapsrum nt
louse [laus] n (pl lice) lus c
love [lʌv] v älska, *hålla av; n kärlek c; **in** ~ förälskad
lovely ['lʌvli] adj söt, förtjusande, ljuvlig
lover ['lʌvə] n älskare c
love-story ['lʌv,stɔ:ri] n kärlekshistoria c
low [lou] adj låg; djup; nedstämd; ~ **tide** ebb c
lower ['louə] v sänka; minska; adj lägre, undre
lowlands ['louləndz] pl lågland nt
loyal ['lɔiəl] adj lojal
lubricate ['lu:brikeit] v *smörja, olja
lubrication [,lu:bri'keiʃən] n smörjning c; ~ **oil** smörjolja c; ~ **system** smörjsystem nt
luck [lʌk] n lycka c, tur c; slump c; **bad** ~ otur c
lucky ['lʌki] adj lyckosam, tursam; ~ **charm** amulett c
ludicrous ['lu:dikrəs] adj löjeväckande, löjlig

luggage ['lʌgidʒ] n bagage nt; **hand** ~ handbagage nt; **left** ~ **office** bagageinlämning c; ~ **rack** bagagehylla c; ~ **van** resgodsfinka c
lukewarm ['lu:kwɔ:m] adj ljum
lumbago [lʌm'beigou] n ryggskott nt
luminous ['lu:minəs] adj lysande
lump [lʌmp] n klump c, bit c; bula c; ~ **of sugar** sockerbit c; ~ **sum** klumpsumma c
lumpy ['lʌmpi] adj klimpig
lunacy ['lu:nəsi] n vansinne nt
lunatic ['lu:nətik] adj vansinnig; n sinnessjuk c
lunch [lʌntʃ] n lunch c
luncheon ['lʌntʃən] n lunch c
lung [lʌŋ] n lunga c
lust [lʌst] n åtrå c
luxurious [lʌg'ʒuəriəs] adj luxuös
luxury ['lʌkʃəri] n lyx c

M

machine [mə'ʃi:n] n maskin c, apparat c
machinery [mə'ʃi:nəri] n maskineri nt
mackerel ['mækrəl] n (pl ~) makrill c
mackintosh ['mækintɔʃ] n regnrock c
mad [mæd] adj sinnesförvirrad, vanvettig, tokig; rasande
madness ['mædnəs] n vansinne nt
magazine [,mægə'zi:n] n tidskrift c; magasin nt
magic ['mædʒik] n magi c, trollkonst c; adj magisk
magician [mə'dʒiʃən] n trollkarl c
magistrate ['mædʒistreit] n rådman c
magnetic [mæg'netik] adj magnetisk
magneto [mæg'ni:tou] n (pl ~s) magnetapparat c

magnificent [mæg'nifisənt] adj ståtlig; magnifik, praktfull
magpie ['mægpai] n skata c
maid [meid] n hembiträde nt
maiden name ['meidən neim] flicknamn nt
mail [meil] n post c; v posta; ~ order Am postanvisning c
mailbox ['meilbɔks] nAm brevlåda c
main [mein] adj huvud-; störst; ~ deck överdäck nt; ~ line huvudlinje c; ~ road huvudväg c; ~ street huvudgata c
mainland ['meinlənd] n fastland nt
mainly ['meinli] adv huvudsakligen
mains [meinz] pl huvudledning c
maintain [mein'tein] v *upprätthålla
maintenance ['meintənəns] n underhåll nt
maize [meiz] n majs c
major ['meidʒə] adj större; störst; n major c
majority [mə'dʒɔrəti] n majoritet c
*make [meik] v *göra; tjäna; *hinna med; ~ do with klara sig med; ~ good *gottgöra; ~ up *sätta upp, *göra upp
make-up ['meikʌp] n smink c
malaria [mə'lɛəriə] n malaria c
Malay [mə'lei] n malaysier c
Malaysia [mə'leiziə] Malaysia
Malaysian [mə'leiziən] adj malaysisk
male [meil] adj han-, mans-, manlig
malicious [mə'liʃəs] adj illvillig
malignant [mə'lignənt] adj elakartad
mallet ['mælit] n klubba c
malnutrition [,mælnju'triʃən] n undernäring c
mammal ['mæməl] n däggdjur nt
mammoth ['mæməθ] n mammut c
man [mæn] n (pl men) man c; människa c; men's room herrtoalett c
manage ['mænidʒ] v styra; lyckas
manageable ['mænidʒəbəl] adj han-

terlig
management ['mænidʒmənt] n styrelse c; direktion c
manager ['mænidʒə] n direktör c, chef c
mandarin ['mændərin] n mandarin c
mandate ['mændeit] n mandat nt
manger ['meindʒə] n foderbehållare c
manicure ['mænikjuə] n manikyr c; v manikyrera
mankind [mæn'kaind] n mänsklighet c
mannequin ['mænəkin] n skyltdocka c
manner ['mænə] n sätt nt, vis nt; manners pl uppförande c
man-of-war [,mænəv'wɔ:] n örlogsfartyg nt
manor-house ['mænəhaus] n herrgård c
mansion ['mænʃən] n patricierhus nt
manual ['mænjuəl] adj hand-
manufacture [,mænju'fæktʃə] v tillverka
manufacturer [,mænju'fæktʃərə] n fabrikant c
manure [mə'njuə] n gödsel c
manuscript ['mænjuskript] n manuskript nt
many ['meni] adj många
map [mæp] n karta c; plan c
maple ['meipəl] n lönn c
marble ['mɑ:bəl] n marmor c; spelkula c
March [mɑ:tʃ] mars
march [mɑ:tʃ] v marschera; n marsch c
mare [mɛə] n sto nt
margarine [,mɑ:dʒə'ri:n] n margarin nt
margin ['mɑ:dʒin] n marginal c
maritime ['mæritaim] adj maritim
mark [mɑ:k] v märka; markera; utmärka; n märke nt; betyg nt; skottavla c
market ['mɑ:kit] n marknad c, salu-

hall c
market-place ['mɑ:kitpleis] n torg nt; marknadsplats c
marmalade ['mɑ:məleid] n marmelad c
marriage ['mærɪdʒ] n äktenskap nt
marrow ['mærou] n märg c
marry ['mæri] v gifta sig
marsh [mɑ:ʃ] n sumpmark c
marshy ['mɑ:ʃi] adj sumpig
martyr ['mɑ:tə] n martyr c
marvel ['mɑ:vəl] n under nt; v förundra sig
marvellous ['mɑ:vələs] adj underbar
mascara [mæ'skɑ:rə] n maskara c
masculine ['mæskjulin] adj manlig
mash [mæʃ] v mosa
mask [mɑ:sk] n mask c
Mass [mæs] n mässa c
mass [mæs] n mängd c, massa c; klump c; ~ **production** massproduktion c
massage ['mæsɑ:ʒ] n massage c; v massera
masseur [mæ'sə:] n massör c
massive ['mæsiv] adj massiv
mast [mɑ:st] n mast c
master ['mɑ:stə] n mästare c; arbetsgivare c; lektor c, lärare c; v bemästra
masterpiece ['mɑ:stəpi:s] n mästerverk nt
mat [mæt] n matta c; adj matt
match [mætʃ] n tändsticka c; jämlike c, match c, parti nt; v passa ihop
match-box ['mætʃbɔks] n tändsticksask c
material [mə'tiəriəl] n material nt; tyg nt; adj materiell
mathematical [,mæθə'mætikəl] adj matematisk
mathematics [,mæθə'mætiks] n matematik c
matrimonial [,mætri'mouniəl] adj äktenskaplig
matrimony ['mætriməni] n äktenskap nt
matter ['mætə] n materia c, ämne nt; angelägenhet c, fråga c; v *vara viktigt; **as a ~ of fact** faktiskt, i själva verket
matter-of-fact [,mætərəv'fækt] adj torr och saklig
mattress ['mætrəs] n madrass c
mature [mə'tjuə] adj mogen
maturity [mə'tjuərəti] n mogen ålder, mognad c
mausoleum [,mɔ:sə'li:əm] n mausoleum nt
mauve [mouv] adj rödlila
May [mei] n maj
***may** [mei] v *kunna; *få
maybe ['meibi:] adv kanske
mayor [meə] n borgmästare c
maze [meiz] n labyrint c; virrvarr nt
me [mi:] pron mig
meadow ['medou] n äng c
meal [mi:l] n måltid c, mål nt
mean [mi:n] adj gemen; medel-; n genomsnitt nt
***mean** [mi:n] v betyda; mena
meaning ['mi:niŋ] n mening c
meaningless ['mi:niŋləs] adj meningslös
means [mi:nz] n medel nt; **by no ~** inte alls
in the meantime [in ðə 'mi:ntaim] under tiden
meanwhile ['mi:nwail] adv under tiden
measles ['mi:zəlz] n mässling c
measure ['meʒə] v mäta; n mått nt; åtgärd c
meat [mi:t] n kött nt
mechanic [mi'kænik] n mekaniker c, montör c
mechanical [mi'kænikəl] adj mekanisk

mechanism ['mekənizəm] *n* mekanism *c*

medal ['medəl] *n* medalj *c*

mediaeval [ˌmedi'i:vəl] *adj* medeltida

mediate ['mi:dieit] *v* medla

mediator ['mi:dieitə] *n* medlare *c*

medical ['medikəl] *adj* medicinsk

medicine ['medsin] *n* medicin *c*; läkarvetenskap *c*

meditate ['mediteit] *v* meditera

Mediterranean [ˌmeditə'reiniən] Medelhavet

medium ['mi:diəm] *adj* genomsnittlig, medel-, medelmåttig

•meet [mi:t] *v* träffa, möta

meeting ['mi:tiŋ] *n* sammanträde *nt*; möte *nt*

meeting-place ['mi:tiŋpleis] *n* mötesplats *c*

melancholy ['melənkəli] *n* vemod *nt*

mellow ['melou] *adj* mjuk, fyllig

melodrama ['melə,drɑ:mə] *n* melodrama *nt*

melody ['melədi] *n* melodi *c*

melon ['melən] *n* melon *c*

melt [melt] *v* smälta

member ['membə] *n* medlem *c*; **Member of Parliament** riksdagsman *c*

membership ['membəʃip] *n* medlemskap *nt*

memo ['memou] *n* (pl ~s) memorandum *nt*

memorable ['memərəbəl] *adj* minnesvärd

memorial [mə'mɔ:riəl] *n* minnesmärke *nt*

memorize ['meməraiz] *v* lära sig utantill

memory ['meməri] *n* minne *nt*

mend [mend] *v* laga, reparera

menstruation [ˌmenstru'eiʃən] *n* menstruation *c*

mental ['mentəl] *adj* mental

mention ['menʃən] *v* nämna, omnämna; *n* omnämnande *nt*

menu ['menju:] *n* matsedel *c*, meny *c*

merchandise ['mə:tʃəndaiz] *n* handelsvaror *pl*

merchant ['mə:tʃənt] *n* köpman *c*

merciful ['mə:sifəl] *adj* barmhärtig

mercury ['mə:kjuri] *n* kvicksilver *nt*

mercy ['mə:si] *n* barmhärtighet *c*

mere [miə] *adj* blott och bar

merely ['miəli] *adv* endast

merger ['mə:dʒə] *n* sammanslagning *c*

merit ['merit] *v* förtjäna; *n* förtjänst *c*

mermaid ['mə:meid] *n* sjöjungfru *c*

merry ['meri] *adj* munter

merry-go-round ['merigou,raund] *n* karusell *c*

mesh [meʃ] *n* maska *c*

mess [mes] *n* oordning *c*, oreda *c*; ~ up spoliera

message ['mesidʒ] *n* meddelande *nt*

messenger ['mesindʒə] *n* bud *nt*

metal ['metəl] *n* metall *c*; metall-

meter ['mi:tə] *n* mätare *c*

method ['meθəd] *n* metod *c*, förfaringssätt *nt*; ordning *c*

methodical [mə'θɔdikəl] *adj* metodisk

methylated spirits ['meθəleitid 'spirits] denaturerad sprit

metre ['mi:tə] *n* meter *c*

metric ['metrik] *adj* metrisk

Mexican ['meksikən] *adj* mexikansk; *n* mexikanare *c*

Mexico ['meksikou] Mexiko

mezzanine ['mezəni:n] *n* mellanvåning *c*

microphone ['maikrəfoun] *n* mikrofon *c*

midday ['middei] *n* mitt på dagen

middle ['midəl] *n* mitt *c*; *adj* mellersta; **Middle Ages** Medeltiden; ~ **class** medelklass *c*; **middle-class** *adj* borgerlig

midnight ['mɪdnaɪt] *n* midnatt *c*

midst [mɪdst] *n* mitt *c*

midsummer ['mɪd,sʌmə] *n* midsommar *c*

midwife ['mɪdwaɪf] *n* (pl -wives) barnmorska *c*

might [maɪt] *n* makt *c*

***might** [maɪt] *v* *kunna

mighty ['maɪti] *adj* mäktig

migraine ['miːɡreɪn] *n* migrän *c*

mild [maɪld] *adj* mild

mildew ['mɪldjuː] *n* mögel *nt*

milestone ['maɪlstoʊn] *n* milstolpe *c*

milieu ['miːljəː] *n* miljö *c*

military ['mɪlɪtəri] *adj* militär-; ~ **force** krigsmakt *c*

milk [mɪlk] *n* mjölk *c*

milkman ['mɪlkmən] *n* (pl -men) mjölkbud *nt*

milk-shake ['mɪlkʃeɪk] *n* milkshake *c*

milky ['mɪlki] *adj* mjölkig

mill [mɪl] *n* kvarn *c*; fabrik *c*

miller ['mɪlə] *n* mjölnare *c*

milliner ['mɪlɪnə] *n* modist *c*

million ['mɪljən] *n* miljon *c*

millionaire [,mɪljə'nɛə] *n* miljonär *c*

mince [mɪns] *v* finhacka

mind [maɪnd] *n* begåvning *c*; *v* *ha något emot; bry sig om, akta, akta sig för

mine [maɪn] *n* gruva *c*

miner ['maɪnə] *n* gruvarbetare *c*

mineral ['mɪnərəl] *n* mineral *nt*; ~ **water** mineralvatten *nt*

miniature ['mɪnjətʃə] *n* miniatyr *c*

minimum ['mɪnɪməm] *n* minimum *nt*

mining ['maɪnɪŋ] *n* gruvdrift *c*

minister ['mɪnɪstə] *n* minister *c*; präst *c*; **Prime Minister** statsminister *c*

ministry ['mɪnɪstri] *n* departement *nt*

mink [mɪŋk] *n* mink *c*

minor ['maɪnə] *adj* liten, mindre; underordnad; *n* minderårig *c*

minority [maɪ'nɔrəti] *n* minoritet *c*

mint [mɪnt] *n* mynta *c*

minus ['maɪnəs] *prep* minus

minute[1] ['mɪnɪt] *n* minut *c*; **minutes** protokoll *nt*

minute[2] [maɪ'njuːt] *adj* ytterst liten

miracle ['mɪrəkəl] *n* mirakel *nt*

miraculous [mɪ'rækjuləs] *adj* otrolig

mirror ['mɪrə] *n* spegel *c*

misbehave [,mɪsbɪ'heɪv] *v* uppföra sig illa

miscarriage [mɪs'kærɪdʒ] *n* missfall *nt*

miscellaneous [,mɪsə'leɪniəs] *adj* blandad

mischief ['mɪstʃɪf] *n* ofog *nt*; skada *c*, förtret *c*, åverkan *c*

mischievous ['mɪstʃɪvəs] *adj* odygdig, skadlig

miserable ['mɪzərəbəl] *adj* olycklig, eländig

misery ['mɪzəri] *n* elände *nt*; nöd *c*

misfortune [mɪs'fɔːtʃən] *n* otur *c*, olycka *c*

***mislay** [mɪs'leɪ] *v* *förlägga

misplaced [mɪs'pleɪst] *adj* malplacerad

mispronounce [,mɪsprə'naʊns] *v* uttala fel

miss[1] [mɪs] fröken *c*

miss[2] [mɪs] *v* missa

missing ['mɪsɪŋ] *adj* försvunnen; ~ **person** försvunnen person

mist [mɪst] *n* dimma *c*

mistake [mɪ'steɪk] *n* fel *nt*, misstag *nt*

***mistake** [mɪ'steɪk] *v* förväxla, *missförstå

mistaken [mɪ'steɪkən] *adj* felaktig; ***be** ~ *missta sig

mister ['mɪstə] *n* herr

mistress ['mɪstrəs] *n* husmor *c*; föreståndarinna *c*; älskarinna *c*

mistrust [mɪs'trʌst] *v* misstro

misty ['mɪsti] *adj* disig

***misunderstand** [,mɪsʌndə'stænd] *v* *missförstå

misunderstanding [ˌmisʌndəˈstændiŋ] n missförstånd nt

misuse [misˈjuːs] n missbruk nt

mittens [ˈmitənz] pl tumvantar pl

mix [miks] v blanda; ~ with *umgås med

mixed [mikst] adj blandad

mixer [ˈmiksə] n mixer c

mixture [ˈmikstʃə] n blandning c

moan [moun] v jämra sig

moat [mout] n vallgrav c

mobile [ˈmoubail] adj rörlig

mock [mɔk] v håna

mockery [ˈmɔkəri] n hån nt

model [ˈmɔdəl] n modell c; manne-käng c; v modellera, forma

moderate [ˈmɔdərət] adj måttlig, mo-derat; medelmåttig

modern [ˈmɔdən] adj modern

modest [ˈmɔdist] adj blygsam, an-språkslös

modesty [ˈmɔdisti] n blygsamhet c

modify [ˈmɔdifai] v ändra

mohair [ˈmouheə] n mohair c

moist [mɔist] adj fuktig

moisten [ˈmɔisən] v fukta

moisture [ˈmɔistʃə] n fuktighet c; moisturizing cream fuktighetsbe-varande kräm

molar [ˈmoulə] n kindtand c

moment [ˈmoumənt] n ögonblick nt

momentary [ˈmouməntəri] adj tillfäl-lig

monarch [ˈmɔnək] n monark c

monarchy [ˈmɔnəki] n monarki c

monastery [ˈmɔnəstri] n kloster nt

Monday [ˈmʌndi] måndag c

monetary [ˈmʌnitəri] adj monetär; ~ unit myntenhet c

money [ˈmʌni] n pengar pl; ~ ex-change växelkontor nt; ~ order postanvisning c

monk [mʌŋk] n munk c

monkey [ˈmʌŋki] n apa c

monologue [ˈmɔnɔlɔg] n monolog c

monopoly [məˈnɔpəli] n monopol nt

monotonous [məˈnɔtənəs] adj mono-ton

month [mʌnθ] n månad c

monthly [ˈmʌnθli] adj månatlig; ~ magazine månadstidning c

monument [ˈmɔnjumənt] n monument nt, minnesmärke c

mood [muːd] n humör nt

moon [muːn] n måne c

moonlight [ˈmuːnlait] n månsken nt

moor [muə] n ljunghed c, hed c

moose [muːs] n (pl ~, ~s) älg c

moped [ˈmouped] n moped c

moral [ˈmɔrəl] n moral c; adj sedlig, moralisk

morality [məˈræləti] n morallära c

more [mɔː] adj fler; once ~ en gång till

moreover [mɔːˈrouvə] adv dessutom, för övrigt

morning [ˈmɔːniŋ] n morgon c, för-middag c; ~ paper morgontidning c; this ~ i morse

Moroccan [məˈrɔkən] adj maroc-kansk; n marockan c

Morocco [məˈrɔkou] Marocko

morphia [ˈmɔːfiə] n morfin nt

morphine [ˈmɔːfiːn] n morfin nt

morsel [ˈmɔːsəl] n bit c

mortal [ˈmɔːtəl] adj dödlig

mortgage [ˈmɔːgidʒ] n hypotek nt, in-teckning c

mosaic [məˈzeiik] n mosaik c

mosque [mɔsk] n moské c

mosquito [məˈskiːtou] n (pl ~es) mygga c; moskit c

mosquito-net [məˈskiːtounet] n mygg-nät nt

moss [mɔs] n mossa c

most [moust] adj (de) flesta; at ~ på sin höjd; ~ of all mest av allt

mostly [ˈmoustli] adv för det mesta

motel [mou'tel] *n* motell *nt*

moth [mɔθ] *n* mal *c*

mother ['mʌðə] *n* mor *c*; ~ **tongue** modersmål *nt*

mother-in-law ['mʌðərinlɔ:] *n* (pl mothers-) svärmor *c*

mother-of-pearl [,mʌðərəv'pə:l] *n* pärlemor *c*

motion ['mouʃən] *n* rörelse *c*; motion *c*

motive ['moutiv] *n* motiv *nt*

motor ['moutə] *n* motor *c*; *v* bila; ~ **body** *Am* karosseri *nt*; **starter** ~ startmotor *c*

motorbike ['moutəbaik] *nAm* moped *c*

motor-boat ['moutəbout] *n* motorbåt *c*

motor-car ['moutəkɑ:] *n* bil *c*

motor-cycle ['moutə,saikəl] *n* motorcykel *c*

motorist ['moutərist] *n* bilist *c*

motorway ['moutəwei] *n* motorväg *c*

motto ['mɔtou] *n* (pl ~es, ~s) motto *nt*

mouldy ['mouldi] *adj* möglig

mound [maund] *n* kulle *c*

mount [maunt] *v* *bestiga; montera; *n* berg *nt*; montering *c*

mountain ['mauntin] *n* berg *nt*; ~ **pass** bergspass *nt*; ~ **range** bergskedja *c*

mountaineering [,maunti'niəriŋ] *n* bergsbestigning *c*

mountainous ['mauntinəs] *adj* bergig

mourning ['mɔ:niŋ] *n* sorg *c*

mouse [maus] *n* (pl mice) mus *c*

moustache [mə'stɑ:ʃ] *n* mustasch *c*

mouth [mauθ] *n* mun *c*; gap *nt*, käft *c*; mynning *c*

mouthwash ['mauθwɔʃ] *n* munvatten *nt*

movable ['mu:vəbəl] *adj* flyttbar

move [mu:v] *v* *sätta i rörelse; flytta; röra sig; röra; *n* drag *nt*, steg *nt*; flyttning *c*

movement ['mu:vmənt] *n* rörelse *c*

movie ['mu:vi] *n* film *c*; **movies** *Am* bio *c*; ~ **theater** bio *c*

much [mʌtʃ] *adj* många; *adv* mycket; **as** ~ lika mycket; likaså

muck [mʌk] *n* dynga *c*

mud [mʌd] *n* gyttja *c*

muddle ['mʌdəl] *n* oreda *c*, röra *c*, virrvarr *nt*; *v* förvirra

muddy ['mʌdi] *adj* lerig

mud-guard ['mʌdgɑ:d] *n* stänkskärm *c*

muffler ['mʌflə] *nAm* ljuddämpare *c*

mug [mʌg] *n* mugg *c*

mulberry ['mʌlbəri] *n* mullbär *nt*

mule [mju:l] *n* mulåsna *c*

mullet ['mʌlit] *n* multe *c*

multiplication [,mʌltipli'keiʃən] *n* multiplikation *c*

multiply ['mʌltiplai] *v* multiplicera

mumps [mʌmps] *n* påssjuka *c*

municipal [mju:'nisipəl] *adj* kommunal-

municipality [mju:,nisi'pæləti] *n* kommun *c*

murder ['mə:də] *n* mord *nt*; *v* mörda

murderer ['mə:dərə] *n* mördare *c*

muscle ['mʌsəl] *n* muskel *c*

muscular ['mʌskjulə] *adj* muskulös

museum [mju:'zi:əm] *n* museum *nt*

mushroom ['mʌʃru:m] *n* svamp *c*

music ['mju:zik] *n* musik *c*; ~ **academy** konservatorium *nt*

musical ['mju:zikəl] *adj* musikalisk; *n* musikal *c*

music-hall ['mju:zikhɔ:l] *n* revyteater *c*

musician [mju:'ziʃən] *n* musiker *c*

muslin ['mʌzlin] *n* muslin *nt*

mussel ['mʌsəl] *n* blåmussla *c*

*must [mʌst] *v* *måste

mustard ['mʌstəd] *n* senap *c*

mute [mju:t] *adj* stum
mutiny ['mju:tini] *n* myteri *nt*
mutton ['mʌtən] *n* fårkött *nt*
mutual ['mju:tʃuəl] *adj* inbördes, ömsesidig
my [mai] *adj* min
myself [mai'self] *pron* mig; själv
mysterious [mi'stiəriəs] *adj* gåtfull, mystisk
mystery ['mistəri] *n* mysterium *nt*
myth [miθ] *n* myt *c*

N

nag [næg] *v* tjata
nail [neil] *n* nagel *c;* spik *c*
nailbrush ['neilbrʌʃ] *n* nagelborste *c*
nail-file ['neilfail] *n* nagelfil *c*
nail-polish ['neil,pɔliʃ] *n* nagellack *nt*
nail-scissors ['neil,sizəz] *pl* nagelsax *c*
naïve [na:'i:v] *adj* naiv
naked ['neikid] *adj* naken; kal
name [neim] *n* namn *nt; v* uppkalla; in the ~ of i ... namn
namely ['neimli] *adv* nämligen
nap [næp] *n* tupplur *c*
napkin ['næpkin] *n* servett *c*
nappy ['næpi] *n* blöja *c*
narcosis [na:'kousis] *n* (pl -ses) narkos *c*
narcotic [na:'kɔtik] *n* narkotika *c;* narkoman *c*
narrow ['nærou] *adj* trång, snäv, smal
narrow-minded [,nærou'maindid] *adj* inskränkt
nasty ['na:sti] *adj* smutsig, obehaglig; otäck
nation ['neiʃən] *n* nation *c;* folk *nt*
national ['næʃənəl] *adj* nationell; folk-; stats-; ~ anthem nationalsång *c;* ~ dress nationaldräkt *c;* ~ park

nationalpark *c*
nationality [,næʃə'næləti] *n* nationalitet *c*
nationalize ['næʃənəlaiz] *v* nationalisera
native ['neitiv] *n* inföding *c; adj* infödd, inhemsk; ~ country fosterland *nt*, hemland *nt;* ~ language modersmål *nt*
natural ['nætʃərəl] *adj* naturlig; medfödd
naturally ['nætʃərəli] *adv* naturligtvis
nature ['neitʃə] *n* natur *c*
naughty ['nɔ:ti] *adj* odygdig, stygg
nausea ['nɔ:siə] *n* illamående *nt*
naval ['neivəl] *adj* flott-
navel ['neivəl] *n* navel *c*
navigable ['nævigəbəl] *adj* segelbar
navigate ['nævigeit] *v* navigera; segla
navigation [,nævi'geiʃən] *n* navigation *c;* sjöfart *c*
navy ['neivi] *n* flotta *c*
near [niə] *adj* nära, närbelägen
nearby ['niəbai] *adj* närliggande
nearly ['niəli] *adv* närapå, nästan
neat [ni:t] *adj* prydlig; oblandad, ren; klar, koncis
necessary ['nesəsəri] *adj* nödvändig
necessity [nə'sesəti] *n* nödvändighet *c*
neck [nek] *n* hals *c;* nape of the ~ nacke *c*
necklace ['nekləs] *n* halsband *nt*
necktie ['nektai] *n* slips *c*
need [ni:d] *v* behöva, *måste; n* behov *nt;* nödvändighet *c;* ~ to *måste
needle ['ni:dəl] *n* nål *c*
needlework ['ni:dəlwə:k] *n* handarbete *nt*
negative ['negətiv] *adj* nekande, negativ; *n* negativ *nt*
neglect [ni'glekt] *v* försumma; *n* slarv *nt*
neglectful [ni'glektfəl] *adj* försumlig

negligee ['negliʒei] n negligé c
negotiate [ni'gouʃieit] v förhandla
negotiation [ni,gouʃi'eiʃən] n förhandling c
Negro ['ni:grou] n (pl ~es) neger c
neighbour ['neibə] n granne c
neighbourhood ['neibəhud] n grannskap nt
neighbouring ['neibəriŋ] adj angränsande
neither ['naiðə] pron ingendera; **neither ... nor** varken ... eller
neon ['ni:ɔn] n neon nt
nephew ['nefju:] n systerson c, brorson c
nerve [nə:v] n nerv c; fräckhet c
nervous ['nə:vəs] adj nervös
nest [nest] n bo nt
net [net] n nät nt; adj netto-
the Netherlands ['neðələndz] Nederländerna
network ['netwə:k] n nätverk nt
neuralgia [njuə'rældʒə] n neuralgi c
neurosis [njuə'rousis] n neuros c
neuter ['nju:tə] adj neutrum
neutral ['nju:trəl] adj neutral
never ['nevə] adv aldrig
nevertheless [,nevəðə'les] adv inte desto mindre
new [nju:] adj ny; **New Year** nyår nt
news [nju:z] n nyhet c, dagsnyheter pl
newsagent ['nju:,zeidʒənt] n tidningsförsäljare c
newspaper ['nju:z,peipə] n dagstidning c
newsreel ['nju:zri:l] n journalfilm c
newsstand ['nju:zstænd] n tidningskiosk c
New Zealand [nju: 'zi:lənd] Nya Zeeland
next [nekst] adj nästa, följande; ~ **to** bredvid
next-door [,nekst'dɔ:] adv näst intill

nice [nais] adj snäll, söt, trevlig; god; sympatisk
nickel ['nikəl] n nickel c
nickname ['nikneim] n smeknamn nt
nicotine ['nikəti:n] n nikotin nt
niece [ni:s] n systerdotter c, brorsdotter c
Nigeria [nai'dʒiəriə] Nigeria
Nigerian [nai'dʒiəriən] adj nigeriansk; n nigerian c
night [nait] n natt c; kväll c; **by** ~ om natten; ~ **flight** nattflyg nt; ~ **rate** nattaxa c; ~ **train** nattåg c
nightclub ['naitklʌb] n nattklubb c
night-cream ['naitkri:m] n nattkräm c
nightdress ['naitdres] n nattlinne nt
nightingale ['naitiŋgeil] n näktergal c
nightly ['naitli] adj nattlig
nightmare ['naitmeə] n mardröm c
nil [nil] ingenting, noll
nine [nain] num nio
nineteen [,nain'ti:n] num nitton
nineteenth [,nain'ti:nθ] num nittonde
ninety ['nainti] num nittio
ninth [nainθ] num nionde
nitrogen ['naitrədʒən] n kväve nt
no [nou] nej; adj ingen; ~ **one** ingen
nobility [nou'biləti] n adel c
noble ['noubəl] adj adlig; ädel
nobody ['noubɔdi] pron ingen
nod [nɔd] n nick c; v nicka
noise [nɔiz] n ljud nt; oväsen nt, buller nt
noisy ['nɔizi] adj bullrig; högljudd
nominal ['nɔminəl] adj nominell, obetydlig
nominate ['nɔmineit] v nominera, utnämna
nomination [,nɔmi'neiʃən] n nominering c; utnämning c
none [nʌn] pron ingen
nonsense ['nɔnsəns] n dumheter pl
noon [nu:n] n klockan tolv
normal ['nɔ:məl] adj vanlig, normal

north [nɔ:θ] n nord c; adj nordlig;
North Pole Nordpolen
north-east [ˌnɔ:θ'i:st] n nordost c
northerly ['nɔ:ðəli] adj nordlig
northern ['nɔ:ðən] adj norra
north-west [ˌnɔ:θ'west] n nordväst c
Norway ['nɔ:wei] Norge
Norwegian [nɔ:'wi:dʒən] adj norsk; n
norrman c
nose [nouz] n näsa c
nosebleed ['nouzbli:d] n näsblod nt
nostril ['nɔstril] n näsborre c
not [nɔt] adv inte
notary ['noutəri] n juridiskt ombud
note [nout] n anteckning c; fotnot c;
ton c; v anteckna; observera, note-
ra
notebook ['noutbuk] n anteckknings-
bok c
noted ['noutid] adj välkänd
notepaper ['nout,peipə] n brevpapper
nt
nothing ['nʌθiŋ] n ingenting, intet nt
notice ['noutis] v *lägga märke till,
uppmärksamma, märka; *se; n
meddelande nt, uppsägning c; upp-
märksamhet c
noticeable ['noutisəbəl] adj märkbar;
anmärkningsvärd
notify ['noutifai] v meddela; under-
rätta
notion ['nouʃən] n aning c, begrepp nt
notorious [nou'tɔ:riəs] adj beryktad
nougat ['nu:ga:] n nougat c
nought [nɔ:t] n nolla c
noun [naun] n substantiv nt
nourishing ['nʌriʃiŋ] adj närande
novel ['nɔvəl] n roman c
novelist ['nɔvəlist] n romanförfattare
c
November [nou'vembə] november
now [nau] adv nu; ~ **and then** då
och då
nowadays ['nauədeiz] adv nuförtiden

nowhere ['nouweə] adv ingenstans
nozzle ['nɔzəl] n munstycke nt
nuance [nju:'ã:s] n nyans c
nuclear ['nju:kliə] adj kärn-; ~ **en-
ergy** kärnkraft c
nucleus ['nju:kliəs] n kärna c
nude [nju:d] adj naken; n akt c
nuisance ['nju:səns] n besvär nt
numb [nʌm] adj utan känsel; dom-
nad, förlamad
number ['nʌmbə] n nummer nt; tal
nt, antal nt
numeral ['nju:mərəl] n räkneord nt
numerous ['nju:mərəs] adj talrik
nun [nʌn] n nunna c
nunnery ['nʌnəri] n nunnekloster nt
nurse [nə:s] n sjuksköterska c; barn-
sköterska c; v vårda; amma
nursery ['nə:səri] n barnkammare c;
daghem nt; plantskola c
nut [nʌt] n nöt c; mutter c
nutcrackers ['nʌt,krækəz] pl nötknäp-
pare c
nutmeg ['nʌtmeg] n muskotnöt c
nutritious [nju:'triʃəs] adj närande
nutshell ['nʌtʃel] n nötskal nt
nylon ['nailɔn] n nylon nt

O

oak [ouk] n ek c
oar [ɔ:] n åra c
oasis [ou'eisis] n (pl oases) oas c
oath [ouθ] n ed c
oats [outs] pl havre c
obedience [ə'bi:diəns] n lydnad c
obedient [ə'bi:diənt] adj lydig
obey [ə'bei] v lyda
object[1] ['ɔbdʒikt] n objekt nt; före-
mål nt; syfte nt
object[2] [əb'dʒekt] v invända, prote-
stera

objection [əbˈdʒekʃən] *n* invändning *c*

objective [əbˈdʒektiv] *adj* objektiv; *n* mål *nt*

obligatory [əˈbligətəri] *adj* obligatorisk

oblige [əˈblaidʒ] *v* förplikta; *be obliged to* *vara tvungen att; *måste

obliging [əˈblaidʒiŋ] *adj* tillmötesgående

oblong [ˈɔblɔŋ] *adj* avlång, rektangulär; *n* rektangel *c*

obscene [əbˈsiːn] *adj* oanständig

obscure [əbˈskjuə] *adj* dunkel, skum, oklar, mörk

observation [ˌɔbzəˈveiʃən] *n* iakttagelse *c*, observation *c*

observatory [əbˈzɔːvətri] *n* observatorium *nt*

observe [əbˈzɔːv] *v* observera, *iaktta

obsession [əbˈseʃən] *n* besatthet *c*

obstacle [ˈɔbstəkəl] *n* hinder *nt*

obstinate [ˈɔbstinət] *adj* envis; hårdnackad

obtain [əbˈtein] *v* *erhålla, skaffa sig

obtainable [əbˈteinəbəl] *adj* anskaffbar

obvious [ˈɔbviəs] *adj* tydlig

occasion [əˈkeiʒən] *n* tillfälle *nt*; anledning *c*

occasionally [əˈkeiʒənəli] *adv* då och då

occupant [ˈɔkjupənt] *n* innehavare *c*

occupation [ˌɔkjuˈpeiʃən] *n* sysselsättning *c*; ockupation *c*

occupy [ˈɔkjupai] *v* ockupera, *uppta, *besätta; **occupied** *adj* ockuperad, upptagen

occur [əˈkɔː] *v* ske, hända, *förekomma

occurrence [əˈkʌrəns] *n* händelse *c*

ocean [ˈouʃən] *n* världshav *nt*

October [ɔkˈtoubə] oktober

octopus [ˈɔktəpəs] *n* bläckfisk *c*

oculist [ˈɔkjulist] *n* ögonläkare *c*

odd [ɔd] *adj* underlig, konstig; udda

odour [ˈoudə] *n* lukt *c*

of [ɔv, əv] *prep* av

off [ɔf] *adv* av; iväg; *prep* från

offence [əˈfens] *n* förseelse *c*; kränkning *c*, anstöt *c*

offend [əˈfend] *v* såra, kränka; *förgå sig

offensive [əˈfensiv] *adj* offensiv; anstötlig, kränkande; *n* offensiv *c*

offer [ˈɔfə] *v* *erbjuda; *bjuda; *n* erbjudande *nt*

office [ˈɔfis] *n* kontor *nt*; ämbete *nt*; ~ **hours** kontorstid *c*

officer [ˈɔfisə] *n* officer *c*

official [əˈfiʃəl] *adj* officiell

off-licence [ˈɔfˌlaisəns] *n* systembolag *nt*

often [ˈɔfən] *adv* ofta

oil [ɔil] *n* olja *c*; **fuel** ~ brännolja *c*; ~ **filter** oljefilter *nt*; ~ **pressure** oljetryck *nt*

oil-painting [ˌɔilˈpeintiŋ] *n* oljemålning *c*

oil-refinery [ˈɔilriˌfainəri] *n* oljeraffinaderi *nt*

oil-well [ˈɔilwel] *n* oljekälla *c*, oljefyndighet *c*

oily [ˈɔili] *adj* oljig

ointment [ˈɔintmənt] *n* salva *c*

okay! [ˌouˈkei] fint!

old [ould] *adj* gammal; ~ **age** ålderdom *c*

old-fashioned [ˌouldˈfæʃənd] *adj* gammaldags, gammalmodig

olive [ˈɔliv] *n* oliv *c*; ~ **oil** olivolja *c*

omelette [ˈɔmlət] *n* omelett *c*

ominous [ˈɔminəs] *adj* olycksbådande

omit [əˈmit] *v* utelämna

omnipotent [ɔmˈnipətənt] *adj* allsmäktig

on [ɔn] *prep* på; vid

once [wʌns] *adv* en gång; **at** ~ genast; ~ **more** ännu en gång oncoming ['ɔn,kʌmiŋ] adj förestående, mötande

one [wʌn] num en; pron man

oneself [wʌn'self] pron själv

onion ['ʌnjən] n lök c

only ['ounli] adj enda; adv endast, bara, blott; conj men

onwards ['ɔnwədz] adv framåt, vidare

onyx ['ɔniks] n onyx c

opal ['oupəl] n opal c

open ['oupən] v öppna; adj öppen; öppenhjärtig

opening ['oupəniŋ] n öppning c

opera ['ɔpərə] n opera c; ~ house operahus nt

operate ['ɔpəreit] v fungera; operera

operation [,ɔpə'reiʃən] n funktion c; operation c

operator ['ɔpəreitə] n telefonist c

operetta [,ɔpə'retə] n operett c

opinion [ə'pinjən] n uppfattning c, åsikt c

opponent [ə'pounənt] n motståndare c

opportunity [,ɔpə'tju:nəti] n tillfälle nt

oppose [ə'pouz] v opponera sig

opposite ['ɔpəzit] prep mittemot; adj motstående, motsatt

opposition [,ɔpə'ziʃən] n opposition c

oppress [ə'pres] v förtrycka, tynga

optician [ɔp'tiʃən] n optiker c

optimism ['ɔptimizəm] n optimism c

optimist ['ɔptimist] n optimist c

optimistic [,ɔpti'mistik] adj optimistisk

optional ['ɔpʃənəl] adj valfri

or [ɔ:] conj eller

oral ['ɔ:rəl] adj muntlig

orange ['ɔrindʒ] n apelsin c; adj brandgul

orchard ['ɔ:tʃəd] n fruktträdgård c

orchestra ['ɔ:kistrə] n orkester c; ~ seat Am parkett c

order ['ɔ:də] v befalla; beställa; n ordningsföljd c, ordning c; befallning c, order c; beställning c; in ~ i ordning; in ~ to för att; made to ~ gjord på beställning; out of ~ funktionsoduglig; postal ~ postanvisning c

order-form ['ɔ:dəfɔ:m] n orderblankett c

ordinary ['ɔ:dənri] adj vanlig, alldaglig

ore [ɔ:] n malm c

organ ['ɔ:gən] n organ nt; orgel c

organic [ɔ:'gænik] adj organisk

organization [,ɔ:gənai'zeiʃən] n organisation c

organize ['ɔ:gənaiz] v organisera

Orient ['ɔ:riənt] n Orienten

oriental [,ɔ:ri'entəl] adj orientalisk

orientate ['ɔ:riənteit] v orientera sig

origin ['ɔridʒin] n ursprung nt; härstamning c, härkomst c

original [ə'ridʒinəl] adj ursprunglig, originell

originally [ə'ridʒinəli] adv ursprungligen

ornament ['ɔ:nəmənt] n utsmyckning c

ornamental [,ɔ:nə'mentəl] adj prydnads-, dekorativ

orphan ['ɔ:fən] n föräldralöst barn

orthodox ['ɔ:θədɔks] adj ortodox

ostrich ['ɔstritʃ] n struts c

other ['ʌðə] adj annan

otherwise ['ʌðəwaiz] conj annars; adv annorlunda

*ought to [ɔ:t] *böra

our [auə] adj vår

ourselves [auə'selvz] pron oss; själva

out [aut] adv ute, ut; ~ of utanför, från

outbreak ['autbreik] n utbrott nt

outcome ['autkʌm] n följd c, resultat nt

outdo [ˌautˈduː] v överträffa
outdoors [ˌautˈdɔːz] adv utomhus
outfit [ˈautfit] n utrustning c
outline [ˈautlain] n ytterlinje c; v teckna konturerna av, skissera
outlook [ˈautluk] n utsikt c; syn c
output [ˈautput] n produktion c
outrage [ˈautreidʒ] n illgärning c, våldsdåd nt
outside [ˌautˈsaid] adv utomhus; prep utanför; n utsida c
outsize [ˈautsaiz] n extrastorlek c
outskirts [ˈautskəːts] pl utkant c
outstanding [ˌautˈstændiŋ] adj framstående, framträdande, utestående
outward [ˈautwəd] adj yttre
outwards [ˈautwədz] adv utåt
oval [ˈouvəl] adj oval
oven [ˈʌvən] n ugn c; **microwave ~** mikrovågsugn c
over [ˈouvə] prep över, ovanför; adv över; adj över; **~ there** där borta
overall [ˈouvərɔːl] adj sammanlagd
overalls [ˈouvərɔːlz] pl overall c
overcast [ˈouvəkɑːst] adj mulen
overcoat [ˈouvəkout] n överrock c
overcome [ˌouvəˈkʌm] v *övervinna
overdue [ˌouvəˈdjuː] adj försenad; förfallen till betalning
overgrown [ˌouvəˈgroun] adj igenvuxen
overhaul [ˌouvəˈhɔːl] v undersöka, *genomgå; *hinna ifatt
overhead [ˌouvəˈhed] adv ovan
overlook [ˌouvəˈluk] v *förbise
overnight [ˌouvəˈnait] adv över natten
overseas [ˌouvəˈsiːz] adj över haven
oversight [ˈouvəsait] n förbiseende nt; uppsikt c
oversleep [ˌouvəˈsliːp] v *försova sig
overstrung [ˌouvəˈstrʌŋ] adj överspänd
overtake [ˌouvəˈteik] v köra om; **no overtaking** omkörning förbjuden

over-tired [ˌouvəˈtaiəd] adj uttröttad
overture [ˈouvətʃə] n ouvertyr c
overweight [ˈouvəweit] n övervikt c
overwhelm [ˌouvəˈwelm] v överväldiga
overwork [ˌouvəˈwəːk] v överanstränga sig
owe [ou] v *vara skyldig; *ha att tacka för; **owing to** med anledning av
owl [aul] n uggla c
own [oun] v äga; adj egen
owner [ˈounə] n ägare c, innehavare c
ox [ɔks] n (pl oxen) oxe c
oxygen [ˈɔksidʒən] n syre nt
oyster [ˈɔistə] n ostron nt

P

pace [peis] n sätt att *gå; steg nt; tempo nt
Pacific Ocean [pəˈsifik ˈouʃən] Stilla havet
pacifism [ˈpæsifizəm] n pacifism c
pacifist [ˈpæsifist] n pacifist c; pacifistisk
pack [pæk] v packa; **~ up** packa in
package [ˈpækidʒ] n paket nt
packet [ˈpækit] n paket nt
packing [ˈpækiŋ] n packning c, förpackning c
pad [pæd] n dyna c; anteckningsblock nt
paddle [ˈpædəl] n paddel c
padlock [ˈpædlɔk] n hänglås nt
pagan [ˈpeigən] adj hednisk; n hedning c
page [peidʒ] n sida c
page-boy [ˈpeidʒbɔi] n hotellpojke c
pail [peil] n ämbar nt
pain [pein] n smärta c; **pains** möda c

painful ['peinfəl] adj smärtsam

painless ['peinləs] adj smärtfri

paint [peint] n målarfärg c; v måla

paint-box ['peintbɔks] n färglåda c

paint-brush ['peintbrʌʃ] n pensel c

painter ['peintə] n målare c

painting ['peintiŋ] n målning c

pair [pɛə] n par nt

Pakistan [‚pɑːkiˈstɑːn] Pakistan

Pakistani [‚pɑːkiˈstɑːni] adj pakistansk; n pakistanier c

palace ['pæləs] n palats nt

pale [peil] adj blek; ljus-

palm [pɑːm] n palm c; handflata c

palpable ['pælpəbəl] adj kännbar, påtaglig

palpitation [‚pælpiˈteiʃən] n hjärtklappning c

pan [pæn] n panna c

pane [pein] n ruta c

panel ['pænəl] n panel c

panelling ['pænəliŋ] n panel c

panic ['pænik] n panik c

pant [pænt] v flämta

panties ['pæntiz] pl trosor pl

pants [pænts] pl underbyxor pl; plAm byxor pl

pant-suit ['pæntsuːt] n byxdräkt c

panty-hose ['pæntihouz] n strumpbyxor pl

paper ['peipə] n papper nt; tidning c; pappers-; carbon ~ karbonpapper nt; ~ bag papperspåse c; ~ napkin pappersservett c; typing ~ skrivmaskinspapper nt; wrapping ~ omslagspapper nt

paperback ['peipəbæk] n pocketbok c

paper-knife ['peipənaif] n papperskniv c

parade [pəˈreid] n parad c

paraffin ['pærəfin] n fotogen c

paragraph ['pærəgrɑːf] n paragraf c

parakeet ['pærəkiːt] n papegoja c

paralise ['pærəlaiz] v paralysera

parallel ['pærəlel] adj jämlöpande, parallell; n parallell c

parcel ['pɑːsəl] n paket nt

pardon ['pɑːdən] n förlåtelse c; benådning c

parents ['pɛərənts] pl föräldrar pl

parents-in-law ['pɛərəntsinlɔː] pl svärföräldrar pl

parish ['pæriʃ] n församling c

park [pɑːk] n park c; v parkera

parking ['pɑːkiŋ] n parkering c; no ~ parkering förbjuden; ~ fee parkeringsavgift c; ~ light parkeringsljus nt; ~ lot Am parkeringsplats c; ~ meter parkeringsmätare c; ~ zone parkeringszon c

parliament ['pɑːləmənt] n riksdag c, parlament nt

parliamentary [‚pɑːləˈmentəri] adj parlamentarisk

parrot ['pærət] n papegoja c

parsley ['pɑːsli] n persilja c

parson ['pɑːsən] n präst c

parsonage ['pɑːsənidʒ] n prästgård c

part [pɑːt] n del c; stycke nt; v skilja; spare ~ reservdel c

partial ['pɑːʃəl] adj ofullständig; partisk

participant [pɑːˈtisipənt] n deltagare c

participate [pɑːˈtisipeit] v *delta

particular [pəˈtikjulə] adj särskild; noga; in ~ särskilt

partition [pɑːˈtiʃən] n skiljevägg c; delning c, del c

partly ['pɑːtli] adv delvis

partner ['pɑːtnə] n partner c; kompanjon c

partridge ['pɑːtridʒ] n rapphöna c

party ['pɑːti] n parti nt; kalas nt, fest c; sällskap nt

pass [pɑːs] v *förflyta, passera; *ge; *bli godkänd; vAm köra om; n bergspass nt; pass nt; no passing Am omkörning förbjuden; ~ by *gå förbi; ~ **through** *gå igenom

passage ['pæsidʒ] n passage c; överfart c; avsnitt nt; genomresa c

passenger ['pæsəndʒə] n passagerare c; ~ **car** Am järnvägsvagn c

passer-by [,pɑ:sə'bai] n förbipasserande c

passion ['pæʃən] n lidelse c, passion c; raseri c

passionate ['pæʃənət] adj lidelsefull

passive ['pæsiv] adj passiv

passport ['pɑ:spɔ:t] n pass nt; ~ **control** passkontroll c; ~ **photograph** passfoto nt

password ['pɑ:swə:d] n lösenord nt

past [pɑ:st] n det förflutna; adj förfluten, förra; prep förbi

paste [peist] n pasta c; v klistra

pastry ['peistri] n bakelser pl; ~ **shop** konditori nt

pasture ['pɑ:stʃə] n betesmark c

patch [pætʃ] v lappa

patent ['peitənt] n patent nt, patentbrev nt

path [pɑ:θ] n stig c

patience ['peiʃəns] n tålamod nt

patient ['peiʃənt] adj tålmodig; n patient c

patriot ['peitriət] n patriot c

patrol [pə'troul] n patrull c; v patrullera; övervaka

pattern ['pætən] n mönster nt

pause [pɔ:z] n paus c; v pausa

pave [peiv] v *stenlägga

pavement ['peivmənt] n trottoar c; gatubeläggning c

pavilion [pə'viljən] n paviljong c

paw [pɔ:] n tass c

pawn [pɔ:n] v *pantsätta; n schackbonde

pawnbroker ['pɔ:n,broukə] n pantlånare c

pay [pei] n avlöning c, lön c

*pay [pei] v betala; löna sig; ~ **at-** tention to uppmärksamma; **paying** lönande; ~ **off** slutbetala; ~ **on account** avbetala

pay-desk ['peidesk] n kassa c

payee [pei'i:] n betalningsmottagare c

payment ['peimənt] n betalning c

pea [pi:] n ärta c

peace [pi:s] n fred c

peaceful ['pi:sfəl] adj fridfull

peach [pi:tʃ] n persika c

peacock ['pi:kɔk] n påfågel c

peak [pi:k] n topp c; höjdpunkt c; ~ **hour** rusningstid c; ~ **season** högsäsong c

peanut ['pi:nʌt] n jordnöt c

pear [pɛə] n päron nt

pearl [pə:l] n pärla c

peasant ['pezənt] n bonde c

pebble ['pebəl] n strandsten c

peculiar [pi'kju:ljə] adj egendomlig, säregen

peculiarity [pi,kju:li'ærəti] n egendomlighet c

pedal ['pedəl] n pedal c

pedestrian [pi'destriən] n fotgängare c; **no pedestrians** förbjudet för fotgängare; ~ **crossing** övergångsställe för fotgängare

pedicure ['pedikjuə] n fotvård c

peel [pi:l] v skala; n skal nt

peep [pi:p] v kika

peg [peg] n pinne c, hängare c, sprint c

pelican ['pelikən] n pelikan c

pelvis ['pelvis] n bäcken nt

pen [pen] n penna c

penalty ['penəlti] n böter pl; straff nt; ~ **kick** straffspark c

pencil ['pensəl] n blyertspenna c

pencil-sharpener ['pensəl,ʃɑ:pnə] n pennvässare c

pendant ['pendənt] n hängsmycke nt

penetrate ['penitreit] v genomtränga

penguin ['peŋgwin] n pingvin c

penicillin [,peni'silin] n penicillin nt

peninsula [pə'ninsjulə] n halvö c

penknife ['pennaif] n (pl -knives) pennkniv c

pension¹ ['pã:siõ:] n pensionat nt

pension² ['penʃən] n pension c

people ['pi:pəl] pl folk pl; n folk nt

pepper ['pepə] n peppar c

peppermint ['pepəmint] n pepparmint nt

perceive [pə'si:v] v *förnimma

percent [pə'sent] n procent c

percentage [pə'sentidʒ] n procent c

perceptible [pə'septibəl] adj märkbar

perception [pə'sepʃən] n förnimmelse c

perch [pə:tʃ] (pl ~) abborre c

percolator ['pə:kəleitə] n kaffebryggare c

perfect ['pə:fikt] adj perfekt, fullkomlig

perfection [pə'fekʃən] n fullkomlighet c

perform [pə'fɔ:m] v utföra

performance [pə'fɔ:məns] n föreställning c

perfume ['pə:fju:m] n parfym c

perhaps [pə'hæps] adv kanske; kanhända

peril ['peril] n fara c

perilous ['periləs] adj livsfarlig

period ['piəriəd] n period c; punkt c

periodical [,piəri'ɔdikəl] n tidskrift c; adj periodisk

perish ['periʃ] v *omkomma

perishable ['periʃəbəl] adj ömtålig

perjury ['pə:dʒəri] n mened c

permanent ['pə:mənənt] adj varaktig, beständig, ständig, fast, stadigvarande; ~ wave permanent c

permission [pə'miʃən] n tillåtelse c, tillstånd nt; lov nt, tillståndsbevis nt

permit¹ [pə'mit] v *tillåta

permit² ['pə:mit] n tillståndsbevis nt, tillstånd nt

peroxide [pə'rɔksaid] n vätesuperoxid c

perpendicular [,pə:pən'dikjulə] adj lodrät

Persia ['pə:ʃə] Persien

Persian ['pə:ʃən] adj persisk; n perser c

person ['pə:sən] n person c; per ~ per person

personal ['pə:sənəl] adj personlig

personality [,pə:sə'næləti] n personlighet c

personnel [,pə:sə'nel] n personal c

perspective [pə'spektiv] n perspektiv nt

perspiration [,pə:spə'reiʃən] n transpiration c, svettning c, svett c

perspire [pə'spaiə] v transpirera, svettas

persuade [pə'sweid] v övertala; övertyga

persuasion [pə'sweiʒən] n övertygelse c

pessimism ['pesimizəm] n pessimism c

pessimist ['pesimist] n pessimist c

pessimistic [,pesi'mistik] adj pessimistisk

pet [pet] n sällskapsdjur nt; kelgris c; älsklings-

petal ['petəl] n kronblad nt

petition [pi'tiʃən] n petition c

petrol ['petrəl] n bensin c; ~ pump bensinpump c; ~ station bensinmack c; ~ tank bensintank c; unleaded ~ blyfri bensin c

petroleum [pi'trouliəm] n råolja c

petty ['peti] adj oväsentlig, obetydlig, liten; ~ cash kontorskassa c

pewter ['pju:tə] n tennlegering c

phantom ['fæntəm] n fantom c

pharmacology [ˌfɑːməˈkɔlədʒi] n farmakologi c

pharmacy [ˈfɑːməsi] n apotek nt

phase [feiz] n fas c

pheasant [ˈfezənt] n fasan c

Philippine [ˈfilipain] adj filippinsk

Philippines [ˈfilipiːnz] pl Filippinerna

philosopher [fiˈlɔsəfə] n filosof c

philosophy [fiˈlɔsəfi] n filosofi c

phone [foun] n telefon c; v telefonera, ringa upp

phonetic [fəˈnetik] adj fonetisk

photo [ˈfoutou] n (pl ~s) foto nt

photocopy [ˈfoutəukɔpi] n fotokopia c; v fotokopiera

photograph [ˈfoutəgrɑːf] n fotografi nt; v fotografera

photographer [fəˈtɔgrəfə] n fotograf c

photography [fəˈtɔgrəfi] n fotografering c

phrase [freiz] n fras c

phrase-book [ˈfreizbuk] n parlör c

physical [ˈfizikəl] adj fysisk

physician [fiˈziʃən] n läkare c

physicist [ˈfizisist] n fysiker c

physics [ˈfiziks] n fysik c, naturvetenskap c

physiology [ˌfiziˈɔlədʒi] n fysiologi c

pianist [ˈpiːənist] n pianist c

piano [piˈænou] n piano nt; **grand ~** flygel c

pick [pik] v plocka; *välja; n val nt; ~ **up** plocka upp; hämta; **pick-up van** skåpvagn c

pick-axe [ˈpikæks] n hacka c

pickles [ˈpikəlz] pl pickels pl

picnic [ˈpiknik] n picknick c; v picknicka

picture [ˈpiktʃə] n tavla c; film c, illustration c; bild c; ~ **postcard** vykort nt; **pictures** bio c

picturesque [ˌpiktʃəˈresk] adj pittoresk

piece [piːs] n bit c, stycke nt

pier [piə] n pir c

pierce [piəs] v *göra hål, genomborra

pig [pig] n gris c

pigeon [ˈpidʒən] n duva c

pig-headed [ˌpigˈhedid] adj tjurskallig

piglet [ˈpiglət] n spädgris c

pigskin [ˈpigskin] n svinläder nt

pike [paik] (pl ~) gädda c

pile [pail] n hög c; v stapla; **piles** pl hemorrojder pl

pilgrim [ˈpilgrim] n pilgrim c

pilgrimage [ˈpilgrimidʒ] n pilgrimsfärd c

pill [pil] n piller nt

pillar [ˈpilə] n pelare c, stolpe c

pillar-box [ˈpiləbɔks] n brevlåda c

pillow [ˈpilou] n huvudkudde c, kudde c

pillow-case [ˈpiloukeis] n örngott nt

pilot [ˈpailət] n pilot c; lots c

pimple [ˈpimpəl] n finne c

pin [pin] n knappnål c; v fästa med nål; **bobby ~** Am hårklämma c

pincers [ˈpinsəz] pl kniptång c

pinch [pintʃ] v *nypa

pine [pain] n tall c; furu c

pineapple [ˈpaiˌnæpəl] n ananas c

ping-pong [ˈpiŋpɔŋ] n bordtennis c

pink [piŋk] adj skär

pioneer [ˌpaiəˈniə] n pionjär c

pious [ˈpaiəs] adj from

pip [pip] n kärna c

pipe [paip] n pipa c; rör nt; ~ **cleaner** piprensare c; ~ **tobacco** piptobak c

pirate [ˈpaiərət] n sjörövare c

pistol [ˈpistəl] n pistol c

piston [ˈpistən] n kolv c; ~ **ring** kolvring c

piston-rod [ˈpistənrɔd] n kolvstång c

pit [pit] n grop c; gruva c

pitcher [ˈpitʃə] n krus nt

pity [ˈpiti] n medlidande nt; v *ha

medlidande med, beklaga; **what a pity! så synd!**

placard ['plæka:d] *n* plakat *nt*

place [pleis] *n* ställe *nt; v* placera, *sätta; ~ of birth* födelseort *c; *take* ~ äga rum

plague [pleig] *n* plåga *c*

plaice [pleis] (pl ~) rödspätta *c*

plain [plein] *adj* tydlig; enkel, vanlig; *n* slätt *c*

plan [plæn] *n* plan *c; v* planera

plane [plein] *adj* plan; *n* flygplan *nt; ~ crash* flygolycka *c*

planet ['plænit] *n* planet *c*

planetarium [ˌplæni'tɛəriəm] *n* planetarium *nt*

plank [plæŋk] *n* planka *c*

plant [pla:nt] *n* planta *c;* fabrik *c; v* plantera

plantation [plæn'teiʃən] *n* plantage *c*

plaster ['pla:stə] *n* rappning *c,* gips *c;* plåster *nt*

plastic ['plæstik] *adj* plast-; *n* plast *c*

plate [pleit] *n* tallrik *c;* platta *c*

plateau ['plætou] *n* (pl ~x, ~s) platå *c*

platform ['plætfɔ:m] *n* plattform *c; ~ ticket* perrongbiljett *c*

platinum ['plætinəm] *n* platina *c*

play [plei] *v* leka; spela; *n* lek *c;* pjäs *c; one-act ~* enaktare *c; ~ truant* skolka

player [pleiə] *n* spelare *c*

playground ['pleigraund] *n* lekplats *c*

playing-card ['pleiiŋka:d] *n* spelkort *nt*

playwright ['pleirait] *n* skådespelsförfattare *c*

plea [pli:] *n* svaromål *nt;* anhållan *c;* ursäkt *c*

plead [pli:d] *v* plädera

pleasant ['plezənt] *adj* angenäm, trevlig

please [pli:z] var god; *v *glädja;

pleased nöjd; **pleasing** angenäm

pleasure ['pleʒə] *n* nöje *nt,* glädje *c*

plentiful ['plentifəl] *adj* riklig

plenty ['plenti] *n* riklighet *c;* överflöd *nt*

pliers [plaiəz] *pl* tång *c*

plimsolls ['plimsəlz] *pl* gymnastikskor *pl*

plot [plɔt] *n* komplott *c,* sammansvärjning *c;* handling *c;* jordlott *c*

plough [plau] *n* plog *c; v* plöja

plucky ['plʌki] *adj* käck

plug [plʌg] *n* plugg *c,* stickkontakt *c; ~ in, *sticka in, *ansluta

plum [plʌm] *n* plommon *nt*

plumber ['plʌmə] *n* rörmokare *c*

plump [plʌmp] *adj* knubbig

plural ['pluərəl] *n* plural *c*

plus [plʌs] *prep* plus

pneumatic [nju:'mætik] *adj* luft-

pneumonia [nju:'mouniə] *n* lunginflammation *c*

poach [poutʃ] *v *tjuvskjuta

pocket ['pɔkit] *n* ficka *c*

pocket-book ['pɔkitbuk] *n* plånbok *c;* anteckningsbok *c*

pocket-comb ['pɔkitkoum] *n* fickkam *c*

pocket-knife ['pɔkitnaif] *n* (pl -knives) fickkniv *c*

pocket-watch ['pɔkitwɔtʃ] *n* fickur *nt*

poem ['pouim] *n* dikt *c*

poet ['pouit] *n* skald *c*

poetry ['pouitri] *n* poesi *c*

point [pɔint] *n* punkt *c;* spets *c; v* peka; ~ of view synpunkt *c; ~ out* visa, utpeka

pointed ['pɔintid] *adj* spetsig

poison ['pɔizən] *n* gift *nt; v* förgifta

poisonous ['pɔizənəs] *adj* giftig

Poland ['poulənd] Polen

Pole [poul] *n* polack *c*

pole [poul] *n* påle *c;* pol *c*

police [pə'li:s] *pl* polis *c*

policeman [pə'li:smən] *n* (pl -men) poliskonstapel *c*, polis *c*

police-station [pə'li:s,steiʃən] *n* polisstation *c*

policy ['pɔlisi] *n* politik *c*; försäkringsbrev *nt*

polio ['pouliou] *n* polio *c*, barnförlamning *c*

Polish ['pouliʃ] *adj* polsk

polish ['pɔliʃ] *v* polera

polite [pə'lait] *adj* artig

political [pə'litikəl] *adj* politisk

politician [,pɔli'tiʃən] *n* politiker *c*

politics ['pɔlitiks] *n* politik *c*

pollution [pə'lu:ʃən] *n* förorening *c*

pond [pɔnd] *n* damm *c*

pony ['pouni] *n* ponny *c*

poor [puə] *adj* fattig; usel

pope [poup] *n* påve *c*

poplin ['pɔplin] *n* poplin *nt*

pop music [pɔp 'mju:zik] popmusik *c*

poppy ['pɔpi] *n* vallmo *c*

popular ['pɔpjulə] *adj* populär; folkpopulation [,pɔpju'leiʃən] *n* befolkning *c*

populous ['pɔpjuləs] *adj* folkrik

porcelain ['pɔːsəlin] *n* porslin *nt*

porcupine ['pɔːkjupain] *n* piggsvin *nt*

pork [pɔːk] *n* griskött *nt*

port [pɔːt] *n* hamn *c*; babord

portable ['pɔːtəbəl] *adj* bärbar

porter ['pɔːtə] *n* bärare *c*; dörrvaktmästare *c*

porthole ['pɔːthoul] *n* hyttventil *c*

portion ['pɔːʃən] *n* portion *c*

portrait ['pɔːtrit] *n* porträtt *nt*

Portugal ['pɔːtjugəl] Portugal

Portuguese [,pɔːtju'giːz] *adj* portugisisk; *n* portugis *c*

position [pə'ziʃən] *n* position *c*; läge *nt*; inställning *c*; ställning *c*

positive ['pɔzətiv] *adj* positiv

possess [pə'zes] *v* äga; **possessed** *adj* besatt

possession [pə'zeʃən] *n* ägo, innehav *nt*; **possessions** ägodelar *pl*

possibility [,pɔsə'biləti] *n* möjlighet *c*

possible ['pɔsəbəl] *adj* möjlig; eventuell

post [poust] *n* stolpe *c*; tjänst *c*; post *c*; *v* posta; **post-office** postkontor *nt*

postage ['poustidʒ] *n* porto *nt*; ~ **paid** portofri; ~ **stamp** frimärke *nt*

postcard ['poustkɑːd] *n* brevkort *nt*; vykort *nt*

poster ['poustə] *n* affisch *c*

poste restante [poust re'stɑːt] poste restante

postman ['poustmən] *n* (pl -men) brevbärare *c*

post-paid [,poust'peid] *adj* franko

postpone [pə'spoun] *v* *uppskjuta

pot [pɔt] *n* gryta *c*

potato [pə'teitou] *n* (pl ~es) potatis *c*

pottery ['pɔtəri] *n* keramik *c*; lergods *nt*

pouch [pautʃ] *n* pung *c*

poulterer ['poultərə] *n* vilthandlare *c*

poultry ['poultri] *n* fjäderfä *nt*

pound [paund] *n* pund *nt*

pour [pɔː] *v* hälla

poverty ['pɔvəti] *n* fattigdom *c*

powder ['paudə] *n* puder *nt*; ~ **compact** puderdosa *c*; **talc** ~ **talk** *c*

powder-puff ['paudəpʌf] *n* pudervippa *c*

powder-room ['paudəruːm] *n* damtoalett *c*

power [pauə] *n* styrka *c*, kraft *c*; energi *c*; makt *c*

powerful ['pauəfəl] *adj* mäktig; stark

powerless ['pauələs] *adj* maktlös

power-station ['pauə,steiʃən] *n* kraftverk *nt*

practical ['præktikəl] *adj* praktisk

practically ['præktikli] *adv* nästan

practice ['præktis] n utövande nt, praktik c

practise ['præktis] v praktisera; öva sig

praise [preiz] v berömma; n beröm nt

pram [præm] n barnvagn c

prawn [prɔːn] n räka c

pray [prei] v *bedja

prayer [preə] n bön c

preach [priːtʃ] v predika

precarious [pri'kɛəriəs] adj vansklig

precaution [pri'kɔːʃən] n försiktighet c; försiktighetsåtgärd c

precede [pri'siːd] v *föregå

preceding [pri'siːdiŋ] adj föregående

precious ['preʃəs] adj dyrbar

precipice ['presipis] n stup nt

precipitation [pri,sipi'teiʃən] n nederbörd c

precise [pri'sais] adj precis, noga; noggrann

predecessor ['priːdisesə] n föregångare c

predict [pri'dikt] v förutspå

prefer [pri'fəː] v *föredra

preferable ['prefərəbəl] adj att föredra

preference ['prefərəns] n förkärlek c

prefix ['priːfiks] n förstavelse c

pregnant ['pregnənt] adj havande, gravid

prejudice ['predʒədis] n fördom c

preliminary [pri'liminəri] adj inledande; preliminär

premature ['premətʃuə] adj förhastad, förtidig

premier ['premiə] n premiärminister c

premises ['premisiz] pl fastighet c

premium ['priːmiəm] n försäkringspremie c; belöning c

prepaid [,priː'peid] adj betald i förskott

preparation [,prepə'reiʃən] n förbere-

delse c

prepare [pri'pɛə] v förbereda; *göra i ordning

prepared [pri'pɛəd] adj beredd

preposition [,prepə'ziʃən] n preposition c

prescribe [pri'skraib] v ordinera

prescription [pri'skripʃən] n recept nt

presence ['prezəns] n närvaro c

present¹ ['prezənt] n gåva c, present c; nutid c; adj nuvarande; närvarande

present² [pri'zent] v presentera; *framlägga

presently ['prezəntli] adv snart, strax

preservation [,prezə'veiʃən] n bevarande nt, konservering c

preserve [pri'zəːv] v bevara; konservera

president ['prezidənt] n president c; ordförande c

press [pres] n trängsel c, press c; v trycka; pressa; ~ conference presskonferens c

pressing ['presiŋ] adj brådskande, trängande

pressure ['preʃə] n tryck nt; påtryckning c; atmospheric ~ lufttryck nt

pressure-cooker ['preʃə,kukə] n tryckkokare c

prestige [pre'stiːʒ] n prestige c

presumable [pri'zjuːməbəl] adj trolig

presumptuous [pri'zʌmpʃəs] adj övermodig; anspråksfull

pretence [pri'tens] n förevändning c

pretend [pri'tend] v låtsas, simulera

pretext ['priːtekst] n svepskäl nt

pretty ['priti] adj söt, vacker; adv ganska, tämligen

prevent [pri'vent] v förhindra; förebygga

preventive [pri'ventiv] adj förebyggande

previous ['pri:viəs] *adj* föregående, ti-
digare

pre-war [,pri:'wɔ:] *adj* förkrigs-

price [prais] *n* pris *nt; v* *prissätta

priceless ['praisləs] *adj* ovärderlig

price-list ['prais,list] *n* prislista *c*

prick [prik] *v* *sticka

pride [praid] *n* stolthet *c*

priest [pri:st] *n* katolsk präst

primary ['praiməri] *adj* primär; hu-
vudsaklig; elementär

prince [prins] *n* prins *c*

princess [prin'ses] *n* prinsessa *c*

principal ['prinsəpəl] *adj* huvud-; *n*
rektor *c*

principle ['prinsəpəl] *n* princip *c*,
grundsats *c*

print [print] *v* trycka; *n* avtryck *nt;*
tryck *nt;* **printed matter** trycksak *c*

prior [praiə] *adj* föregående

priority [prai'ɔrəti] *n* företräde *nt,*
prioritet *c*

prison ['prizən] *n* fängelse *nt*

prisoner ['prizənə] *n* intern *c,* fånge *c;*
~ **of war** krigsfånge *c*

privacy ['praivəsi] *n* avskildhet *c,* pri-
vatliv *nt*

private ['praivit] *adj* privat; personlig

privilege ['privilidʒ] *n* privilegium *nt*

prize [praiz] *n* pris *nt;* belöning *c*

probable ['prɔbəbəl] *adj* sannolik, tro-
lig

probably ['prɔbəbli] *adv* sannolikt

problem ['prɔbləm] *n* problem *nt;*
spörsmål *nt*

procedure [prə'si:dʒə] *n* procedur *c*

proceed [prə'si:d] *v* *fortsätta; *gå
tillväga

process ['prouses] *n* process *c,* för-
lopp *nt*

procession [prə'seʃən] *n* procession *c*

proclaim [prə'kleim] *v* *kungöra, ut-
ropa

produce¹ [prə'dju:s] *v* framställa

produce² ['prɔdju:s] *n* produkt *c*

producer [prə'dju:sə] *n* producent *c*

product ['prɔdʌkt] *n* produkt *c*

production [prə'dʌkʃən] *n* produktion
c

profession [prə'feʃən] *n* yrke *nt*

professional [prə'feʃənəl] *adj* yrkes-,
yrkesskicklig

professor [prə'fesə] *n* professor *c*

profit ['prɔfit] *n* vinst *c,* behållning *c;*
nytta *c; v* *ha nytta; *dra fördel

profitable ['prɔfitəbəl] *adj* vinstbring-
ande

profound [prə'faund] *adj* djup, djup-
sinnig

programme ['prougræm] *n* program
nt

progress¹ ['prougres] *n* framsteg *nt*

progress² [prə'gres] *v* *göra framsteg

progressive [prə'gresiv] *adj* fram-
stegsvänlig, progressiv; tilltagande

prohibit [prə'hibit] *v* *förbjuda

prohibition [,proui'biʃən] *n* förbud *nt*

prohibitive [prə'hibitiv] *adj*
oöverkomlig

project ['prɔdʒekt] *n* projekt *nt,* plan
c

promenade [,promə'na:d] *n* promenad
c

promise ['prɔmis] *n* löfte *nt; v* lova

promote [prə'mout] *v* befordra, främ-
ja

promotion [prə'mouʃən] *n* befordran *c*

prompt [prɔmpt] *adj* omgående

pronoun ['prounaun] *n* pronomen *nt*

pronounce [prə'nauns] *v* uttala

pronunciation [,prənʌnsi'eiʃən] *n* uttal
nt

proof [pru:f] *n* bevis *nt;* provtryck *nt*

propaganda [,propə'gændə] *n* propa-
ganda *c*

propel [prə'pel] *v* *driva framåt

propeller [prə'pelə] *n* propeller *c*

proper ['prɔpə] *adj* passande; riktig,

lämplig, anständig, tillbörlig

property ['prɔpəti] n egendom c, ägodelar pl; egenskap c

prophet ['prɔfit] n profet c

proportion [prə'pɔ:ʃən] n proportion c

proportional [prə'pɔ:ʃənəl] adj proportionell

proposal [prə'pouzəl] n förslag nt

propose [prə'pouz] v *föreslå

proposition [,prɔpə'ziʃən] n förslag nt

proprietor [prə'praiətə] n ägare c

prospect ['prɔspekt] n utsikt c

prospectus [prə'spektəs] n prospekt nt

prosperity [prɔ'sperəti] n framgång c, välstånd nt; välgång c

prosperous ['prɔspərəs] adj blomstrande, framgångsrik

prostitute ['prɔstitju:t] n prostituerad c

protect [prə'tekt] v skydda

protection [prə'tekʃən] n skydd nt

protein ['prouti:n] n protein nt

protest¹ ['proutest] n protest c

protest² [prə'test] v protestera

Protestant ['prɔtistənt] adj protestantisk

proud [praud] adj stolt; högmodig

prove [pru:v] v bevisa; visa sig vara

proverb ['prɔvə:b] n ordspråk nt

provide [prə'vaid] v *förse, skaffa; **provided that** förutsatt att

province ['prɔvins] n län nt; landskap nt

provincial [prə'vinʃəl] adj provinsiell

provisional [prə'viʒənəl] adj provisorisk

provisions [prə'viʒənz] pl proviant c

prune [pru:n] n katrinplommon nt

psychiatrist [sai'kaiətrist] n psykiater c

psychic ['saikik] adj psykisk

psychoanalyst [,saikou'ænəlist] n psykoanalytiker c

psychological [,saikə'lɔdʒikəl] adj psykologisk

psychologist [sai'kɔlədʒist] n psykolog c

psychology [sai'kɔlədʒi] n psykologi c

public ['pʌblik] adj offentlig; allmän; n publik c; ~ **garden** offentlig park; ~ **house** pub c

publication [,pʌbli'keiʃən] n offentliggörande nt; publikation c

publicity [pʌ'blisəti] n publicitet c

publish ['pʌbliʃ] v *offentliggöra, *ge ut, publicera

publisher ['pʌbliʃə] n förläggare c

puddle ['pʌdəl] n pöl c

pull [pul] v *dra; ~ **out** *ta fram, *dra upp, *avgå; ~ **up** stanna

pulley ['puli] n (pl ~s) block nt

Pullman ['pulmən] n sovvagn c

pullover ['pu,louvə] n pullover c

pulpit ['pulpit] n predikstol c, talarstol c

pulse [pʌls] n puls c

pump [pʌmp] n pump c; v pumpa

punch [pʌntʃ] v *slå; n knytnävsslag nt

punctual ['pʌŋktʃuəl] adj punktlig

puncture ['pʌŋktʃə] n punktering c

punctured ['pʌŋktʃəd] adj punkterad

punish ['pʌniʃ] v straffa

punishment ['pʌniʃmənt] n straff nt

pupil ['pju:pəl] n elev c

puppet-show ['pʌpitʃou] n dockteater c

purchase ['pə:tʃəs] v köpa; n köp nt, uppköp nt; ~ **price** köpesumma c

purchaser ['pə:tʃəsə] n köpare c

pure [pjuə] adj ren

purple ['pə:pəl] adj purpur

purpose ['pə:pəs] n ändamål nt, avsikt c, syfte nt; on ~ med vilja

purse [pə:s] n portmonnä c, kassa c

pursue [pə'sju:] v förfölja; eftersträva

pus [pʌs] n var nt

push [puʃ] *n* knuff *c*; *v* *skjuta; knuffa. *driva på
push-button ['puʃ,bʌtən] *n* knapp *c*, strömbrytare *c*
***put** [put] *v* *lägga, ställa, placera; stoppa; ~ **away** ställa på plats; ~ **off** *uppskjuta; ~ **on** klä på sig; ~ **out** släcka
puzzle ['pʌzəl] *n* pussel *nt*; huvudbry *nt*; *v* förbrylla; **jigsaw** ~ pussel *nt*
puzzling ['pʌzliŋ] *adj* förbryllande
pyjamas [pə'dʒɑːməz] *pl* pyjamas *c*

Q

quack [kwæk] *n* charlatan *c*, kvacksalvare *c*
quail [kweil] *n* (pl ~, ~s) vaktel *c*
quaint [kweint] *adj* egendomlig; gammaldags
qualification [,kwɔlifi'keiʃən] *n* kvalifikation *c*; inskränkning *c*, förbehåll *nt*
qualified ['kwɔlifaid] *adj* kvalificerad; kompetent
qualify ['kwɔlifai] *v* kvalificera sig
quality ['kwɔləti] *n* kvalitet *c*; egenskap *c*
quantity ['kwɔntəti] *n* kvantitet *c*; antal *nt*
quarantine ['kwɔrəntiːn] *n* karantän *c*
quarrel ['kwɔrəl] *v* kivas, gräla; *n* gräl *nt*, kiv *nt*
quarry ['kwɔri] *n* stenbrott *nt*
quarter ['kwɔːtə] *n* kvart *c*; kvartal *nt*; kvarter *nt*; ~ **of an hour** kvart *c*
quarterly ['kwɔːtəli] *adj* kvartals-
quay [kiː] *n* kaj *c*
queen [kwiːn] *n* drottning *c*
queer [kwiə] *adj* underlig, konstig; besynnerlig

query ['kwiəri] *n* förfrågan *c*; *v* betvivla
question ['kwestʃən] *n* fråga *c*; problem *nt*, spörsmål *nt*; *v* fråga ut; ifrågasätta; ~ **mark** frågetecken *nt*
queue [kjuː] *n* kö *c*; *v* köa
quick [kwik] *adj* kvick
quick-tempered [,kwik'tempəd] *adj* lättretlig
quiet ['kwaiət] *adj* stillsam, stilla, lugn; *n* ro *c*, stillhet *c*
quilt [kwilt] *n* täcke *nt*
quinine [kwi'niːn] *n* kinin *nt*
quit [kwit] *v* upphöra, *ge upp
quite [kwait] *adv* fullkomligt, helt; någorlunda, ganska, alldeles
quiz [kwiz] *n* (pl ~zes) frågesport *c*
quota ['kwoutə] *n* kvot *c*
quotation [kwou'teiʃən] *n* citat *nt*; ~ **marks** citationstecken *pl*
quote [kwout] *v* citera

R

rabbit ['ræbit] *n* kanin *c*
rabies ['reibiz] *n* rabies *c*
race [reis] *n* kapplöpning *c*, lopp *nt*; ras *c*
race-course ['reiskɔːs] *n* hästkapplöpningsbana *c*
race-horse ['reishɔːs] *n* kapplöpningshäst *c*
race-track ['reistræk] *n* tävlingsbana *c*
racial ['reiʃəl] *adj* ras-
racket ['rækit] *n* oväsen *nt*
racquet ['rækit] *n* racket *c*
radiator ['reidieitə] *n* värmeelement *nt*
radical ['rædikəl] *adj* radikal
radio ['reidiou] *n* radio *c*
radish ['rædiʃ] *n* rädisa *c*

radius ['reidiəs] n (pl radii) radie c

raft [rɑ:ft] n flotte c

rag [ræg] n trasa c

rage [reidʒ] n ursinne nt, raseri nt; v rasa, *vara rasande

raid [reid] n räd c

rail [reil] n ledstång c, räcke nt

railing ['reiliŋ] n räcke nt

railroad ['reilroud] nAm järnväg c

railway ['reilwei] n järnväg c

rain [rein] n regn nt; v regna

rainbow ['reinbou] n regnbåge c

raincoat ['reinkout] n regnrock c

rainproof ['reinpru:f] adj impregnerad

rainy ['reini] adj regnig

raise [reiz] v höja; öka; uppfostra, uppföda, odla; *pålägga; nAm löneförhöjning c

raisin ['reizən] n russin nt

rake [reik] n kratta c

rally ['ræli] n massmöte nt

ramp [ræmp] n ramp c

ramshackle ['ræm‚ʃækəl] adj fallfärdig

rancid ['rænsid] adj härsken

rang [ræŋ] v (p ring)

range [reindʒ] n räckvidd c

range-finder ['reindʒ‚faində] n avståndsmätare c

rank [ræŋk] n rang c; rad c

ransom ['rænsəm] n lösen c

rape [reip] v *våldta

rapid ['ræpid] adj snabb, hastig

rapids ['ræpidz] pl fors c

rare [reə] adj sällsynt

rarely ['reəli] adv sällan

rascal ['rɑ:skəl] n lymmel c, skälm c

rash [ræʃ] n hudutslag nt; adj obetänksam, förhastad

raspberry ['rɑ:zbəri] n hallon nt

rat [ræt] n råtta c

rate [reit] n taxa c, pris nt; fart c; at any ~ i varje fall; ~ of exchange valutakurs c

rather ['rɑ:ðə] adv ganska, någorlunda, rätt; hellre, snarare

ration ['ræʃən] n ranson c

rattan [ræ'tæn] n rotting c

raven ['reivən] n korp c

raw [rɔ:] adj rå; ~ material råmaterial nt

ray [rei] n stråle c

rayon ['reiən] n konstsiden c

razor ['reizə] n rakkniv c

razor-blade ['reizəbleid] n rakblad nt

reach [ri:tʃ] v nå; n räckhåll nt

reaction [ri'ækʃən] n reaktion c

*read [ri:d] v läsa

reading ['ri:diŋ] n läsning c

reading-lamp ['ri:diŋlæmp] n läslampa c

reading-room ['ri:diŋru:m] n läsesal c

ready ['redi] adj klar, färdig

ready-made [‚redi'meid] adj konfektionssydd

real [riəl] adj verklig

reality [ri'æləti] n verklighet c

realizable ['riəlaizəbəl] adj utförbar

realize ['riəlaiz] v *inse; realisera, förverkliga

really ['riəli] adv verkligen, faktiskt; egentligen

rear [riə] n baksida c; v uppfostra, uppföda

rear-light [riə'lait] n baklykta c

reason ['ri:zən] n orsak c, skäl nt; förnuft nt, förstånd nt; v resonera

reasonable ['ri:zənəbəl] adj förnuftig; rimlig

reassure [‚ri:ə'ʃuə] v lugna

rebate ['ri:beit] n rabatt c

rebellion [ri'beljən] n uppror nt

recall [ri'kɔ:l] v erinra sig; återkalla; upphäva

receipt [ri'si:t] n kvitto nt, mottagningsbevis nt; mottagande nt

receive [ri'si:v] v *motta

receiver [ri'si:və] *n* telefonlur *c*; hälare *c*

recent ['ri:sənt] *adj* ny, färsk

recently ['ri:səntli] *adv* häromdagen, nyligen

reception [ri'sepʃən] *n* mottagande *nt*; mottagning *c*; ~ **office** reception *c*

receptionist [ri'sepʃənist] *n* receptionist *c*

recession [ri'seʃən] *n* tillbakagång *c*

recipe ['resipi] *n* recept *nt*

recital [ri'saitəl] *n* solistframträdande *nt*

reckon ['rekən] *v* räkna; *anse; förmoda

recognition [,rekəg'niʃən] *n* erkännande *nt*

recognize ['rekəgnaiz] *v* känna igen; erkänna

recollect [,rekə'lekt] *v* minnas

recommence [,ri:kə'mens] *v* börja om

recommend [,rekə'mend] *v* rekommendera, förorda; tillråda

recommendation [,rekəmen'deiʃən] *n* rekommendation *c*

reconciliation [,rekənsili'eiʃən] *n* försoning *c*

record[1] ['rekɔ:d] *n* grammofonskiva *c*; rekord *nt*; protokoll *nt*; **long-playing** ~ LP-skiva *c*

record[2] [ri'kɔ:d] *v* anteckna, inregistrera; inspela

recorder [ri'kɔ:də] *n* bandspelare *c*

recording [ri'kɔ:diŋ] *n* inspelning *c*

record-player ['rekɔ:d,pleiə] *n* skivspelare *c*, grammofon *c*

recover [ri'kʌvə] *v* *återfå; tillfriskna

recovery [ri'kʌvəri] *n* tillfriskande *nt*

recreation [,rekri'eiʃən] *n* förströelse *c*, avkoppling *c*; ~ **centre** fritidscenter *nt*; ~ **ground** bollplan *c*

recruit [ri'kru:t] *n* rekryt *c*

rectangle ['rektæŋgəl] *n* rektangel *c*

rectangular [rek'tæŋgjulə] *adj* rektangulär

rectory ['rektəri] *n* prästgård *c*

rectum ['rektəm] *n* ändtarm *c*

recyclable [,ri:'saikləbl] *adj* återvinningsbar

recycle [,ri:'saikl] *v* återvinna

red [red] *adj* röd

redeem [ri'di:m] *v* frälsa, återköpa,

reduce [ri'dju:s] *v* reducera, minska, förvandla, *skära ned

reduction [ri'dʌkʃən] *n* prisnedsättning *c*, reduktion *c*

redundant [ri'dʌndənt] *adj* överflödig

reed [ri:d] *n* vass *c*

reef [ri:f] *n* rev *nt*

reference ['refrəns] *n* hänvisning *c*, referens *c*; sammanhang *nt*; **with** ~ **to** beträffande

refer to [ri'fə:] hänvisa till

refill ['ri:fil] *n* påfyllningsförpackning *c*

refinery [ri'fainəri] *n* raffinaderi *nt*

reflect [ri'flekt] *v* reflektera

reflection [ri'flekʃən] *n* reflex *c*; spegelbild *c*

reflector [ri'flektə] *n* reflektor *c*

reformation [,refə'meiʃən] *n* Reformationen

refresh [ri'freʃ] *v* fräscha upp, svalka

refreshment [ri'freʃmənt] *n* förfriskning *c*

refrigerator [ri'fridʒəreitə] *n* kylskåp *nt*

refund[1] [ri'fʌnd] *v* återbetala

refund[2] ['ri:fʌnd] *n* återbetalning *c*

refusal [ri'fju:zəl] *n* vägran *c*

refuse[1] [ri'fju:z] *v* vägra

refuse[2] ['refju:s] *n* avfall *nt*

regard [ri'gɑ:d] *v* *anse; betrakta; hänsyn *c*; **as regards** med hänsyn till, angående

regarding [ri'gɑ:diŋ] *prep* angående,

beträffande; rörande

regatta [ri'gætə] n kappsegling c

régime [rei'ʒi:m] n regim c

region ['ri:dʒən] n region c; område nt

regional ['ri:dʒənəl] adj regional

register ['redʒistə] v *inskriva sig; rekommendera; **registered letter** rekommenderat brev

registration [,redʒi'streiʃən] n registrering c; ~ **form** inskrivningsblankett c; ~ **number** registreringsnummer nt; ~ **plate** nummerplåt c

regret [ri'gret] v beklaga; ångra; n beklagande nt

regular ['regjulə] adj regelbunden, regelmässig; normal, reguljär

regulate ['regjuleit] v reglera

regulation [,regju'leiʃən] n regel c, reglemente nt; reglering c

rehabilitation [,ri:hə,bili'teiʃən] n rehabilitering c

rehearsal [ri'hə:səl] n repetition c

rehearse [ri'hə:s] v repetera

reign [rein] n regeringstid c; v regera

reimburse [,ri:im'bə:s] v återbetala

reindeer ['reindiə] n (pl ~) ren c

reject [ri'dʒekt] v *avslå, avvisa; förkasta

relate [ri'leit] v berätta

related [ri'leitid] adj besläktad

relation [ri'leiʃən] n förhållande nt, relation c; släkting c

relative ['relətiv] n släkting c; adj relativ

relax [ri'læks] v koppla av, slappna av

relaxation [,rilæk'seiʃən] n avkoppling c

reliable [ri'laiəbəl] adj pålitlig

relic ['relik] n relik c

relief [ri'li:f] n lättnad c; hjälp c; relief c

relieve [ri'li:v] v lätta, lindra; avlösa

religion [ri'lidʒən] n religion c

religious [ri'lidʒəs] adj religiös

rely on [ri'lai] lita på

remain [ri'mein] v *förbli; *återstå

remainder [ri'meində] n rest c, återstod c

remaining [ri'meiniŋ] adj övrig, resterande

remark [ri'ma:k] n anmärkning c; v påpeka, anmärka

remarkable [ri'ma:kəbəl] adj anmärkningsvärd

remedy ['remədi] n läkemedel nt; botemedel nt

remember [ri'membə] v *komma ihåg; minnas

remembrance [ri'membrəns] n håg-komst c, minne nt

remind [ri'maind] v påminna

remit [ri'mit] v översända

remittance [ri'mitəns] n penningförsändelse c

remnant ['remnənt] n rest c, kvarleva c

remote [ri'mout] adj avsides, avlägsen

removal [ri'mu:vəl] n undanröjning c

remove [ri'mu:v] v avlägsna

remunerate [ri'mju:nəreit] v belöna; *ersätta

remuneration [ri,mju:nə'reiʃən] n belöning c

renew [ri'nju:] v förnya; förlänga

rent [rent] v hyra; n hyra c

repair [ri'peə] v reparera; n reparation c

reparation [,repə'reiʃən] n reparation c

*repay [ri'pei] v återbetala

repayment [ri'peimənt] n återbetalning c

repeat [ri'pi:t] v upprepa

repellent [ri'pelənt] adj frånstötande, motbjudande

repentance [ri'pentəns] *n* ånger *c*

repertory ['repətəri] *n* repertoar *c*

repetition [,repə'tiʃən] *n* upprepning *c*

replace [ri'pleis] *v* *ersätta

reply [ri'plai] *v* svara; *n* svar *nt; in ~* som svar

report [ri'pɔ:t] *v* rapportera; meddela; anmäla sig; *n* redogörelse *c*, rapport *c*

reporter [ri'pɔ:tə] *n* reporter *c*

represent [,repri'zent] *v* representera; föreställa

representation [,reprizen'teiʃən] *n* representation *c;* framställning *c*

representative [,repri'zentətiv] *adj* representativ

reprimand ['reprimɑ:nd] *v* tillrättavisa

reproach [ri'proutʃ] *n* förebråelse *c; v* förebrå

reproduce [,ri:prə'dju:s] *v* *återge

reproduction [,ri:prə'dʌkʃən] *n* återgivning *c,* reproduktion *c;* fortplantning *c*

reptile ['reptail] *n* kräldjur *nt*

republic [ri'pʌblik] *n* republik *c*

republican [ri'pʌblikən] *adj* republikansk

repulsive [ri'pʌlsiv] *adj* frånstötande

reputation [,repju'teiʃən] *n* renommé *nt;* anseende *nt*

request [ri'kwest] *n* begäran *c;* förfrågan *c; v* begära

require [ri'kwaiə] *v* kräva

requirement [ri'kwaiəmənt] *n* krav *nt*

requisite ['rekwizit] *adj* erforderlig

rescue ['reskju:] *v* rädda; *n* räddning *c*

research [ri'sə:tʃ] *n* forskning *c*

resemblance [ri'zembləns] *n* likhet *c*

resemble [ri'zembəl] *v* likna

resent [ri'zent] *v* *ta illa upp

reservation [,rezə'veiʃən] *n* reservation *c*

reserve [ri'zə:v] *v* reservera; beställa; *n* reserv *c*

reserved [ri'zə:vd] *adj* reserverad

reservoir ['rezəvwɑ:] *n* reservoar *c*

reside [ri'zaid] *v* bo

residence ['rezidəns] *n* bostad *c; ~ permit* uppehållstillstånd *nt*

resident ['rezidənt] *n* invånare *c; adj* bofast; inneboende

resign [ri'zain] *v* *avgå

resignation [,rezig'neiʃən] *n* avsked *nt,* avskedsansökan *c*

resin ['rezin] *n* kåda *c*

resist [ri'zist] *v* *göra motstånd mot

resistance [ri'zistəns] *n* motstånd *nt*

resolute ['rezəlu:t] *adj* resolut, beslutsam

respect [ri'spekt] *n* respekt *c;* aktning *c,* vördnad *c; v* respektera

respectable [ri'spektəbəl] *adj* respektabel, aktningsvärd

respectful [ri'spektfəl] *adj* respektfull

respective [ri'spektiv] *adj* respektive

respiration [,respə'reiʃən] *n* andning *c*

respite ['respait] *n* uppskov *nt*

responsibility [ri,sponsə'biləti] *n* ansvar *nt*

responsible [ri'sponsəbəl] *adj* ansvarig

rest [rest] *n* vila *c;* rest *c; v* vila

restaurant ['restərɔ̃:] *n* restaurang *c*

restful ['restfəl] *adj* lugn

rest-home ['resthoum] *n* vilohem *nt*

restless ['restləs] *adj* rastlös

restrain [ri'strein] *v* *hålla tillbaka, tygla

restriction [ri'strikʃən] *n* inskränkning *c,* begränsning *c*

result [ri'zʌlt] *n* resultat *nt;* följd *c;* utgång *c; v* resultera

resume [ri'zju:m] *v* *återuppta

résumé ['rezjumei] *n* sammanfattning *c*

retail ['ri:teil] *v* *sälja i detalj

retailer ['ri:teilə] *n* detaljist *c*

retina ['retinə] *n* näthinna *c*
retired [ri'taiəd] *adj* pensionerad
return [ri'tə:n] *v* återvända, *komma tillbaka; *n* återkomst *c*; ~ **flight** returflyg *nt*; ~ **journey** återresa *c*
reunite [,ri:ju:'nait] *v* återförena
reveal [ri'vi:l] *v* uppenbara, avslöja
revelation [,revə'leiʃən] *n* avslöjande *nt*; uppenbarelse *c*
revenge [ri'vendʒ] *n* hämnd *c*
revenue ['revənju:] *n* inkomst *c*
reverse [ri'və:s] *n* motsats *c*; avigsida *c*; backväxel *c*; motgång *c*; *adj* omvänd; *v* backa
review [ri'vju:] *n* recension *c*; tidskrift *c*
revise [ri'vaiz] *v* revidera
revision [ri'viʒən] *n* revision *c*
revival [ri'vaivəl] *n* återupplivande *nt*; förnyelse *c*
revolt [ri'voult] *v* *göra uppror; *n* revolt *c*
revolting [ri'voultiŋ] *adj* motbjudande, upprörande, äcklig
revolution [,revə'lu:ʃən] *n* revolution *c*; varv *nt*
revolutionary [,revə'lu:ʃənəri] *adj* revolutionär
revolver [ri'volvə] *n* revolver *c*
revue [ri'vju:] *n* revy *c*
reward [ri'wo:d] *n* belöning *c*; *v* belöna
rheumatism ['ru:mətizəm] *n* reumatism *c*
rhinoceros [rai'nosərəs] *n* (pl ~, ~es) noshörning *c*
rhubarb ['ru:ba:b] *n* rabarber *c*
rhyme [raim] *n* rim *nt*
rhythm ['riðəm] *n* rytm *c*
rib [rib] *n* revben *nt*
ribbon ['ribən] *n* band *nt*
rice [rais] *n* ris *nt*
rich [ritʃ] *adj* rik
riches ['ritʃiz] *pl* rikedom *c*

riddle ['ridəl] *n* gåta *c*
ride [raid] *n* körning *c*
***ride** [raid] *v* åka; *rida
rider ['raidə] *n* ryttare *c*
ridge [ridʒ] *n* rygg *c*, upphöjning *c*, kam *c*
ridicule ['ridikju:l] *v* förlöjliga
ridiculous [ri'dikjuləs] *adj* löjlig
riding ['raidiŋ] *n* ridning *c*
riding-school ['raidiŋsku:l] *n* ridskola *c*
rifle ['raifəl] *v* gevär *nt*
right [rait] *n* rättighet *c*; *adj* riktig, rätt; höger; rättvis; **all right!** bra!; * **be** ~ *ha rätt; ~ **of way** förkörsrätt *c*
righteous ['raitʃəs] *adj* rättfärdig
right-hand ['raithænd] *adj* höger
rightly ['raitli] *adv* med rätta
rim [rim] *n* fälg *c*; kant *c*
ring [riŋ] *n* ring *c*; cirkusarena *c*
***ring** [riŋ] *v* ringa; ~ **up** ringa upp
rinse [rins] *v* skölja; *n* sköljning *c*
riot ['raiət] *n* upplopp *nt*
rip [rip] *v* *riva sönder
ripe [raip] *adj* mogen
rise [raiz] *n* löneförhöjning *c*; upphöjning *c*; stigning *c*; uppsving *nt*
***rise** [raiz] *v* *stiga upp; *gå upp; *stiga
rising ['raiziŋ] *n* uppror *nt*
risk [risk] *n* risk *c*; fara *c*; *v* riskera
risky ['riski] *adj* vågad, riskfylld
rival ['raivəl] *n* rival *c*; konkurrent *c*; *v* rivalisera, konkurrera
rivalry ['raivəlri] *n* rivalitet *c*; konkurrens *c*
river ['rivə] *n* å *c*, flod *c*; ~ **bank** flodstrand *c*
riverside ['rivəsaid] *n* flodstrand *c*
roach [routʃ] *n* (pl ~) mört *c*
road [roud] *n* gata *c*, väg *c*; ~ **fork** vägskäl *nt*; ~ **map** vägkarta *c*; ~ **system** vägnät *nt*; ~ **up** vägarbete

nt

roadhouse ['roudhaus] *n* värdshus *nt*

roadside ['roudsaid] *n* vägkant *c*; ~ **restaurant** värdshus *nt*

roadway ['roudwei] *nAm* körbana *c*

roam [roum] *v* ströva

roar [rɔ:] *v* *tjuta, *ryta; *n* vrål *nt*, dån *nt*

roast [roust] *v* grilla, halstra

rob [rɔb] *v* råna

robber ['rɔbə] *n* rånare *c*

robbery ['rɔbəri] *n* rån *nt*, stöld *c*

robe [roub] *n* klänning *c*; ämbetsdräkt *c*

robin ['rɔbin] *n* rödhake *c*

robust [rou'bʌst] *adj* robust

rock [rɔk] *n* klippa *c*; *v* gunga

rocket ['rɔkit] *n* raket *c*

rocky ['rɔki] *adj* klippig

rod [rɔd] *n* stång *c*

roe [rou] *n* rom *c*

roll [roul] *v* rulla; *n* rulle *c*; kuvertbröd *nt*

roller-skating ['roulə,skeitiŋ] *n* rullskridskoåkning *c*

Roman Catholic ['roumən 'kæθəlik] romersk katolsk

romance [rə'mæns] *n* romans *c*

romantic [rə'mæntik] *adj* romantisk

roof [ru:f] *n* tak *nt*; **thatched** ~ halmtak *nt*

room [ru:m] *n* rum *nt*; utrymme *nt*, plats *c*; ~ **and board** mat och logi; ~ **service** rumsbetjäning *c*; ~ **temperature** rumstemperatur *c*

roomy ['ru:mi] *adj* rymlig

root [ru:t] *n* rot *c*

rope [roup] *n* rep *nt*

rosary ['rouzəri] *n* radband *nt*

rose [rouz] *n* ros *c*; *adj* rosa

rotten ['rɔtən] *adj* rutten

rouge [ru:ʒ] *n* rouge *c*

rough [rʌf] *adj* ojämn, hård

roulette [ru:'let] *n* rulett *c*

round [raund] *adj* rund; *prep* runt om, omkring; *n* rond *c*; ~ **trip** *Am* tur och retur

roundabout ['raundəbaut] *n* rondell *c*

rounded ['raundid] *adj* rundad

route [ru:t] *n* rutt *c*

routine [ru:'ti:n] *n* rutin *c*

row[1] [rou] *n* rad *c*; *v* ro

row[2] [rau] *n* bråk *nt*

rowdy ['raudi] *adj* busig

rowing-boat ['rouiŋbout] *n* roddbåt *c*

royal ['rɔiəl] *adj* kunglig

rub [rʌb] *v* *gnida

rubber ['rʌbə] *n* gummi *nt*; suddgummi *nt*; ~ **band** gummiband *nt*

rubbish ['rʌbiʃ] *n* skräp *nt*; trams *nt*, strunt *nt*; **talk** ~ prata strunt

rubbish-bin ['rʌbiʃbin] *n* sophink *c*

ruby [,'ru:bi] *n* rubin *c*

rucksack ['rʌksæk] *n* ryggsäck *c*

rudder ['rʌdə] *n* roder *nt*

rude [ru:d] *adj* ohövlig

rug [rʌg] *n* liten matta; pläd *c*

ruin ['ru:in] *v* *ödelägga, ruinera; *n* undergång *c*; **ruins** ruin *c*

ruination [,ru:i'neiʃən] *n* ödeläggelse *c*

rule [ru:l] *n* regel *c*; makt *c*, regering *c*, styrelsesätt *nt*; *v* regera, styra; **as a** ~ vanligen, som regel

ruler ['ru:lə] *n* härskare *c*, regent *c*; linjal *c*

Rumania [ru:'meiniə] Rumänien

Rumanian [ru:'meiniən] *adj* rumänsk; *n* rumän *c*

rumour ['ru:mə] *n* rykte *nt*

*run [rʌn] *v* *springa; ~ **into** råka träffa

runaway ['rʌnəwei] *n* rymling *c*

rung [rʌŋ] *v* (pp ring)

runway ['rʌnwei] *n* start-, landningsbana

rural ['ruərəl] *adj* lantlig

ruse [ru:z] *n* list *c*

rush [rʌʃ] *v* rusa; *n* säv *c*

rush-hour ['rʌʃauə] n rusningstid c
Russia ['rʌʃə] Ryssland
Russian ['rʌʃən] adj rysk; n ryss c
rust [rʌst] n rost c
rustic ['rʌstik] adj rustik
rusty ['rʌsti] adj rostig

S

saccharin ['sækərin] n sackarin nt
sack [sæk] n säck c
sacred ['seikrid] adj helig
sacrifice ['sækrifais] n offer nt; v offra
sacrilege ['sækrilidʒ] n helgerån c
sad [sæd] adj sorgsen; vemodig, be-drövad
saddle ['sædəl] n sadel c
sadness ['sædnəs] n sorgsenhet c
safe [seif] adj säker; n kassaskåp nt
safety ['seifti] n säkerhet c
safety-belt ['seiftibelt] n säkerhets-bälte c
safety-pin ['seiftipin] n säkerhetsnål c
safety-razor ['seifti,reizə] n rakhyvel c
sail [seil] v segla; n segel nt
sailing-boat ['seiliŋbout] n segelbåt c
sailor ['seilə] n sjöman c
saint [seint] n helgon nt
salad ['sæləd] n sallad c
salad-oil ['sælədɔil] n salladsolja c
salary ['sæləri] n avlöning c, lön c
sale [seil] n försäljning c; **clearance ~** realisation c; **for ~** till salu; **sales** realisation c
saleable ['seiləbəl] adj säljbar
salesgirl ['seilzgə:l] n försäljerska c
salesman ['seilzmən] n (pl -men) för-säljare c; expidit c
salmon ['sæmən] n (pl ~) lax c
salon ['sælɔ:] n salong c
saloon [sə'lu:n] n bar c

salt [sɔ:lt] n salt nt
salt-cellar ['sɔ:lt,selə] n saltkar nt
salty ['sɔ:lti] adj salt
salute [sə'lu:t] v hälsa
salve [sa:v] n salva c
same [seim] adj samma
sample ['sa:mpəl] n varuprov nt
sanatorium [,sænə'tɔ:riəm] n (pl ~s, -ria) sanatorium nt
sand [sænd] n sand c
sandal ['sændəl] n sandal c
sandpaper ['sænd,peipə] n sandpapper nt
sandwich ['sænwidʒ] n smörgås c
sandy ['sændi] adj sandig
sanitary ['sænitəri] adj sanitär; **~ towel** dambinda c
sapphire ['sæfaiə] n safir c
sardine [sa:'di:n] n sardin c
satchel ['sætʃəl] n skolväska c
satellite ['sætəlait] n satellit c
satin ['sætin] n satäng c
satisfaction [,sætis'fækʃən] n tillfreds-ställelse c, belåtenhet c
satisfy ['sætisfai] v tillfredsställa; **sat-isfied** tillfredsställd, belåten
Saturday ['sætədi] lördag c
sauce [sɔ:s] n sås c
saucepan ['sɔ:spən] n kastrull c
saucer ['sɔ:sə] n tefat nt
Saudi Arabia [,saudiə'reibiə] Saudi-arabien
Saudi Arabian [,saudiə'reibiən] adj saudiarabisk
sauna ['sɔ:nə] n bastu c
sausage ['sɔsidʒ] n korv c
savage ['sævidʒ] adj vild
save [seiv] v rädda; spara
savings ['seiviŋz] pl besparingar pl; **~ bank** sparbank c
saviour ['seivjə] n frälsare c
savoury ['seivəri] adj välsmakande
saw¹ [sɔ:] v (p see)
saw² [sɔ:] n såg c

sawdust ['sɔːdʌst] n sågspån nt
saw-mill ['sɔːmil] n sågverk c
*say [sei] v *säga
scaffolding ['skæfəldiŋ] n byggnadsställning c
scale [skeil] n skala c; tonskala c; fiskfjäll nt; vågskål c; scales pl våg c
scandal ['skændəl] n skandal c
Scandinavia [,skændi'neiviə] Skandinavien
Scandinavian [,skændi'neiviən] adj skandinavisk; n skandinav c
scapegoat ['skeipgout] n syndabock c
scar [skɑː] n ärr nt
scarce [skɛəs] adj knapp
scarcely ['skɛəsli] adv knappast
scarcity ['skɛəsəti] n knapphet c
scare [skɛə] v skrämma; n skräck c
scarf [skɑːf] n (pl ~s, scarves) halsduk c
scarlet ['skɑːlət] adj scharlakansröd
scary ['skɛəri] adj oroväckande, skrämmande
scatter ['skætə] v strö, *sprida, skingra
scene [siːn] n scen c
scenery ['siːnəri] n landskap nt
scenic ['siːnik] adj naturskön
scent [sent] n doft c
schedule ['ʃedjuːl] n tidtabell c, tidsschema nt
scheme [skiːm] n schema nt; plan c
scholar ['skɔlə] n lärd c; stipendiat c
scholarship ['skɔləʃip] n stipendium nt
school [skuːl] n skola c
schoolboy ['skuːlbɔi] n skolpojke c
schoolgirl ['skuːlgəːl] n skolflicka c
schoolmaster ['skuːl,mɑːstə] n skollärare c, lärare c
schoolteacher ['skuːl,tiːtʃə] n lärare c
science ['saiəns] n vetenskap c
scientific [,saiən'tifik] adj vetenskaplig

scientist ['saiəntist] n vetenskapsman c
scissors ['sizəz] pl sax c
scold [skould] v skälla, gräla på; skälla ut
scooter ['skuːtə] n vespa c; sparkcykel c
score [skɔː] n poängsumma c; v *få poäng
scorn [skɔːn] n hån nt, förakt nt; v förakta
Scot [skɔt] n skotte c
Scotch [skɔtʃ] adj skotsk
Scotland ['skɔtlənd] Skottland
Scottish ['skɔtiʃ] adj skotsk
scout [skaut] n boyscout c
scrap [skræp] n bit c
scrap-book ['skræpbuk] n klippbok c
scrape [skreip] v skrapa
scrap-iron ['skræpaiən] n skrot nt
scratch [skrætʃ] v rispa, skrapa; n repa c, skråma c
scream [skriːm] v *tjuta, *skrika; n skrik nt, skri nt
screen [skriːn] n skärm c; bildskärm c, filmduk c
screw [skruː] n skruv c; v skruva
screw-driver ['skruː,draivə] n skruvmejsel c
scrub [skrʌb] v skura; n snårmark c
sculptor ['skʌlptə] n skulptör c
sculpture ['skʌlptʃə] n skulptur c
sea [siː] n hav nt
sea-bird ['siːbəːd] n sjöfågel c
sea-coast ['siːkoust] n kust c
seagull ['siːgʌl] n fiskmås c
seal [siːl] n sigill nt; säl c
seam [siːm] n söm c
seaman ['siːmən] n (pl -men) matros c
seamless ['siːmləs] adj utan söm
seaport ['siːpɔːt] n hamnstad c
search [səːtʃ] v söka; genomsöka, vi-

sitera; n visitering nt

searchlight ['sɔ:tʃlait] n strålkastare c

seascape ['si:skeip] n marinmålning c

sea-shell ['si:ʃel] n snäcka c

seashore ['si:ʃɔ:] n havsstrand c

seasick ['si:sik] adj sjösjuk

seasickness ['si:,siknəs] n sjösjuka c

seaside ['si:said] n kust c; ~ resort badort c

season ['si:zən] n årstid c, säsong c; high ~ högsäsong c; low ~ lågsäsong c; off ~ lågsäsong c

season-ticket ['si:zən,tikit] n abonnemangskort nt

seat [si:t] n säte nt; plats c, sittplats c

seat-belt ['si:tbelt] n säkerhetsbälte nt

sea-urchin ['si:,ə:tʃin] n sjöborre c

sea-water ['si:,wɔ:tə] n havsvatten nt

second ['sekənd] num andra; n sekund c; ögonblick nt

secondary ['sekəndəri] adj sekundär; ~ school läroverk nt

second-hand [,sekənd'hænd] adj begagnad

secret ['si:krət] n hemlighet c; adj hemlig

secretary ['sekrətri] n sekreterare c

section ['sekʃən] n sektion c; avdelning c

secure [si'kjuə] adj säker; v *göra säker; *binda fast; trygga

security [si'kjuərəti] n säkerhet c; borgen c

sedate [si'deit] adj lugn

sedative ['sedətiv] n lugnande medel

seduce [si'dju:s] v förföra

*see [si:] v *se; *inse, *förstå; ~ to sörja för

seed [si:d] n frö nt

*seek [si:k] v söka

seem [si:m] v synas, verka

seen [si:n] v (pp see)

seesaw ['si:sɔ:] n gungbräda c

seize [si:z] v *gripa

seldom ['seldəm] adv sällan

select [si'lekt] v utplocka, *utvälja; adj utvald

selection [si'lekʃən] n urval nt

self-centred [,self'sentəd] adj självupptagen

self-evident [,sel'fevidənt] adj självklar

self-government [,self'gʌvəmənt] n självstyre nt

selfish ['selfiʃ] adj självisk

selfishness ['selfiʃnəs] n egoism c

self-service [,self'sə:vis] n självbetjäning c; ~ restaurant självserveC ring c

*sell [sel] v *sälja

semblance ['sembləns] n utseende nt

semi- ['semi] halv-

semicircle ['semi,sə:kəl] n halvcirkel c

semi-colon [,semi'koulən] n semikolon nt

senate ['senət] n senat c

senator ['senətə] n senator c

*send [send] v skicka, sända; ~ back skicka tillbaka, returnera; ~ for skicka efter; ~ off skicka iväg

senile ['si:nail] adj senil

sensation [sen'seiʃən] n sensation c; känsla c, förnimmelse c

sensational [sen'seiʃənəl] adj sensationell, uppseendeväckande

sense [sens] n sinne nt; förnuft nt; betydelse c, mening c; v *förnimma, märka; ~ of honour heders-känsla c

senseless ['sensləs] adj vanvettig, orimlig

sensible ['sensəbəl] adj förnuftig

sensitive ['sensitiv] adj känslig

sentence ['sentəns] n mening c; dom c; v döma

sentimental [,senti'mentəl] adj senti-

mental
separate[1] [ˈsepəreit] v skilja
separate[2] [ˈsepərət] adj åtskild, sär-
skild
separately [ˈsepərətli] adv separat
September [sepˈtembə] september
septic [ˈseptik] adj septisk; ***become
~ *bli** inflammerad
sequel [ˈsiːkwəl] n följd c
sequence [ˈsiːkwəns] n ordningsföljd
c
serene [səˈriːn] adj fridfull; klar
serial [ˈsiəriəl] n följetong c
series [ˈsiəriːz] n (pl ~) serie c
serious [ˈsiəriəs] adj allvarlig, seriös
seriousness [ˈsiəriəsnəs] n allvar nt
sermon [ˈsəːmən] n predikan c
serum [ˈsiərəm] n serum nt
servant [ˈsəːvənt] n betjänt c
serve [səːv] v servera
service [ˈsəːvis] n tjänst c; betjäning
c; ~ **charge** betjäningsavgift c; ~
station bensinstation c
serviette [ˌsəːviˈet] n servett c
session [ˈseʃən] n session c
set [set] n grupp c, uppsättning c
*set [set] v *sätta; ~ **menu** fast me-
ny; ~ **out** *ge sig av
setting [ˈsetiŋ] n infattning c, omgiv-
ning c; ~ **lotion** läggningsvätska c
settle [ˈsetəl] v ordna, *göra upp; ~
down *slå sig ned, lugna sig
settlement [ˈsetəlmənt] n förlikning
c, uppgörelse c, överenskommelse c
seven [ˈsevən] num sju
seventeen [ˌsevənˈtiːn] num sjutton
seventeenth [ˌsevənˈtiːnθ] num sjut-
tonde
seventh [ˈsevənθ] num sjunde
seventy [ˈsevənti] num sjuttio
several [ˈsevərəl] adj flera, åtskilliga
severe [siˈviə] adj sträng, häftig
*sew [sou] v sy; ~ **up** sy ihop
sewer [ˈsuːə] n kloak c

sewing-machine [ˈsouiŋməˌʃiːn] n sy-
maskin c
sex [seks] n kön nt
sexton [ˈsekstən] n kyrkvaktmästare
c
sexual [ˈsekʃuəl] adj sexuell
sexuality [ˌsekʃuˈæləti] n sexualitet c
shade [ʃeid] n skugga c; nyans c
shadow [ˈʃædou] n skugga c
shady [ˈʃeidi] adj skuggig
*shake [ʃeik] v skaka
shaky [ˈʃeiki] adj ostadig, skakig
*shall [ʃæl] v *ska
shallow [ˈʃælou] adj grund
shame [ʃeim] n skam c; **shame!** fy!
shampoo [ʃæmˈpuː] n schampo c
shamrock [ˈʃæmrɔk] n treklöver c
shape [ʃeip] n form c; v forma
share [ʃeə] v dela; n del c; aktie c
shark [ʃɑːk] n haj c
sharp [ʃɑːp] adj vass
sharpen [ˈʃɑːpən] v vässa, slipa
shave [ʃeiv] v raka sig
shaver [ˈʃeivə] n rakapparat c
shaving-brush [ˈʃeiviŋbrʌʃ] n rakbors-
te c
shaving-cream [ˈʃeiviŋkriːm] n rak-
kräm c
shaving-soap [ˈʃeiviŋsoup] n raktvål c
shawl [ʃɔːl] n schal c
she [ʃiː] pron hon
shed [ʃed] n skjul nt
*shed [ʃed] v *utgjuta; *sprida
sheep [ʃiːp] n (pl ~) får nt
sheer [ʃiə] adj pur, ren; genomskin-
lig, skir, brant
sheet [ʃiːt] n lakan nt; ark nt; plåt c
shelf [ʃelf] n (pl shelves) hylla c
shell [ʃel] n snäckskal nt; skal nt
shellfish [ˈʃelfiʃ] n skaldjur nt
shelter [ˈʃeltə] n skydd nt; v skydda
shepherd [ˈʃepəd] n herde c
shift [ʃift] n ombyte nt, skift nt, för-
ändring c

shine [ʃain] v *skina; glänsa, blänka

ship [ʃip] n fartyg nt; v skeppa; **shipping line** linjerederi nt

shipowner ['ʃiˌpounə] n skeppsredare c

shipyard ['ʃipjaːd] n skeppsvarv nt

shirt [ʃəːt] n skjorta c

shiver ['ʃivə] v huttra, skälva; n rysning c

shivery ['ʃivəri] adj huttrande

shock [ʃɔk] n chock c; v chockera; ~ **absorber** stötdämpare c

shocking ['ʃɔkiŋ] adj chockerande

shoe [ʃuː] n sko c; **gym shoes** gymnastikskor pl; ~ **polish** skokräm c

shoe-lace ['ʃuːleis] n skosnöre nt

shoemaker ['ʃuːˌmeikə] n skomakare c

shoe-shop ['ʃuːʃɔp] n skoaffär c

shook [ʃuk] v (p shake)

shoot [ʃuːt] v *skjuta

shop [ʃɔp] n butik c; v handla; ~ **assistant** affärsbiträde nt; **shopping bag** kasse c; **shopping centre** affärscentrum nt

shopkeeper ['ʃɔpˌkiːpə] n affärsinnehavare c

shop-window [ˌʃɔp'windou] n skyltfönster nt

shore [ʃɔː] n strand c

short [ʃɔːt] adj kort; liten; ~ **circuit** kortslutning c

shortage ['ʃɔːtidʒ] n brist c

shortcoming ['ʃɔːtˌkʌmiŋ] n brist c; underskott nt

shorten ['ʃɔːtən] v förkorta

shorthand ['ʃɔːthænd] n stenografi c

shortly ['ʃɔːtli] adv snart, inom kort

shorts [ʃɔːts] pl shorts pl; plAm kalsonger pl

short-sighted [ˌʃɔːt'saitid] adj närsynt

shot [ʃɔt] n skott nt; spruta c; bild c

should [ʃud] v borde

shoulder ['ʃouldə] n axel c

shout [ʃaut] v *skrika; n skrik nt

shovel ['ʃʌvəl] n skovel c

show [ʃou] n uppförande nt, föreställning c; utställning c

show [ʃou] v visa; utställa, framvisa; bevisa

show-case ['ʃoukeis] n monter c

shower [ʃauə] n dusch c; regnskur c, störtskur c

showroom ['ʃouruːm] n utställningslokal c

shriek [ʃriːk] v *skrika; n illtjut nt

shrimp [ʃrimp] n räka c

shrine [ʃrain] n reliksrin nt, helgedom c

shrink [ʃriŋk] v krympa

shrinkproof ['ʃriŋkpruːf] adj krympfri

shrub [ʃrʌb] n buske c

shudder ['ʃʌdə] n rysning c

shuffle ['ʃʌfəl] v blanda

shut [ʃʌt] v stänga; ~ **in** stänga in

shutter ['ʃʌtə] n fönsterlucka c, persienn c

shy [ʃai] adj skygg, blyg

shyness ['ʃainəs] n blyghet c

Siam [sai'æm] Siam

Siamese [ˌsaiə'miːz] adj siamesisk; n siames c

sick [sik] adj sjuk; illamående

sickness ['siknəs] n sjukdom c; illamående nt

side [said] n sida c; parti nt; **one-sided** adj ensidig

sideburns ['saidbəːnz] pl polisonger pl

sidelight ['saidlait] n sidoljus nt

side-street ['saidstriːt] n sidogata c

sidewalk ['saidwɔːk] nAm gångbana c, trottoar c

sideways ['saidweiz] adv åt sidan

siege [siːdʒ] n belägring c

sieve [siv] n sil c; v sila

sift [sift] v sikta

sight [sait] n synhåll nt; syn c, åsyn c; sevärdhet c

sign [sain] n tecken nt; gest c; v underteckna

signal ['signəl] n signal c; tecken nt; v signalera

signature ['signətʃə] n signatur c

significant [sig'nifikənt] adj betydelsefull

signpost ['sainpoust] n vägvisare c

silence ['sailəns] n tystnad c; v tysta

silencer ['sailənsə] n ljuddämpare c

silent ['sailənt] adj tyst; *be ~ *tiga

silk [silk] n siden nt

silken ['silkən] adj siden-

silly ['sili] adj dum

silver ['silvə] n silver nt; silver-

silversmith ['silvəsmiθ] n silversmed c

silverware ['silvəweə] n silver nt

similar ['similə] adj liknande, dylik

similarity [ˌsimi'lærəti] n likhet c

simple ['simpəl] adj enkel, okonstlad; vanlig

simply ['simpli] adv enkelt, helt enkelt

simulate ['simjuleit] v låtsa

simultaneous [ˌsiməl'teiniəs] adj samtidig; **simultaneously** adv samtidigt

sin [sin] n synd c

since [sins] prep sedan; adv sedan dess; conj sedan; eftersom

sincere [sin'siə] adj uppriktig

sinew ['sinju:] n sena c

***sing** [siŋ] v *sjunga

singer ['siŋə] n sångare c; sångerska c

single ['siŋgəl] adj en enda; ogift; ~ room enkelrum nt

singular ['siŋgjulə] n singularis nt; adj säregen

sinister ['sinistə] adj olycksbådande

sink [siŋk] n vask c

***sink** [siŋk] v *sjunka

sip [sip] n liten klunk

siphon ['saifən] n sifon c

sir [sə:] min herre

siren ['saiərən] n siren c

sister ['sistə] n syster c

sister-in-law ['sistərinlɔ:] n (pl sisters-) svägerska c

***sit** [sit] v *sitta; ~ down *sätta sig

site [sait] n tomt c; läge nt

sitting-room ['sitiŋru:m] n vardagsrum nt

situated ['sitʃueitid] adj belägen

situation [ˌsitʃu'eiʃən] n situation c; läge nt, anställning c

six [siks] num sex

sixteen [ˌsiks'ti:n] num sexton

sixteenth [ˌsiks'ti:nθ] num sextonde

sixth [siksθ] num sjätte

sixty ['siksti] num sextio

size [saiz] n storlek c, dimension c; format nt

skate [skeit] v åka skridskor; n skridsko c

skating ['skeitiŋ] n skridskoåkning c

skating-rink ['skeitiŋriŋk] n skridskobana c

skeleton ['skelitən] n skelett nt

sketch [sketʃ] n skiss c, teckning c; v teckna, skissera

sketch-book ['sketʃbuk] n skissbok c

ski¹ [ski:] v åka skidor

ski² [ski:] n (pl ~, ~s) skida c; ~ boots pjäxor pl; ~ pants skidbyxor pl; ~ poles Am skidstavar pl; ~ sticks skidstavar pl

skid [skid] v slira, sladda

skier ['ski:ə] n skidåkare c

skiing ['ski:iŋ] n skidåkning c

ski-jump ['ski:dʒʌmp] n backhoppning c

skilful ['skilfəl] adj händig, duktig, skicklig

ski-lift ['ski:lift] n skidlift c

skill [skil] n skicklighet c

skilled [skild] adj skicklig; yrkesutbildad

skin [skin] *n* hud *c*, djurskinn *nt*; skal *nt*; ~ cream hudkräm *c*

skip [skip] *v* skutta; hoppa över

skirt [skə:t] *n* kjol *c*

skull [skʌl] *n* skalle *c*

sky [skai] *n* himmel *c*; luft *c*

skyscraper ['skai,skreipə] *n* skyskrapa *c*

slack [slæk] *adj* slak

slacks [slæks] *pl* långbyxor *pl*

slam [slæm] *v* *slå igen

slander ['sla:ndə] *n* förtal *nt*

slant [sla:nt] *v* slutta

slanting ['sla:ntiŋ] *adj* lutande, sned, sluttande

slap [slæp] *v* *slå; *n* örfil *c*

slate [sleit] *n* skiffer *nt*

slave [sleiv] *n* slav *c*

sledge [sledʒ] *n* släde *c*, kälke *c*

sleep [sli:p] *n* sömn *c*

*sleep [sli:p] *v* *sova

sleeping-bag ['sli:piŋbæg] *n* sovsäck *c*

sleeping-car ['sli:piŋka:] *n* sovvagn *c*

sleeping-pill ['sli:piŋpil] *n* sömntablett *c*

sleepless ['sli:pləs] *adj* sömnlös

sleepy ['sli:pi] *adj* sömnig

sleeve [sli:v] *n* ärm *c*; skivfodral *nt*

sleigh [slei] *n* släde *c*, kälke *c*

slender ['slendə] *adj* slank

slice [slais] *n* skiva *c*

slide [slaid] *n* glidning *c*; rutschbana *c*; diapositiv *nt*

*slide [slaid] *v* *glida

slight [slait] *adj* lätt; svag

slim [slim] *adj* slank; *v* magra

slip [slip] *v* halka, slira; *n* felsteg *nt*; underklänning *c*

slipper ['slipə] *n* toffel *c*

slippery ['slipəri] *adj* slipprig, hal

slogan ['slougən] *n* slogan *c*, partiparoll *c*

slope [sloup] *n* sluttning *c*; *v* slutta

sloping ['sloupiŋ] *adj* sluttande

sloppy ['slopi] *adj* oordentlig

slot [slot] *n* myntöppning *c*

slot-machine ['slot,məʃi:n] *n* spelautomat *c*

slovenly ['slʌvənli] *adj* slarvig

slow [slou] *adj* trögtänkt, långsam; ~ down fördröja, sakta ned

sluice [slu:s] *n* sluss *c*

slum [slʌm] *n* fattigkvarter *nt*

slump [slʌmp] *n* prisfall *nt*

slush [slʌʃ] *n* snöslask *nt*

sly [slai] *adj* slug

smack [smæk] *v* *ge en örfil; *n* klatsch *c*

small [smɔ:l] *adj* liten

smallpox ['smɔ:lpoks] *n* smittkoppor *pl*

smart [sma:t] *adj* chic; klipsk, duktig

smell [smel] *n* lukt *c*

*smell [smel] *v* lukta; lukta illa

smelly ['smeli] *adj* illaluktande

smile [smail] *v* *le; *n* leende *nt*

smith [smiθ] *n* smed *c*

smoke [smouk] *v* röka; *n* rök *c*; no smoking rökning förbjuden

smoker ['smoukə] *n* rökare *c*; rökkupé *c*

smoking-compartment ['smoukiŋkəm,pa:tmənt] *n* rökkupé *c*

smoking-room ['smoukiŋru:m] *n* rökrum *nt*

smooth [smu:ð] *adj* slät, jämn; mjuk

smuggle ['smʌgəl] *v* smuggla

snack [snæk] *n* mellanmål *nt*

snack-bar ['snækba:] *n* snackbar *c*

snail [sneil] *n* snigel *c*

snake [sneik] *n* orm *c*

snapshot ['snæpʃot] *n* ögonblicksbild *c*, kort *nt*

sneakers ['sni:kəz] *plAm* gymnastikskor *pl*

sneeze [sni:z] *v* *nysa

sniper ['snaipə] *n* prickskytt *c*

snooty ['snu:ti] *adj* mallig, överlägsen

snore [snɔː] *v* snarka

snorkel ['snɔːkəl] *n* snorkel *c*

snout [snaut] *n* nos *c*

snow [snou] *n* snö *c; v* snöa

snowstorm ['snoustɔːm] *n* snöstorm *c*

snowy ['snoui] *adj* snöig

so [sou] *conj* så; *adv* så, till den grad; **and ~ on** och så vidare; **~ far** hittills; **~ that** så att, så

soak [souk] *v* blöta

soap [soup] *n* tvål *c; ~* **powder** tvåltvättmedel *nt*

sober ['soubə] *adj* nykter; sansad

so-called [,sou'kɔːld] *adj* så kallad

soccer ['sɔkə] *n* fotboll *c; ~* **team** fotbollslag *nt*

social ['souʃəl] *adj* social, samhälls-

socialism ['souʃəlizəm] *n* socialism *c*

socialist ['souʃəlist] *adj* socialistisk; *n* socialist *c*

society [sə'saiəti] *n* samfund *nt;* sammanslutning *c*, sällskap *nt;* förening *c*

sock [sɔk] *n* socka *c*

socket ['sɔkit] *n* glödlampshållare *c;* urtag *nt*

soda-water ['soudə,wɔːtə] *n* sodavatten *nt,* mineralvatten *nt*

sofa ['soufə] *n* soffa *c*

soft [sɔft] *adj* mjuk; **~ drink** alkoholfri dryck

soften ['sɔfən] *v* mjuka upp

soil [sɔil] *n* jord *c;* jordmån *c*

soiled [sɔild] *adj* nedsmutsad

sold [sould] *v* (p, pp sell) ; **~ out** utsåld

solder ['sɔldə] *v* löda

soldering-iron ['sɔldəriŋaiən] *n* lödkolv *c*

soldier ['souldʒə] *n* soldat *c*

sole[1] [soul] *adj* ensam

sole[2] [soul] *n* sula *c;* sjötunga *c*

solely ['soulli] *adv* uteslutande

solemn ['sɔləm] *adj* högtidlig

solicitor [sə'lisitə] *n* advokat *c,* jurist *c*

solid ['sɔlid] *adj* gedigen, massiv; *n* fast kropp

soluble ['sɔljubəl] *adj* löslig

solution [sə'luːʃən] *n* lösning *c*

solve [sɔlv] *v* lösa

sombre ['sɔmbə] *adj* dyster

some [sʌm] *adj* några; *pron* somliga; något; **~ day** någon gång; **~ more** lite mer; **~ time** en gång, någon gång

somebody ['sʌmbədi] *pron* någon

somehow ['sʌmhau] *adv* på något sätt

someone ['sʌmwʌn] *pron* någon

something ['sʌmθiŋ] *pron* något

sometimes ['sʌmtaimz] *adv* ibland

somewhat ['sʌmwɔt] *adv* tämligen

somewhere ['sʌmwɛə] *adv* någonstans

son [sʌn] *n* son *c*

song [sɔŋ] *n* sång *c*

son-in-law ['sʌninlɔː] *n* (pl sons-) svärson *c*

soon [suːn] *adv* inom kort, fort, snart; **as ~ as** så snart som

sooner ['suːnə] *adv* hellre

sore [sɔː] *adj* öm; *n* ömt ställe; sår *nt; ~* **throat** halsont *c*

sorrow ['sɔrou] *n* sorg *c,* bedrövelse *c*

sorry ['sɔri] *adj* ledsen; **sorry!** ursäkta!, förlåt!

sort [sɔːt] *v* ordna, sortera; *n* sort *c,* slag *nt;* **all sorts of** all slags

soul [soul] *n* själ *c*

sound [saund] *n* ljud *nt; v* **låta; adj* pålitlig

soundproof ['saundpruːf] *adj* ljudisolerad

soup [suːp] *n* soppa *c*

soup-plate ['suːppleit] *n* sopptallrik *c*

soup-spoon ['suːpspuːn] *n* soppsked *c*

sour [sauə] *adj* sur
source [sɔːs] *n* källa *c*
south [sauθ] *n* söder *c*; **South Pole** Sydpolen
South Africa [sauθ 'æfrikə] Sydafrika
south-east [ˌsauθ'iːst] *n* sydost *c*
southerly ['sʌðəli] *adj* sydlig
southern ['sʌðən] *adj* södra
south-west [ˌsauθ'west] *n* sydväst *c*
souvenir ['suːvəniə] *n* souvenir *c*; ~ shop souvenirbutik *c*
sovereign ['sɔvrin] *n* härskare *c*
Soviet ['souviət] *adj* sovjetisk
*sow [sou] *v* så
spa [spɑː] *n* kurort *c*
space [speis] *n* rum *nt*; rymd *c*; mellanrum *nt*, avstånd *nt*; *v* *göra mellanrum
spacious ['speiʃəs] *adj* rymlig
spade [speid] *n* spade *c*
Spain [spein] Spanien
Spaniard ['spænjəd] *n* spanjor *c*
Spanish ['spæniʃ] *adj* spansk
spanking ['spæŋkiŋ] *n* smäll *c*
spanner ['spænə] *n* skiftnyckel *c*
spare [speə] *adj* reserv-, extra; *v* *vara utan; ~ **part** reservdel *c*; ~ **room** gästrum *nt*; ~ **time** fritid *c*; ~ **tyre** reservdäck *nt*; ~ **wheel** reservhjul *nt*
spark [spɑːk] *n* gnista *c*
sparking-plug ['spɑːkiŋplʌg] *n* tändstift *nt*
sparkling ['spɑːkliŋ] *adj* gnistrande; mousserande
sparrow ['spærou] *n* sparv *c*
*speak [spiːk] *v* tala
spear [spiə] *n* spjut *nt*
special ['speʃəl] *adj* speciell, särskild; ~ **delivery** expressutdelning *c*
specialist ['speʃəlist] *n* specialist *c*
speciality [ˌspeʃi'æləti] *n* specialitet *c*
specialize ['speʃəlaiz] *v* specialisera sig

specially ['speʃəli] *adv* i synnerhet
species ['spiːʃiːz] *n* (pl ~) art *c*
specific [spə'sifik] *adj* specifik
specimen ['spesimən] *n* exemplar *nt*, specimen *nt*
speck [spek] *n* fläck *c*
spectacle ['spektəkəl] *n* skådespel *nt*; **spectacles** glasögon *pl*
spectator [spek'teitə] *n* åskådare *c*
speculate ['spekjuleit] *v* spekulera
speech [spiːtʃ] *n* talförmåga *c*; anförande *nt*, tal *nt*; språk *nt*
speechless ['spiːtʃləs] *adj* mållös
speed [spiːd] *n* hastighet *c*; fart *c*; **cruising** ~ marschfart *c*; ~ **limit** fartbegränsning *c*, hastighetsbegränsning *c*
*speed [spiːd] *v* köra (för) fort
speeding ['spiːdiŋ] *n* fortkörning *c*
speedometer [spiː'dɔmitə] *n* hastighetsmätare *c*
spell [spel] *n* förtrollning *c*
*spell [spel] *v* stava
spelling ['speliŋ] *n* stavning *c*
*spend [spend] *v* förbruka, spendera; tillbringa
sphere [sfiə] *n* klot *nt*; sfär *c*
spice [spais] *n* krydda *c*
spiced [spaist] *adj* kryddad
spicy ['spaisi] *adj* kryddstark
spider ['spaidə] *n* spindel *c*; **spider's web** spindelnät *nt*
*spill [spil] *v* spilla
*spin [spin] *v* *spinna; snurra
spinach ['spinidʒ] *n* spenat *c*
spine [spain] *n* ryggrad *c*
spinster ['spinstə] *n* ungmö *c*
spire [spaiə] *n* spira *c*
spirit ['spirit] *n* ande *c*; spöke *nt*; **spirits** spritdrycker *pl*; sinnesstämning *c*; ~ **stove** spritkök *c*
spiritual ['spiritʃuəl] *adj* andlig
spit [spit] *n* spott *nt*, saliv *c*; spett *nt*
*spit [spit] *v* spotta

in spite of [in spait ɔv] trots, oaktat
spiteful ['spaitfəl] adj ondskefull
splash [splæʃ] v stänka
splendid ['splendid] adj strålande, praktfull
splendour ['splendə] n prakt c
splint [splint] n spjäla c
splinter ['splintə] n splitter nt
*****split** [split] v *klyva
*****spoil** [spɔil] v fördärva; skämma bort
spoke¹ [spouk] v (p speak)
spoke² [spouk] n eker c
sponge [spʌndʒ] n tvättsvamp c
spook [spu:k] n spöke nt
spool [spu:l] n spole c
spoon [spu:n] n sked c
spoonful ['spu:nful] n sked c
sport [spɔ:t] n sport c
sports-car ['spɔ:tska:] n sportbil c
sports-jacket ['spɔ:ts,dʒækit] n sport-jacka c
sportsman ['spɔ:tsmən] n (pl -men) idrottsman c
sportswear ['spɔ:tswɛə] n sportkläder pl
spot [spɔt] n fläck c; ställe nt, plats c
spotless ['spɔtləs] adj fläckfri
spotlight ['spɔtlait] n strålkastare c
spotted ['spɔtid] adj fläckig
spout [spaut] n stråle c; pip c, ränna c
sprain [sprein] v stuka; n stukning c
*****spread** [spred] v *sprida
spring [spriŋ] n vår c; fjäder c; källa c
springtime ['spriŋtaim] n vår c
sprouts [sprauts] pl brysselkål c
spy [spai] n spion c
squadron ['skwɔdrən] n skvadron c
square [skwɛə] adj kvadratisk; n kvadrat c; öppen plats, torg nt
squash [skwɔʃ] n fruktsaft c; squash c

squirrel ['skwirəl] n ekorre c
squirt [skwə:t] n stråle c
stable ['steibəl] adj stabil; n stall nt
stack [stæk] n stack c, stapel c
stadium ['steidiəm] n stadion nt
staff [sta:f] n personal c
stage [steidʒ] n scen c; stadium nt, fas c; etapp c
stain [stein] v fläcka ned; n fläck c; **stained glass** färgat glas; ~ **re-mover** fläckborttagningsmedel nt
stainless ['steinləs] adj fläckfri; ~ **steel** rostfritt stål
staircase ['stɛəkeis] n trappa c
stairs [stɛəz] pl trappa c
stale [steil] adj gammal
stall [stɔ:l] n stånd nt; parkett c
stamina ['stæminə] n uthållighet c
stamp [stæmp] n frimärke nt; stäm-pel c; v frankera; stampa; ~ **ma-chine** frimärksautomat c
stand [stænd] n ställ nt, stånd nt; läk-tare c
*****stand** [stænd] v *stå
standard ['stændəd] n norm c; stan-dard-; ~ **of living** levnadsstandard c
stanza ['stænzə] n strof c
staple ['steipəl] n häftklammer c; sta-pelvara c
star [sta:] n stjärna c
starboard ['sta:bəd] n styrbord
starch [sta:tʃ] n stärkelse c; v stärka
stare [stɛə] v stirra
starling ['sta:liŋ] n stare c
start [sta:t] v börja; n början c; **starter motor** startmotor c
starting-point ['sta:tiŋpoint] n ut-gångspunkt c
starve [sta:rv] v *svälta
state [steit] n stat c; tillstånd nt; v fastställa
the States [ðə steits] Förenta Stater-na

statement ['steitmənt] n uppgift c, redogörelse c

statesman ['steitsmən] n (pl -men) statsman c

station ['steiʃən] n järnvägsstation c; position c

stationary ['steiʃənəri] adj stillastående

stationer's ['steiʃənəz] n pappershandel c

stationery ['steiʃənəri] n kontorsartiklar pl

station-master ['steiʃən,maːstə] n stationsinspektor c

statistics [stə'tistiks] pl statistik c

statue ['stætʃuː] n staty c

stay [stei] v *förbli, stanna kvar; vistas, *uppehålla sig; n vistelse c

steadfast ['stedfaːst] adj orubblig

steady ['stedi] adj stadig

steak [steik] n biff c

***steal** [stiːl] v *stjäla

steam [stiːm] n ånga c

steamer ['stiːmə] n ångare c

steel [stiːl] n stål nt

steep [stiːp] adj brant

steeple ['stiːpəl] n tornspira c

steering-column ['stiəriŋ,kɔləm] n rattstång c

steering-wheel ['stiəriŋwiːl] n ratt c

steersman ['stiəzmən] n (pl -men) rorsman c

stem [stem] n stjälk c

stenographer [ste'nɔgrəfə] n stenograf c

step [step] n steg nt; v trampa

stepchild ['steptʃaild] n (pl -children) styvbarn nt

stepfather ['step,faːðə] n styvfar c

stepmother ['step,mʌðə] n styvmor c

sterile ['sterail] adj steril

sterilize ['sterilaiz] v sterilisera

steward ['stjuːəd] n steward c

stewardess ['stjuːədes] n flygvärdinna c

stick [stik] n pinne c, käpp c

***stick** [stik] v fästa, klistra

sticky ['stiki] adj klibbig

stiff [stif] adj stel

still [stil] adv ännu; likväl; adj stilla

stillness ['stilnəs] n stillhet c

stimulant ['stimjulənt] n stimulans c; stimulantia pl

stimulate ['stimjuleit] v stimulera

sting [stiŋ] n sting nt, stick nt

***sting** [stiŋ] v *sticka

stingy ['stindʒi] adj småaktig

***stink** [stiŋk] v *stinka

stipulate ['stipjuleit] v stipulera, bestämma

stipulation [,stipju'leiʃən] n bestämmelse c

stir [stəː] v röra sig; röra om

stirrup ['stirəp] n stigbygel c

stitch [stitʃ] n stygn nt, håll nt

stock [stɔk] n lager nt; v lagra; ~ exchange fondbörs c; ~ market fondmarknad c; stocks and shares värdepapper pl

stocking ['stɔkiŋ] n strumpa c

stole¹ [stoul] v (p steal)

stole² [stoul] n stola c

stomach ['stʌmək] n mage c

stomach-ache ['stʌməkeik] n magont nt

stone [stoun] n sten c; ädelsten c; kärna c; sten-; pumice ~ pimpsten c

stood [stud] v (p, pp stand)

stop [stɔp] v stoppa, upphöra; *hålla upp med; n hållplats c; stop! stopp!

stopper ['stɔpə] n propp c

storage ['stɔːridʒ] n lagring c

store [stɔː] n lager nt; affär c; v lagra

store-house ['stɔːhaus] n magasin nt

storey ['stɔːri] n våning c

stork [stɔːk] n stork c

storm [stɔːm] n storm c

stormy ['stɔ:mi] *adj* stormig

story ['stɔ:ri] *n* historia *c*

stout [staut] *adj* korpulent, tjock;
kraftig

stove [stouv] *n* ugn *c*; köksspis *c*

straight [streit] *adj* rak; hederlig; *adv*
rakt; ~ ahead rakt fram; ~ away
omedelbart, genast; ~ on rakt
fram

strain [strein] *n* ansträngning *c*; på-
frestning *c*; *v* överanstränga; sila

strainer ['streinə] *n* durkslag *nt*

strange [streindʒ] *adj* främmande;
besynnerlig

stranger ['streindʒə] *n* främling *c*;
okänd person

strangle ['stræŋgəl] *v* *strypa

strap [stræp] *n* rem *c*

straw [strɔ:] *n* strå *nt*, halm *c*; sugrör
nt

strawberry ['strɔ:bəri] *n* jordgubbe *c*;
wild ~ smultron *nt*

stream [stri:m] *n* bäck *c*; ström *c*; *v*
strömma

street [stri:t] *n* gata *c*

streetcar ['stri:tkɑ:] *nAm* spårvagn *c*

street-organ ['stri:,tɔ:gən] *n* positiv *nt*

strength [streŋθ] *n* kraft *c*, styrka *c*

stress [stres] *n* stress *c*; betoning *c*; *v*
betona

stretch [stretʃ] *v* tänja; *n* sträcka *c*

stretcher ['stretʃə] *n* bår *c*

strict [strikt] *adj* sträng; strikt

strife [straif] *n* stridighet *c*

strike [straik] *n* strejk *c*

*strike [straik] *v* *slå; *slå till; strej-
ka

striking ['straikiŋ] *adj* slående, mar-
kant, påfallande

string [striŋ] *n* snöre *nt*; sträng *c*

strip [strip] *n* remsa *c*

stripe [straip] *n* rand *c*

striped [straipt] *adj* randig

stroke [strouk] *n* slaganfall *nt*

stroll [stroul] *v* flanera; *n* promenad *c*

strong [strɔŋ] *adj* stark; kraftig

stronghold ['strɔŋhould] *n* fästning *c*

structure ['strʌktʃə] *n* struktur *c*;
byggnadsverk *nt*

struggle ['strʌgəl] *n* strid *c*, kamp *c*; *v*
*slåss, kämpa

stub [stʌb] *n* talong *c*

stubborn ['stʌbən] *adj* envis

student ['stju:dənt] *n* student *c*; stu-
dentska *c*; studerande *c*

study ['stʌdi] *v* studera; *n* studium *nt*;
arbetsrum *nt*

stuff [stʌf] *n* material *nt*; grejor *pl*

stuffed [stʌft] *adj* fylld

stuffing ['stʌfiŋ] *n* fyllning *c*

stuffy ['stʌfi] *adj* kvav

stumble ['stʌmbəl] *v* snubbla

stung [stʌŋ] *v* (p, pp sting)

stupid ['stju:pid] *adj* dum

style [stail] *n* stil *c*

subject¹ ['sʌbdʒikt] *n* subjekt *nt*; un-
dersåte *c*; ~ to utsatt för

subject² [səb'dʒekt] *v* underkuva

submit [səb'mit] *v* underkasta sig

subordinate [sə'bɔ:dinət] *adj* under-
ordnad

subscriber [səb'skraibə] *n* prenume-
rant *c*

subscription [səb'skripʃən] *n* prenu-
meration *c*, abonnemang *nt*; in-
samling *c*

subsequent ['sʌbsikwənt] *adj* följande

subsidy ['sʌbsidi] *n* understöd *nt*

substance ['sʌbstəns] *n* substans *c*

substantial [səb'stænʃəl] *adj* verklig;
ansenlig

substitute ['sʌbstitju:t] *v* *ersätta; *n*
surrogat *nt*; ställföreträdare *c*

subtitle ['sʌb,taitəl] *n* undertitel *c*

subtle ['sʌtəl] *adj* subtil

subtract [səb'trækt] *v* minska, *dra
ifrån

suburb ['sʌbə:b] *n* förstad *c*, förort *c*

suburban [sə'bə:bən] adj förstads-

subway ['sʌbwei] nAm tunnelbana c

succeed [sək'si:d] v lyckas; efterträda

success [sək'ses] n succé c

successful [sək'sesfəl] adj framgångsrik

succumb [sə'kʌm] v duka under

such [sʌtʃ] adj sådan, liknande; adv så; ~ as sådan som

suck [sʌk] v *suga

sudden ['sʌdən] adj plötslig

suddenly ['sʌdənli] adv plötsligt

suede [sweid] n mockaskinn nt

suffer ['sʌfə] v *lida; tåla

suffering ['sʌfəriŋ] n lidande nt

suffice [sə'fais] v räcka

sufficient [sə'fiʃənt] adj tillräcklig

suffrage ['sʌfridʒ] n rösträtt c

sugar ['ʃugə] n socker nt

suggest [sə'dʒest] v *föreslå

suggestion [sə'dʒestʃən] n förslag nt

suicide ['su:isaid] n självmord nt

suit [su:t] v passa; avpassa; n dräkt c, kostym c

suitable ['su:təbəl] adj passande

suitcase ['su:tkeis] n resväska c

suite [swi:t] n svit c

sum [sʌm] n summa c

summary ['sʌməri] n sammandrag nt, översikt c

summer ['sʌmə] n sommar c; ~ time sommartid c

summit ['sʌmit] n topp c

summons ['sʌmənz] n (pl ~es) kallelse c, stämning c

sun [sʌn] n sol c

sunbathe ['sʌnbeið] v solbada

Sunday ['sʌndi] söndag c

sun-glasses ['sʌn,glɑ:siz] pl solglasögon pl

sunlight ['sʌnlait] n solljus nt

sunny ['sʌni] adj solig

sunrise ['sʌnraiz] n soluppgång c

sunset ['sʌnset] n solnedgång c

sunshade ['sʌnʃeid] n solparasoll nt

sunshine ['sʌnʃain] n solsken nt

sunstroke ['sʌnstrouk] n solsting nt

suntan oil ['sʌntænɔil] sololja c

superb [su'pə:b] adj storartad, utsökt

superficial [,su:pə'fiʃəl] adj ytlig

superfluous [su'pə:fluəs] adj överflödig

superior [su'piəriə] adj större, bättre, överlägsen

superlative [su'pə:lətiv] adj superlativ; n superlativ c

supermarket ['su:pə,ma:kit] n snabbköp nt

superstition [,su:pə'stiʃən] n vidskepelse c

supervise ['su:pəvaiz] v övervaka

supervision [,su:pə'viʒən] n kontroll c, uppsikt c

supervisor ['su:pəvaizə] n arbetsledare c, uppsyningsman c

supper ['sʌpə] n kvällsmat c

supple ['sʌpəl] adj böjlig, mjuk, smidig

supplement ['sʌplimənt] n tidningsbilaga c

supply [sə'plai] n leverans c; förråd nt; utbud nt; v *förse

support [sə'pɔ:t] v *hålla uppe, stödja, understödja; n stöd nt; ~ hose stödstrumpor pl

supporter [sə'pɔ:tə] n anhängare c

suppose [sə'pouz] v förmoda, *anta; supposing that *anta att

suppository [sə'pozitəri] n stolpiller nt

suppress [sə'pres] v undertrycka

surcharge ['sə:tʃɑ:dʒ] n tillägg nt; överbelastning c

sure [ʃuə] adj säker

surely ['ʃuəli] adv säkerligen

surface ['sə:fis] n yta c

surf-board ['sə:fbɔ:d] n surfingbräda c

surgeon [ˈsɜːdʒən] *n* kirurg *c*; **veterinary ~** veterinär *c*

surgery [ˈsɜːdʒəri] *n* kirurgi *c*; läkarmottagning *c*

surname [ˈsɜːneim] *n* efternamn *nt*

surplus [ˈsɜːpləs] *n* överskott *nt*

surprise [səˈpraiz] *n* överraskning *c*; *v* överraska; förvåna

surrender [səˈrendə] *v* *ge sig; *n* kapitulation *c*

surround [səˈraund] *v* omringa, *omge

surrounding [səˈraundiŋ] *adj* kringliggande

surroundings [səˈraundiŋz] *pl* omgivningar

survey [ˈsɜːvei] *n* översikt *c*

survival [səˈvaivəl] *n* överlevnad *c*

survive [səˈvaiv] *v* överleva

suspect¹ [səˈspekt] *v* misstänka; *anta

suspect² [ˈsʌspekt] *n* misstänkt *c*

suspend [səˈspend] *v* suspendera

suspenders [səˈspendəz] *plAm* hängslen *pl*; **suspender belt** strumpebandshållare *c*

suspension [səˈspenʃən] *n* upphängningsanordning *nt*, fjädring *c*; **~ bridge** hängbro *c*

suspicion [səˈspiʃən] *n* misstanke *c*; misstänksamhet *c*, misstro *c*

suspicious [səˈspiʃəs] *adj* misstänkt; misstrogen, misstänksam

sustain [səˈstein] *v* *utstå

Swahili [swəˈhiːli] *n* swahili

swallow [ˈswɔlou] *v* sluka, *svälja; *n* svala *c*

swam [swæm] *v* (p swim)

swamp [swɔmp] *n* träsk *nt*

swan [swɔn] *n* svan *c*

swap [swɔp] *v* byta

***swear** [sweə] *v* *svära

sweat [swet] *n* svett *c*; *v* svettas

sweater [ˈswetə] *n* tröja *c*

Swede [swiːd] *n* svensk *c*

Sweden [ˈswiːdən] Sverige

Swedish [ˈswiːdiʃ] *adj* svensk

***sweep** [swiːp] *v* sopa

sweet [swiːt] *adj* söt; snäll; *n* karamell *c*; dessert *c*; **sweets** sötsaker *pl*

sweeten [ˈswiːtən] *v* söta

sweetheart [ˈswiːthɑːt] *n* älskling *c*, raring *c*

sweetshop [ˈswiːtʃɔp] *n* gottaffär *c*

swell [swel] *adj* tjusig

***swell** [swel] *v* svälla; svullna; öka

swelling [ˈsweliŋ] *n* svullnad *c*

swift [swift] *adj* rask

***swim** [swim] *v* simma

swimmer [ˈswimə] *n* simmare *c*

swimming [ˈswimiŋ] *n* simning *c*; **~ pool** simbassäng *c*

swimming-trunks [ˈswimiŋtrʌŋks] *pl* badbyxor *pl*

swim-suit [ˈswimsuːt] *n* baddräkt *c*

swindle [ˈswindəl] *v* svindla; *n* svindel *c*

swindler [ˈswindlə] *n* svindlare *c*

swing [swiŋ] *n* gunga *c*

***swing** [swiŋ] *v* svänga; gunga

Swiss [swis] *adj* schweizisk; *n* schweizare *c*

switch [switʃ] *n* växel *c*; strömbrytare *c*, spö *nt*; *v* växla; **~ off** koppla av, stänga av; **~ on** koppla på

switchboard [ˈswitʃbɔːd] *n* kopplingsbord *nt*

Switzerland [ˈswitsələnd] Schweiz

sword [sɔːd] *n* svärd *nt*

swum [swʌm] *v* (pp swim)

syllable [ˈsiləbəl] *n* stavelse *c*

symbol [ˈsimbəl] *n* symbol *c*

sympathetic [ˌsimpəˈθetik] *adj* deltagande

sympathy [ˈsimpəθi] *n* sympati *c*; medkänsla *c*

symphony [ˈsimfəni] *n* symfoni *c*

symptom ['simtəm] n symptom nt
synagogue ['sinəgɔg] n synagoga c
synonym ['sinənim] n synonym c
synthetic [sin'θetik] adj syntetisk
syphon ['saifən] n sifon c
Syria ['siriə] Syrien
Syrian ['siriən] adj syrisk; n syrier c
syringe [si'rindʒ] n injektionsspruta c
syrup ['sirəp] n sockerlag c, saft c
system ['sistəm] n system nt; decimal ~ decimalsystem nt
systematic [,sistə'mætik] adj systematisk

T

table ['teibəl] n bord nt; tabell c; ~ of contents innehållsförteckning c; ~ tennis bordtennis c
table-cloth ['teibəlklɔθ] n borddduk c
tablespoon ['teibəlspu:n] n matsked c
tablet ['tæblit] n tablett c
taboo [tə'bu:] n tabu nt
tactics ['tæktiks] pl taktik c
tag [tæg] n prislapp c, adresslapp c
tail [teil] n svans c
tail-light ['teillait] n baklykta c
tailor ['teilə] n skräddare c
tailor-made ['teiləmeid] adj skräddarsydd
*take [teik] v *ta; *gripa; *begripa, *förstå, fatta; ~ away *ta bort; ~ off *ta av; *ge sig iväg; ~ out *ta ut; ~ over *överta; ~ place äga rum; ~ up *uppta
take-off ['teikɔf] n start c
tale [teil] n berättelse c, saga c
talent ['tælənt] n talang c, begåvning c
talented ['tæləntid] adj begåvad
talk [tɔ:k] v tala, prata; n samtal nt
talkative ['tɔ:kətiv] adj pratsam

tall [tɔ:l] adj hög; lång
tame [teim] adj tam; v tämja
tampon ['tæmpən] n tampong c
tangerine [,tændʒə'ri:n] n mandarin c
tangible ['tændʒibəl] adj gripbar
tank [tæŋk] n tank c
tanker ['tæŋkə] n tankfartyg nt
tanned [tænd] adj solbränd
tap [tæp] n kran c; slag nt; v knacka
tape [teip] n ljudband nt; snöre nt; adhesive ~ klisterremsa c, tejp c
tape-measure ['teip,meʒə] n måttband nt
tape-recorder ['teipri,kɔ:də] n bandspelare c
tapestry ['tæpistri] n gobeläng c
tar [ta:] n tjära c
target ['ta:git] n måltavla c
tariff ['tærif] n tariff c
tarpaulin [ta:'pɔ:lin] n presenning c
task [ta:sk] n uppgift c
taste [teist] n smak c; v smaka
tasteless ['teistləs] adj smaklös
tasty ['teisti] adj välsmakande
taught [tɔ:t] v (p, pp teach)
tavern ['tævən] n taverna c
tax [tæks] n skatt c; v beskatta
taxation [tæk'seiʃən] n beskattning c
tax-free ['tæksfri:] adj skattefri
taxi ['tæksi] n taxi c; ~ rank taxistation c; ~ stand Am taxistation c
taxi-driver ['tæksi,draivə] n taxichaufför c
taxi-meter ['tæksi,mi:tə] n taxameter c
tea [ti:] n te nt; eftermiddagste nt
*teach [ti:tʃ] v undervisa, lära
teacher ['ti:tʃə] n lärare c; lärarinna c
teachings ['ti:tʃiŋz] pl lära c
tea-cloth ['ti:klɔθ] n kökshandduk c
teacup ['ti:kʌp] n tekopp c
team [ti:m] n lag nt
teapot ['ti:pɔt] n tekanna c

*tear [teə] v *riva
tear¹ [tiə] n tår c
tear² [teə] n reva c
tease [ti:z] v reta
tea-set ['ti:set] n teservis c
tea-shop ['ti:ʃɔp] n tesalong c
teaspoon ['ti:spu:n] n tesked c
teaspoonful ['ti:spu:n,ful] n tesked c
technical ['teknikəl] adj teknisk
technician [tek'niʃən] n tekniker c
technique [tek'ni:k] n teknik c
technology [tek'nɔlədʒi] n teknologi c
teenager ['ti:,neidʒə] n tonåring c
teetotaller [ti:'toutələ] n absolutist c
telegram ['teligræm] n telegram nt
telegraph ['teligra:f] v telegrafera
telepathy [ti'lepəθi] n telepati c
telephone ['telifoun] n telefon c; ~
book Am telefonkatalog c; ~
booth telefonhytt c; ~ call telefon-
samtal nt; ~ directory telefonka-
talog c; ~ operator telefonist c
television ['teli,viʒən] n television c;
cable ~ kabel-TV c; satellite ~
satellit-TV c; ~ set televisions-
apparat c
telex ['teleks] n telex c
*tell [tel] v tala om; berätta, *säga
temper ['tempə] n humör nt
temperature ['temprətʃə] n tempera-
tur c
tempest ['tempist] n oväder nt
temple ['tempəl] n tempel nt; tinning
c
temporary ['tempərəri] adj tillfällig,
provisorisk
tempt [tempt] v fresta
temptation [temp'teiʃən] n frestelse c
ten [ten] num tio
tenant ['tenənt] n hyresgäst c
tend [tend] v tendera; vårda; ~ to
tendera åt
tendency ['tendənsi] n benägenhet c,
tendens c

tender ['tendə] adj öm; mör
tendon ['tendən] n sena c
tennis ['tenis] n tennis c; ~ shoes
tennisskor pl
tennis-court ['teniskɔ:t] n tennisplan
c, tennisbana c
tense [tens] adj spänd
tension ['tenʃən] n spänning c
tent [tent] n tält nt
tenth [tenθ] num tionde
tepid ['tepid] adj ljum
term [tə:m] n term c; period c, ter-
min c; villkor nt
terminal ['tə:minəl] n ändstation c
terrace ['terəs] n terrass c
terrain [te'rein] n terräng c
terrible ['teribəl] adj förskräcklig,
hemsk, förfärlig
terrific [tə'rifik] adj storartad
terrify ['terifai] v förskräcka; terrify-
ing skrämmande
territory ['teritəri] n område nt, terri-
torium nt
terror ['terə] n skräck c
terrorism ['terərizəm] n terrorism c,
terror c
terrorist ['terərist] n terrorist c
test [test] n prov nt, prövning c; v
pröva, testa
testify ['testifai] v vittna
text [tekst] n text c
textbook ['teksbuk] n lärobok c
texture ['tekstʃə] n struktur c
Thai [tai] adj thailändsk; n thailän-
dare c
Thailand ['tailænd] Thailand
than [ðæn] conj än
thank [θæŋk] v tacka; ~ you tack nt
thankful ['θæŋkfəl] adj tacksam
that [ðæt] adj den, den där; pron den
där; som; conj att
thaw [θɔ:] v smälta, töa; n töväder nt
the [ðə,ði] art -en suf; the ... the ju ...
desto

theatre [ˈθiətə] n teater c
theft [θeft] n stöld c
their [ðeə] adj deras
them [ðem] pron dem
theme [θiːm] n tema nt, ämne nt
themselves [ðəmˈselvz] pron sig; själva
then [ðen] adv då; sedan, därefter
theology [θiˈɒlədʒi] n teologi c
theoretical [θiəˈretikəl] adj teoretisk
theory [ˈθiəri] n teori c
therapy [ˈθerəpi] n terapi c
there [ðeə] adv där; dit
therefore [ˈðeəfɔː] conj därför
thermometer [θəˈmɒmitə] n termometer c
thermostat [ˈθəːməstæt] n termostat c
these [ðiːz] adj de här
thesis [ˈθiːsis] n (pl theses) tes c
they [ðei] pron de
thick [θik] adj tät; tjock
thicken [ˈθikən] v tjockna, *göra tjock
thickness [ˈθiknəs] n tjocklek c
thief [θiːf] n (pl thieves) tjuv c
thigh [θai] n lår nt
thimble [ˈθimbəl] n fingerborg c
thin [θin] adj tunn; mager
thing [θiŋ] n sak c
*think [θiŋk] v tycka; tänka; ~ of tänka på; ~ over fundera på
thinker [ˈθiŋkə] n tänkare c
third [θəːd] num tredje
thirst [θəːst] n törst c
thirsty [ˈθəːsti] adj törstig
thirteen [θəːˈtiːn] num tretton
thirteenth [θəːˈtiːnθ] num trettonde
thirty [ˈθəːti] num trettio
this [ðis] adj den här; pron denna
thistle [ˈθisəl] n tistel c
thorn [θɔːn] n tagg c
thorough [ˈθʌrə] adj grundlig, ordentlig
thoroughbred [ˈθʌrəbred] adj full-
blods-
thoroughfare [ˈθʌrəfeə] n huvudväg c, huvudgata c
those [ðouz] pron de, de där, dessa
though [ðou] conj även om, fastän, ehuru; adv emellertid
thought¹ [θɔːt] v (p, pp think)
thought² [θɔːt] n tanke c
thoughtful [ˈθɔːtfəl] adj tankfull; omtänksam
thousand [ˈθauzənd] num tusen
thread [θred] n tråd c; v trä upp
threadbare [ˈθredbeə] adj trådsliten
threat [θret] n hot nt
threaten [ˈθretən] v hota
three [θriː] num tre
three-quarter [θriːˈkwɔːtə] adj tre-fjärdedels-
threshold [ˈθreʃould] n tröskel c
threw [θruː] v (p throw)
thrifty [ˈθrifti] adj ekonomisk
throat [θrout] n strupe c; hals c
throne [θroun] n tron c
through [θruː] prep genom
throughout [θruːˈaut] adv överallt
throw [θrou] n kast nt
*throw [θrou] v slänga, kasta
thrush [θrʌʃ] n trast c
thumb [θʌm] n tumme c
thumbtack [ˈθʌmtæk] nAm häftstift nt
thump [θʌmp] v dunka
thunder [ˈθʌndə] n åska c; v åska
thunderstorm [ˈθʌndəstɔːm] n åskväder nt
thundery [ˈθʌndəri] adj åsk-
Thursday [ˈθəːzdi] torsdag c
thus [ðʌs] adv således
thyme [taim] n timjan c
tick [tik] n bock c; ~ off pricka av
ticket [ˈtikit] n biljett c; böter pl; ~ collector konduktör c; ~ machine biljettautomat c
tickle [ˈtikəl] v kittla

tide [taid] n tidvatten nt; **high ~** högvatten nt; **low ~** lågvatten nt

tidings ['taidiŋz] pl nyheter pl

tidy ['taidi] adj städad; **~ up** städa

tie [tai] v *binda, *knyta; n slips c

tiger ['taigə] n tiger c

tight [tait] adj stram; trång; adv fast

tighten ['taitən] v *dra till, *dra åt; åtstrama

tights [taits] pl trikåer pl, strumpbyxor pl

tile [tail] n kakel nt; tegelpanna c

till [til] prep tills, till; conj till dess att, ända till

timber ['timbə] n timmer nt

time [taim] n tid c; gång c; **all the ~** hela tiden; **in ~** i tid; **~ of arrival** ankomsttid c; **~ of departure** avgångstid c

time-saving ['taim,seivin] adj tidsbesparande

timetable ['taim,teibəl] n tidtabell c

timid ['timid] adj blyg

timidity [ti'midəti] n blyghet c

tin [tin] n tenn nt; konservburk c, burk c; **tinned food** konserver pl

tinfoil ['tinfoil] n folie c

tin-opener ['ti,noupənə] n konservöppnare c

tiny ['taini] adj pytteliten

tip [tip] n spets c; dricks c

tire¹ [taiə] n däck nt

tire² [taiə] v trötta

tired [taiəd] adj trött

tiring ['taiəriŋ] adj tröttsam

tissue ['tiʃu:] n vävnad c; ansiktsservett c, pappersnäsduk c

title ['taitəl] n titel c

to [tu:] prep till, i; åt; för att

toad [toud] n padda c

toadstool ['toudstu:l] n svamp c

toast [toust] n rostat bröd; skål c

tobacco [tə'bækou] n (pl ~s) tobak c; **~ pouch** tobakspung c

tobacconist [tə'bækənist] n tobakshandlare c; **tobacconist's** tobaksaffär c

today [tə'dei] adv idag

toddler ['tɔdlə] n litet barn

toe [tou] n tå c

toffee ['tɔfi] n kola c

together [tə'geðə] adv tillsammans

toilet ['tɔilət] n toalett c; **~ case** necessär c

toilet-paper ['tɔilət,peipə] n toalettpapper nt

toiletry ['tɔilətri] n toalettartiklar pl

token ['toukən] n tecken nt; bevis nt; pollett c

told [tould] v (p, pp tell)

tolerable ['tɔlərəbəl] adj uthärdlig

toll [toul] n vägavgift c

tomato [tə'ma:tou] n (pl ~es) tomat c

tomb [tu:m] n grav c

tombstone ['tu:mstoun] n gravsten c

tomorrow [tə'mɔrou] adv i morgon

ton [tʌn] n ton c

tone [toun] n ton c; klang c

tongs [tɔŋz] pl tång c

tongue [tʌŋ] n tunga c

tonic ['tɔnik] n stärkande medel

tonight [tə'nait] adv i natt, i kväll

tonsilitis [,tɔnsə'laitis] n halsfluss c

tonsils ['tɔnsəlz] pl halsmandlar pl

too [tu:] adv alltför; också

took [tuk] v (p take)

tool [tu:l] n redskap nt, verktyg nt; **~ kit** vertygssats c

toot [tu:t] vAm tuta

tooth [tu:θ] n (pl teeth) tand c

toothache ['tu:θeik] n tandvärk c

toothbrush ['tu:θbrʌʃ] n tandborste c

toothpaste ['tu:θpeist] n tandkräm c

toothpick ['tu:θpik] n tandpetare c

toothpowder ['tu:θ,paudə] n tandpulver nt

top [tɔp] n topp c; översida c; lock nt;

övre; on ~ of ovanpå; ~ side översida c

topcoat ['topkout] n överrock c

topic ['topik] n samtalsämne nt

topical ['topikəl] adj aktuell

torch [to:tʃ] n fackla c; ficklampa c

torment¹ [to:'ment] v plåga

torment² ['to:ment] n pina c

torture ['to:tʃə] n tortyr c; v tortera

toss [tos] v kasta

tot [tot] n litet barn

total ['toutəl] adj total, fullständig; n summa c

totalitarian [,toutæli'teəriən] adj totalitär

totalizator ['toutəlaizeitə] n totalisator c

touch [tʌtʃ] v vidröra, röra; beröra; n beröring c; känsel c

touching ['tʌtʃiŋ] adj rörande

tough [tʌf] adj seg

tour [tuə] n rundresa c

tourism ['tuərizəm] n turism c

tourist ['tuərist] n turist c; ~ class turistklass c; ~ office turistbyrå c

tournament ['tuənəmənt] n turnering c

tow [tou] v *ta på släp, bogsera

towards [tə'wɔ:dz] prep mot; gentemot; åt

towel [tauəl] n handduk c

towelling ['tauəliŋ] n handdukstyg nt

tower [tauə] n torn nt

town [taun] n stad c; ~ centre stadscentrum nt; ~ hall stadshus nt

townspeople ['taunz,pi:pəl] pl stadsbor pl

toxic ['toksik] adj giftig

toy [toi] n leksak c

toyshop ['toiʃop] n leksaksaffär c

trace [treis] n spår nt; v spåra

track [træk] n järnvägsspår nt; bana c

tractor ['træktə] n traktor c

trade [treid] n handel c; yrke nt; v *driva hanuel

trademark ['treidma:k] n varumärke nt

trader ['treidə] n affärsman c

tradesman ['treidzmən] n (pl -men) handelsman c

trade-union [,treid'ju:njən] n fackförening c

tradition [trə'diʃən] n tradition c

traditional [trə'diʃənəl] adj traditionell

traffic ['træfik] n trafik c; ~ jam trafikstockning c; ~ light trafikljus nt

trafficator ['træfikeitə] n körriktningsvisare c

tragedy ['trædʒədi] n tragedi c

tragic ['trædʒik] adj tragisk

trail [treil] n spår nt, stig c

trailer ['treilə] n släpvagn c; nAm husvagn c

train [trein] n tåg nt; v träna, dressera; **stopping** ~ persontåg nt; **through** ~ snälltåg nt; ~ **ferry** tågfärja c

training ['treiniŋ] n träning c

trait [treit] n drag nt

traitor ['treitə] n förrädare c

tram [træm] n spårvagn c

tramp [træmp] n luffare c; v vandra

tranquil ['træŋkwil] adj lugn

tranquillizer ['træŋkwilaizə] n lugnande medel

transaction [træn'zækʃən] n transaktion c

transatlantic [,trænzət'læntik] adj transatlantisk

transfer [træns'fə:] v överföra

transform [træns'fɔ:m] v förvandla, omvandla

transformer [træns'fɔ:mə] n transformator c

transition [træn'siʃən] n övergång c

translate [træns'leit] v *översätta

translation [træns'leiʃən] n översättning c

translator [træns'leitə] n översättare c

transmission [trænz'miʃən] n sändning c

transmit [trænz'mit] v sända

transmitter [trænz'mitə] n sändare c

transparent [træn'spɛərənt] adj genomskinlig

transport¹ ['trænspɔ:t] n transport c

transport² [træn'spɔ:t] v transportera

transportation [,trænspɔ:'teiʃən] n transport c

trap [træp] n fälla c

trash [træʃ] n smörja c; ~ can Am soptunna c

travel ['trævəl] v resa; ~ agency resebyrå c; ~ insurance reseförsäkring c; **travelling expenses** resekostnader pl

traveller ['trævələ] n resenär c; **traveller's cheque** resecheck c

tray [trei] n bricka c

treason ['tri:zən] n förräderi nt

treasure ['treʒə] n skatt c

treasurer ['treʒərə] n skattmästare c

treasury ['treʒəri] n föreningskassa c, skattkammare c

treat [tri:t] v behandla

treatment ['tri:tmənt] n behandling c

treaty ['tri:ti] n traktat c

tree [tri:] n träd nt

tremble ['trembəl] v skälva, darra

tremendous [tri'mendəs] adj oerhörd

trespass ['trespəs] v inkräkta

trespasser ['trespəsə] n inkräktare c

trial [traiəl] n rättegång c; prov nt

triangle ['traiæŋgəl] n triangel c

triangular [trai'æŋgjulə] adj trekantig

tribe [traib] n stam c

tributary ['tribjutəri] n biflod c

tribute ['tribju:t] n hyllning c

trick [trik] n spratt nt; konststycke nt, trick nt

trigger ['trigə] n avtryckare c

trim [trim] v trimma

trip [trip] n tripp c, resa c, utflykt c

triumph ['traiəmf] n triumf c; v triumfera

triumphant [trai'ʌmfənt] adj segerrik

trolley-bus ['trɔlibʌs] n trådbuss c

troops [tru:ps] pl trupper pl

tropical ['trɔpikəl] adj tropisk

tropics ['trɔpiks] pl tropikerna pl

trouble ['trʌbəl] n möda c, besvär nt, bekymmer nt; v besvära

troublesome ['trʌbəlsəm] adj besvärlig

trousers ['trauzəz] pl långbyxor pl

trout [traut] n (pl ~) forell c

truck [trʌk] nAm lastbil c

true [tru:] adj sann; äkta, verklig; trofast, trogen

trumpet ['trʌmpit] n trumpet c

trunk [trʌŋk] n koffert c; stam c; nAm bagageutrymme nt; **trunks** gymnastikbyxor pl

trunk-call ['trʌŋkkɔ:l] n riksamtal nt

trust [trʌst] v lita på; n förtroende nt

trustworthy ['trʌst,wə:ði] adj pålitlig

truth [tru:θ] n sanning c

truthful ['tru:θfəl] adj sannfärdig

try [trai] v försöka, bemöda sig; n försök nt; ~ on prova

tube [tju:b] n rör nt; tub c

tuberculosis [tju:,bə:kju'lousis] n tuberkulos c

Tuesday ['tju:zdi] tisdag c

tug [tʌg] v bogsera; n bogserbåt c; ryck nt

tuition [tju:'iʃən] n undervisning c

tulip ['tju:lip] n tulpan c

tumbler ['tʌmblə] n bägare c

tumour ['tju:mə] n tumör c

tuna ['tju:nə] n (pl ~, ~s) tonfisk c

tune [tju:n] n melodi c, visa c; ~ in

ställa in

tuneful ['tju:nfəl] adj melodisk

tunic ['tju:nik] n tunika c

Tunisia [tju:'niziə] Tunisien

Tunisian [tju:'niziən] adj tunisisk; n tunisier c

tunnel ['tʌnəl] n tunnel c

turbine ['tə:bain] n turbin c

turbojet [ˌtə:bou'dʒet] n turbojet c

Turk [tə:k] n turk c

Turkey ['tə:ki] Turkiet

turkey ['tə:ki] n kalkon c

Turkish ['tə:kiʃ] adj turkisk; ~ **bath** turkiskt bad

turn [tə:n] v vända, svänga, *vrida om; n varv nt, vändning c; tur c; ~ **back** vända tillbaka; ~ **down** förkasta; ~ **into** förvandlas till; ~ **off** stänga av; ~ **on** *sätta på, tända, skruva på; ~ **over** vända upp och ner; ~ **round** vända på; vända sig om

turning ['tə:niŋ] n kurva c

turning-point ['tə:niŋpɔint] n vändpunkt c

turnover ['tə:ˌnouvə] n omsättning c; ~ **tax** omsättningsskatt c

turnpike ['tə:npaik] nAm motorväg c

turpentine ['tə:pəntain] n terpentin nt

turtle ['tə:təl] n sköldpadda c

tutor ['tju:tə] n informator c; förmyndare c

tuxedo [tʌk'si:dou] nAm (pl ~s, ~es) smoking c

tweed [twi:d] n tweed c

tweezers ['twi:zəz] pl pincett c

twelfth [twelfθ] num tolfte

twelve [twelv] num tolv

twentieth ['twentiəθ] num tjugonde

twenty ['twenti] num tjugo

twice [twais] adv två gånger

twig [twig] n kvist c

twilight ['twailait] n skymning c

twine [twain] n snodd c

twins [twinz] pl tvillingar pl; **twin beds** dubbelsängar pl

twist [twist] v *vrida; n vridning c

two [tu:] num två

two-piece [ˌtu:'pi:s] adj tvådelad

type [taip] v *skriva maskin; n typ c

typewriter ['taipraitə] n skrivmaskin c

typewritten ['taipritən] maskinskriven

typhoid ['taifɔid] n tyfus c

typical ['tipikəl] adj karakteristisk, typisk

typist ['taipist] n maskinskriverska c

tyrant ['taiərənt] n tyrann c

tyre [taiə] n däck nt; ~ **pressure** slangtryck nt

U

ugly ['ʌgli] adj ful

ulcer ['ʌlsə] n sår nt

ultimate ['ʌltimət] adj sista

ultraviolet [ˌʌltrə'vaiələt] adj ultraviolett

umbrella [ʌm'brelə] n paraply nt

umpire ['ʌmpaiə] n domare c

unable [ʌ'neibəl] adj oförmögen

unacceptable [ˌʌnək'septəbəl] adj oantagbar

unaccountable [ˌʌnə'kauntəbəl] adj oförklarlig

unaccustomed [ˌʌnə'kʌstəmd] adj ovan

unanimous [ju:'næniməs] adj enstämmig

unanswered [ˌʌ'nɑ:nsəd] adj obesvarad

unauthorized [ˌʌ'nɔ:θəraizd] adj oberättigad

unavoidable [ˌʌnə'vɔidəbəl] adj oundviklig

unaware [ˌʌnəˈweə] *adj* omedveten

unbearable [ʌnˈbeərəbəl] *adj* outhärdlig

unbreakable [ˌʌnˈbreikəbəl] *adj* okrossbar

unbroken [ˌʌnˈbroukən] *adj* intakt

unbutton [ˌʌnˈbʌtən] *v* knäppa upp

uncertain [ʌnˈsəːtən] *adj* oviss, osäker

uncle [ˈʌŋkəl] *n* farbror *c*, morbror *c*

unclean [ʌnˈkliːn] *adj* oren

uncomfortable [ʌnˈkʌmfətəbəl] *adj* obekväm

uncommon [ʌnˈkɔmən] *adj* sällsynt, ovanlig

unconditional [ˌʌnkənˈdiʃənəl] *adj* ovillkorlig

unconscious [ʌnˈkɔnʃəs] *adj* medvetslös

uncork [ˌʌnˈkɔːk] *v* korka upp

uncover [ʌnˈkʌvə] *v* avtäcka

uncultivated [ˌʌnˈkʌltiveitid] *adj* ouppodlad, okultiverad

under [ˈʌndə] *prep* under, nedanför

undercurrent [ˈʌndəˌkʌrənt] *n* underström *c*

underestimate [ˌʌndəˈrestimeit] *v* underskatta

underground [ˈʌndəgraund] *adj* underjordisk; *n* tunnelbana *c*

underline [ˌʌndəˈlain] *v* *stryka under

underneath [ˌʌndəˈniːθ] *adv* under

underpants [ˈʌndəpænts] *plAm* kalsonger *pl*

undershirt [ˈʌndəʃəːt] *n* undertröja *c*

undersigned [ˈʌndəsaind] *n* undertecknad *c*

*understand** [ˌʌndəˈstænd] *v* *förstå

understanding [ˌʌndəˈstændiŋ] *n* förståelse *c*

*undertake** [ˌʌndəˈteik] *v* *företa

undertaking [ˌʌndəˈteikiŋ] *n* företag *nt*

underwater [ˈʌndəˌwɔːtə] *adj* under-

vattens-

underwear [ˈʌndəweə] *n* underkläder *pl*

undesirable [ˌʌndiˈzaiərəbəl] *adj* ovälkommen; ej önskvärd

*undo** [ˌʌnˈduː] *v* lösa upp

undoubtedly [ʌnˈdautidli] *adv* otvivelaktigt

undress [ˌʌnˈdres] *v* klä av sig

undulating [ˈʌndjuleitiŋ] *adj* vågig

unearned [ˌʌˈnəːnd] *adj* oförtjänt

uneasy [ʌˈniːzi] *adj* olustig

uneducated [ˌʌˈnedjukeitid] *adj* obildad

unemployed [ˌʌnimˈplɔid] *adj* arbetslös

unemployment [ˌʌnimˈplɔimənt] *n* arbetslöshet *c*

unequal [ˌʌˈniːkwəl] *adj* olika

uneven [ˌʌˈniːvən] *adj* ojämn

unexpected [ˌʌnikˈspektid] *adj* oanad, oväntad

unfair [ˌʌnˈfeə] *adj* ojust, orättvis

unfaithful [ˌʌnˈfeiθfəl] *adj* otrogen

unfamiliar [ˌʌnfəˈmiljə] *adj* obekant

unfasten [ˌʌnˈfɑːsən] *v* lossa

unfavourable [ˌʌnˈfeivərəbəl] *adj* ogynnsam

unfit [ˌʌnˈfit] *adj* olämplig

unfold [ʌnˈfould] *v* veckla ut

unfortunate [ʌnˈfɔːtʃənət] *adj* olycklig

unfortunately [ʌnˈfɔːtʃənətli] *adv* tyvärr, dessvärre

unfriendly [ˌʌnˈfrendli] *adj* ovänlig

unfurnished [ˌʌnˈfəːniʃt] *adj* omöblerad

ungrateful [ʌnˈgreitfəl] *adj* otacksam

unhappy [ʌnˈhæpi] *adj* olycklig

unhealthy [ʌnˈhelθi] *adj* ohälsosam

unhurt [ˌʌnˈhəːt] *adj* oskadad

uniform [ˈjuːnifɔːm] *n* uniform *c; adj* likformig, konstant

unimportant [ˌʌnimˈpɔːtənt] *adj* oviktig

uninhabitable [ˌʌninˈhæbitəbəl] *adj* obeboelig

uninhabited [ˌʌninˈhæbitid] *adj* obebodd

unintentional [ˌʌninˈtenʃənəl] *adj* oavsiktlig

union [ˈjuːnjən] *n* fackförening *c*; förening *c*; union *c*

unique [juːˈniːk] *adj* unik

unit [ˈjuːnit] *n* enhet *c*

unite [juːˈnait] *v* förena

United States [juːˈnaitid steits] Förenta Staterna

unity [ˈjuːnəti] *n* enhet *c*

universal [ˌjuːniˈvəːsəl] *adj* universell, allmän

universe [ˈjuːnivəːs] *n* universum *nt*

university [ˌjuːniˈvəːsəti] *n* universitet *nt*

unjust [ˌʌnˈdʒʌst] *adj* orättvis

unkind [ˌʌnˈkaind] *adj* ovänlig

unknown [ˌʌnˈnoun] *adj* okänd

unlawful [ˌʌnˈlɔːfəl] *adj* olaglig

unlearn [ˌʌnˈləːn] *v* lära sig av med

unless [ənˈles] *conj* såvida inte

unlike [ˌʌnˈlaik] *adj* olik

unlikely [ʌnˈlaikli] *adj* osannolik

unlimited [ʌnˈlimitid] *adj* obegränsad

unload [ˌʌnˈloud] *v* lasta av

unlock [ˌʌnˈlɔk] *v* låsa upp

unlucky [ʌnˈlʌki] *adj* oturlig, olycklig

unnecessary [ʌnˈnesəsəri] *adj* onödig

unoccupied [ʌˈnɔkjupaid] *adj* ledig

unofficial [ˌʌnəˈfiʃəl] *adj* inofficiell

unpack [ˌʌnˈpæk] *v* packa upp

unpleasant [ʌnˈplezənt] *adj* otrevlig, obehaglig, oangenäm

unpopular [ʌnˈpɔpjulə] *adj* illa omtyckt, impopulär

unprotected [ˌʌnprəˈtektid] *adj* oskyddad

unqualified [ʌnˈkwɔlifaid] *adj* okvalificerad

unreal [ˌʌnˈriəl] *adj* overklig

unreasonable [ʌnˈriːzənəbəl] *adj* orimlig, oresonlig

unreliable [ˌʌnriˈlaiəbəl] *adj* opålitlig

unrest [ʌnˈrest] *n* oro *c*; rastlöshet *c*

unsafe [ʌnˈseif] *adj* riskabel

unsatisfactory [ˌʌnsætisˈfæktəri] *adj* otillfredsställande

unscrew [ʌnˈskruː] *v* skruva av

unselfish [ʌnˈselfiʃ] *adj* osjälvisk

unsound [ʌnˈsaund] *adj* osund

unstable [ʌnˈsteibəl] *adj* instabil

unsteady [ʌnˈstedi] *adj* ostadig, vacklande; villrådig

unsuccessful [ˌʌnsəkˈsesfəl] *adj* misslyckad

unsuitable [ʌnˈsuːtəbəl] *adj* opassande

unsurpassed [ˌʌnsəˈpɑːst] *adj* oöverträffad

untidy [ʌnˈtaidi] *adj* oordentlig

untie [ʌnˈtai] *v* *knyta upp

until [ənˈtil] *prep* tills, till

untrue [ʌnˈtruː] *adj* osann

untrustworthy [ˌʌnˈtrʌst,wəːði] *adj* opålitlig

unusual [ʌnˈjuːʒuəl] *adj* ovanlig

unwell [ʌnˈwel] *adj* krasslig

unwilling [ʌnˈwiliŋ] *adj* ovillig

unwise [ʌnˈwaiz] *adj* oförståndig

unwrap [ʌnˈræp] *v* veckla upp, öppna

up [ʌp] *adv* upp, uppåt

upholster [ʌpˈhoulstə] *v* stoppa möbler; inreda

upkeep [ˈʌpkiːp] *n* underhåll *nt*

uplands [ˈʌpləndz] *pl* högland *nt*

upon [əˈpɔn] *prep* på

upper [ˈʌpə] *adj* över-, övre

upright [ˈʌprait] *adj* upprätt; *adv* upprätt

upset [ʌpˈset] *adj* upprörd

*****upset** [ʌpˈset] *v* kullkasta; förvirra, såra

upside-down [ˌʌpsaidˈdaun] *adv* upp och ner

upstairs [ʌpˈsteəz] adv upp; uppför trappan; en trappa upp

upstream [ˈʌpˈstriːm] adv uppför strömmen

upwards [ˈʌpwədz] adv upp, uppåt

urban [ˈɔːbən] adj stads-

urge [əːdʒ] v uppmana; n starkt behov

urgency [ˈɔːdʒənsi] n nödtvång nt

urgent [ˈɔːdʒənt] adj brådskande

urine [ˈjuərin] n urin nt

Uruguay [ˈjuərəgwai] Uruguay

Uruguayan [ˌjuərəˈgwaiən] adj uruguaysk; n uruguayare c

us [ʌs] pron oss

usable [ˈjuːzəbəl] adj användbar

usage [ˈjuːzidʒ] n sedvänja c

use¹ [juːz] v använda; *be used to *vara van vid; ~ up förbruka

use² [juːs] n användning c; nytta c; *be of ~ *vara till nytta

useful [ˈjuːsfəl] adj användbar, nyttig

useless [ˈjuːsləs] adj lönlös, oanvändbar, oduglig

user [ˈjuːzə] n förbrukare c

usher [ˈʌʃə] n platsanvisare c

usherette [ˌʌʃəˈret] n platsanviserska c

usual [ˈjuːʒuəl] adj vanlig

usually [ˈjuːʒuəli] adv vanligtvis

utensil [juːˈtensəl] n redskap nt, verktyg nt; köksredskap nt

utility [juːˈtiləti] n nyttighet c

utilize [ˈjuːtilaiz] v utnyttja, använda

utmost [ˈʌtmoust] adj yttersta

utter [ˈʌtə] adj fullständig, total; v yttra

V

vacancy [ˈveikənsi] n vakans c

vacant [ˈveikənt] adj ledig

vacate [vəˈkeit] v utrymma

vacation [vəˈkeiʃən] n lov nt

vaccinate [ˈvæksineit] v vaccinera

vaccination [ˌvæksiˈneiʃən] n vaccination c

vacuum [ˈvækjuəm] n vakuum nt; vAm *dammsuga; ~ cleaner dammsugare c; ~ flask termosflaska c

vagrancy [ˈveigrənsi] n lösdriveri nt

vague [veig] adj vag

vain [vein] adj fåfänglig; tom, fruktlös; in ~ förgäves

valet [ˈvælit] n betjänt c; v passa upp

valid [ˈvælid] adj giltig

valley [ˈvæli] n dal c, dalsänka c

valuable [ˈvæljubəl] adj värdefull, dyrbar; valuables pl värdesaker pl

value [ˈvæljuː] n värde nt; v värdera

valve [vælv] n ventil c

van [væn] n transportbil c

vanilla [vəˈnilə] n vanilj c

vanish [ˈvæniʃ] v *försvinna

vapour [ˈveipə] n ånga c

variable [ˈveəriəbəl] adj växlande

variation [ˌveəriˈeiʃən] n förändring c

varied [ˈveərid] adj varierad

variety [vəˈraiəti] n art c, omväxling c; ~ show varietéföreställning c; ~ theatre varietéteater c

various [ˈveəriəs] adj åtskilliga, olika

varnish [ˈvaːniʃ] n lack nt, fernissa c; v fernissa, lacka

vary [ˈveəri] v variera; ändra; *vara olik

vase [vaːz] n vas c

vast [vaːst] adj vidsträckt, ofantlig

vault [vɔːlt] n valv nt; kassavalv nt

veal [viːl] n kalvkött nt

vegetable [ˈvedʒətəbəl] n grönsak c; ~ merchant grönsakshandlare c

vegetarian [ˌvedʒiˈteəriən] n vegetarian c

vegetation [ˌvedʒiˈteiʃən] n vegetation c

vehicle [ˈviːəkəl] n fordon nt

veil [veil] n slöja c

vein [vein] n åder c; **varicose ~** åderbrock nt

velvet [ˈvelvit] n sammet c

velveteen [ˌvelviˈtiːn] n bomullssammet c

venerable [ˈvenərəbəl] adj vördnadsvärd

venereal disease [viˈniəriəl diˈziːz] könssjukdom c

Venezuela [ˌveniˈzweilə] Venezuela

Venezuelan [ˌveniˈzweilən] adj venezuelansk; n venezuelan c

ventilate [ˈventileit] v ventilera, lufta, vädra

ventilation [ˌventiˈleiʃən] n ventilation c

ventilator [ˈventileitə] n ventilator c

venture [ˈventʃə] v våga

veranda [vəˈrændə] n veranda c

verb [vəːb] n verb nt

verbal [ˈvəːbəl] adj muntlig

verdict [ˈvəːdikt] n dom c, domslut nt

verge [vəːdʒ] n kant c; gräns c

verify [ˈverifai] v verifiera, kontrollera; bekräfta

verse [vəːs] n vers c

version [ˈvəːʃən] n version c; översättning c

versus [ˈvəːsəs] prep kontra

vertical [ˈvəːtikəl] adj lodrät

vertigo [ˈvəːtigou] n svindel c

very [ˈveri] adv mycket; adj verklig, sann; absolut

vessel [ˈvesəl] n fartyg nt; kärl nt

vest [vest] n undertröja c; nAm väst c

veterinary surgeon [ˈvetrinəri ˈsəːdʒən] veterinär c

via [vaiə] prep via

viaduct [ˈvaiədʌkt] n viadukt c

vibrate [vaiˈbreit] v vibrera

vibration [vaiˈbreiʃən] n vibration c

vicinity [viˈsinəti] n närhet c, omgivningar

vicious [ˈviʃəs] adj ondskefull

victim [ˈviktim] n offer nt

victory [ˈviktəri] n seger c

video camera [ˈvidiəu kæmərə] n videokamera c

video cassette [ˈvidiəu kəˈset] n videokassett c

video recorder [ˈvidiəu riˈkɔːdə] n video(bandspelare) c

view [vjuː] n utsikt c; åsikt c, uppfattning c; v betrakta

view-finder [ˈvjuːˌfaində] n sökare c

vigilant [ˈvidʒilənt] adj vaksam

villa [ˈvilə] n villa c

village [ˈvilidʒ] n by c

villain [ˈvilən] n skurk c

vine [vain] n vinranka c

vinegar [ˈvinigə] n vinäger c

vineyard [ˈvinjəd] n vingård c

vintage [ˈvintidʒ] n vinskörd c

violation [vaiəˈleiʃən] n kränkning c

violence [ˈvaiələns] n våld nt

violent [ˈvaiələnt] adj våldsam, häftig

violet [ˈvaiələt] n viol c; adj violett

violin [vaiəˈlin] n fiol c

virgin [ˈvəːdʒin] n jungfru c

virtue [ˈvəːtʃuː] n dygd c

visa [ˈviːzə] n visum nt

visibility [ˌvizəˈbiləti] n sikt c

visible [ˈvizəbəl] adj synlig

vision [ˈviʒən] n vision c

visit [ˈvizit] v besöka; n besök nt, visit c; **visiting hours** besökstid c

visitor [ˈvizitə] n besökare c

vital [ˈvaitəl] adj livsviktig

vitamin [ˈvitəmin] n vitamin c

vivid [ˈvivid] adj livlig

vocabulary [vəˈkæbjuləri] n ordförråd nt; ordlista c

vocal [ˈvoukəl] adj vokal-

vocalist [ˈvoukəlist] n vokalist c

voice [vɔis] n röst c
void [vɔid] adj ogiltig
volcano [vɔl'keinou] n (pl ~es, ~s)
vulkan c
volt [voult] n volt c
voltage ['voultidʒ] n spänning c
volume ['vɔljum] n volym c; bokband
nt
voluntary ['vɔləntəri] adj frivillig
volunteer [,vɔlən'tiə] n frivillig c
vomit ['vɔmit] v kräkas, spy
vote [vout] v rösta; n röst c; röstning
c
voucher ['vautʃə] n kupong c, bong c
vow [vau] n löfte nt, ed c; v *svära
vowel [vauəl] n vokal c
voyage ['vɔiidʒ] n resa c
vulgar ['vʌlgə] adj vulgär, vanlig
vulnerable ['vʌlnərəbəl] adj sårbar
vulture ['vʌltʃə] n gam c

W

wade [weid] v vada
wafer ['weifə] n rån nt
waffle ['wɔfəl] n våffla c
wages ['weidʒiz] pl lön c
waggon ['wægən] n vagn c
waist [weist] n midja c
waistcoat ['weiskout] n väst c
wait [weit] v vänta; ~ on uppassa
waiter ['weitə] n kypare c, vaktmäs-
tare c
waiting ['weitiŋ] n väntan c
waiting-list ['weitiŋlist] n väntelista c
waiting-room ['weitiŋru:m] n vänt-
rum nt
waitress ['weitris] n servitris c
*wake [weik] v väcka; ~ up vakna
walk [wɔ:k] v *gå; promenera; n pro-
menad c; sätt att gå; walking till
fots

walker ['wɔ:kə] n vandrare c
walking-stick ['wɔ:kiŋstik] n prome-
nadkäpp c
wall [wɔ:l] n mur c; vägg c
wallet ['wɔlit] n plånbok c
wallpaper ['wɔ:l,peipə] n tapet c
walnut ['wɔ:lnʌt] n valnöt c
waltz [wɔ:ls] n vals c
wander ['wɔndə] v ströva omkring,
vandra
want [wɔnt] v *vilja; önska; n behov
nt; brist c
war [wɔ:] n krig nt
warden ['wɔ:dən] n intendent c, före-
ståndare c
wardrobe ['wɔ:droub] n garderob c,
klädskåp nt
warehouse ['wεəhaus] n förråds-
byggnad c, magasin nt
wares [wεəz] pl varor pl
warm [wɔ:m] adj varm; v värma
warmth [wɔ:mθ] n värme c
warn [wɔ:n] v varna
warning ['wɔ:niŋ] n varning c
wary ['wεəri] adj varsam
was [wɔz] v (p be)
wash [wɔʃ] v tvätta; ~ and wear
strykfri; ~ up diska
washable ['wɔʃəbəl] adj tvättbar
wash-basin ['wɔʃ,beisən] n handfat nt
washing ['wɔʃiŋ] n tvätt c
washing-machine ['wɔʃiŋməˌʃi:n] n
tvättmaskin c
washing-powder ['wɔʃiŋ,paudə] n
tvättmedel nt
washroom ['wɔʃru:m] nAm toalett c
wash-stand ['wɔʃstænd] n tvättställ nt
wasp [wɔsp] n geting c
waste [weist] v slösa bort; n slöseri
nt; adj öde
wasteful ['weistfəl] adj slösaktig
wastepaper-basket [weist'peipə-
ˌbɑ:skit] n papperskorg c
watch [wɔtʃ] v *iakttaga, betrakta;

övervaka; *n* klocka *c*; ~ **for** *hålla utkik; ~ **out** *se upp

watch-maker ['wɔtʃˌmeikə] *n* urmakare *c*

watch-strap ['wɔtʃstræp] *n* klockarmband *nt*

water ['wɔːtə] *n* vatten *nt*; **iced** ~ isvatten *nt*; **running** ~ rinnande vatten; ~ **pump** vattenpump *c*; ~ **ski** vattenskida *c*

water-colour ['wɔːtəˌkʌlə] *n* vattenfärg *c*; akvarell *c*

watercress ['wɔːtəkres] *n* vattenkrasse *c*

waterfall ['wɔːtəfɔːl] *n* vattenfall *nt*

watermelon ['wɔːtəˌmelən] *n* vattenmelon *c*

waterproof ['wɔːtəpruːf] *adj* vattentät

water-softener [ˌwɔːtəˌsɔfnə] *n* avkalkningsmedel *nt*

waterway ['wɔːtəwei] *n* farled *c*

watt [wɔt] *n* watt *c*

wave [weiv] *n* våg *c*; *v* vinka

wave-length ['weivleŋθ] *n* våglängd *c*

wavy ['weivi] *adj* vågig

wax [wæks] *n* vax *nt*

waxworks ['wækswɔːks] *pl* vaxkabinett *nt*

way [wei] *n* vis *nt*, sätt *nt*; väg *c*; håll *nt*, riktning *c*; avstånd *nt*; **any** ~ hur som helst; **by the** ~ förresten; **one-way traffic** enkelriktad trafik; **out of the** ~ avsides; **the other** ~ **round** tvärtom; ~ **back** tillbakaväg *c*; ~ **in** ingång *c*; ~ **out** utgång *c*

wayside ['weisaid] *n* vägkant *c*

we [wiː] *pron* vi

weak [wiːk] *adj* svag; tunn

weakness ['wiːknəs] *n* svaghet *c*

wealth [welθ] *n* rikedom *c*

wealthy ['welθi] *adj* förmögen

weapon ['wepən] *n* vapen *nt*

*wear [wɛə] *v* *vara klädd i, *bära;

~ **out** *slita ut

weary ['wiəri] *adj* trött, modlös; tröttsam

weather ['weðə] *n* väder *nt*; ~ **forecast** väderleksrapport *c*

*weave [wiːv] *v* väva

weaver ['wiːvə] *n* vävare *c*

wedding ['wediŋ] *n* bröllop *nt*

wedding-ring ['wediŋriŋ] *n* vigselring *c*

wedge [wedʒ] *n* klyfta *c*, kil *c*

Wednesday ['wenzdi] onsdag *c*

weed [wiːd] *n* ogräs *nt*

week [wiːk] *n* vecka *c*

weekday ['wiːkdei] *n* vardag *c*

weekly ['wiːkli] *adj* vecko-

*weep [wiːp] *v* *gråta

weigh [wei] *v* väga

weighing-machine ['weiiŋməˌʃiːn] *n* våg *c*

weight [weit] *n* vikt *c*

welcome ['welkəm] *adj* välkommen; *n* välkomnande *nt*; *v* välkomna

weld [weld] *v* svetsa

welfare ['welfeə] *n* välbefinnande *nt*; socialhjälp *c*

well¹ [wel] *adv* bra; väl; **as** ~ likaså; **as** ~ **as** såväl som; **well!** ja ja!

well² [wel] *n* brunn *c*

well-founded [ˌwel'faundid] *adj* välgrundad

well-known ['welnoun] *adj* välkänd

well-to-do [ˌweltə'duː] *adj* välbärgad

went [went] *v* (p go)

were [wɜː] *v* (p be)

west [west] *n* väst *c*, väster *c*

westerly ['westəli] *adj* västlig

western ['westən] *adj* västlig

wet [wet] *adj* våt

whale [weil] *n* val *c*

wharf [wɔːf] *n* (pl ~s, wharves) lastkaj *c*

what [wɔt] *pron* vad; ~ **for** varför

whatever [wɔ'tevə] *pron* vad som än
wheat [wi:t] *n* vete *nt*
wheel [wi:l] *n* hjul *nt*
wheelbarrow ['wi:l,bærou] *n* skottkärra *c*
wheelchair ['wi:ltʃeə] *n* rullstol *c*
when [wen] *adv* när; *conj* då, när
whenever [we'nevə] *conj* närhelst
where [weə] *adv* var; *conj* var
wherever [weə'revə] *conj* varhelst
whether ['weðə] *conj* om; **whether ... or** vare sig ... eller
which [witʃ] *pron* vilken; som
whichever [wi'tʃevə] *adj* vilken ... än
while [wail] *conj* medan; *n* stund *c*
whilst [wailst] *conj* medan
whim [wim] *n* nyck *c*, infall *nt*
whip [wip] *n* piska *c*; *v* vispa, piska
whiskers ['wiskəz] *pl* polisonger *pl*
whisper ['wispə] *v* viska; *n* viskning *c*
whistle ['wisəl] *v* vissla; *n* visselpipa *c*
white [wait] *adj* vit
whitebait ['waitbeit] *n* småfisk *pl*
whiting ['waitiŋ] *n* (pl ~) vitling *c*
Whitsun ['witsən] pingst *c*
who [hu:] *pron* vem; som
whoever [hu:'evə] *pron* vem som än
whole [houl] *adj* fullständig, hel; oskadad; *n* helhet *c*
wholesale ['houlseil] *n* grosshandel *c*; ~ **dealer** grossist *c*
wholesome ['houlsəm] *adj* hälsosam
wholly ['houlli] *adv* helt och hållet
whom [hu:m] *pron* till vem
whore [hɔ:] *n* hora *c*
whose [hu:z] *pron* vars; vems
why [wai] *adv* varför
wicked ['wikid] *adj* ond
wide [waid] *adj* vid, bred
widen ['waidən] *v* vidga
widow ['widou] *n* änka *c*
widower ['widouə] *n* änkling *c*
width [widθ] *n* bredd *c*
wife [waif] *n* (pl wives) maka *c*, hustru *c*

wig [wig] *n* peruk *c*
wild [waild] *adj* vild
will [wil] *n* vilja *c*; testamente *nt*
***will** [wil] *v* *vilja; *ska
willing ['wiliŋ] *adj* villig
will-power ['wilpauə] *n* viljekraft *c*
***win** [win] *v* *vinna
wind [wind] *n* vind *c*
***wind** [waind] *v* slingra sig; *vrida, linda, *dra upp
winding ['waindiŋ] *adj* slingrande
windmill ['windmil] *n* väderkvarn *c*
window ['windou] *n* fönster *nt*
window-sill ['windousil] *n* fönsterbräde *nt*
windscreen ['windskri:n] *n* vindruta *c*; ~ **wiper** vindrutetorkare *c*
windshield ['windʃi:ld] *nAm* vindruta *c*; ~ **wiper** *Am* vindrutetorkare *c*
windy ['windi] *adj* blåsig
wine [wain] *n* vin *nt*
wine-cellar ['wain,selə] *n* vinkällare *c*
wine-list ['wainlist] *n* vinlista *c*
wine-merchant ['wain,mə:tʃənt] *n* vinhandlare *c*
wine-waiter ['wain,weitə] *n* vinkypare *c*
wing [wiŋ] *n* vinge *c*
winkle ['wiŋkəl] *n* strandsnäcka *c*
winner ['winə] *n* segrare *c*
winning ['winiŋ] *adj* vinnande; **winnings** *pl* vinst *c*
winter ['wintə] *n* vinter *c*; ~ **sports** vintersport *c*
wipe [waip] *v* torka av, torka bort
wire [waiə] *n* tråd *c*; ståltråd *c*
wireless ['waiələs] *n* radio *c*
wisdom ['wizdəm] *n* visdom *c*
wise [waiz] *adj* vis
wish [wiʃ] *v* önska, *vilja ha; *n* längtan *c*, önskan *c*
witch [witʃ] *n* häxa *c*
with [wið] *prep* med; av

*withdraw [wið'drɔ:] *v* *dra tillbaka
within [wi'ðin] *prep* inom; *adv* inuti
without [wi'ðaut] *prep* utan
witness ['witnəs] *n* vittne *nt*
wits [wits] *pl* förstånd *nt*
witty ['witi] *adj* spirituell
wolf [wulf] *n* (pl wolves) varg *c*
woman ['wumən] *n* (pl women) kvinna *c*
womb [wu:m] *n* livmoder *c*
won [wʌn] *v* (p, pp win)
wonder ['wʌndə] *n* under *nt*; förundran *c*; *v* undra
wonderful ['wʌndəfəl] *adj* härlig, underbar
wood [wud] *n* trä *nt*; skog *c*
wood-carving ['wud,ka:viŋ] *n* snideriarbete *nt*
wooded ['wudid] *adj* skogig
wooden ['wudən] *adj* trä-; ~ **shoe** träsko *c*
woodland ['wudlənd] *n* skogstrakt *c*
wool [wul] *n* ull *c*; **darning** ~ stoppgarn *nt*
woollen ['wulən] *adj* ylle-
word [wə:d] *n* ord *nt*
wore [wɔ:] *v* (p wear)
work [wə:k] *n* arbete *nt*; syssla *c*; *v* arbeta; fungera; **working day** arbetsdag *c*; ~ **of art** konstverk *nt*; ~ **permit** arbetstillstånd *nt*
worker ['wə:kə] *n* arbetare *c*
working ['wə:kiŋ] *n* funktion *c*
workman ['wə:kmən] *n* (pl -men) arbetare *c*
works [wə:ks] *pl* fabrik *c*
workshop ['wə:kʃɔp] *n* verkstad *c*
world [wə:ld] *n* värld *c*; ~ **war** världskrig *nt*
world-famous [,wə:ld'feiməs] *adj* världsberömd
world-wide ['wə:ldwaid] *adj* världsomspännande
worm [wə:m] *n* mask *c*

worn [wɔ:n] *adj* (pp wear) sliten
worn-out [,wɔ:n'aut] *adj* utsliten
worried ['wʌrid] *adj* ängslig
worry ['wʌri] *v* oroa sig; *n* oro *c*, bekymmer *nt*
worse [wə:s] *adj* värre; *adv* värre
worship ['wə:ʃip] *v* dyrka; *n* andakt *c*, gudstjänst *c*
worst [wə:st] *adj* värst; *adv* värst
worsted ['wustid] *n* kamgarn *nt*
worth [wə:θ] *n* värde *nt*; *be ~ *vara värd; *be **worth-while** *vara lönande
worthless ['wə:θləs] *adj* värdelös
worthy of ['wə:ði əv] värdig
would [wud] *v* (p will)
wound¹ [wu:nd] *n* sår *nt*; *v* såra
wound² [waund] *v* (p, pp wind)
wrap [ræp] *v* *slå in
wreck [rek] *n* vrak *nt*; *v* *ödelägga
wrench [rentʃ] *n* skiftnyckel *c*; ryck *nt*; *v* *vrida
wrinkle ['riŋkəl] *n* rynka *c*
wrist [rist] *n* handled *c*
wrist-watch ['ristwɔtʃ] *n* armbandsur *nt*
*write [rait] *v* *skriva; **in writing** skriftligen; ~ **down** *skriva ner
writer ['raitə] *n* författare *c*
writing-pad ['raitiŋpæd] *n* skrivblock *nt*, anteckningsblock *nt*
writing-paper ['raitiŋ,peipə] *n* brevpapper *nt*
written ['ritən] *adj* (pp write) skriftlig
wrong [rɔŋ] *adj* orätt, fel; *n* orätt *c*; *v* *göra orätt; *be ~ *ha fel
wrote [rout] *v* (p write)

X

Xmas ['krisməs] jul *c*

X-ray ['eksrei] *n* röntgenbild *c*; *v* röntga

Y

yacht [jɔt] *n* lustjakt *c*

yacht-club ['jɔtklʌb] *n* segelsällskap *nt*

yachting ['jɔtiŋ] *n* segelsport *c*

yard [jɑːd] *n* gård *c*

yarn [jɑːn] *n* garn *nt*

yawn [jɔːn] *v* gäspa

year [jiə] *n* år *nt*

yearly ['jiəli] *adj* årlig

yeast [jiːst] *n* jäst *c*

yell [jel] *v* *tjuta; *n* tjut *nt*

yellow ['jelou] *adj* gul

yes [jes] ja

yesterday ['jestədi] *adv* igår

yet [jet] *adv* ännu; *conj* dock, likväl

yield [jiːld] *v* *ge avkastning; *ge efter

yoke [jouk] *n* ok *nt*

yolk [jouk] *n* äggula *c*

you [juː] *pron* du; dig; Ni; Er; ni; er

young [jʌŋ] *adj* ung

your [jɔː] *adj* Er; din; era

yourself [jɔːˈself] *pron* dig; själv

yourselves [jɔːˈselvz] *pron* er; själva

youth [juːθ] *n* ungdom *c*; ~ **hostel** ungdomshärbärge *nt*

Z

zeal [ziːl] *n* iver *c*

zealous ['zeləs] *adj* ivrig

zebra ['ziːbrə] *n* sebra *c*

zenith ['zeniθ] *n* zenit; höjdpunkt *c*

zero ['ziərou] *n* (pl ~s) nolla *c*

zest [zest] *n* lust *c*

zinc [ziŋk] *n* zink *c*

zip [zip] *n* blixtlås *nt*; ~ **code** *Am* postnummer *nt*

zipper ['zipə] *n* blixtlås *nt*

zodiac ['zoudiæk] *n* djurkretsen *c*

zone [zoun] *n* zon *c*; område *nt*

zoo [zuː] *n* (pl ~s) zoo *nt*

zoology [zouˈblɔdʒi] *n* zoologi *c*

Mat

almond mandel
anchovy sardell
angel food cake sockerkaka gjord på äggvitor
angels on horseback ostron inlindade i bacon och grillade
appetizer aptitretare
apple äpple
  ~ **charlotte** äppelkaka
  ~ **dumpling** inbakat äpple, äppelmunk
  ~ **sauce** äppelmos
apricot aprikos
Arbroath smoky rökt kolja
artichoke kronärtskocka
asparagus sparris
  ~ **tip** sparrisknopp
aspic aladåb
assorted blandad; urval
aubergine äggplanta
bacon and eggs ägg och bacon
bagel liten brödkrans
baked ugnsbakad
  ~ **Alaska** glace au four; efterrätt gjord på sockerkaka, glass och maräng, gräddas hastigt i ugn
  ~ **beans** vita bönor i tomatsås
  ~ **potato** bakad potatis
Bakewell tart mandelkaka med sylt
baloney typ av mortadellakorv
banana banan

~ **split** bananefterrätt med olika sorters glass, nötter och frukt eller chokladsås
barbecue 1) starkt kryddad köttsås serverad i hamburgerbröd 2) utomhusmåltid med kött från grillen
  ~ **sauce** starkt kryddad tomatsås
barbecued stekt på utomhusgrill
basil basilika
bass (havs) abborre
bean böna
beef oxkött
  ~ **olive** oxrulad
beefburger hamburgare gjord på rent oxkött
beet, beetroot rödbeta
bilberry blåbär
bill nota
  ~ **of fare** matsedel, meny
biscuit kex, kaka
black pudding blodpudding
blackberry björnbär
blackcurrant svart vinbär
bloater lätt saltad, rökt sill
blood sausage blodpudding
blueberry blåbär
boiled kokt
Bologna (sausage) typ av mortadellakorv
bone ben
boned urbenad

Boston baked beans ugnsbakade vita bönor med bacon i tomat- sås

Boston cream pie tårta fylld med vaniljkräm eller grädde och täckt med choklad

brains hjärna

braised bräserad, stekt under lock

bramble pudding björnbärspud- ding med skivade äpplen

braunschweiger rökt leverkorv

bread bröd

breaded panerad

breakfast frukost

breast bröst

brisket bringa

broad bean bondböna

broth buljong

brown Betty slags skånsk äppel- kaka

brunch kombinerad frukost och lunch

brussels sprout brysselkål

bubble and squeak slags pytti- panna; vitkål stekt tillsammans med potatis

bun 1) bulle med russin (GB) 2) kuvertbröd (US)

butter smör

buttered smörad

cabbage kål

Caesar salad grönsallad, vitlök, brödkrutonger, hårdkokt ägg, sardeller och riven ost

cake mjuk kaka, tårta

cakes småkakor, bakelser

calf kalvkött

Canadian bacon rökt fläskfilé

canapé liten smörgås, kanapé

cantaloupe slags melon

caper kapris

capercaillie, capercailzie tjäder

caramel karamell, bränt socker

carp karp

carrot morot

cashew acajounöt

casserole gryta, låda

catfish havskatt (fisk)

catsup ketchup

cauliflower blomkål

celery selleri

cereal olika slags frukostflingor (cornflakes)
   hot ~ gröt

chateaubriand oxfilé

check nota

Cheddar (cheese) den vanligaste engelska hårda osten

cheese ost
   ~ board ostbricka
   ~ cake osttårta

cheeseburger hamburgare med smält ostskiva

chef's salad sallad på skinka, kyckling, ost, tomater och grönsallad

cherry körsbär

chestnut kastanj

chicken kyckling

chicory 1) endiv (GB) 2) cikoria- sallad (US)

chili con carne kryddstark kött- färsgryta med rosenbönor

chips 1) pommes frites (GB) 2) chips (US)

chit(ter)lings inälvsmat från gris

chive gräslök

chocolate choklad
   ~ pudding 1) olika typer av saftiga kakor med choklad (GB) 2) chokladmousse (US)

choice urval

chop kotlett
   ~ suey kött- eller kyckling- gryta med grönsaker, serveras med ris

chopped hackad

chowder tjock fisk- eller skaldjurssoppa med bacon och grönsaker

Christmas pudding ångkokt, mäktig fruktpudding, serveras varm med vaniljsås eller sås av konjak, smör och socker

chutney starkt kryddad, sursöt inläggning av frukt och grönsaker

cinnamon kanel

clam mussla

club sandwich dubbelsmörgås med kyckling, bacon, salladsblad, tomat och majonnäs

cobbler fruktkompott täckt med pajdeg

cock-a-leekie soup kycklingsoppa med purjolök

coconut kokosnöt

cod torsk

Colchester oyster engelskt ostron av hög kvalitet

cold cuts/meat kallskuret

coleslaw sallad på finskuren vitkål

compote kompott

condiment krydda

consommé buljong

cooked kokt, tillagad

cookie kex, kaka

corn 1) vete, havre (GB) 2) majs (US)

~ **on the cob** majskolv

corned beef saltat oxkött

cottage cheese färskost

cottage pie ugnsgräddad köttfärs täckt med potatismos

course (mat)rätt

cover charge kuvertavgift

crab krabba

cracker tunt, salt kex

cranberry tranbär

~ **sauce** tranbärssylt

crayfish, crawfish 1) kräfta 2) langust

cream 1) grädde 2) efterrätt med/av grädde 3) fin soppa

~ **cheese** mjuk ost gjord på grädde

~ **puff** petit-chou

creamed potatoes stuvad potatis

creole kryddstark sås på paprika, tomat och lök

cress krasse

crisps chips

croquette krokett

crumpet mjuk tekaka, äts varm med smör

cucumber gurka

Cumberland ham rökt skinka av hög kvalitet

Cumberland sauce sås på vinbärsgelé som smaksatts med vin, apelsinjuice och kryddor

cupcake muffin

cured konserverad genom saltning, rökning, torkning eller marinering

currant 1) korint 2) vinbär

curried med curry

custard vaniljkräm, vaniljpudding

cutlet kotlett, schnitzel

dab plattfisk, ofta sandskädda

Danish pastry wienerbröd

date dadel

Derby cheese starkt lagrad ost ofta kryddad med salvia

dessert efterrätt

devil(l)ed mycket starkt kryddad

devil's food cake mjuk, mäktig chokladkaka

devils on horseback vinkokta katrinplommon fyllda med mandlar och sardeller, inlindade i bacon och grillade

Devonshire cream mycket tjock grädde

diced i tärningar

diet food dietmat
dinner middag
dish rätt
donut munk
double cream tjock grädde
doughnut munk
Dover sole sjötunga av hög
  kvalitet
dressing 1) salladssås 2) fyllning i
  fågel eller kött (US)
Dublin Bay prawn havskräfta
duck anka
duckling ung anka
dumpling 1) inbakad frukt
  2) färsbulle, klimp
Dutch apple pie äppeltårta täckt
  med pudersocker och smör
éclair petit-chou med choklad-
  kräm
eel ål
egg(s) ägg
  boiled ~ kokt
  fried ~ stekt
  hard-boiled ~ hårdkokt
  poached ~ förlorat
  scrambled ~ äggröra
  soft-boiled ~ löskokt
eggplant äggplanta
endive 1) cikoriasallad (GB)
  2) endiv (US)
entrée 1) förrätt 2) mellanrätt
fennel fänkål
fig fikon
fillet filé
finnan haddock rökt kolja
fish fisk
  ~ **and chips** friterad fisk och
    pommes frites
  ~ **cake** fiskkrokett
flan frukttårta
flapjack liten tjock pannkaka
flounder flundra
fool fruktmousse med vispgrädde
forcemeat kryddad köttfärs till

fyllning
fowl fågel
frankfurter slags wienerkorv
French beans haricots verts
French bread pain riche, avlångt
  vitt bröd
French dressing 1) vinägrettsås
  (GB) 2) salladssås av majon-
  näs och chilisås (US)
french fries pommes frites
French toast fattiga riddare
fresh färsk
fried stekt
fritter inbakade friterade bitar av
  kött, skaldjur eller frukt
frogs' legs grodlår
frosting glasyr
fruit frukt
fry rätt bestående av något som
  frityrkokts
galantine fågel-, fisk- eller kalv-
  köttsaladåb
game vilt
gammon rimmad, rökt skinka
garfish näbbgädda
garlic vitlök
garnish garnering, tillbehör
gherkin salt- eller ättiksgurka
giblets fågelkrås
ginger ingefära
goose gås
  ~ **berry** krusbär
grape vindruva
  ~ **fruit** grapefrukt
grated riven
gravy sås, steksky
grayling harr (fisk)
green beans haricots verts
green pepper grön paprika
green salad grönsallad
greens grönsaker
grilled grillad, halstrad
grilse unglax
grouse gemensam benämning på

orre, ripa och tjäder

gumbo kreolsk soppa med kött eller skaldjur och grönsaker, redd med okraskott

haddock kolja

haggis hackade inälvor av får, blandade med havregryn och lök

hake kummel

half halv

halibut helgeflundra

ham skinka

~ **and eggs** skinka och ägg

haricot bean grön eller gul böna

hash rätt på finskuret kött

hazelnut hasselnöt

heart hjärta

herbs kryddgrönt

herring sill

home-made hemlagad

hominy grits slags majsgröt

honey honung

honeydew melon söt melon med gröngult fruktkött

hors-d'œuvre kalla eller varma smårätter som inleder en måltid

horse-radish pepparrot

hot 1) varm 2) kryddstark

~ **dog** varm korv med bröd

huckleberry slags blåbär

hush puppy flottyrkokt munk av majsmjöl

ice-cream glass

iced 1) iskyld 2) glaserad

icing glasyr

Idaho baked potato bakad potatis (sort som passar särskilt bra för ugnsbakning)

Irish stew fårragu med potatis och lök

Italian dressing vinägrettsås med vitlök och diverse kryddor

jam sylt

jellied i gelé

Jell-O geléefterrätt med olika fruktsmaker

jelly gelé

Jerusalem artichoke jordärtskocka

John Dory petersfisk

jugged hare harragu

juniper berry enbär

junket slags filbunke

kale grönkål

kedgeree små bitar av kokt fisk varvade med ris, ägg och bechamelsås

kidney njure

kipper rökt sill

lamb lamm

Lancashire hot pot ragu på lammkotletter, lammnjure och lök, täckt med potatis

larded späckad, inlindad i späckskivor

lean mager

leek purjolök

leg lägg, ben, lårstek

lemon citron

~ **sole** sandskädda

lentil lins

lettuce grönsallad

lima bean limaböna

lime lime, slags grön citron

liver lever

loaf limpa

lobster hummer

loin karré, ytterfilé

Long Island duck anka av hög kvalitet

low-calorie kalorisnål

lox rökt lax

macaroni makaroner

macaroon mandelbakelse, biskvi

mackerel makrill

maize majs

maple syrup lönnsirap

140

marinated marinerad
marjoram mejram
marmalade marmelad på citrusfrukter
marrow märg
  ~ **bone** märgben
marshmallow mjuk sötsak
mashed potatoes potatismos
mayonnaise majonnäs
meal måltid
meat kött
  ~ **ball** köttbulle
  ~ **loaf** köttfärslimpa
  ~ **pâté** köttpastej
medium ej helt genomstekt (kött)
melted smält
Melton Mowbray pie köttpaj
menu meny, matsedel
meringue maräng
mince 1) malet kött 2) finhacka
  ~ **pie** paj med hackade russin, mandel, äpplen, socker och kryddor
minced finskuret
  ~ **meat** köttfärs
mint mynta
minute steak hastigt stekt, tunn (utplattad) biff
mixed blandad
  ~ **grill** olika sorters kött och grönsaker grillade på spett
molasses sirap
morel murkla
mousse 1) fin färs av fågel, skinka eller fisk 2) efterrätt där vispgrädde, vispad äggvita och smakämne ingår
mulberry mullbär
mullet multe
mulligatawny soup starkt currykryddad kycklingsoppa
mushroom svamp
muskmelon slags melon
mussel mussla

mustard senap
mutton får
noodle nudel
nut nöt
oatmeal havregrynsgröt
oil olja
okra okraskott (grönsak)
onion lök
orange apelsin
ox tongue oxtunga
oxtail oxsvans
oyster ostron
pancake pannkaka
parsley persilja
parsnip palsternacka
partridge rapphöna
pastry bakverk, bakelse
pasty kött- eller fruktpastej
pea ärta
peach persika
peanut jordnöt
  ~ **butter** jordnötssmör
pear päron
pearl barley pärlgryn
pepper peppar
peppermint pepparmynt
perch abborre
pheasant fasan
pickerel ung gädda
pickled inlagd i saltlake eller ättika
pickles 1) grönsak eller frukt i saltlake eller ättika 2) saltgurka
pie paj
pigeon duva
pigs' feet/trotters grisfötter
pike gädda
pineapple ananas
plaice rödspätta
plain utan sås eller fyllning
plate tallrik, assiett
plum plommon
  ~ **pudding** mäktig, flamberad

fruktkaka, serveras till jul
poached pocherad
popcorn rostad majs
popover muffin
pork fläskkött
porridge gröt
porterhouse steak typ av T-ben-
stek utan ben, chateaubriand
pot roast grytstek med grönsaker
potato potatis
~ **chips** 1) pommes frites (GB)
2) potatisflarn (US)
~ **in its jacket** skalpotatis
potted shrimps räkor blandade
med smält aromsmör, serveras
kallt i portionskoppar
poultry fjäderfä, höns
prawn stor räka
prune katrinplommon
ptarmigan snöripa
pudding pudding; efterrätt
pumpkin pumpa
quail vaktel
quince kvitten
rabbit kanin
radish rädisa
rainbow trout regnbågsforell
raisin russin
rare ytterst lite stekt, blodig
raspberry hallon
raw rå
red mullet rödbarb (fisk)
red (sweet) pepper röd paprika
redcurrant rött vinbär
relish kryddstark sås eller grön-
saksröra
rhubarb rabarber
rib (of beef) entrecoterev
rib-eye steak entrecote
rice ris
rissole krokett av kött eller fisk
river trout bäcköring
roast 1) stek 2) stekt
Rock Cornish hen specialgödd

broiler
roe rom
roll småfranska, kuvertbröd
rollmop herring marinerad sill-
rulad fylld med lök eller ättiks-
gurka
round steak bit av lårstek
Rubens sandwich kokt, salt oxkött
lagt på rågbröd med surkål,
serveras varm
rumpsteak rumpstek (bakre delen
av biffraden)
rusk skorpa
rye bread rågbröd
saddle sadel
saffron saffran
sage salvia
salad sallad
~ **bar** sallads- och grönsaks-
byffé
~ **cream** majonnäs
salmon lax
~ **trout** laxöring
salted saltad
sandwich smörgås
sardine sardin
sauce sås
sauerkraut surkål
sausage korv
sautéed bräckt
scallop pilgrimsmussla
Scotch broth soppa på ox- eller
lammkött med rotfrukter och
korngryn
Scotch egg hårdkokt ägg inrullat
i korvinkråm och stekt
Scotch woodcock rostat bröd med
äggröra och sardellpastej
sea bass havsabborre
sea bream guldbraxen
sea kale strandkål, grönkål
seafood skaldjur och fisk från
havet
(in) season (under) säsong(en)

seasoning kryddor
service betjäning
~ **charge** betjäningsavgift
~ **(not) included** betjänings-
avgift (ej) inräknad
set menu fastställd meny
shad stamsill
shallot schalottenlök
shellfish skaldjur
sherbet sorbet, isglass
shoulder bog
shredded finstrimlad
~ **wheat** vetekuddar (slags
frukostflingor)
shrimp räka
silverside (of beef) lårstycke av
oxkött
sirloin steak dubbelbiff
skewer spett
slice skiva
sliced skivad
sloppy Joe köttfärsröra, serveras i
ett bröd
smelt nors
smoked rökt
snack lätt måltid, mellanmål
sole sjötunga
soup soppa
sour sur
soused herring inlagd sill
spare-rib revbensspjäll
spice krydda
spinach spenat
spiny lobster langust
(on a) spit (på) spett
sponge cake sockerkaka
sprat skarpsill
squash slags pumpa
starter förrätt
steak-and-kidney pie pajskal fyllt
med oxkött och njure
steamed ångkokad
stew stuvning, ragu
Stilton (cheese) lagrad, blåådrig

ost
strawberry jordgubbe
string beans haricots verts
stuffed fylld, späckad
stuffing fyllning, färs
suck(l)ing pig spädgris
sugar socker
sugarless sockerfri
sundae glassefterrätt med grädde.
nötter och saft
supper middag, supé
swede kålrot
sweet 1) söt 2) efterrätt
~ **corn** majs
~ **potato** sötpotatis
sweetbread (kalv)bräss
Swiss cheese schweizerost
Swiss roll rulltårta
Swiss steak biff bräserad med
tomat och lök
table d'hôte fastställd meny
tangerine mandarinliknande
apelsin
tarragon dragon
tart efterrättspaj utan lock
tenderloin filé
Thousand Island dressing sal-
ladssås med majonnäs, grädde,
chilisås, lök och paprika
thyme timjan
toad-in-the-hole köttbitar eller
korvinkråm, täckt med
pannkakssmet, gräddas i ugn
toast rostat bröd
toasted rostad
~ **cheese** rostat bröd med
smält ostskiva
~ **(cheese) sandwich** ost och
skinka i rostat bröd
tomato tomat
tongue tunga
treacle sirap
trifle savaräng med sylt, toppad
med vinindränkta, söndersmu-

lade mandelbiskvier, serverad
med vaniljkräm och grädde
tripe inälvsmat, krås
trout forell
truffle tryffel
tuna, tunny tonfisk
turbot piggvar
turkey kalkon
turnip rova
turnover sylt- eller fruktpirog
turtle soup sköldpaddssoppa
underdone mycket litet stekt (om
kött)
vanilla vanilj
veal kalv
  ~ **bird** kalvrulad
  ~ **cutlet** kalvschnitzel
vegetable grönsak
  ~ **marrow** squash
venison viltkött (oftast rådjur)
vichyssoise kall purjolökssoppa
vinegar vinäger, ättika
Virginia baked ham rimsaltad
ugnstekt skinka kryddad med

nejlikor, serverad med stekt
ananas och körsbär
wafer rån
waffle våffla
walnut valnöt
water ice sorbet, isglass
watercress vattenkrasse
watermelon vattenmelon
well-done välstekt
Welsh rabbit/rarebit rostat bröd
med smält ost
whelk valthornssnäcka
whipped cream vispgrädde
whitebait småfisk, ofta sill
wine list vinlista
woodcock morkulla
Worcestershire sauce stark
kryddsås på ättika och soja
York ham mycket fin, rökt skinka
Yorkshire pudding frasig paj av
pannkakssmet, gräddad till-
sammans med rostbiffen
zucchini squash
zwieback skorpa

Drycker

ale starkt, något sött öl som jäst
vid hög temperatur
  bitter ~ aningen beskt öl
  brown ~ mörkt, lite sött öl på
flaska
  light ~ lätt, ljust öl på flaska
  mild ~ mörkt, fylligt fatöl
  pale ~ lätt, ljust öl på flaska
med stark humlesmak
applejack amerikanskt äppel-
brännvin

Athol Brose drink på skotsk
whisky, vatten, honung och
havregryn
Bacardi cocktail drink på rom,
grenadinsaft, gin och lime
barley water dryck med olika
fruktsmaker gjord på korngryn
barley wine mörkt, mycket starkt
öl
beer öl
  bottled ~ öl på flaska

draft, draught ~ fatöl

bitters 1) aperitifer med bitter smak 2) beska cocktailingredienser

black velvet lika delar champagne och *stout* (serveras ofta till ostron)

bloody Mary drink på vodka, tomatjuice och kryddor

bourbon amerikansk whisky gjord på majs och åldrad i nya fat, med en framträdande, något söt smak

brandy eau-de-vie, cognac, brandy

~ **Alexander** drink på brandy, cacaolikör och grädde

British wines vin gjort i Storbritannien på importerade druvor

cherry brandy körsbärslikör

chocolate choklad

cider cider, alkoholhaltig äppeldryck

~ **cup** drink på cider, kryddor och is

claret rött bordeauxvin

cobbler vindrink med fruktbitar

coffee kaffe

~ **with cream** med grädde

black ~ utan socker och grädde

caffeine-free ~ koffeinfritt

white ~ med mjölk

Coke Coca-Cola

cordial likörer och cognac

cream grädde

cup 1) kopp 2) vindrink med fruktbitar, spetsad med starksprit eller likör

daiquiri romdrink med limejuice och socker

double dubbel mängd starksprit

dry torr

~ **martini** 1) torr vermouth

(GB) 2) cocktail på gin och lite torr vermouth (US)

egg-nog äggtoddy

gin and it drink på gin och (söt) italiensk vermouth

gin-fizz drink på gin, socker, citron och sodavatten

ginger ale läskedryck med ingefärssmak

ginger beer alkoholhaltig dryck med ingefärssmak

grasshopper drink på mintlikör, cacaolikör och grädde

Guinness (stout) mörkt, fylligt öl med stark humlesmak (slags porter)

half pint ungefär 3 dl

highball drink på starksprit med vatten eller läskedryck

iced iskyld

Irish coffee kaffe med irländsk whisky och vispad grädde

Irish Mist irländsk whiskylikör

Irish Whiskey irländsk whisky, mindre sträv i smaken än *scotch* och gjord enbart på irländsk säd

lager lätt, mycket kolsyrehaltigt öl

lemon squash citrondricka

lemonade läskedryck med citronsmak

lime juice juice av lime (slags grön citron)

liqueur likör

liquor starksprit

long drink starksprit blandad med vatten, tonic etc.

malt whisky skotsk whisky enbart gjord på malt

Manhattan cocktail på *bourbon*, söt vermouth och angostura

milk mjölk

~ **shake** kraftigt vispad mjölkdrink med olika sorters glass

mineral water mineralvatten
mulled wine varmt kryddat vin,
slags vinglögg
neat utan is och vatten
old-fashioned cocktail på whisky,
socker, citron och angostura
on the rocks med isbitar
orange juice apelsinjuice
Ovaltine Ovomaltine (chokladdryck)
Pimm's cup(s) likör gjord på
någon av följande spritsorter
och utspädd med fruktsaft
~ No. 1 med gin
~ No. 2 med whisky
~ No. 3 med rom
~ No. 4 med eau-de-vie
pink champagne skär champagne
pink lady cocktail på gin, äppelbrännvin (Calvados), grenadinsaft och vispad äggvita
pint ungefär 6 dl
port (wine) portvin
porter mörkt, beskt öl
punch 1) (vin) bål 2) varm dryck
gjord på starksprit, fruktbitar
och kryddor
quart mått: 1,14 liter (US 0,95
liter)
root beer läskedryck smaksatt
med örter och rötter
rum rom
rye (whiskey) amerikansk whisky
gjord på råg, med en tyngre
och lite strävare smak än bourbon
scotch (whisky) skotsk whisky,

blandad korn- och maltwhisky
där malten torkats över torveld
vilket ger den fina röksmaken
screwdriver drink på vodka och
apelsinjuice
shandy öl, bitter ale, blandat med
ginger beer eller läskedryck
short drink outspädd starksprit
shot liten dos alkohol
sloe gin-fizz slånbärsgin med
citron, socker och sodavatten
soda water sodavatten
soft drink alkoholfri dryck (saft,
läskedryck)
sour 1) sur 2) om en drink där
man tillsatt citronsaft
spirits starksprit
stinger drink på eau-de-vie, mintlikör och citron
stout ett starkt, mörkt och fylligt
öl
straight oblandad, ren (om starksprit)
sweet söt
tea te
toddy dryck gjord på starksprit,
socker, citron, kryddor och
varmt vatten
Tom Collins gin, socker, citronsaft och sodavatten
water vatten
whisky sour cocktail på whisky,
citronsaft och socker
wine vin
red ~ rödvin
sparkling ~ mousserande
white ~ vitt

Minigrammatik

Artiklar

Den **bestämda artikeln** har samma form i sing. och plur.: **the**

the room, the rooms	rummet, rummen

Den **obestämda artikeln** har två former: **a** som används framför ord som börjar på konsonant och **an** som används framför vokal eller stumt **h.**

a coat	en kappa
an umbrella	ett paraply
an hour	en timme
a small village	en liten by
an old town	en gammal stad

Some anger obestämd mängd eller obestämt antal. Det används framför substantiv i både sing. och plur. och motsvarar på svenska någon, något, lite, några.

I'd like some tea, please.	Jag skulle vilja ha lite te.
Give me some stamps, please.	Var snäll och ge mig några frimärken.

Any betyder någon som helst, vilken som helst och används mest i nekande och frågande satser.

There isn't any soap.	Det finns inte någon tvål.
Do you have any stamps?	Har ni (du) några frimärken?
Is there any mail for me?	Finns det någon post till mig?

Substantiv

Pluralis bildas som regel genom att lägga **-(e)s** till singular-formen.

cup — cups	kopp — koppar
dress — dresses	klänning — klänningar

Obs! Om ett substantiv slutar på **-y** i sing. ändras stavningen i plur. till **-ies** om y föregås av en konsonant. Om det föregås av en vokal används den normala pluraländelsen **-s.**

lady — ladies	dam — damer
day — days	dag — dagar

Men ingen regel utan undantag...

man — men	man — män
woman — women	kvinna — kvinnor
child — children	barn — barn
foot — feet	fot — fötter

Genitiv

1. Då ägaren är en person och då substantivet inte slutar på **-s** lägger man till **'s.**

the boy's room	pojkens rum
the children's clothes	barnens kläder

Om substantivet slutar på **-s** lägger man endast till apostrofen (').

the boys' room	pojkarnas rum

2. Då ägaren inte är en person används prepositionen of.

the end of the journey   resans slut (slutet på resan)

Adjektiv

Adjektivet förblir oförändrat både framför substantivet och när det står ensamt.

a large brown suitcase   en stor brun resväska

Det finns två sätt att bilda **komparativ** och **superlativ**.

1. Adjektiv med en stavelse och de flesta med två stavelser får ändelsen **-(e)r** och **-(e)st.**

small — smaller — smallest   liten — mindre — minst
pretty — prettier — prettiest   söt — sötare — sötast

Obs! **-y** efter konsonant ändras till **i** framför **-er** och **-est.**

2. Adjektiv med fler än två stavelser och vissa adjektiv med två stavelser (t. ex. de som slutar på **-ful** eller **-less**) bildar komparativ och superlativ med hjälp av **more** och **most.**

expensive (dyr) — **more expensive** — **most expensive**
careful (försiktig) — **more careful** — **most careful**

Följande adjektiv är oregelbundna:

good (bra) — **better** — **best**
bad (dålig) — **worse** — **worst**
little (lite) — **less** — **least**
much (mycket) }
many (många) } — **more** — **most**

Pronomen

| | personliga | | possessiva | |
	subjekts-form	objekts-form	förenade	själv-ständiga
jag	**I**	**me**	**my**	**mine**
du	**you**	**you**	**your**	**yours**
han	**he**	**him**	**his**	**his**
hon	**she**	**her**	**her**	**hers**
den/det	**it**	**it**	**its**	—
vi	**we**	**us**	**our**	**ours**
ni	**you**	**you**	**your**	**yours**
de	**they**	**them**	**their**	**theirs**

Exempel på förenat possessivt pronomen:
Where's my key?   Var är min nyckel?

Exempel på självständigt possessivt pronomen:
It's not mine.   Det är inte min.
It's yours.   Det är er (din).

Obs! Engelskan har inte skilda former för "du" och "ni".
Båda heter **you.**

Oregelbundna verb

Nedanstående lista innehåller de vanligaste engelska oregelbundna verben. Sammansatta verb och de verb som har en förstavelse (prefix) böjs som de enkla verben: t.ex. *withdraw* böjs som *draw* och *mistake* som *take*.

Infinitiv	Imperfektum	Perfekt particip	
arise	arose	arisen	*uppstå*
awake	awoke	awoken/awaked	*vakna*
be	was	been	*vara*
bear	bore	borne	*bära*
beat	beat	beaten	*slå*
become	became	become	*bli*
begin	began	begun	*börja*
bend	bent	bent	*böja*
bet	bet	bet	*slå (hålla) vad*
bid	bade/bid	bidden/bid	*bjuda*
bind	bound	bound	*binda*
bite	bit	bitten	*bita*
bleed	bled	bled	*blöda*
blow	blew	blown	*blåsa*
break	broke	broken	*bryta*
breed	bred	bred	*uppföda*
bring	brought	brought	*medföra*
build	built	built	*bygga*
burn	burnt/burned	burnt/burned	*bränna, brinna*
burst	burst	burst	*brista*
buy	bought	bought	*köpa*
can*	could	–	*kunna*
cast	cast	cast	*kasta; gjuta*
catch	caught	caught	*fånga*
choose	chose	chosen	*välja*
cling	clung	clung	*klänga sig fast*
clothe	clothed/clad	clothed/clad	*bekläda*
come	came	come	*komma*
cost	cost	cost	*kosta*
creep	crept	crept	*krypa*
cut	cut	cut	*skära*
deal	dealt	dealt	*handla med; dela ut*
dig	dug	dug	*gräva*
do (he does*)	did	done	*göra*
draw	drew	drawn	*rita; dra*
dream	dreamt/dreamed	dreamt/dreamed	*drömma*
drink	drank	drunk	*dricka*
drive	drove	driven	*köra*
dwell	dwelt	dwelt	*vistas*
eat	ate	eaten	*äta*
fall	fell	fallen	*falla*

* presens indikativ

feed	fed	fed	*(ut)fodra, mata*
feel	felt	felt	*känna (sig)*
fight	fought	fought	*slåss*
find	found	found	*finna*
flee	fled	fled	*fly*
fling	flung	flung	*kasta*
fly	flew	flown	*flyga*
forsake	forsook	forsaken	*överge*
freeze	froze	frozen	*frysa*
get	got	got	*få*
give	gave	given	*ge*
go (he goes*)	went	gone	*resa*
grind	ground	ground	*mala*
grow	grew	grown	*växa*
hang	hung	hung	*hänga*
have (he has*)	had	had	*ha*
hear	heard	heard	*höra*
hew	hewed	hewed/hewn	*hugga*
hide	hid	hidden	*gömma*
hit	hit	hit	*slå*
hold	held	held	*hålla*
hurt	hurt	hurt	*såra; värka*
keep	kept	kept	*behålla*
kneel	knelt	knelt	*knäböja*
knit	knitted/knit	knitted/knit	*sticka*
know	knew	known	*veta; kunna*
lay	laid	laid	*lägga*
lead	led	led	*leda*
lean	leant/leaned	leant/leaned	*luta (sig)*
leap	leapt/leaped	leapt/leaped	*hoppa*
learn	learnt/learned	learnt/learned	*lära sig*
leave	left	left	*lämna*
lend	lent	lent	*låna (ut)*
let	let	let	*(till)låta*
lie	lay	lain	*ligga*
light	lit/lighted	lit/lighted	*tända*
lose	lost	lost	*förlora*
make	made	made	*göra*
may*	might	–	*få, kunna (kanske)*
mean	meant	meant	*mena*
meet	met	met	*möta*
mow	mowed	mowed/mown	*meja*
must*	must	–	*vara tvungen*
ought* (to)	ought	–	*böra*
pay	paid	paid	*betala*
put	put	put	*sätta*
read	read	read	*läsa*
rid	rid	rid	*befria*
ride	rode	ridden	*rida*

---

* presens indikativ

ring	rang	rung	*ringa*
rise	rose	risen	*stiga upp*
run	ran	run	*springa*
saw	sawed	sawn	*såga*
say	said	said	*säga*
see	saw	seen	*se*
seek	sought	sought	*söka*
sell	sold	sold	*sälja*
send	sent	sent	*sända*
set	set	set	*sätta*
sew	sewed	sewed/sewn	*sy*
shake	shook	shaken	*skaka*
shall *	should	–	*skola*
shed	shed	shed	*fälla*
shine	shone	shone	*skina*
shoot	shot	shot	*skjuta*
show	showed	shown	*visa*
shrink	shrank	shrunk	*krympa*
shut	shut	shut	*stänga*
sing	sang	sung	*sjunga*
sink	sank	sunk	*sjunka*
sit	sat	sat	*sitta*
sleep	slept	slept	*sova*
slide	slid	slid	*glida*
sling	slung	slung	*slunga*
slink	slunk	slunk	*smita*
slit	slit	slit	*sprätta upp*
smell	smelled/smelt	smelled/smelt	*lukta*
sow	sowed	sown/sowed	*så*
speak	spoke	spoken	*tala*
speed	sped/speeded	sped/speeded	*hasta*
spell	spelt/spelled	spelt/spelled	*stava*
spend	spent	spent	*tillbringa; ge ut*
spill	spilt/spilled	spilt/spilled	*spilla*
spin	spun	spun	*spinna*
spit	spat	spat	*spotta*
split	split	split	*klyva*
spoil	spoilt/spoiled	spoilt/spoiled	*skämma (bort); förstöra*
spread	spread	spread	*sprida*
spring	sprang	sprung	*rusa upp*
stand	stood	stood	*stå*
steal	stole	stolen	*stjäla*
stick	stuck	stuck	*fästa*
sting	stung	stung	*sticka, stinga*
stink	stank/stunk	stunk	*stinka*
strew	strewed	strewed/strewn	*strö*
stride	strode	stridden	*kliva*
strike	struck	struck/stricken	*slå (till)*

---

* presens indikativ

string	strung	strung	*trä (upp)*
strive	strove	striven	*sträva*
swear	swore	sworn	*svär(j)a*
sweep	swept	swept	*sopa*
swell	swelled	swollen/swelled	*svälla*
swim	swam	swum	*simma*
swing	swung	swung	*svänga, gunga*
take	took	taken	*ta*
teach	taught	taught	*lära (ut)*
tear	tore	torn	*slita sönder*
tell	told	told	*berätta*
think	thought	thought	*tänka*
throw	threw	thrown	*kasta*
thrust	thrust	thrust	*stöta*
tread	trod	trodden	*trampa*
wake	woke/waked	woken/waked	*vakna; väcka*
wear	wore	worn	*ha på sig*
weave	wove	woven	*väva*
weep	wept	wept	*gråta*
will *	would	—	*vilja*
win	won	won	*vinna*
wind	wound	wound	*veva (upp)*
wring	wrung	wrung	*vrida (ur)*
write	wrote	written	*skriva*

---

* presens indikativ

Engelska förkortningar

AA	*Automobile Association*	brittisk motororganisation
AAA	*American Automobile Association*	amerikansk motororganisation
ABC	*American Broadcasting Company*	privat amerikanskt radio- och TV-bolag
A.D.	*anno Domini*	e.Kr.
Am.	*America; American*	Amerika; amerikansk
a.m.	*ante meridiem (before noon)*	för tid mellan kl. 00.00 och 12.00
Amtrak	*American railroad corporation*	sammanslutning av privata amerikanska järnvägar
AT & T	*American Telephone and Telegraph Company*	privat amerikanskt telefonbolag
Ave.	*avenue*	aveny
BBC	*British Broadcasting Corporation*	statligt brittiskt radio- och TV-bolag
B.C.	*before Christ*	f.Kr.
bldg.	*building*	byggnad, hus
Blvd.	*boulevard*	boulevard
B.R.	*British Rail*	Brittiska statsjärnvägarna
Brit.	*Britain; British*	Storbritannien; brittisk
Bros.	*brothers*	bröder (i firmanamn)
¢	*cent*	1/100 dollar
Can.	*Canada; Canadian*	Kanada; kanadensisk
CBS	*Columbia Broadcasting System*	privat amerikanskt radio- och TV-bolag
CID	*Criminal Investigation Department*	kriminalpolisen (Scotland Yard)
CNR	*Canadian National Railway*	Kanadensiska statsjärnvägarna
c/o	*(in) care of*	under adress
Co.	*company*	bolag
Corp.	*corporation*	korporation, bolag
CPR	*Canadian Pacific Railways*	privat kanadensiskt järnvägsbolag
D.C.	*District of Columbia*	Columbiadistriktet (Washington, D.C.)
DDS	*Doctor of Dental Science*	tandläkare
dept.	*department*	departement, avdelning
EU	*European Union*	Europeiska Unionen

e.g.	*for instance*	t.ex.
Eng.	*England; English*	England; engelsk
excl.	*excluding; exclusive*	ej inräknad, exklusive
ft.	*foot/feet*	fot (mått)
GB	*Great Britain*	Storbritannien
H.E.	*His/Her Excellency;*	Hans/Hennes Excellens;
	His Eminence	Hans Höghet
H.H.	*His Holiness*	Hans Helighet (påven)
H.M.	*His/Her Majesty*	Hans/Hennes Majestät
H.M.S.	*Her Majesty's ship*	Hennes Majestäts fartyg
		(brittiskt örlogsfartyg)
hp	*horsepower*	hästkrafter
Hwy	*highway*	huvudväg, allmän landsväg
i.e.	*that is to say*	dvs.
in.	*inch*	tum
Inc.	*incorporated*	AB, aktiebolag
incl.	*including, inclusive*	inräknad, inklusive
£	*pound sterling*	brittiskt pund
L.A.	*Los Angeles*	Los Angeles
Ltd.	*limited*	AB, aktiebolag
M.D.	*Doctor of Medicine*	leg. läk.
M.P.	*Member of Parliament*	ledamot av parlamentet
mph	*miles per hour*	miles per timma
Mr.	*Mister*	herr
Mrs.	*Missis*	fru
Ms.	*Missis/Miss*	fru/fröken
nat.	*national*	nationell
NBC	*National Broadcasting*	privat amerikanskt
	Company	radio- och TV-bolag
No.	*number*	nummer
N.Y.C.	*New York City*	New York (staden)
O.B.E.	*Officer (of the Order)*	Riddare av brittiska
	of the British Empire	imperieorden
p.	*page; penny/pence*	sida; 1/100 pund
p.a.	*per annum*	per år
Ph.D.	*Doctor of Philosophy*	fil.dr.
p.m.	*post meridiem*	för tid mellan kl. 12.00
	(after noon)	och 24.00
PO	*Post Office*	postkontor
POO	*post office order*	postanvisning
pop.	*population*	folkmängd, befolkning
P.T.O.	*please turn over*	var god vänd
RAC	*Royal Automobile Club*	Kungliga Brittiska
		Automobilklubben

RCMP	*Royal Canadian Mounted Police*	Kanadas ridande polis
Rd.	*road*	väg
ref.	*reference*	referens, hänvisning
Rev.	*reverend*	pastor
RFD	*rural free delivery*	utbärning av post på landsbygden
RR	*railroad*	järnväg
RSVP	*please reply*	o.s.a., om svar anhålles
$	*dollar*	dollar
Soc.	*society*	förening
St.	*saint ; street*	sankt(a); gata
STD	*Subscriber Trunk Dialling*	automatisk telefon
UN	*United Nations*	FN
UPS	*United Parcel Service*	privat företag som levererar paket
US	*United States*	Förenta staterna
USS	*United States Ship*	amerikanskt örlogsfartyg
VAT	*value added tax*	moms, mervärdeskatt
VIP	*very important person*	vip, betydelsefull person
Xmas	*Christmas*	jul
yd.	*yard*	yard (mått)
YMCA	*Young Men's Christian Association*	KFUM
YWCA	*Young Women's Christian Association*	KFUK
ZIP	*ZIP code*	postnummer

Räkneord

Grundtal		Ordningstal	
0	zero	1st	first
1	one	2nd	second
2	two	3rd	third
3	three	4th	fourth
4	four	5th	fifth
5	five	6th	sixth
6	six	7th	seventh
7	seven	8th	eighth
8	eight	9th	ninth
9	nine	10th	tenth
10	ten	11th	eleventh
11	eleven	12th	twelfth
12	twelve	13th	thirteenth
13	thirteen	14th	fourteenth
14	fourteen	15th	fifteenth
15	fifteen	16th	sixteenth
16	sixteen	17th	seventeenth
17	seventeen	18th	eighteenth
18	eighteen	19th	nineteenth
19	nineteen	20th	twentieth
20	twenty	21st	twenty-first
21	twenty-one	22nd	twenty-second
22	twenty-two	23rd	twenty-third
23	twenty-three	24th	twenty-fourth
24	twenty-four	25th	twenty-fifth
25	twenty-five	26th	twenty-sixth
30	thirty	27th	twenty-seventh
40	forty	28th	twenty-eighth
50	fifty	29th	twenty-ninth
60	sixty	30th	thirtieth
70	seventy	40th	fortieth
80	eighty	50th	fiftieth
90	ninety	60th	sixtieth
100	a/one hundred	70th	seventieth
230	two hundred and thirty	80th	eightieth
		90th	ninetieth
1,000	a/one thousand	100th	hundredth
10,000	ten thousand	230th	two hundred and thirtieth
100,000	a/one hundred thousand		
1,000,000	a/one million	1,000th	thousandth

Klockan

Engelsmännen och amerikanerna använder 12-timmarssystemet vid
tidsangivelser. För att ange vilken tid på dygnet det är, lägger man till
a.m. för tiden mellan midnatt och kl. 12 och *p.m.* för tiden mellan
kl. 12 och midnatt. I Storbritannien börjar man mer och mer att använda
24-timmarssystemet vid officiella tidsangivelser.

I'll come at seven a.m.	Jag kommer kl. 7 på morgonen.
I'll come at three p.m.	Jag kommer kl. 3 på eftermiddagen
I'll come at eight p.m.	Jag kommer kl. 8 på kvällen.

Veckodagar

Sunday	söndag	*Thursday*	torsdag
Monday	måndag	*Friday*	fredag
Tuesday	tisdag	*Saturday*	lördag
Wednesday	onsdag		

Några vanliga uttryck

Var så god.
Tack så mycket.
Ingen orsak.
God morgon.
God dag *(på eftermiddagen)*.
God afton.
God natt.
Adjö.
Vi ses.
Var är...?
Vad heter det här?
Vad betyder det där?
Talar ni engelska?
Talar ni tyska?
Talar ni franska?
Talar ni spanska?
Talar ni italienska?
Kan ni vara snäll och tala litet långsammare.
Jag förstår inte.
Kan jag få...?
Kan ni visa mig...?
Kan ni säga mig...?
Kan ni hjälpa mig?
Jag skulle vilja ha...
Vi skulle vilja ha...
Var snäll och ge mig...
Var snäll och hämta...
Jag är hungrig.
Jag är törstig.
Jag har gått vilse.
Skynda på!
Det finns...
Det finns inte...

Some Basic Phrases

Please.
Thank you very much.
Don't mention it.
Good morning.
Good afternoon.
Good evening.
Good night.
Good-bye.
See you later.
Where is/Where are...?
What do you call this?
What does that mean?
Do you speak English?
Do you speak German?
Do you speak French?
Do you speak Spanish?
Do you speak Italian?
Could you speak more slowly, please?
I don't understand.
Can I have...?
Can you show me...?
Can you tell me...?
Can you help me, please?
I'd like...
We'd like...
Please give me...
Please bring me...
I'm hungry.
I'm thirsty.
I'm lost.
Hurry up!
There is/There are...
There isn't/There aren't...

Ankomst

Passet, tack.

Har ni någonting att förtulla?

Nej, ingenting alls.

Kan ni vara snäll och hjälpa mig
med mitt bagage?

Var står den buss som går till
centrum?

Den här vägen.

Var kan jag få tag på en taxi?

Vad kostar det till...?

Var snäll och kör mig till den
här adressen, tack.

Jag har bråttom.

Arrival

Your passport, please.

Have you anything to declare?

No, nothing at all.

Can you help me with my luggage,
please?

Where's the bus to the centre of
town, please?

This way, please.

Where can I get a taxi?

What's the fare to...?

Take me to this address, please.

I'm in a hurry.

Hotell

Mitt namn är...

Har ni reserverat?

Jag skulle vilja ha ett rum med
bad.

Hur mycket kostar det per natt?

Kan jag få se på rummet?

Vilket rumsnummer har jag?

Det finns inget varmvatten.

Kan jag få tala med direktören,
tack?

Har någon ringt mig?

Finns det någon post till mig?

Kan jag få räkningen, tack?

Hotel

My name is...

Have you a reservation?

I'd like a room with a bath.

What's the price per night?

May I see the room?

What's my room number, please?

There's no hot water.

May I see the manager, please?

Did anyone telephone me?

Is there any mail for me?

May I have my bill (check),
please?

Äta ute

Har ni någon meny?

Kan jag få se på matsedeln?

Eating out

Do you have a fixed-price menu?

May I see the menu?

Kan vi få en askkopp, tack?	May we have an ashtray, please?
Var är toaletten?	Where's the toilet, please?
Jag skulle vilja ha en förrätt.	I'd like an hors d'œuvre (starter).
Har ni någon soppa?	Have you any soup?
Jag ska be att få fisk.	I'd like some fish.
Vad har ni för fisk?	What kind of fish do you have?
Jag ska be att få en biff.	I'd like a steak.
Vad finns det för grönsaker?	What vegetables have you got?
Ingenting mer, tack.	Nothing more, thanks.
Vad vill ni ha att dricka?	What would you like to drink?
Jag tar en öl, tack.	I'll have a beer, please.
Jag ska be att få en flaska vin.	I'd like a bottle of wine.
Får jag be om notan, tack?	May I have the bill (check), please?
Är betjäningsavgiften inräknad?	Is service included?
Tack, det var mycket gott.	Thank you, that was a very good meal.

På resa

Travelling

Var ligger järnvägsstationen?	Where's the railway station, please?
Var är biljettluckan?	Where's the ticket office, please?
Jag ska be att få en biljett till...	I'd like a ticket to...
Första eller andra klass?	First or second class?
Första klass, tack.	First class, please.
Enkel eller tur och retur?	Single or return (one way or roundtrip)?
Måste jag byta tåg?	Do I have to change trains?
Från vilken perrong avgår tåget till...?	What platform does the train for... leave from?
Var ligger närmaste tunnelbanestation?	Where's the nearest underground (subway) station?
Var ligger busstationen?	Where's the bus station, please?
När går första bussen till...?	When's the first bus to...?
Kan ni släppa av mig vid nästa hållplats?	Please let me off at the next stop.

Nöjen	Relaxing
Vad går det på bio?	What's on at the cinema (movies)?
När börjar filmen?	What time does the film begin?
Finns det några biljetter till i kväll?	Are there any tickets for tonight?
Var kan vi gå och dansa?	Where can we go dancing?

Träffa folk	Meeting people
God dag.	How do you do.
Hur står det till?	How are you?
Tack bra. Och ni?	Very well, thank you. And you?
Får jag presentera...?	May I introduce...?
Jag heter...	My name is...
Roligt att träffas.	I'm very pleased to meet you.
Hur länge har ni varit här?	How long have you been here?
Det var trevligt att träffas.	It was nice meeting you.
Har ni något emot att jag röker?	Do you mind if I smoke?
Förlåt, har ni eld?	Do you have a light, please?
Vill ni ha något att dricka?	May I get you a drink?
Får jag bjuda er på middag i kväll?	May I invite you for dinner tonight?
Var ska vi träffas?	Where shall we meet?

Affärer, varuhus etc.	Shops, stores and services
Var ligger närmaste bank?	Where's the nearest bank, please?
Var kan jag lösa in några rese-checker?	Where can I cash some travellers' cheques?
Kan jag få litet växel, tack?	Can you give me some small change, please?
Var finns närmaste apotek?	Where's the nearest chemist's (pharmacy)?
Hur kommer jag dit?	How do I get there?
Kan man gå dit?	Is it within walking distance?
Kan ni hjälpa mig?	Can you help me, please?
Hur mycket kostar den här? Och den där?	How much is this? And that?

Det är inte riktigt vad jag vill ha.	It's not quite what I want.
Den här tycker jag om.	I like it.
Kan ni rekommendera någonting mot solsveda?	Can you recommend something for sunburn?
Jag skulle vilja bli klippt.	I'd like a haircut, please.
Jag skulle vilja ha manikyr.	I'd like a manicure, please.

Frågor om vägen

Street directions

Kan ni visa mig på kartan var jag är?	Can you show me on the map where I am?
Ni är på fel väg.	You are on the wrong road.
Kör/Gå rakt fram.	Go/Walk straight ahead.
Det är till vänster/till höger.	It's on the left/on the right.

Nödsituationer

Emergencies

Ring genast efter en läkare.	Call a doctor quickly.
Ring efter en ambulans.	Call an ambulance.
Var snäll och ring polisen.	Please call the police.

engelsk-svensk
english-swedish

Introduction

This dictionary has been designed to take account of your practical needs. Unnecessary linguistic information has been avoided. The entries are listed in alphabetical order, regardless of whether the entry is printed in a single word or in two or more separate words. As the only exception to this rule, a few idiomatic expressions are listed alphabetically as main entries, according to the most significant word of the expression. When an entry is followed by sub-entries, such as expressions and locutions, these are also listed in alphabetical order.[1]

Each main-entry word is followed by a phonetic transcription (see guide to pronunciation). Following the transcription is the part of speech of the entry word whenever applicable. If an entry word is used as more than one part of speech, the translations are grouped together after the respective part of speech.

Irregular plurals are given in brackets after the part of speech.

Whenever an entry word is repeated in irregular forms or sub-entries, a tilde (~) is used to represent the full word. In plurals of long words, only the part that changes is written out fully, whereas the unchanged part is represented by a hyphen (-).

Entry word: behållare (pl ~)	Plural: behållare
anställd (pl ~a)	anställda
antibiotikum (pl -ka)	antibiotika

An asterisk (*) in front of a verb indicates that it is irregular. For more detail, refer to the list of irregular verbs.

Abbreviations

adj	adjective	*pl*	plural
adv	adverb	*plAm*	plural (American)
Am	American	*pp*	past participle
art	article	*pr*	present tense
c	common gender	*pref*	prefix
conj	conjunction	*prep*	preposition
n	noun	*pron*	pronoun
nAm	noun (American)	*suf*	suffix
nt	neuter	*v*	verb
num	numeral	*vAm*	verb
p	past tense		(American)

[1] Note that Swedish alphabetical order differs from our own for three letters: å, ä and ö. These are considered independent characters and come after z, in that order.

Guide to Pronunciation

Each main entry in this part of the dictionary is followed by a phonetic transcription which shows you how to pronounce the words. This transcription should be read as if it were English. It is based on Standard British pronunciation, though we have tried to take account of General American pronunciation also. Below, only those letters and symbols are explained which we consider likely to be ambiguous or not immediately understood.

The syllables are separated by hyphens, and stressed syllables are printed in *italics*.

Of course, the sounds of any two languages are never exactly the same, but if you follow carefully our indications, you should be able to pronounce the foreign words in such a way that you'll be understood. To make your task easier, our transcriptions occasionally simplify slightly the sound system of the language while still reflecting the essential sound differences.

Consonants

g	always hard. as in **g**o
s	always hard. as in **s**o
tʸ	more or less as in hit you: sometimes rather like **h** in **h**uge

The consonants **d. l. n. s. t.** if preceded by **r.** are generally pronounced with the tip of the tongue turned up well behind the front teeth. The **r** then ceases to be pronounced.

Vowels and Diphthongs

aa	long **a**. as in c**ar**. but without any **r**-sound
ah	a short version of **aa**: between **a** in c**a**t and **u** in c**u**t
æ	like **a** in c**a**t
ææ	a long **æ**-sound
ai	as in **air**. without any **r**-sound
eh	like **e** in g**e**t
er	as in oth**er**. without any **r**-sound
ew	a "rounded **ee**-sound". Say the vowel sound **ee** (as in s**ee**). and while saying it. round your lips as for **oo** (as in s**oo**n). without moving your tongue: when your lips are in the **oo** position. but your tongue in the **ee** position. you should be pronouncing the correct sound
igh	as in s**igh**
o	as in h**o**t (British pronunciation)
ou	as in l**ou**d
ur	as in f**ur**. but with rounded lips and no **r**-sound

1) A bar over a vowel symbol (e. g. $\overline{ew}$) shows that this sound is long.
2) Raised letters (e. g. ʸ**aa**) should be pronounced only fleetingly.

Tones

In Swedish there are two "tones": one is falling. the other consists of two falling pitches. with the second starting higher than the first. As these tones are complex and very hard to copy. we do not indicate them. but mark their position as stressed.

A

abborre (ah-bo-rer) c bass, perch
abnorm (ahb-norm) adj abnormal
abonnemang (ah-bo-ner-mahng) nt subscription
abonnemangskort (ah-bo-ner-mahngs-koort) nt season-ticket
abort (ah-bort) c abortion
absolut (ahp-so-lewt) adv absolutely; adj very
absolutist (ahp-so-lew-tist) c teetotaller
abstrakt (ahp-strahkt) adj abstract
absurd (ahp-sewrd) adj absurd
accent (ahk-sehnt) c accent
acceptera (ahks-ehp-tay-rah) v accept
ackompanjera (ah-kom-pahn-yay-rah) v accompany
adapter (ah-dahp-terr) c adaptor
addera (ah-day-rah) v add
addition (ah-di-shoon) c addition
adekvat (ah-der-kvaat) adj adequate
adel (aa-derl) c nobility
adjektiv (ahd-Yayk-teev) nt adjective
adjö! (ah-dYur) good-bye!
administration (ahd-mi-ni-strah-shoon) c administration
administrativ (ahd-mi-ni-strah-teev) adj administrative
adoptera (ah-doap-tay-rah) v adopt

adress (ahd-rayss) c address
adressat (ahd-ray-saat) c addressee
adressera (ahd-ray-say-rah) v address
adverb (ahd-værb) nt adverb
advokat (ahd-voo-kaat) c lawyer; attorney, barrister, solicitor
affisch (ah-fish) c poster
affär (ah-fæær) c store; business
affärer (ah-fææ-rerr) pl business; *göra ~ med *deal with; i ~ on business
affärsbiträde (ah-fæærs-bi-trai-der) nt shop assistant
affärscentrum (ah-fæærs-sehnt-rewm) nt (pl -ra, -rer) shopping centre
affärsinnehavare (ah-fæærs-i-ner-haa-vah-rer) c (pl ~) shopkeeper
affärsman (ah-fæærs-mahn) c (pl -män) businessman
affärsmässig (ah-fæærs-meh-si) adj business-like
affärsresa (ah-fæærs-ray-sah) c business trip
affärstid (ah-fæærs-teed) c business hours
affärstransaktion (ah-fæærs-trahn-sahk-shoon) c deal
affärsuppgörelse (ah-fæær-ewp-Yur-rayl-ser) c deal
affärsverksamhet (ah-fæærs-værk-sahm-hayt) c business
Afrika (aaf-ri-kah) Africa

afrikan (ahf-ri-*kaan*) c African

afrikansk (ahf-ri-*kaansk*) adj African

aftonklädsel (*ahf*-ton-klaid-serl) c evening dress

agent (ah-*gaynt*) c agent; distributor

agentur (ah-gayn-*tewr*) c agency

aggressiv (*ahg*-rer-seev) adj aggressive

aids (eids) c AIDS

akademi (ah-kah-day-*mee*) c academy

akt (ahkt) c act; nude

akta (*ahk*-tah) v mind; ~ **sig** beware; ~ **sig för** mind

aktie (*ahkt*-si-ay) c share

aktiv (*ahk*-teev) adj active

aktivitet (ahk-ti-vi-*tayt*) c activity

aktning (*ahkt*-ning) c esteem, respect

aktningsvärd (*ahkt*-nings-væærd) adj respectable

aktris (ahk-*treess*) c actress

aktuell (ahk-tew-*ehl*) adj topical

aktör (ahk-*tūrr*) c actor

akut (ah-*kēwt*) adj acute

akvarell (ahk-vah-*rayl*) c water-colour

alarm (ah-*lahrm*) nt alarm

album (*ahl*-bewm) nt album

aldrig (*ahld*-ri) adv never

alfabet (ahl-fah-*bāyt*) nt alphabet

algebra (*ahl*-Yer-brah) c algebra

algerier (ahl-*shāy*-ri-err) c (pl ~) Algerian

Algeriet (ahl-shāy-*ree*-ert) Algeria

algerisk (ahl-*shāy*-risk) adj Algerian

alkohol (*ahl*-ko-hōāl) c alcohol

alkoholhaltig (ahl-ko-*hōāl*-hahl-ti) adj alcoholic

all (ahl) adj (nt ~t, pl ~a) all; pron all

alldaglig (*ahl*-daag-li) adj ordinary

alldeles (*ahl*-day-lerss) adv quite

allergi (ah-lær-*gee*) c allergy

allians (ah-li-*ahns*) c alliance

(de) allierade (ah-li-*āy*-rah-der) Allies pl

allmän (*ahl*-mehn) adj universal, general, public, common; broad

i allmänhet (i *ahl*-mehn-hāyt) in general

allsmäktig (*ahls*-mehk-ti) adj omnipotent

alltför (*ahlt*-fūrr) adv too

alltid (*ahl*-teed) adv ever, always

allting (*ahl*-ting) pron everything

allvar (*ahl*-vaar) nt seriousness; gravity

allvarlig (*ahl*-vaar-li) adj serious; bad, grave

alm (ahlm) c elm

almanacka (*ahl*-mah-nah-kah) c almanac

alpstuga (*ahlp*-stew-gah) c chalet

alstra (*ahlst*-rah) v generate

alt (ahlt) c alto

altare (*ahl*-tah-rer) nt altar

alternativ (ahl-tayr-nah-*teev*) nt alternative

alternerande (ahl-tayr-*nāy*-rahn-der) adj alternate

ambassad (ahm-bah-*saad*) c embassy

ambassadör (ahm-bah-sah-*dūrr*) c ambassador

ambulans (ahm-bew-*lahns*) c ambulance

Amerika (ah-*māy*-ri-kah) America

amerikan (ah-may-ri-*kaan*) c American

amerikansk (ah-may-ri-*kaansk*) adj American

ametist (ah-mer-*tist*) c amethyst

amiral (ah-mi-*raal*) c admiral

amma (*ahm*-ah) v nurse

ammoniak (ah-*mōō*-ni-ahk) c ammonia

amnesti (ahm-ner-*stee*) c amnesty

amulett (ah-mew-*layt*) c charm, lucky charm

analfabet (ahn-ahl-fah-*bāyt*) c illiterate

analys (ah-nah-*lewss*) *c* analysis

analysera (ah-nah-lew-*say*-rah) *v* analyse

analytiker (ah-nah-*lew*-ti-kerr) *c* (pl ~) analyst

ananas (*ah*-nah-nahss) *c* (pl ~, ~er) pineapple

anarki (ah-nahr-*kee*) *c* anarchy

anatomi (ah-nah-to-*mee*) *c* anatomy

anbefalla (ahn-ber-*fah*-lah) *v* enjoin, recommend

anda (*ahn*-dah) *c* breath

andas (*ahn*-dahss) *v* breathe

ande (*ahn*-der) *c* spirit, ghost

andedräkt (*ahn*-der-drehkt) *c* breath

andlig (*ahnd*-li) *adj* spiritual

andning (*ahnd*-ning) *c* respiration, breathing

andra (*ahn*-drah) *num* second

anfall (*ahn*-fahl) *nt* attack; fit

*****anfalla** (*ahn*-fah-lah) *v* attack

anförande (ahn-*fūr*-rahn-der) *nt* speech

anförtro (ahn-furr-*trōō*) *v* entrust; commit

*****ange** (*ahn*-Yay) *v* *give; report

angelägen (*ahn*-Yay-lai-gern) *adj* urgent; anxious

angelägenhet (*ahn*-Yay-leh-gayn-hāyt) *c* matter, affair, concern

angenäm (*ahn*-Yay-naim) *adj* agreeable, pleasant, pleasing

*****angripa** (*ahn*-gree-pah) *v* assault

angränsande (*ahn*-grehn-sahn-der) *adj* neighbouring

angå (*ahn*-gōa) *v* concern

angående (*ahn*-gōa-ern-der) *prep* concerning; as regards, about, regarding

anhängare (*ahn*-heh-ngah-rer) *c* (pl ~) supporter

aning (*aa*-ning) *c* notion

anka (*ahng*-kah) *c* duck

ankare (*ahng*-kah-rer) *nt* anchor

ankel (*ahng*-kayl) *c* (pl anklar) ankle

anklaga (*ahn*-klaa-gah) *v* accuse; charge; **anklagad person** accused

anklagelse (*ahn*-klaa-gayl-ser) *c* charge

*****anknyta** (*ahn*-knēw-tah) *v* connect

anknytning (*ahn*-knēwt-ning) *c* connection

anknytningslinje (*ahn*-knēwt-nings-*lin*-Yer) *c* extension

ankomst (*ahn*-komst) *c* arrival; coming

ankomsttid (*ahn*-komst-teed) *c* time of arrival

anledning (*ahn*-lāyd-ning) *c* occasion; cause; **med ~ av** owing to

anlända (*ahn*-lehn-dah) *v* arrive

anmäla (*ahn*-mæ-lah) *v* announce; report; **~ sig** report

anmärka (*ahn*-mær-kah) *v* remark

anmärkning (*ahn*-mærk-ning) *c* remark

anmärkningsvärd (*ahn*-mærk-nings-væærd) *adj* remarkable; noticeable

annan (*ahn*-nahn) *pron* other; different; **en ~** another

annars (*ah*-nahrs) *adv* else, otherwise

annektera (ah-nehk-*tay*-rah) *v* annex

annex (ah-*nayks*) *nt* annex

annons (ah-*nongs*) *c* advertisement

annorlunda (*ahn*-or-lewn-dah) *adv* otherwise

annullera (ah-new-*lay*-rah) *v* cancel

annullering (ah-new-*lay*-ring) *c* cancellation

anonym (ah-no-*nēwm*) *adj* anonymous

anordning (*ahn*-ord-ning) *c* apparatus, appliance

anpassa (*ahn*-pah-sah) *v* adapt, adjust

*****anse** (*ahn*-say) *v* regard, consider, reckon

anseende (*ahn*-say-ern-der) *nt* reputation

ansenlig (*ahn*-sāyn-li) *adj* substantial

ansikte (*ahn*-sik-ter) *nt* face

ansiktsdrag (*ahn*-sikts-draag) *nt* feature

ansiktskräm (*ahn*-sikts-kraim) *c* facecream

ansiktsmask (*ahn*-sikts-mahsk) *c* facepack

ansiktsmassage (*ahn*-sikts-mah-*saash*) *c* face massage

ansiktspuder (*ahn*-sikts-pēw-derr) *nt* face-powder

ansjovis (ahn-*shōo*-viss) *c* anchovy

anskaffa (*ahn*-skahf-ah) *v* *buy

ansluta (*ahn*-slēw-tah) *v* connect; plug in; ~ **sig till** join; **ansluten** affiliated, connected

anspråk (*ahn*-sprōak) *nt* claim

anspråksfull (*ahn*-sprōaks-fewl) *adj* presumptuous

anspråkslös (*ahn*-sprōaks-lürss) *adj* modest

anstalt (*ahn*-stahlt) *c* institute

anstränga sig (*ahn*-strehng-ah) labour

ansträngning (*ahn*-strehng-ning) *c* effort; strain

anställa (*ahn*-stehl-ah) *v* engage; appoint, employ

anställd (*ahn*-stehld) *c* (pl ~a) employee

anställning (*ahn*-stehl-ning) *c* employment; situation

anständig (*ahn*-stehn-di) *adj* decent; proper

anständighet (*ahn*-stehn-di-hāyt) *c* decency

anstöt (*ahn*-stürt) *c* offence

anstötlig (*ahn*-stürt-li) *adj* offensive

ansvar (*ahn*-svaar) *nt* responsibility

ansvarig (*ahn*-svaa-ri) *adj* responsible; ~ **för** in charge of

ansvarighet (*ahn*-svaa-ri-hāyt) *c* responsibility

ansöka (*ahn*-sür-kah) *v* apply

ansökan (*ahn*-sūr-kahn) *c* (pl -kningar) application

***anta** (*ahn*-taa) *v* assume, suppose; suspect; ~ **att** supposing that

antal (*ahn*-taal) *nt* number, quantity

anteckna (*ahn*-tayk-nah) *v* note; record

anteckning (*ahn*-tehk-ning) *c* note; entry

anteckningsblock (*ahn*-tehk-ningsblok) *nt* writing-pad

anteckningsbok (*ahn*-tehk-nings-bōōk) *c* (pl -böcker) notebook

antenn (*ahn*-tayn) *c* aerial

antibiotikum (ahn-ti-bi-ōa-ti-kewm) *nt* (pl -ka) antibiotic

antik (ahn-*teek*) *adj* antique

Antiken (ahn-*tee*-kayn) antiquity

antikvitet (ahn-ti-kvi-*tāyt*) *c* antique; **antikviteter** antiquities *pl*

antikvitetshandlare (ahn-ti-kvi-*tāyts*-hahnd-lah-rer) *c* (pl ~) antique dealer

antingen ... eller (*ahn*-ting-ern ... *eh*-lerr) either ... or

antipati (ahn-ti-pah-*tee*) *c* dislike

antologi (ahn-to-lo-*gee*) *c* anthology

antyda (*ahn*-tēw-dah) *v* imply, indicate

antydan (*ahn*-tēw-dahn) *c* (pl -dningar) indication

anvisning (*ahn*-veess-ning) *c* directions *pl*, instructions *pl*

använda (*ahn*-vehn-der) *v* use; employ; apply

användbar (*ahn*-vehnd-baar) *adj* usable, useful

användning (*ahn*-vehnd-ning) *c* use; application

apa (*aa*-pah) *c* monkey

apelsin (ah-payl-*seen*) *c* orange

aperitif (ah-pay-ri-*tif*) *c* aperitif

apotek (ah-poo-*tāyk*) *nt* pharmacy; chemist's; drugstore *nAm*

apotekare (ah-poo-*tāy*-kah-rer) c (pl
~) chemist, pharmacist

apparat (ah-pah-*raat*) c apparatus;
machine, appliance

applåd (ahp-*load*) c applause

applådera (ahp-lo-*dāy*-rah) v clap, ap-
plaud

aprikos (ah-pri-*kōoss*) c apricot

april (ahp-*ril*) April

aptit (ahp-*teet*) c appetite

aptitlig (ahp-*teet*-li) adj appetizing

aptitretare (ahp-*teet*-*rāy*-tah-rer) c (pl
~) appetizer

arab (ah-*raab*) c Arab

arabisk (ah-*raa*-bisk) adj Arab

arbeta (*ahr*-bāy-tah) v work

arbetare (*ahr*-bāy-tah-rer) c (pl ~)
worker; workman; labourer

arbete (*ahr*-bāy-ter) nt work; employ-
ment, labour, job

arbetsbesparande (*ahr*-bāyts-bay-
spaa-rahn-der) adj labour-saving

arbetsdag (*ahr*-bāyts-daag) c working
day

arbetsförmedling (*ahr*-bayts-furr-
māyd-ling) c employment exchange

arbetsgivare (*ahr*-bāyts-Yee-vah-rer) c
(pl ~) employer

arbetskraft (*ahr*-bāyts-krahft) c man-
power

arbetslös (*ahr*-bayts-*lūrss*) adj unem-
ployed

arbetslöshet (*ahr*-bayts-lūrss-*hāyt*) c
unemployment

arbetsrum (*ahr*-bayts-rewm) nt study

arbetstillstånd (*ahr*-bayts-til-stond) nt
work permit; labor permit Am

arg (ahrY) adj angry, cross

Argentina (ahr-gehn-*tee*-nah) Argenti-
na

argentinare (ahr-gehn-*tee*-nah-rer) c
(pl ~) Argentinian

argentinsk (ahr-gehn-*teensk*) adj Ar-
gentinian

argument (ahr-gew-*mehnt*) nt argu-
ment

argumentera (ahr-gēw-mehn-*tāy*-rah)
v argue

ark (ahrk) nt sheet

arkad (ahr-*kaad*) c arcade

arkeolog (ahr-kay-o-*lōag*) c archaeol-
ogist

arkeologi (ahr-kay-o-loa-*gee*) c ar-
chaeology

arkitekt (ahr-ki-*taykt*) c architect

arkitektur (ahr-ki-tehk-*tēwr*) c archi-
tecture

arkiv (ahr-*keev*) nt archives pl

arm (ahrm) c arm; **arm i arm** arm-in-
arm

armband (*ahrm*-bahnd) nt bracelet;
bangle

armbandsur (*ahrm*-bahnds-ewr) nt
wrist-watch

armbåge (*ahrm*-bōa-gay) c elbow

armé (ahr-*māy*) c army

armstöd (*ahrm*-stūrd) nt arm

arom (ah-*rōam*) c aroma

arrangera (ah-rahn-*shāy*-rah) v ar-
range

arrende (ah-*rayn*-der) nt lease

arrendera (ah-rern-*dāyr*-ah) v lease;
~ **ut** lease

arrestera (ah-rayss-*tāy*-rah) v arrest

arrestering (ah-rayss-*tāy*-ring) c arrest

art (aart) c species; breed

artig (*aar*-ti) adj polite; courteous

artikel (ahr-*ti*-kerl) c (pl -klar) article

artistisk (ahr-*tiss*-tisk) adj artistic

arton (aar-ton) num eighteen

artonde (*aar*-ton-der) num eighteenth

arv (ahrv) nt inheritance

arvode (*ahr*-vōo-der) nt fee

asbest (ahss-*behst*) c asbestos

asfalt (*ahss*-fahlt) c asphalt

asiat (ah-si-*aat*) c Asian

asiatisk (ah-si-*aa*-tisk) adj Asian

Asien (*aa*-si-ern) Asia

ask (ahsk) *c* box
aska (*ahss*-kah) *c* ash
askkopp (*ahsk*-kop) *c* ashtray
aspekt (ah-*spehkt*) *c* aspect
assistent (ah-si-*staynt*) *c* assistant
associera (ah-so-si-*āy*-rah) *v* associate
astma (*ahst*-mah) *c* asthma
astronomi (ahss-tro-no-*mee*) *c* astronomy
asyl (ah-*sēwl*) *c* asylum
ateist (ah-ter-*ist*) *c* atheist
Atlanten (aht-*lahn*-tern) Atlantic
atlet (aht-*lāyt*) *c* athlete
atmosfär (aht-moss-*fæær*) *c* atmosphere
atom (ah-*tōām*) *c* atom; **atom-** atomic
att (aht) *conj* that; **för ~** in order to
attest (ah-*tayst*) *c* certificate
attraktion (ah-trahk-*shōōn*) *c* attraction
augusti (ah-*gewss*-ti) August
auktion (ouk-*shōōn*) *c* auction
auktoritet (ouk-too-ri-*tāyt*) *c* authority
auktoritär (ouk-too-ri-*tæær*) *adj* authoritarian
Australien (ou-*straa*-li-ayn) Australia
australier (ou-*straa*-li-err) *c* (pl ~) Australian
australisk (ou-*straa*-lisk) *adj* Australian
autentisk (ou-*tayn*-tisk) *adj* authentic
automat (ou-to-*maat*) *c* vending machine, automat
automatisering (ou-to-mah-ti-*sāy*-ring) *c* automation
automatisk (ou-to-*maa*-tisk) *adj* automatic
automobilklubb (ou-to-mo-*beel*-klewb) *c* automobile club
autonom (ou-to-*nōām*) *adj* autonomous
av (aav) *prep* of, for, with, by, from;

adv off
avancerad (ah-vahng-*sāy*-rahd) *adj* advanced
avbeställa (*aav*-ber-stehl-ah) *v* cancel
avbetala (*aav*-ber-taa-lah) *v* *pay on account
avbetalning (*aav*-ber-taal-ning) *c* instalment
avbetalningsköp (*aav*-ber-*taal*-nings-tᵛūrp) *nt* hire-purchase
avbrott (*aav*-brot) *nt* interruption
*avbryta (*aav*-brᵉwt-ah) *v* interrupt; discontinue
avdelning (*aav*-dāyl-ning) *c* division; department, section
avdrag (*aav*-draag) *nt* discount
avdunsta (*aav*-dewns-tah) *v* evaporate
aveny (ah-vay-*nēw*) *c* avenue
avfall (*aav*-fahl) *nt* garbage, litter
avfatta (*aav*-fah-tah) *v* *draw up
avföringsmedel (*aav*-fūr-rings-*māy*-dayl) *nt* laxative
avgaser (*aav*-gaa-serr) *pl* exhaust gases
avgasrör (*aav*-gaass-*rūrr*) *nt* exhaust pipe
avgift (*aav*-ᵛift) *c* charge; **avgifter** dues *pl*
avgrund (*aav*-grewnd) *c* abyss
avgud (*aav*-gēwd) *c* idol
*avgå (*aav*-gōa) *v* pull out; resign
avgång (*aav*-gong) *c* departure
avgångstid (*aav*-gongs-teed) *c* time of departure
*avgöra (*aav*-ᵛūr-rah) *v* decide
avgörande (*aav*-ᵛūr-rahn-der) *nt* decision
avhandling (*aav*-hahn-dling) *c* treatise; thesis
*avhålla sig från (*aav*-hol-ah) abstain from
avigsida (*aa*-vig-see-dah) *c* reverse
avkalkningsmedel (*aav*-kahlk-nings-*māy*-dayl) *nt* water-softener

avkoppling (*aav*-kop-ling) *c* relaxation
avlagring (*aav*-laag-ring) *c* deposit
*avlida (*aav*-lee-dah) *v* pass away
avlopp (*aav*-lop) *nt* drain
avlång (*aav*-long) *adj* oblong
avlägsen (*aav*-laig-sern) *adj* remote; distant, far-off
avlägsna (*aav*-laigs-nah) *v* remove; ~ sig depart
avlämna (*aav*-lehm-nah) *v* deliver
avlöna (*aav*-lūrn-ah) *v* remunerate
avlöning (*aav*-lur-ning) *c* pay, salary
avlösa (*aav*-lur-sah) *v* relieve
avog (*aa*-vōōg) *adj* averse
avpassa (*aav*-pah-sah) *v* suit
avresa (*aav*-rāy-sah) *v* depart; *c* departure
avråda (*aav*-rōā-dah) *v* dissuade from
avrättning (*aav*-reht-ning) *c* execution
*avse (*aav*-sāy) *v* destine
avsevärd (*aav*-say-væærd) *adj* considerable
avsides (*aav*-see-derss) *adj* remote; out of the way
avsikt (*aav*-sikt) *c* purpose, intention
avsiktlig (*aav*-sikt-li) *adj* intentional
avskaffa (*aav*-skah-fah) *v* abolish
avsked (*aav*-shāyd) *nt* parting; resignation
avskeda (*aav*-shāy-dah) *v* dismiss; fire
avskedsansökan (*aav*-shāyds-ahn-sūr-kahn) *c* (pl -kningar) resignation
avskilja (*aav*-shil-Yah) *v* detach
*avskjuta (*aav*-shēw-tah) *v* launch
avskrift (*aav*-skrift) *c* copy
avsky (*aav*-shew) *v* detest, loathe; *c* disgust, loathing
avskyvärd (*aav*-shēw-væærd) *adj* horrible; hideous
avsluta (*aav*-slēw-tah) *v* finish
avslutning (*aav*-slēwt-ning) *c* conclusion, end
*avslå (*aav*-slōā) *v* reject
avslöja (*aav*-slur-Yah) *v* reveal

avslöjande (*aav*-slur-Yahn-der) *nt* revelation
avsnitt (*aav*-snit) *nt* passage
avspark (*aav*-spahrk) *c* kick-off
avspänd (*aav*-spehnd) *adj* easy-going, relaxed
*avstå från (*aav*-stōā) abstain from
avstånd (*aav*-stond) *nt* distance; space, way
avståndsmätare (*aav*-stonds-mai-tah-rer) *c* (pl ~) range-finder
avsända (*aav*-sehn-dah) *v* dispatch
avsändning (*aav*-sehnd-ning) *c* dispatch
*avta (*aav*-taa) *v* decrease
avtal (*aav*-taal) *nt* agreement, treaty
avtryck (*aav*-trewk) *nt* print
avtryckare (*aav*-trew-kah-rer) *c* (pl ~) trigger
avtäcka (*aav*-teh-kah) *v* uncover
avundas (*aav*-ewn-dahss) *v* envy
avundsam (*aav*-ewnd-sahm) *adj* envious
avundsjuk (*aav*-ewnd-shēwk) *adj* envious
avundsjuka (*aa*-vewnd-shēw-kah) *c* envy
*avvika (*aav*-vee-kah) *v* deviate
avvikelse (*aav*-vee-kerl-ser) *c* aberration
avvisa (*aav*-vee-sah) *v* reject
axel (*ahks*-ayl) *c* (pl axlar) shoulder; axis, axle

B

babord (*baa*-boord) port
baby (*bai*-bi) *c* baby
babykorg (*bai*-bi-kor Y) *c* carry-cot
bacill (bah-*sil*) *c* germ
backa (*bah*-kah) *v* reverse
backe (*bah*-ker) *c* hill; slope

backhoppning (*bahk*-hop-ning) *c* ski-jump

backkrön (*bahk*-krūrn) *nt* hilltop

backväxel (*bahk*-vehks-ayl) *c* (pl-väx-lar) reverse

bad (baad) *nt* bath

bada (*baa*-dah) *v* bathe

badbyxor (*baad*-bewk-serr) *pl* bath-ing-suit, swimming-trunks *pl*

badda (*bah*-dah) *v* dab

baddräkt (*baad*-drehkt) *c* bathing-suit; swim-suit

badhandduk (*baad*-hahnd-dēwk) *c* bath towel

badmössa (*baad*-murss-sah) *c* bath-ing-cap

badort (*baad*-oort) *c* seaside resort

badrock (*baad*-roak) *c* bathrobe

badrum (*baad*-rewm) *nt* bathroom

badsalt (*baad*-sahlt) *nt* bath salts

bagage (bah-*gaash*) *nt* baggage, lug-gage

bagagehylla (bah-*gaash*-hew-lah) *c* luggage rack

bagageinlämning (bah-*gaash*-in-lehm-ning) *c* left luggage office; baggage deposit office *Am*

bagageutrymme (bah-*gaash*-ēwt-rew-mer) *nt* boot; trunk *nAm*

bagare (*baa*-gah-rer) *c* (pl ~) baker

bageri (baa-ger-*ree*) *nt* bakery

baka (*baa*-kah) *v* bake

bakdel (*baak*-dāyl) *c* bottom

bakelser (*baa*-kerl-serr) *pl* pastry

bakgrund (*baak*-grewnd) *c* back-ground

bakhåll (*baak*-hol) *nt* ambush

baklykta (*baak*-lewk-tah) *c* rear-light; tail-light

bakom (*baak*-om) *prep* behind; *adv* behind

baksida (*baak*-seedah) *c* rear

baksmälla (*baak*-smeh-lah) *c* hangover

bakterie (bahk-*tai*-ri-er) *c* bacterium

bakverk (*baak*-vehrk) *nt* pastry, cake

bakåt (*baa*-kot) *adv* backwards

bal (baal) *c* ball

balansräkning (bah-*lahngs*-raik-ning) *c* balance sheet

balett (bah-*layt*) *c* ballet

balja (*bahl*-Yah) *c* basin

balkong (bahl-*kong*) *c* balcony; circle

ballong (bah-*long*) *c* balloon

balsal (*baal*-saal) *c* ballroom

bambu (*bahm*-bew) *c* bamboo

bana (*baa*-nah) *c* track

banan (bah-*naan*) *c* banana

band (bahnd) *nt* band; ribbon

bandit (bahn-*deet*) *c* bandit

bandspelare (*bahnd*-spāy-lah-rer) *c* (pl ~) tape-recorder

baner (bah-*nāyr*) *nt* banner

bank (bahngk) *c* bank

bankett (bahng-*keht*) *c* banquet

bankettsal (bahng-*kayt*-saal) *c* ban-queting-hall

bankkonto (*bahngk*-kon-too) *nt* bank account

bankomat (bahng-o-*maat*) *c* cash dispenser

bankrutt (bahng-*krewt*) *adj* bankrupt

bar (baar) *c* bar, saloon; *adj* bare

bara (*baarah*) *adv* only

bark (bahrk) *c* bark

barm (bahrm) *c* bosom

barmhärtighet (bahrm-*hær*-ti-hāyt) *c* mercy

barn (baarn) *nt* child; kid; **föräldra-löst ~** orphan

barnförlamning (*baarn*-furr-*laam*-ning) *c* polio

barnkammare (*baarn*-kah-mah-rer) *c* (pl ~) nursery

barnmorska (*baarn*-moors-kah) *c* mid-wife

barnsjukdom (*baarn*-shēwk-doom) *c* children's disease

barnsköterska (*baarn*-shūr-terr-skah) *c*

nurse

barnsäng (*baarn*-sehng) *c* cot

barnvagn (*baarn*-vahngn) *c* pram; baby carriage *Am*

barnvakt (*baarn*-vahkt) *c* babysitter

barock (bah-*rok*) *adj* baroque

barometer (bah-ro-*māy*-terr) *c* (pl -trar) barometer

barriär (bah-ri-*Yæær*) *c* barrier

barrträd (*bahr*-traid) *nt* conifer, fir-tree

bartender (*baar*-tayn-derr) *c* (pl -drar) barman

baryton (*bah*-ri-ton) *c* baritone

bas (baass) *c* base; bass

baseboll (*bayss*-bol) *c* baseball

basera (bah-*sāy*-rah) *v* base

basilika (bah-*see*-li-kah) *c* basilica

basis (*baa*-siss) *c* basis

basker (*bahss*-kerr) *c* (pl -krar) beret

bastard (bah-*staard*) *c* bastard

bastu (*bahss*-tew) *c* sauna

batteri (bah-tay-*ree*) *nt* (pl ~er) battery

*be (bāy) *v* ask; beg

beakta (bay-*ahk*-tah) *v* pay attention to

bebo (ber-*bōō*) *v* inhabit

beboelig (ber-*bōō*-ay-li) *adj* habitable; inhabitable

*bedja (*bāyd*-Yah) *v* pray

*bedra (ber-*draa*) *v* deceive; cheat

bedrägeri (ber-drai-ger-*ri*) *nt* (pl ~er) deceit; fraud

bedrövad (ber-*drūr*-vahd) *adj* distressed; sad

bedrövelse (ber-*drūr*-verl-ser) *c* sorrow; grief

bedrövlig (ber-*drūrv*-li) *adj* lamentable

bedårande (ber-*dōā*-rahn-der) *adj* adorable, enchanting

bedöma (ber-*dur*-mah) *v* judge

bedövning (ber-*dūrv*-ning) *c* anaesthesia

bedövningsmedel (ber-*durv*-nings-*māy*-dayl) *nt* anaesthetic

befalla (ber-*fah*-lah) *v* command

befallning (ber-*fahl*-ning) *c* order, command

befatta sig med (ber-*fah*-tah) **deal with, concern oneself with

befolkning (ber-*folk*-ning) *c* population

befordra (ber-*fōō*-drah) *v* promote

befordran (ber-*fōōd*-rahn) *c* (pl -ringar) promotion

befria (ber-*free*-ah) *v* liberate; exempt

befriad (ber-*free*-ahd) *adj* exempt; liberated

befrielse (ber-*free*-erl-ser) *c* liberation; exemption

befruktning (ber-*frewkt*-ning) *c* conception

befälhavare (ber-*fail*-haa-vah-rer) *c* (pl ~) commander

begagnad (ber-*gahng*-nahd) *adj* second-hand

begeistrad (bay-*gighst*-rahd) *adj* enthusiastic

begrava (ber-*graa*-vah) *v* bury

begravning (ber-*graav*-ning) *c* funeral; burial

begravningsplats (bay-*graav*-nings-plahts) *c* cemetery; graveyard

begrepp (ber-*grayp*) *nt* idea, notion

*begripa (bay-*gree*-pah) *v* grasp, *understand

begränsa (ber-*grehn*-sah) *v* limit

begränsad (ber-*grehn*-sahd) *adj* limited

begränsning (ber-*grehns*-ning) *c* limitation

begynna (ber-*Yew*-nah) *v* *begin

begynnelse (ber-*Yew*-nerl-ser) *c* beginning

*begå (ber-*gōā*) *v* commit

begåvad (ber-*gōā*-vahd) *adj* brilliant,

talented, gifted

begåvning (ber-*gōāv*-ning) c talent; mind

begär (ber-*Yæær*) nt desire

begära (ber-*Yææ*-rah) v ask, demand, request

begäran (ber-*gææ*-rahn) c request; demand

behaglig (ber-*haag*-li) adj pleasant, delightful

behandla (ber-*hahnd*-lah) v treat; handle

behandling (ber-*hahnd*-ling) c treatment

behov (ber-*hōōv*) nt need, want; **starkt ~** urge

behå (*bāy*-hoa) c bra

***behålla** (ber-*ho*-lah) v *keep

behållare (ber-*ho*-lah-rer) c (pl ~) container

behändig (ber-*hehn*-di) adj handy; sweet

behärska (ber-*hæærs*-kah) v master; **~ sig** control oneself

behöva (ber-*hūr*-vah) v need

beige (baish) adj beige

bekant (ber-*kahnt*) c (pl ~a) acquaintance

beklaga (ber-*klaa*-gah) v regret; pity

beklagande (ber-*klaa*-gahn-der) nt regret

beklaglig (ber-*klaag*-li) adj regrettable

bekräfta (ber-*krehf*-tah) v confirm; acknowledge

bekräftelse (ber-*krehf*-tayl-ser) c confirmation

bekväm (ber-*kvaim*) adj comfortable; convenient; easy

bekvämlighet (ber-*kvaim*-li-hāyt) c comfort

bekymmer (ber-*tYew*-merr) nt worry; anxiety, care; trouble

bekymrad (ber-*tYewm*-rahd) adj concerned

bekämpa (ber-*tYehm*-pah) v combat

bekänna (ber-*tYeh*-nah) v confess

bekännelse (ber-*tYeh*-nayl-ser) c confession

belastning (ber-*lahst*-ning) c charge

belgare (*bayl*-gah-rer) c (pl ~) Belgian

Belgien (*bayl*-g^yayn) Belgium

belgisk (*bayl*-gisk) adj Belgian

belopp (ber-*lop*) nt amount

belysning (ber-*lēwss*-ning) c illumination; lighting

belåten (ber-*lōā*-tern) adj satisfied, happy

belåtenhet (ber-*lōā*-tern-hāyt) c satisfaction

belägen (ber-*lai*-gern) adj situated

belöna (ber-*lūr*-nah) v reward

belöning (ber-*lūr*-ning) c prize, reward; remuneration

bemästra (ber-*mehst*-rah) v master

bemöda sig (ber-*mūr*-dah) try, endeavour

bemötande (beh-*mur*-tahn-der) nt treatment; reply

ben (bāyn) nt leg; bone

bena (*bāy*-nah) c parting

bensin (bayn-*seen*) c fuel, petrol; gasoline *nAm*, gas *nAm*; **blyfri ~** unleaded petrol

bensindunk (bayn-*seen*-dewngk) c jerrycan

bensinmack (bayn-*seen*-mahk) c petrol station

bensinpump (bayn-*seen*-pewmp) c petrol pump; fuel pump *Am*; gas pump *Am*

bensinstation (bayn-*seen*-stah-*shōōn*) c service station, filling station; gas station *Am*

bensintank (bayn-*seen*-tahngk) c petrol tank; gas tank *Am*

benådning (ber-*nōād*-ning) c pardon

benägen (ber-*nai*-gern) adj inclined;

*vara ~ *be inclined to

benägenhet (ber-*nai*-gern-hāyt) c tendency; inclination

benämning (ber-*nehm*-ning) c denomination

beredd (ber-*rayd*) adj prepared

berg (bær^y) nt mountain; mount

bergig (*bær*-ʸi) adj mountainous

bergsbestigning (bær^ys-ber-*steeg*-ning) c mountaineering

bergskam (*bær*ʸs-kahm) c mountain ridge

bergskedja (bær^ys-t^yāyd-ʸah) c mountain range

bergsklyfta (bær^ys-*klewf*-tah) c gorge

bergspass (*bær*ʸs-pahss) nt mountain pass

bero på (ber-*rōō*) depend on

beroende (ber-*rōō*-ern-der) adj dependant

berusad (ber-*rēw*-sahd) adj intoxicated; drunk

beryktad (ber-*rewk*-tahd) adj notorious

beräkna (ber-*raik*-nah) v calculate

beräkning (ber-*raik*-ning) c calculation; estimate

berätta (ber-*reh*-tah) v *tell; relate

berättelse (ber-*reh*-tayl-ser) c tale

berättiga (ber-*reh*-ti-gah) v entitle, justify

berättigad (ber-*reh*-ti-gahd) adj entitled, justified

beröm (ber-*rurm*) nt praise

berömd (ber-*rurmd*) adj famous

berömdhet (ber-*rurmd*-hāyt) c celebrity

berömma (ber-*rur*-mah) v praise

berömmelse (ber-*rur*-mayl-ser) c fame; glory

beröra (ber-*rūr*-rah) v touch; affect

beröring (ber-*rūr*-ring) c touch, contact

beröva (ber-*rūr*-vah) v deprive of

besatt (ber-*saht*) adj possessed

besatthet (ber-*saht*-hāyt) c obsession

besegra (ber-*sāyg*-rah) v defeat; *beat, conquer

beskatta (ber-*skah*-tah) v tax

beskattning (ber-*skaht*-ning) c taxation

besked (ber-*shāyd*) nt message

*beskriva (ber-*skree*-vah) v describe

beskrivning (ber-*skreev*-ning) c description

beskylla (ber-*shew*-lah) v accuse

*beslagta (ber-*slaag*-taa) v impound

beslut (ber-*slēwt*) nt decision

*besluta (ber-*slēw*-tah) v decide

beslutsam (ber-*slēwt*-sahm) adj determined, resolute

besläktad (ber-*slehk*-tahd) adj related

besmitta (ber-*smi*-tah) v infect

besparingar (ber-*spaa*-ring-ahr) pl savings pl

bestick (ber-*stik*) nt cutlery

*bestiga (ber-*stee*-gah) v ascend; mount

*bestrida (ber-*stree*-dah) v dispute; deny

*bestå av (ber-*stoa*) consist of

beståndsdel (ber-*stonds*-dāyl) c element

beställa (ber-*steh*-lah) v order; reserve

beställning (ber-*stehl*-ning) c order; booking; **gjord på ~** made to order

bestämd (ber-*stehmd*) adj definite

bestämma (ber-*steh*-mah) v decide; determine, define; designate

bestämmelse (ber-*stehm*-erl-ser) c stipulation

bestämmelseort (ber-*steh*-merl-ser-oort) c destination

beständig (ber-*stehn*-di) adj permanent

besvara (ber-*svaa*-rah) v answer

besvikelse (ber-*svee*-kerl-ser) c disappointment; *vara en ~ *be disappointing

besviken (ber-*svee*-kern) *adj* disappointed; •göra ~ disappoint

besvär (ber-*svæær*) *nt* trouble; inconvenience; nuisance; •göra sig ~ bother

besvära (ber-*svææ*-rah) *v* trouble; bother

besvärlig (ber-*svæær*-li) *adj* inconvenient, troublesome

besynnerlig (ber-*sewn*-err-li) *adj* strange; queer

•**besätta** (ber-*seht*-ah) *v* occupy

besättning (ber-*seht*-ning) *c* crew

besök (ber-*sūrk*) *nt* visit; call

besöka (ber-*sūr*-kah) *v* visit; call on

besökare (ber-*sūr*-kah-rer) *c* (pl ~) visitor

besökstid (ber-*sūrks*-teed) *c* visiting hours

beta (*bāy*-tah) *c* beet; *v* graze

betala (ber-*taa*-lah) *v* •pay

betalbar (ber-*taal*-baar) *adj* due

betalning (ber-*taal*-ning) *c* payment

bete (*bāy*-ter) *nt* bait

betecknande (ber-*tehk*-nahn-der) *adj* characteristic

beteckning (ber-*tehk*-ning) *c* denomination, designation

betesmark (*bāy*-terss-mahrk) *c* pasture

betjäning (ber-*tʸai*-ning) *c* service

betjäningsavgift (ber-*tʸai*-nings-aav-ʸift) *c* service charge

betjänt (ber-*tʸehnt*) *c* valet, servant

betona (ber-*tōō*-nah) *v* stress; emphasize

betong (ber-*tong*) *c* concrete

betoning (ber-*tōō*-ning) *c* stress

betrakta (ber-*trahk*-tah) *v* consider, regard; watch, view

beträda (ber-*trai*-dah) *v* •tread, •set foot on

beträffa (ber-*trehf*-ah) *v* concern

beträffande (ber-*trehf*-ahn-der) *prep* concerning; about, regarding; with reference to

bett (bayt) *nt* bite

betvivla (ber-*tveev*-lah) *v* doubt; query

betyda (ber-*tēw*-dah) *v* •mean

betydande (ber-*tēw*-dahn-der) *adj* considerable

betydelse (ber-*tēw*-derl-ser) *c* importance; sense

betydelsefull (ber-*tēw*-derl-ser-*fewl*) *adj* important; significant

betydlig (ber-*tēwd*-li) *adj* considerable

betyg (ber-*tēwg*) *nt* mark

betänklig (ber-*tængk*-li) *adj* dubious; serious, critical

beundra (ber-*ewnd*-rah) *v* admire

beundran (ber-*ewnd*-rahn) *c* admiration

beundrare (ber-*ewnd*-rah-rer) *c* (pl ~) admirer; fan

bevaka (ber-*vaa*-kah) *v* guard

bevara (ber-*vaa*-rah) *v* •keep; preserve

bevilja (ber-*vil*-ʸah) *v* grant; allow

beviljande (ber-*vil*-ʸahn-der) *nt* concession

bevis (ber-*veess*) *nt* proof, evidence; token

bevisa (ber-*vee*-sah) *v* prove; demonstrate; •show

beväpna (ber-*vaip*-nah) *v* arm

beväpnad (ber-*vaip*-nahd) *adj* armed

bi (bee) *nt* bee

•**bibehålla** (bee-ber-ho-lah) *v* •hold, •keep, preserve

bibel (*bee*-berl) *c* (pl biblar) bible

bibetydelse (bee-ber-*tēw*-derl-ser) *c* connotation, subordinate sense

bibliotek (bi-bli-oo-*tāyk*) *nt* library

•**bidra** (*bee*-draa) *v* contribute

bidrag (*bee*-draag) *nt* contribution; grant

bifall (*bee*-fahl) *nt* approval; consent

biff (bif) c steak

biflod (bee-flōōd) c tributary

bifoga (bee-fōō-gah) v attach; enclose

bijouterier (bee-shoo-ter-ree-err) pl costume jewellery

bikt (bikt) c confession; **bikta sig** confess

bikupa (bee-kēw-pah) c beehive

bil (beel) c car; automobile, motorcar

bila (bee-lah) v motor

bilaga (bee-laa-gah) c enclosure; annex

bild (bild) c picture; image

bilda (bil-dah) v form

bildad (bil-dahd) adj cultivated

bildskärm (bild-shærm) c screen

bilist (bi-list) c motorist

biljard (bil-Yaard) c billiards pl

biljett (bil-Yayt) c ticket; coupon

biljettautomat (bil-Yayt-ou-too-maat) c ticket machine

biljettkassa (bil-Yayt-kah-sah) c box-office

biljettlucka (bil-Yayt-lew-kah) c booking-office

biljettpris (bil-Yayt-preess) nt (pl ~, ~er) fare

billig (bil-i) adj inexpensive; cheap

biltur (beel-tēwr) c drive

biluthyrning (beel-ēwt-hēwr-ning) c car hire; car rental Am

***binda** (bin-dah) v *bind, tie

bindestreck (bin-der-strehk) nt hyphen

bio (bee-oo) c pictures; movies Am, movie theater Am

biograf (bee∞-graaf) c cinema

biologi (bee-o-lo-gee) c biology

biskop (biss-kop) c bishop

***bistå** (bi-stōa) v assist; aid

bistånd (bee-stond) nt assistance

bit (beet) c bit; piece; morsel, lump, scrap

***bita** (bee-tah) v *bite

bitter (bi-terr) adj bitter

***bjuda** (bYēw-dah) v offer

bjälke (bYehl-ker) c beam

björk (bYurrk) c birch

björn (bYürrn) c bear

björnbär (bYürrn-bæær) nt blackberry

blad (blaad) nt leaf; sheet

bladguld (blaad-gewld) nt gold leaf

bland (blahnd) prep among; amid; ~ annat among other things

blanda (blahn-dah) v mix; shuffle; ~ sig i interfere with

blandad (blahn-dahd) adj mixed; miscellaneous

blandning (blahnd-ning) c mixture

blank (blahngk) adj blank; glossy

blazer (blai-serr) c (pl -zrar) blazer

bleckburk (blehk-bewrk) c canister

blek (blāyk) adj pale

bleka (blāy-kah) v bleach

blekna (blāyk-nah) v turn pale; fade

***bli** (blee) v *become; *get; *grow, *go

blick (blik) c look; glance; **kasta en** ~ glance

blid (bleed) adj gentle

blind (blind) adj blind

blindtarm (blin-tahrm) c appendix

blindtarmsinflammation (blin-tahrms-in-flah-mah-shōōn) c appendicitis

blinker (bling-kerr) c (pl -krar) indicator

blixt (blikst) c lightning

blixtlampa (blikst-lahm-pah) c flash-gun; flashbulb

blixtlås (blikst-lōass) nt zip, zipper

block (blok) nt pad; pulley

blockera (blo-kāy-rah) v block

blod (blōōd) nt blood

blodbrist (blōōd-brist) c anaemia

blodcirkulation (blōōd-seer-kew-lah-shōōn) c circulation

blodförgiftning (blōōd-fürr-Yift-ning) c

blood-poisoning

blodkärl (*blōōd-tᵞæærl*) *nt* blood-vessel

blodtryck (*blōōd-trewk*) *nt* blood pressure

blomkål (*bloom-kōāl*) *c* cauliflower

blomlök (*bloom-lūrk*) *c* bulb

blomma (*bloo-mah*) *c* flower

blomsterhandel (*bloms-terr-hahn-dayl*) *c* flower-shop

blomstrande (*blomst-rahn-der*) *adj* prosperous

blond (blond) *adj* fair

blondin (blon-*deen*) *c* blonde

blott (blot) *adv* only

blus (blewss) *c* blouse

bly (blew) *nt* lead

blyertspenna (*blew*-errts-*peh*-nah) *c* pencil

blyg (blewg) *adj* timid, shy

blyghet (*blewg-hāyt*) *c* timidity

blygsam (*blewg*-sahm) *adj* modest

blygsamhet (*blewg*-sahm-*hāyt*) *c* modesty

blå (blōā) *adj* blue

blåmussla (*blōā*-mewss-lah) *c* mussel

blåmärke (*blōā*-mær-ker) *nt* bruise

blåsa (*blōā*-sah) *v* *blow; *c* blister; ~ **upp** inflate

blåsig (*blōā*-si) *adj* windy

blåsinstrument (*blōāss*-in-strēw-mehnt) *nt* horn

blåskatarr (*blōāss*-kah-*tahr*) *c* cystitis

bläck (blehk) *nt* ink

bläckfisk (*blehk*-fisk) *c* octopus

blända (*blehn*-dah) *v* blind

bländande (*blehn*-dahn-der) *adj* glaring

blänka (*blehng*-kah) *v* *shine

blöda (*blūr*-dah) *v* *bleed

blödning (*blūrd*-ning) *c* haemorrhage

blöja (*blur*-ᵞah) *c* nappy; diaper *nAm*

blöta (*blūr*-tah) *v* soak

bo (bōō) *v* live; reside; *nt* nest

bock (bok) *c* bow; tick

bocka (*bo*-kah) *v* bow, *bend; tick

bod (bōōd) *c* booth

bofast (*bōō*-fahst) *adj* resident

bofink (*bōō*-fingk) *c* finch

bogsera (boog-*sāy*-rah) *v* tow, tug

bogserbåt (boog-*sāyr*-bōat) *c* tug

boj (boi) *c* buoy

bok[1] (bōōk) *c* (pl böcker) book

bok[2] (bōōk) *c* beech

boka (*bōō*-kah) *v* book

bokband (*bōōk*-bahnd) *nt* volume

bokföra (*bōōk*-fūr-rah) *v* book

bokhandel (*bōōk*-hahn-dayl) *c* (pl -dlar) bookstore

boklåda (*bōōk*-lōā-dah) *c* bookstore

bokomslag (*bōōk*-om-slaag) *nt* jacket; wrapper

bokstav (*book*-staav) *c* (pl-stäver) letter; **stor** ~ capital letter

bokstånd (*bōōk*-stond) *nt* bookstand

bolag (*bōō*-laag) *nt* company

Bolivia (boo-*lee*-vᵞah) Bolivia

bolivian (boo-li-*v*ᵞaan) *c* Bolivian

boliviansk (boo-liv-ᵞaansk) *adj* Bolivian

boll (bol) *c* ball

bollplan (*bol*-plaan) *c* recreation ground

bom (boom) *c* (pl ~mar) barrier

bomb (bomb) *c* bomb

bombardera (bom-bahr-*dāy*-rah) *v* bomb

bomull (*boo*-mewl) *c* cotton-wool; cotton; **bomulls-** cotton

bomullssammet (*boo*-mewls-sah-mayt) *c* velveteen

bonde (*boon*-der) *c* (pl bönder) peasant

bondgård (*boond*-gōard) *c* farmhouse

bong (bong) *c* voucher

bord (bōōrd) *nt* table; **gående** ~ buffet

bordduk (*bōōrd*-dewk) *c* table-cloth

bordell (bor-*dehl*) c brothel

bordtennis (*boo*rd-tehn-iss) c ping-pong; table tennis

borg (borʸ) c castle

borgen (bor-ʸern) c (pl ~) bail; security

borgensman (bor-ʸayns-mahn) c (pl -män) guarantor

borgerlig (bor-ʸehr-li) adj middle-class

borgmästare (borʸ-mehss-tah-rer) c (pl ~) mayor

borr (bor) c drill

borra (bor-ah) v drill; bore

borsta (bors-tah) v brush

borste (bors-ter) c brush

bort (bort) adv away

borta (bor-tah) adv gone

bortkommen (bort-ko-mern) adj lost

bortom (bort-om) adv beyond; prep beyond

bortsett från (bort-sayt) apart from

boskap (*boo*-skaap) c cattle pl

bostad (*boo*-staad) c (pl -städer) house; residence

***bosätta sig** (*boo*-seh-tah) settle down

bota (*boo*-tah) v cure

botanik (boo-tah-*neek*) c botany

botemedel (*boo*-ter-may-dayl) nt remedy

botten (bo-tern) c bottom

bottenvåning (bo-tern-*voa*-ning) c ground floor

boutique (boo-*tik*) c boutique

bowlingbana (bov-ling-baa-nah) c bowling alley

boxas (*books*-ahss) v box

boxningsmatch (*books*-nings-mahch) c boxing match

boyscout (boi-skahewt) c scout

bra (brah) adv well; adj good; **bra!** all right!

brak (braak) nt boom

brandalarm (brahnd-ah-*lahrm*) c fire-alarm

brandgul (*brahnd*-gewl) adj orange

brandkår (*brahnd*-koar) c fire-brigade

brandsläckare (*brahnd*-sleh-kah-rer) c (pl ~) fire-extinguisher

brandstege (*brahnd*-stay-ger) c fire-escape

brandsäker (*brahnd*-sai-kerr) adj fire-proof

brant (brahnt) adj steep

brasilianare (brah-si-li-*aa*-nah-rer) c (pl ~) Brazilian

brasiliansk (brah-si-li-*aansk*) adj Brazilian

Brasilien (brah-*see*-li-ern) Brazil

braxen (*brahk*-sayn) c (pl -xnar) bream

bred (brayd) adj wide, broad

bredd (brayd) c breadth; width

breddgrad (*brayd*-graad) c latitude

bredvid (*bray*-veed) prep beside; next to

brev (brayv) nt letter; **rekommenderat** ~ registered letter

brevbärare (*brayv*-bææ-rah-rer) c (pl ~) postman

brevkort (*brayv*-koort) nt postcard; card

brevlåda (*brayv*-loa-dah) c pillar-box, letter-box; mailbox nAm

brevlådstömning (*brayv*-lo-ds-turm-ning) c collection

brevpapper (*brayv*-pah-pahr) nt note-paper, writing-paper

brevväxling (*brayv*-vehks-ling) c correspondence

bricka (*bri*-kah) c tray

bridge (bridsh) c bridge

briljant (bril-ʸahnt) adj brilliant

***brinna** (*bri*-nah) v *burn

bris (breess) c breeze

brist (brist) c shortage, lack, want; deficiency

*brista (briss-tah) v *burst
bristfällig (brist-feh-li) adj defective; faulty
britt (brit) c Briton
brittisk (bri-tisk) adj British
bro (broo) c bridge
brock (brok) nt hernia
broder (broo-derr) c (pl bröder) brother
brodera (broo-day-rah) v embroider
broderi (broo-der-ree) nt (pl ~er) embroidery
broderlighet (broo-derr-li-hayt) c fraternity
brokig (broo-ki) adj gay
broms (broms) c brake
bromsa (brom-sah) v brake
bromsljus (broms-yewss) nt brake lights
bromstrumma (broms-trew-mah) c brake drum
brons (brons) c bronze; brons- bronze
bror (broor) c (pl bröder) brother
brorsdotter (broors-do-tayr) c (pl -döttrar) niece
brorson (broor-soan) c (pl -söner) nephew
brosch (broash) c brooch
broschyr (bro-shewr) c brochure
brosk (brosk) nt cartilage
brott (brot) nt crime; fracture
brottslig (brots-li) adj criminal
brottslighet (brots-li-hayt) c criminality
brottsling (brots-ling) c criminal; convict
brottstycke (brot-stew-ker) nt fragment
brud (brewd) c bride
brudgum (brewd-gewm) c (pl ~mar) bridegroom
bruk (brewk) nt custom
bruka (brew-kah) v use, employ; culti-

vate
bruklig (brewk-li) adj customary
bruksanvisning (brewks-ahn-veess-ning) c directions for use
brun (brewn) adj brown
brunett (brew-nayt) c brunette
brunn (brewn) c well
brus (brewss) nt fizz
brutal (brew-taal) adj brutal
brutto- (brew-too) gross
bry sig om (brew) care for; mind; care about
brydsam (brewd-sahm) adj awkward
brygga (brew-gah) v brew; c landing-stage
bryggeri (brew-ger-ree) nt (pl ~er) brewery
brysselkål (brew-serl-koal) c Brussels sprouts
*bryta (brew-tah) v *break; fracture; ~ samman collapse
brytning (brewt-ning) c breaking, refraction; accent
brådska (bross-kah) c hurry, haste
brådskande (bross-kahn-der) adj urgent; pressing
bråk (broak) nt row; fuss
bråkdel (broak-dayl) c fraction
*ha bråttom (bro-tom) *be in a hurry
bräckjärn (brehk-yæærn) nt crowbar
bräcklig (brehk-li) adj fragile
bräda (brai-dah) c board
brädd (brehd) c brim
bränna (breh-nah) v *burn
brännmärke (brehn-mær-ker) nt brand
brännolja (brehn-ol-yah) c fuel oil
brännpunkt (brehn-pewngkt) c focus
brännsår (brehn-soar) nt burn
bränsle (brehns-lay) nt fuel
bröd (brurd) nt bread; rostat ~ toast
brödrost (brurd-rost) c toaster
bröllop (brur-lop) nt wedding
bröllopsresa (brur-lops-ray-sah) c

honeymoon

bröst (brurst) *nt* breast; bosom, chest

bröstkorg (*brurst*-kor^y) *c* chest

bröstsim (*brurst*-sim) *nt* breaststroke

bubbla (*bewb*-lah) *c* bubble

buckla (*bewk*-lah) *c* dent

bud (bēwd) *nt* messenger

budget (bewd-^yert) *c* budget

buga sig (*bew*-gah) bow

buk (bēwk) *c* belly; abdomen

bukett (bew-*kayt*) *c* bunch, bouquet

bukt (bewkt) *c* gulf

bula (*bēw*-lah) *c* lump

bulgar (bewl-*gaar*) *c* Bulgarian

Bulgarien (bewl-*gaa*-ri-ern) Bulgaria

bulgarisk (bewl-*gaa*-risk) *adj* Bulgarian

bulle (*bewl*-er) *c* bun

buller (*bew*-lerr) *nt* noise

bullrig (*bewl*-ri) *adj* noisy

bult (bewlt) *c* bolt

bundsförvant (*bewnds*-furr-vahnt) *c* associate; ally, confederate

bunt (bewnt) *c* bundle; batch

bunta ihop (*bewn*-tah i-*hōōp*) bundle

bur (bēwr) *c* cage

burk (bewrk) *c* tin

busig (*bēw*-si) *adj* rowdy

buske (*bewss*-ker) *c* bush; shrub

buss (bewss) *c* bus; coach

butik (bew-*teek*) *c* shop

by (bēw) *c* village

bygga (*bew*-gah) *v* *build; construct

bygge (*bew*-ger) *nt* construction

byggnad (*bewg*-nahd) *c* building, construction

byggnadskonst (*bewg*-nahds-konst) *c* architecture

byggnadsställning (*bewg*-nahds-stehl-ning) *c* scaffolding

byrå¹ (*bēw*-ro) *c* (pl ∼ar) chest of drawers; bureau *nAm*

byrå² (*bēw*-ro) *c* (pl ∼er) agency

byråkrati (*bēw*-ro-krah-*tee*) *c* bu-

reaucracy

byrålåda (*bēw*-ro-lōa-dah) *c* drawer

byst (bewst) *c* bust

bysthållare (*bewst*-ho-lah-rer) *c* (pl ∼) brassiere

byta (*bēw*-tah) *v* change; swap; ∼ **ut** exchange

byte (*bēw*-ter) *nt* exchange; prey

byxdräkt (*bewks*-drehkt) *c* pant-suit

byxor (*bewk*-serr) *pl* trousers *pl*, pants *plAm*

båda (*bōa*-dah) *pron* both, either

både ... och (*bōa*-der ... ok) both ... and

båge (*bōa*-ger) *c* bow

bågformig (*bōag*-for-mi) *adj* arched

bår (bōar) *c* stretcher

båt (bōat) *c* boat

bäck (behk) *c* stream, brook

bäcken (*behk*-ern) *nt* pelvis

bädda (*beh*-dah) *v* *make the bed

bägare (*bai*-gah-rer) *c* (pl ∼) tumbler

bälte (*behl*-ter) *nt* belt

bänk (behngk) *c* bench

bär (bæær) *nt* berry

*bära (*bææ*-rah) *v* carry; *wear, *bear

bärare (*bææ*-rah-rer) *c* (pl ∼) porter

bärbar (*bæær*-baar) *adj* portable

bärgningsbil (*bæær*^y-nings-beel) *c* breakdown truck

bärnsten (*bæærn*-stāyn) *c* amber

bäst (behst) *adj* best

bättre (*beht*-rer) *adj* superior; better

bäver (*bai*-verr) *c* (pl bävrar) beaver

bödel (*būr*-derl) *c* (pl bödlar) executioner

böja (*bur*-^yah) *v* *bend; ∼ **sig** *bend down

böjd (bur^yd) *adj* bent; curved

böjlig (*bur*^y-li) *adj* flexible, supple

böjning (*bur*^y-ning) *c* bending; flexion

böld (burld) *c* abscess

bön (būrn) *c* prayer

böna (*būr*-nah) *c* bean

*bönfalla (*būrn*-fahl-ah) v beg
*böra (*būr*-rah) v *ought to
börda (*būrr*-dah) c burden, load;
charge
börja (*burr*-Yah) v *begin; commence,
start; ~ om recommence
början (*burr*-Yahn) c beginning; start;
i ~ at first
börs (burrs) c purse; exchange; svar-
ta börsen black market
böter (*būr*-terr) pl ticket, fine; penalty

C

cancer (*kahn*-serr) c cancer
cape (*kāyp*) c cape; cloak
CD-skiva (*sāy*-day-*sheev*-ah) c com-
pact disc
CD-spelare (*sāy*-day-*spāy*-lah-rer) c
compact disc player
celibat (seh-li-*baat*) nt celibacy
cell (sayl) c cell
cellofan (seh-lo-*faan*) nt cellophane
cement (say-*maynt*) nt cement
censur (sayn-*sēwr*) c censorship
centimeter (sayn-ti-*māy*-terr) c (pl ~)
centimetre
central (sayn-*traal*) adj central
centralisera (sayn-trah-li-*sāy*-rah) v
centralize
centralvärme (sayn-*traal*-vær-mer) c
central heating
centrum (*sehnt*-rewm) nt centre
cerat (say-*raat*) nt lipsalve
ceremoni (say-ray-mo-*nee*) c cer-
emony
certifikat (sehr-ti-fi-*kaat*) nt certifi-
cate
champagne (shahm-*pahn*Y) c cham-
pagne
champinjon (shahm-pin-*Yoon*) c but-
ton mushroom

chans (shahngs) c chance
charlatan (shahr-lah-*taan*) c quack
charm (shahrm) c charm
charmerande (shahr-*māy*-rahn-der)
adj charming
charterflyg (t*Y*aar-terr-*flewg*) nt char-
ter flight
chassi (*shah*-si) nt chassis
chaufför (sho-*fūrr*) c chauffeur
check (t*Y*ayk) c cheque, check nAm
checka in (t*Y*eh-kah) check in
checkhäfte (t*Y*ayk-hehf-ter) nt
cheque-book; check-book nAm
chef (shāyf) c boss; manager, chief
chic (shik) adj smart
Chile (t*Y*ee-ler) Chile
chilenare (t*Y*i-*lee*-nah-rer) c (pl ~)
Chilean
chilensk (t*Y*i-*lāy*nsk) adj Chilean
chock (shok) c shock
chockera (sho-*kāy*-rah) v shock
chockerande (sho-*kāy*-rahn-der) adj
shocking
choke (shoak) c choke
choklad (shook-*laad*) c chocolate
chokladpralin (shook-*laad*-prah-leen) c
chocolate
cigarr (si-*gahr*) c cigar
cigarraffär (si-*gahr*-ah-fæær) c cigar
shop
cigarett (si-gah-*rayt*) c cigarette
cigarrettetui (si-gah-*rayt*-ay-tew-ee) nt
cigarette-case
cigarrettmunstycke (si-gah-*rayt*-
mewn-stew-ker) nt cigarette-holder
cigarrettobak (si-gah-*reht*-too-bahk) c
cigarette tobacco
cigarrettändare (si-gah-*rayt*-tehn-dah-
rer) c (pl ~) cigarette-lighter
cirka (*seer*-kah) adv approximately
cirkel (*seer*-kerl) c (pl -klar) circle
cirkulation (seer-kew-lah-*shoon*) c cir-
culation
cirkus (*seer*-kewss) c circus

cirkusarena (*seer*-kewss-ah-*rāy*-nah) c ring

citat (si-*taat*) nt quotation

citationstecken (si-tah-*shōōns*-tay-kern) pl quotation marks

citera (si-*tāy*-rah) v quote

citron (si-*trōōn*) c lemon

civil (si-*veel*) adj civilian

civilisation (si-vi-li-sah-*shōōn*) c civilization

civiliserad (si-vi-li-*sāy*-rahd) adj civilized

civilist (si-vi-*list*) c civilian

civilrätt (si-*veel*-reht) c civil law

clown (kloun) c clown

cocktail (*kok*-tayl) c cocktail

Colombia (ko-*lom*-bi-ah) Colombia

colombian (ko-lom-bi-*aan*) c Colombian

colombiansk (ko-lom-bi-*aansk*) adj Colombian

container c (pl ~, -nrar) container

crawlsim (*krōal*-sim) nt crawl

curry (*kew*-ri) c curry

cykel (*sew*-kerl) c (pl cyklar) bicycle; cycle

cykla (*sewk*-lah) v *ride a bicycle

cyklist (sewk-*list*) c cyclist

cylinder (sew-*lin*-derr) c (pl -drar) cylinder

D

dadel (*dah*-derl) c (pl dadlar) date

dag (daag) c day; **om dagen** by day; **per ~** per day

dagbok (*daag*-bōōk) c (pl -böcker) diary

dagbräckning (*daag*-brehk-ning) c daybreak

dagg (dahg) c dew

daghem (daag-hehm) nt day nursery

daglig (*daag*-li) adj everyday, daily

dagning (*daag*-ning) c dawn

dagordning (*daag*-ord-ning) c agenda

dagsljus (*dahgs*-*yēwss*) nt daylight

dagsnyheter (*daags*-new-*hāy*-terr) pl news

dagstidning (*dahgs*-teed-ning) c daily; newspaper

dagsutflykt (*dahgs*-ēwt-flewkt) c day trip

dal (daal) c valley

dalgång (*daal*-gong) c glen

dalsänka (*daal*-sehng-kah) c depression, valley

dam (daam) c lady

dambinda (*daam*-bin-dah) c sanitary towel

damfrisör (*daam*-fri-*surr*) c hairdresser

damm (dahm) nt dust; c dam

dammig (*dah*-mi) adj dusty

***dammsuga** (*dahm*-sēw-gah) v hoover; vacuum vAm

dammsugare (*dahm*-sēw-gah-ray) c (pl ~) vacuum cleaner

damspel (*daam*-spāyl) nt draughts; checkers plAm

damspelsbräde (*daam*-spāyls-*brai*-der) nt draught-board

damtoalett (*daam*-tooah-*layt*) c ladies' room; powder-room

damunderkläder (*daam*-ewn-derr-klai-derr) pl lingerie

Danmark (*dahn*-mahrk) Denmark

dans (dahns) c dance

dansa (*dahn*-sah) v dance

dansk (dahnsk) c Dane; adj Danish

darra (*dah*-rah) v tremble

data (*daa*-tah) pl data pl

datum (*daa*-tewm) nt (pl data, ~) date

de (dāy) pron they; ~ **där** those; ~ **här** these

debatt (der-*baht*) c debate; discussion

debattera (der-bah-*tāy*-rah) v discuss; argue

debet (*dāy*-bayt) c debit

december (der-*saym*-berr) December

decimalsystem (day-si-*maal*-sew-*stāym*) nt decimal system

defekt (der-*fehkt*) c fault

definiera (der-fi-ni-*āy*-rah) v define

definition (der-fi-ni-*shōōn*) c definition

deg (dāyg) c dough

deklaration (day-klah-rah-*shōōn*) c declaration; statement

dekoration (day-ko-rah-*shōōn*) c decoration

del (dāyl) c part; share

dela (*dāy*-lah) v divide; share; ~ sig fork; ~ ut *deal; administer

delegat (day-ler-*gaat*) c delegate

delegation (day-ler-gah-*shōōn*) c delegation

delikatess (day-li-kah-*tayss*) c delicacy

delikatessaffär (day-li-kah-*tayss*-ah-*fær*) c delicatessen

delning (*dāyl*-ning) c division

*delta (*dāyl*-taa) v participate

deltagande (*dāyl*-taa-gahn-der) adj sympathetic; nt attendance

deltagare (*dāyl*-taa-gah-rer) c (pl ~) participant

delvis (*dāyl*-veess) adv partly; adj partial

delägare (*dāyl*-ai-gah-rer) c (pl ~) associate

dem (dom) pron them

demokrati (day-mo-krah-*tee*) c democracy

demokratisk (day-moa-*kraa*-tisk) adj democratic

demonstration (day-mons-trah-*shōōn*) c demonstration

demonstrera (day-mons-*trāy*-rah) v demonstrate

den (dayn) pron (nt det, pl de) that; ~ där that; ~ här this

denna (*deh*-nah) pron (nt detta, pl dessa) this

deodorant (dāy-o-do-*rahnt*) c deodorant

departement (der-pahr-ter-*mehnt*) nt department; ministry

deponera (der-po-*nāy*-rah) v deposit; bank

depression (der-pray-*shōōn*) c depression

deprimera (der-pri-*māy*-rah) v depress

deprimerad (der-pri-*māy*-rahd) adj depressed

deputation (der-pew-tah-*shōōn*) c deputation, delegation

deputerad (der-pew-*tāy*-rahd) c (pl ~e) deputy

depå (der-*pōā*) c depot

deras (*dāy*-rahss) pron their

desertera (der-sehr-*tāy*-rah) v desert

desinfektera (diss-in-fayk-*tāy*-rah) v disinfect

desinfektionsmedel (diss-in-fayk-*shōōns*-māy-dayl) nt disinfectant

desperat (derss-pay-*raat*) adj desperate

dessert (der-*sæær*) c dessert; sweet

dessförinnan (dehss-fur-*ri*-nahn) adv before then

dessutom (dehss-*ēw*-tom) adv besides; moreover, also, furthermore

dessvärre (dehss-*væ*-rer) adv unfortunately

ju ... desto (yēw ... *dehss*) too) the ... the

det (dāy) pron it

detalj (der-*tahly*) c detail

detaljerad (der-tahl-*yāy*-rahd) adj detailed

detaljhandel (der-*tahly*-hahn-dayl) c retail trade

detaljhandlare (der-*tahly-hahnd*-lah-rer) c (pl ~) retailer

detaljist (der-tahl-*yist*) c retailer

detektiv (day-tehk-*teev*) c detective

detektivroman (day-tehk-*teev*-roo-maan) c detective story

devalvera (der-vahl-*vāy*-rah) v devalue

devalvering (der-vahl-*vāy*-ring) c devaluation

diabetes (diah-*bāy*-terss) c diabetes

diabetiker (di-ah-*bāy*-ti-kerr) c (pl ~) diabetic

diagnos (dee-ahg-*nōass*) c diagnosis; **ställa en** ~ diagnose

diagonal (di-ah-go-*naal*) c diagonal; adj diagonal

diagram (dee-ah-*grahm*) nt graph; chart, diagram

dialekt (dee-ah-*laykt*) c dialect

diamant (dee-ah-*mahnt*) c diamond

diapositiv (*dee*-ah-poo-si-*teev*) nt slide

diarré (dee-ah-*rāy*) c diarrhoea

diesel (*dee*-serl) c diesel

diet (di-*āyt*) c diet

difteri (dif-ter-*ree*) c diphtheria

dig (day) pron you, yourself

digital (di-gi-*taal*) adj digital

dike (*dee*-ker) nt ditch

dikt (dikt) c poem

diktafon (dik-tah-*fōan*) c dictaphone

diktamen (dik-*taa*-mern) c (pl ~, -mina) dictation

diktare (*dik*-tah-rer) c (pl ~) poet

diktator (dik-*taa*-tor) c dictator

diktera (dik-*tāy*-rah) v dictate

dimension (di-mehn-*shōōn*) c dimension, size

dimma (*di*-mah) c mist, fog

dimmig (*di*-mi) adj foggy

din (din) pron (nt ditt, pl dina) your

diplom (di-*plōam*) nt diploma; certificate

diplomat (di-plo-*maat*) c diplomat

diplomatisk (dip-lo-*maa*-tisk) adj diplomatic

direkt (di-*raykt*) adj direct

direktion (di-rehk-*shōōn*) c direction, management

direktiv (di-rehk-*teev*) nt directive

direktör (di-rayk-*tūrr*) c director; executive, manager

dirigent (di-ri-*shaynt*) c conductor

dirigera (di-ri-*shāy*-rah) v conduct

dis (deess) nt haze

disciplin (di-si-*pleen*) c discipline

disig (*dee*-si) adj misty, hazy

disk (disk) c counter, bar; washing-up

diska (*diss*-kah) v wash up

diskbråck (*disk*-brok) nt slipped disc

diskonto (diss-*kon*-too) nt bank-rate

diskussion (diss-kew-*shōōn*) c discussion; argument

diskutera (diss-kew-*tāy*-rah) v argue, discuss

disponibel (diss-poo-*nee*-berl) adj available

dispyt (diss-*pēwt*) c dispute

distrikt (dist-*rikt*) nt district

dit (deet) adv there

djungel (*ᵛewng*-ayl) c (pl djungler) jungle

djup (ᵛewp) nt depth; adj deep, low

djupsinnig (*ᵛewp*-si-ni) adj profound

djur (ᵛewr) nt beast, animal

djurkretsen (*ᵛewr*-kreht-sern) zodiac

djurpark (*ᵛewr*-pahrk) c zoological gardens

djurreservat (*ᵛewr*-ray-sær-*vaat*) nt game reserve

djurskinn (*ᵛewr*-shin) nt skin

djärv (ᵛærv) adj bold

djävul (*ᵛai*-vewl) c (pl -vlar) devil

dock (dok) conj yet, nevertheless; but, yet

docka[1] (*doa*-kah) c doll

docka[2] (*doa*-kah) c dock; v dock

dockteater (*dok*-tay-aa-terr) c (pl -trar) puppet-show

doft (doft) c scent

doktor (*doak*-toar) c doctor

dokumentportfölj (do-kew-*maynt*-port-*furl*ʸ) c attaché case

dom (doom) c judgment; verdict, sentence; **fällande** ~ conviction

domare (*doo*-mah-rer) (pl ~) judge; c umpire, referee

domkraft (*doom*-krahft) c jack

domkyrka (*doom*-tʸewr-kah) c cathedral

domnad (*dom*-nahd) adj numb

domslut (*doom*-slewt) nt verdict

domstol (*doom*-stool) c court; law court

donation (do-nah-*shoon*) c donation

donator (do-*naa*-tor) c donor

donera (do-*nay*-rah) v donate

dop (doop) nt baptism; christening

doppvärmare (*dop*-vær-mah-rer) c (pl ~) immersion heater

dos (dooss) c dose

dotter (*do*-terr) c (pl döttrar) daughter

dotterdotter (*do*-terr-do-terr) c (pl -döttrar) granddaughter

dotterson (*do*-terr-sōan) c (pl -söner) grandson

dov (dōav) adj dull

***dra** (draa) v *draw; pull; ~ av deduct; ~ ifrån subtract; ~ till tighten; ~ tillbaka *withdraw; ~ upp *wind; ~ ur disconnect; ~ åt tighten

drag (draag) nt move; trait; draught

dragning (*draag*-ning) c draw; tendency; tinge

drake (*draa*-ker) c dragon

drama (*draa*-mah) nt (pl -mer) drama

dramatiker (drah-*maa*-ti-kerr) c dramatist

dramatisk (drah-*maa*-tisk) adj dramatic

dressera (drer-*say*-rah) v train

***dricka** (*dri*-kah) v *drink

drickbar (*drik*-baar) adj for drinking

dricks (driks) c tip

dricksvatten (*driks*-vah-tern) nt drinking-water

drink (drink) c drink

***driva** (*dree*-vah) v drift; ~ framåt propel; ~ med kid

drivhus (*dreev*-hewss) nt greenhouse

drivkraft (*dreev*-krahft) c driving force

drog (drōag) c drug

droppe (*dro*-per) c drop

drottning (*drot*-ning) c queen

drunkna (*drewngk*-nah) v *be drowned

dryck (drewk) c drink; beverage; **alkoholfri** ~ soft drink

dränera (dreh-*nay*-rah) v drain

dränka (*drehng*-kah) v drown

dröm (drurm) c (pl ~mar) dream

drömma (*drur*-mah) v *dream

du (dew) pron you

dubbdäck (*dewb*-dehk) nt spiked tyre

dubbel (*dew*-behl) adj double

dubbelsäng (*dew*-berl-sehng) c double bed

duggregn (*dewg*-rehngn) nt drizzle

duglig (*dewg*-li) adj capable, able

duk (dewk) c table-cloth

duka (*dew*-kah) v *set the table

duka under (*dew*-kah) succumb

duktig (*dewk*-ti) adj capable; skilful, smart

dum (dewm) adj silly; foolish, stupid, dumb

dumbom (*dewm*-boom) c (pl ~mar) fool

dumdristig (*dewm*-driss-ti) adj daring, foolhardy

dumheter (*dewm*-hay-terr) pl nonsense

dun (dewn) nt down

dunka (*dewng*-kah) v thump; bump

dunkel (*dewng*-kerl) adj obscure; dim

dunkelhet (*dewng*-kerl-hayt) c gloom

duntäcke (*dewn*-teh-ker) nt eider-

down
durkslag (*dewrk*-slaag) *nt* strainer
dusch (dewsh) *c* shower
dussin (*dew*-sin) *nt* dozen
duva (*dēw*-vah) *c* pigeon
dvärg (dværʸ) *c* dwarf
dygd (dewgd) *c* virtue
dygn (dewngn) *nt* twenty-four hours
*****dyka** (*dēw*-kah) *v* dive
dykarglasögon (*dēw*-kahr-glaa-sūr-gon) *pl* diving goggles
dylik (*dēw*-leek) *adj* such, similar
dyn (dēwn) *c* dune
dyna (*dēw*-nah) *c* pad
dynamo (*dēw*-nah-moo) *c* dynamo
dynga (*dewng*-ah) *c* dung
dyr (dēwr) *adj* expensive; dear
dyrbar (*dēwr*-baar) *adj* precious; dear, valuable, expensive
dyrka (*dewr*-kah) *v* worship
dysenteri (dew-sayn-ter-*ree*) *c* dysentery
dyster (*dewss*-terr) *adj* gloomy; sombre
då (dōa) *adv* then; *conj* when; **då och då** occasionally; now and then
dålig (*dōa*-li) *adj* bad; ill
dån (dōan) *nt* roar
dåraktig (*dōar*-ahk-ti) *adj* foolish
dåre (*dōa*-rer) *c* fool
däck (dehk) *nt* tire, tyre; deck
däckshytt (*dehks*-hewt) *c* deck cabin
däggdjur (*dehg*-ʸēwr) *nt* mammal
där (dæær) *adv* there; ~ **borta** over there; ~ **nere** downstairs; down there; ~ **uppe** upstairs; up there
därefter (*dæær*-ayf-terr) *adv* afterwards; then
däremot (*dæær*-ay-*mōōt*) *adv* on the other hand
därför (*dæær*-fūrr) *adv* therefore; ~ **att** because, as
därifrån (*dæær*-i-frōan) *adv* from there

*****dö** (dūr) *v* die
död (dūrd) *c* death; *adj* dead
döda (*dūr*-dah) *v* kill
dödlig (*dūrd*-li) *adj* mortal, fatal
dödsstraff (*dūrds*-strahf) *nt* death penalty
*****dölja** (*durl*-ʸah) *v* conceal; *hide
döma (*dur*-mah) *v* judge; sentence
döpa (*dūr*-pah) *v* baptize; christen
dörr (durr) *c* door
dörrklocka (*durr*-klo-kah) *c* doorbell
dörrvaktmästare (*durr*-vahkt-mehss-tah-rer) *c* (pl ~) doorman
döv (dūrv) *adj* deaf

E

ebb (ayb) *c* low tide
ebenholts (*āy*-bayn-holts) *c* ebony
Ecuador (ayk-vah-*dōar*) Ecuador
ecuadorian (ayk-vah-*dōa*-ri-aan) *c* Ecuadorian
ed (āyd) *c* oath, vow
effektförvaring (ay-*fehkt*-furr-vaa-ring) *c* left-luggage office
effektiv (ay-fayk-*teev*) *adj* effective; efficient
efter (*ayf*-terr) *prep* after
efterforska (*ayf*-terr-fors-kah) *v* investigate
efterfrågan (*ayf*-terr-frōa-gahn) *c* demand
efterlikna (*ayf*-terr-leek-nah) *v* imitate
efterlämna (*ayf*-terr-lehm-nah) *v* *leave behind
eftermiddag (*ayf*-terr-mi-daag) *c* afternoon; **i** ~ this afternoon
efternamn (*ayf*-terr-nahmn) *nt* surname; family name
eftersom (*ayf*-terr-som) *conj* because, as, since
eftersträva (*ayf*-terr-strai-vah) *v* pur-

sue; aim at

eftersända (*ayf*-terr-sehn-dah) *v* forward

efterträda (*ayf*-terr-trai-dah) *v* succeed

efteråt (*ayf*-terr-oāt) *adv* afterwards

egen (*āy*-gayn) *adj* own

egendom (*āy*-gayn-doom) *c* property

egendomlig (*āy*-gern-doom-li) *adj* peculiar

egendomlighet (*āy*-gern-doom-li-*hāyt*) *c* peculiarity

egenskap (*āy*-gern-skaap) *c* quality; property

egentligen (ay-*Y*aynt-li-ern) *adv* really

egoism (ay-goo-*ism*) *c* selfishness

egoistisk (ay-goo-*iss*-tisk) *adj* egoistic

Egypten (ay-*Y*ewp-tern) Egypt

egypter (ay-*Y*ewp-terr) *c* (pl ~) Egyptian

egyptisk (ay-*Y*ewp-tisk) *adj* Egyptian

ehuru (*āy*-*hew*-rew) *conj* though

ek (*āy*k) *c* oak

åker (*āy*-kerr) *c* (pl ekrar) spoke

ekipage (ay-ki-*paash*) *nt* carriage

eko (*āy*-koo) *nt* echo

ekollon (*āy*k-o-lon) *nt* acorn

ekonom (ay-ko-*nōām*) *c* economist

ekonomi (ay-ko-no-*mee*) *c* economy

ekonomisk (ay-ko-*nōā*-misk) *adj* economical, economic; thrifty

ekorre (*āy*k-orer) *c* squirrel

eksem (ehk-*sāym*) *nt* eczema

ekvatorn (ayk-*vaa*-torn) equator

elak (*āy*-lahk) *adj* evil; ill

elakartad (*āy*-lahk-aar-tahd) *adj* malignant

elasticitet (ay-lahss-ti-si-*tāyt*) *c* elasticity

elastisk (ay-*lahss*-tisk) *adj* elastic

eld (ayld) *c* fire

eldfarlig (*ayld*-faar-li) *adj* inflammable

eldfast (*ayld*-fahst) *adj* fireproof

eldstad (*ayld*-staad) *c* (pl -städer) hearth

eldsvåda (*aylds*-vōā-dah) *c* fire

elefant (ay-lay-*fahnt*) *c* elephant

elegans (ay-lay-*gahns*) *c* elegance

elegant (ay-lay-*gahnt*) *adj* elegant

elektricitet (ay-layk-tri-si-*tāyt*) *c* electricity

elektriker (ay-*layk*-tri-kerr) *c* (pl ~) electrician

elektrisk (ay-*layk*-trisk) *adj* electric

elektronisk (ay-layk-*trōā*-nisk) *adj* electronic

element (ay-lay-*mehnt*) *nt* element

elementär (ay-lay-mehn-*tæær*) *adj* primary

elev (ay-*lāyv*) *c* pupil

elfenben (*ayl*-fayn-bāyn) *nt* ivory

elfte (*aylf*-tay) *num* eleventh

eliminera (ay-li-mi-*nāy*-rah) *v* eliminate

eller (*ayl*-err) *conj* or

elva (*ayl*-vah) *num* eleven

elände (ay-*lehn*-der) *nt* misery

eländig (ay-*lehn*-di) *adj* miserable

emalj (ay-*mahl*Y) *c* enamel

emaljerad (ay-mahl-*Yāy*-rahd) *adj* enamelled

embargo (aym-*bahr*-goo) *nt* embargo

embarkering (aym-bahr-*kāy*-ring) *c* embarkation

emblem (aym-*blāym*) *nt* emblem

emellertid (ay-*meh*-lerr-teed) *adv* though, however

emot (ay-*mōōt*) *prep* against; towards; *ha något* ~ mind

en¹ (ayn) *art* (nt ett) a *art*

en² (ayn) *num* one

-en³ (ayn) *suf* (nt -et) the *art*

enaktare (*āy*n-ahk-tah-rer) *c* (pl ~) one-act play

enastående (*āy*-nah-stōā-ayn-der) *adj* exceptional

enbart (*āy*n-baart) *adv* exclusively

enda (*ayn*-dah) *pron* only; **en** ~

single
endast (ayn-dahst) adv alone, only; merely
endera (ayn-dāy-rah) pron either
endossera (ayn-do-sāy-rah) v endorse
energi (ay-nær-shee) c power, energy
energisk (ay-nær-gisk) adj energetic
engelsk (ehng-erlsk) adj English
Engelska kanalen (eh-ngerls-kah kah-naa-lern) English Channel
engelsman (ehng-erls-mahn) c (pl -män) Englishman
England (ehng-lahnd) England; Britain
engångs- (āyn-gongs) disposable
engångsflaska (āyn-gongs-flahss-kah) c no return bottle
enhet (āyn-hāyt) c unit, unity
*vara enig (vaa-rah āy-ni) agree
enighet (āy-ni-hāyt) c agreement
enkel (ayng-kayl) adj simple; plain
enkelrum (ayng-kayl-rewm) nt single room
enkelt (ayng-kerlt) adv simply; **helt ~** simply
enligt (āyn-lit) prep according to
enorm (ay-norm) adj enormous; immense
ensam (ayn-sahm) adj lonely; sole
ensidig (āyn-see-di) adj one-sided
enskild (āyn-shild) adj individual
enstämmig (āyn-stehm-i) adj unanimous
entreprenör (ehnt-rer-pray-nūūr) c contractor
entusiasm (ayn-tew-si-ahsm) c enthusiasm
entusiastisk (ayn-tew-si-ahss-tisk) adj enthusiastic
envar (ayn-vaar) pron everyone
envis (āyn-veess) adj stubborn; obstinate; head-strong, dogged
envoyé (ayn-yoo-ah-Yāy) c envoy
epidemi (ay-pi-der-mee) c epidemic

epilepsi (ay-pi-lehp-see) c epilepsy
epilog (eh-pi-lōāg) c epilogue
episk (āy-pisk) adj epic
episod (eh-pi-sōōd) c episode
epos (āy-poss) nt epic
Er (āyr) pron you; your; yourself
er (āyr) pron you; your; yourselves
era (āy-rah) pron your
*erbjuda (āyr-bYēw-dah) v offer; ~ sig offer one's services
erbjudande (āyr-bYēw-dahn-der) nt offer
*erfara (āyr-faa-rah) v experience
erfaren (ayr-faa-rern) adj experienced
erfarenhet (ayr-faa-rern-hāyt) c experience
erforderlig (ayr-fōōr-derr-li) adj requisite
*erhålla (āyr-ho-lah) v obtain
erinra sig (āyr-in-rah) recall
erkänna (āyr-tYeh-nah) v admit; confess, acknowledge, recognize
erkännande (āyr-tYeh-nahn-der) nt recognition
*ersätta (āyr-seh-tah) v substitute; replace
ersättning (āyr-seht-ning) c indemnity; compensation
erövra (āyr-ūrv-rah) v conquer
erövrare (āyr-ūrv-rah-rer) c (pl ~) conqueror
erövring (āyr-ūrv-ring) c conquest; capture
eskort (ayss-kort) c escort
eskortera (ayss-kor-tāy-rah) v escort
esplanad (ayss-plah-naad) c esplanade
essens (ay-sehns) c essence
essä (ay-sai) c essay
etablera (ay-tah-blāy-rah) v establish
etapp (ay-tahp) c stage, lap
eter (āy-terr) c ether
etikett (ay-ti-kayt) c label; tag
etikettera (ayti-keh-tāy-rah) v label
Etiopien (ay-ti-ōō-pi-ern) Ethiopia

etiopier (ay-ti-*ōō*-pi-err) *c* (pl ~) Ethiopian

etiopisk (ay-ti-*ōō*-pisk) *adj* Ethiopian

etsning (*ehts*-ning) *c* etching

etui (ay-tew-ee) *nt* case

Europa (*āy-rōō*-pah) Europe

europé (*āy*-roo-*pāy*) *c* European

europeisk (*āy*-roo-*pāy*-isk) *adj* European

Europeiska Unionen (ay-roo-*pay*-is-kah *ēw*-ni-*ōōn*-en) *c* European Union

evakuera (ay-vah-kew-*āy*-rah) *v* evacuate

evangelium (ay-vahn-*ʸāy*-li-ʸewm) *nt* (pl -lier) gospel

eventuell (ay-vehn-tew-*ayl*) *adj* possible

evolution (ay-vo-lew-*shōōn*) *c* evolution

exakt (ayks-*ahkt*) *adv* exactly; *adj* exact

examen (ayk-*saa*-mern) *c* examination; •**ta** ~ graduate

excentrisk (ayk-*sehnt*-risk) *adj* eccentric

exempel (ayk-*sehm*-perl) *nt* example; instance; **till** ~ for example; for instance

exemplar (ayks-aym-*plaar*) *nt* copy; specimen

existens (ayk-si-*stehns*) *c* existence

existera (ayk-si-*stāy*-rah) *v* exist

exklusiv (ehks-kloo-*seev*) *adj* exclusive

exotisk (ehk-*sōa*-tisk) *adj* exotic

expedit (ehks-pay-*deet*) *c* shop assistant

expedition (ayks-pay-di-*shōōn*) *c* expedition

experiment (ayks-peh-ri-*mehnt*) *nt* experiment

experimentera (ayks-peh-ri-mayn-*tāy*-rah) *v* experiment

expert (ayks-*pært*) *c* expert

explodera (ayks-plo-*dāy*-rah) *v* explode

explosion (ayks-plo-*shōōn*) *c* blast, explosion

explosiv (ayks-plo-*seev*) *adj* explosive

exponering (ayks-po-*nāy*-ring) *c* exposure

exponeringsmätare (ayks-po-*nāy*-rings-*mai*-tah-rer) *c* (pl ~) exposure meter

export (ayk-*sport*) *c* exports *pl*

exportera (ayks-por-*tāy*-rah) *v* export

expresståg (ayks-*prayss*-tōāg) *nt* express train

expressutdelning (ayks-*prayss*-ewt-*dāyl*-ning) *c* special delivery

extas (ayks-*taass*) *c* ecstasy

extra (*aykst*-rah) *adj* extra, additional; spare

extrastorlek (*aykst*-rah-stōōr-*lāyk*) *c* outsize

extravagant (ayk-strah-vah-*gahnt*) *adj* extravagant

extrem (ehk-*strāym*) *adj* extreme

F

fabel (*faa*-berl) *c* (pl fabler) fable

fabrik (fahb-*reek*) *c* factory; works *pl*; plant, mill

fabrikant (fahb-ri-*kahnt*) *c* manufacturer

fack (fahk) *nt* compartment; trade

fackförening (*fahk*-furr-*āy*-ning) *c* trade-union

fackla (*fahk*-lah) *c* torch

fackman (*fahk*-mahn) *c* (pl -män) expert

fager (*faa*-gerr) *adj* fair

fajans (fah-*ʸahngs*) *c* faience

faktisk (*fahk*-tisk) *adj* actual, factual

faktiskt (*fahk*-tist) *adv* in effect, actually, as a matter of fact, really

faktor (*fahk*-tor) *c* factor

faktum (*fahk*-tewm) *nt* (pl fakta) fact

faktura (fahk-*tew*-rah) *c* invoice

fakturera (fahk-tew-*rāy*rah) *v* bill

fakultet (fah-kewl-*tāyt*) *c* faculty

falk (fahlk) *c* hawk

fall (fahl) *nt* fall; case, instance; **i var-je** ~ at any rate; anyway

***falla** (*fahl*-ah) *v* *fall

fallenhet (*fahl*-ern-hāyt) *c* faculty

fallfärdig (*fahl*-fæær-di) *adj* ramshackle

falsk (fahlsk) *adj* false

familj (fah-*mil*ʸ) *c* family

familjär (fah-mil-*ʸæær*) *adj* familiar

fanatisk (fah-*naa*-tisk) *adj* fanatical

fantasi (fahn-tah-*see*) *c* imagination, fantasy

fantasilös (fahn-tah-*see*-lūrss) *adj* unimaginative

fantastisk (fahn-*tahss*-tisk) *adj* fantastic

fantom (fahn-*tōam*) *c* phantom

far (faar) *c* (pl fäder) father

fara (*faa*-rah) *c* peril, risk, danger

***fara** (*faa*-rah) *v* *go away; ~ runt om by-pass

farbror (*fahr*-brōōr) *c* (pl -bröder) uncle

farfar (*fahr*-faar) *c* (pl -fäder) grandfather

farföräldrar (*faar*-furr-ehld-rahr) *pl* grandparents pl

farlig (*faar*-li) *adj* dangerous

farmakologi (fahr-mah-ko-loo-*gee*) *c* pharmacology

farmor (*fahr*-mōōr) *c* (pl -mödrar) grandmother

fars (fahrs) *c* farce

fart (faart) *c* speed; rate

fartbegränsning (*faart*-bay-*grehns*-ning) *c* speed limit

fartyg (*faar*-tēwg) *nt* ship; vessel

fas (faass) *c* stage, phase

fasa (*faa*-sah) *c* horror

fasad (fah-*saad*) *c* façade

fasan (fah-*saan*) *c* pheasant

fascinera (fah-shi-*nāy*-rah) *v* fascinate

fascism (fah-*shism*) *c* fascism

fascist (fah-*shist*) *c* fascist

fascistisk (fah-*shiss*-tisk) *adj* fascist

fast (fahst) *adj* fixed; firm; permanent; *adv* tight

faster (*fahss*-terr) *c* (pl -trar) aunt

fastighet (*fahss*-ti-hāyt) *c* house, property; premises pl

fastighetsmäklare (*fahss*-ti-hāyts-*maik*-lah-rer) *c* (pl ~) house agent

fastland (*fahst*-lahnd) *nt* mainland

fastställa (*fahst*-steh-lah) *v* establish; determine, ascertain, state

fastän (*fahst*-ehn) *conj* though, although

fat (faat) *nt* dish; barrel

fatal (fah-*taal*) *adj* fatal

fatta (*fah*-tah) *v* conceive; *take

fattas (*fah*-tahss) *v* fail

fattig (*fah*-ti) *adj* poor

fattigdom (*fah*-ti-doom) *c* poverty

favorit (fan-*vōō*-reet) *c* favourite

fax (fahgs) *nt* fax; **sticka ett** ~ send a fax

fe (fāy) *c* fairy

feber (*fāy*-berr) *c* fever

febrig (*fāyb*-ri) *adj* feverish

februari (fayb-rew-*aa*-ri) February

federation (fay-day-rah-*shōōn*) *c* federation

feg (fāyg) *adj* cowardly

fel (fāyl) *nt* mistake, error, fault; *adj* false, wrong; *ha ~ *be wrong; *ta ~ err

felaktig (*fāyl*-ahk-ti) *adj* incorrect; mistaken

felfri (*fāyl*-free) *adj* faultless

felsteg (*fāyl*-stāyg) *nt* slip

fem (fehm) *num* five

feminin (*fay*-mi-neen) *adj* feminine

femte (*fehm*-ter) *num* fifth

femtio (*fehm*-ti) *num* fifty

femton (fehm-ton) *num* fifteen

femtonde (*fehm*-ton-der) *num* fifteenth

feodal (fay-o-*daal*) *adj* feudal

ferieläger (*fay*-ri-er-lai-gerr) *nt* holiday camp

fernissa (fær-*nee*-sah) *c* varnish; *v* varnish

fest (fehst) *c* party; feast

festival (fayss-ti-*vaal*) *c* festival

festlig (*fayst*-li) *adj* festive

fet (*fayt*) *adj* fatty; fat; corpulent

fetma (*feht*-mah) *c* fatness

fett (fayt) *nt* fat, grease

fiber (*fee*-berr) *c* fibre

ficka (*fi*-kah) *c* pocket

fickalmanacka (*fik*-ahl-mah-nah-kah) *c* diary

fickkam (*fik*-kahm) *c* (pl ~mar) pocket-comb

fickkniv (*fik*-kneev) *c* pocket-knife

ficklampa (*fik*-lahm-pah) *c* torch; flash-light

fickur (*fik*-ēwr) *nt* pocket-watch

fiende (*fee*-ayn-der) *c* enemy

fientlig (fi-*ehnt*-li) *adj* hostile

figur (fi-*gēwr*) *c* figure

fikon (*fee*-kon) *c* fig

fiktion (fik-*shōōn*) *c* fiction

fil (feel) *c* file; row; lane

filial (fil-i-*aal*) *c* branch

filippinare (fi-li-*pee*-nah-rer) *c* (pl ~) Filipino

Filippinerna (fi-li-*pee*-nerr-nah) Philippines *pl*

filippinsk (fi-li-*peensk*) *adj* Philippine

film (film) *c* film; movie; **tecknad ~** cartoon

filma (*fil*-mah) *v* film

filmduk (*film*-dēwk) *c* screen

filmkamera (*film*-kaa-mer-rah) *c* film camera

filosof (fi-lo-*sōāf*) *c* philosopher

filosofi (fi-lo-so-*fee*) *c* philosophy

filt (filt) *c* blanket; felt

filter (*fil*-terr) *nt* filter

fin (feen) *adj* fine; delicate; **fint!** all right!; okay!

finanser (fi-*nahng*-serr) *pl* finances *pl*

finansiell (fi-nahng-si-*ayl*) *adj* financial

finansiera (fi-nahng-si-*āy*-rah) *v* finance

finger (*fing*-err) *nt* (pl fingrar) finger

fingeravtryck (*fing*-err-aav-trewk) *nt* fingerprint

fingerborg (*fing*-er-borᵞ) *c* thimble

finhacka (*feen*-hah-kah) *v* mince

Finland (*fin*-lahnd) Finland

finländare (*fin*-lehn-der-rer) *c* (pl ~) Finn

finmala (*feen*-maa-lah) *v* *grind

*finna (*fi*-nah) *v* *find

finne (*fi*-ner) *c* pimple; **finnar** acne

finsk (finsk) *adj* Finnish

fiol (fi-*ōōl*) *c* violin

fira (*fee*-rah) *v* celebrate

firande (fee-rahn-der) *nt* celebration

firma (*feer*-mah) *c* firm; company

fisk (fisk) *c* fish

fiska (*fiss*-kah) *v* fish

fiskaffär (*fisk*-ah-fæær) *c* fish shop

fiskare (*fiss*-kah-rer) *c* (pl ~) fisherman

fiskben (*fisk*-bāyn) *nt* fishbone; bone

fiskedon (*fiss*-ker-dōōn) *nt* fishing tackle

fiskekort (*fiss*-ker-kōōrt) *nt* fishing licence

fiskerinäring (fiss-ker-*ree*-næ-ring) *c* fishing industry

fiskmås (*fisk*-mōāss) *c* seagull

fisknät (*fisk*-nait) *nt* fishing net

fiskredskap (*fisk*-rāyd-skaap) *nt* fishing gear

fiskrom (*fisk*-rom) *c* roe

fjord (f^vo͞ard) *c* fjord

fjorton (f^voͦr-ton) *num* fourteen

fjortonde (f^voͦr-ton-der) *num* fourteenth

fjäder (f^vai-derr) *c* (pl -drar) feather; spring

fjäderfä (f^vai-derr-fai) *nt* poultry; fowl

fjädring (f^vaid-ring) *c* suspension

fjäll (f^vehl) *nt* scale; mountain

fjälla (f^veh-lah) *v* peel

fjärde (f^væær-der) *num* fourth

fjäril (f^vææ-ril) *c* butterfly

fjärilsim (f^vææ-ril-sim) *nt* butterfly stroke

flagga (*flah*-gah) *c* flag

flamingo (*flahm*-ing-goo) *c* flamingo

flanell (flah-*nayl*) *c* flannel

flanera (flah-*nāy*-rah) *v* stroll

flanör (flah-*nürr*) *c* stroller

flaska (*flahss*-kah) *c* bottle

flaskhals (*flahsk*-hahls) *c* bottleneck

flasköppnare (*flahsk*-urp-nah-rer) *c* (pl ~) bottle opener

flat (flaat) *adj* flat

fler (flāyr) *adj* more; **(de) flesta** most; **flera** several

flicka (*fli*-kah) *c* girl

flicknamn (*flik*-nahmn) *nt* maiden name; girl's name

flickscout (*flik*-skout) *c* girl guide

flin (fleen) *nt* grin

flina (*flee*-nah) *v* grin

flintskallig (*flint*-skah-li) *adj* bald

flintsten (*flint*-stāyn) *c* flint

flisa (*flee*-sah) *c* chip

flit (fleet) *c* diligence

flitig (*flee*-ti) *adj* industrious, diligent

flod (flooͦd) *c* river; flood

flodbank (*flooͦd*-bahngk) *c* bank

flodmynning (*flooͦd*-mew-ning) *c* river mouth, estuary

flodstrand (*flooͦd*-strahnd) *c* (pl -stränder) riverside; river bank

flotta (*flo*-tah) *c* navy; fleet; **flott-** naval

flotte (*flo*-ter) *c* raft

flottig (*flo*-ti) *adj* greasy

flottör (flo-*türr*) *c* float

fluga (*flew*-gah) *c* fly; bow tie

fly (flew) *v* escape

flyg (flewg) *nt* flight

*****flyga** (*flew*-gah) *v* *fly

flygbolag (*flewg*-booͦ-laag) *nt* airline

flygel (*flew*-gerl) *c* (pl -glar) grand piano

flygfält (*flewg*-fehlt) *nt* airfield

flygkapten (*flewg*-kahp-tāyn) *c* captain

flygmaskin (*flewg*-mah-sheen) *c* aircraft

flygolycka (*flewg*-oo-*lew*-kah) *c* plane crash

flygplan (*flewg*-plaan) *nt* aeroplane, aircraft, plane; airplane *nAm*

flygplats (*flewg*-plahts) *c* airport

flygpost (*flewg*-post) *c* airmail

flygresa (*flewg*-rāy-sah) *c* flight

flygsjuka (*flewg*-shew-kah) *c* air-sickness

flygvärdinna (*flewg*-vær-*di*-nah) *c* stewardess

flykt (flewkt) *c* escape

flyktig (*flewk*-ti) *adj* passing; volatile

flykting (*flewk*-ting) *c* refugee

*****flyta** (*flew*-tah) *v* flow; float

flytande (*flew*-tahn-der) *adj* fluent; liquid, fluid

flytta (*flewt*-ah) *v* move

flyttbar (*flewt*-baar) *adj* movable

flyttning (*flewt*-ning) *c* move

flytväst (*flewt*-vehst) *c* life-jacket

fläck (flehk) *c* stain, spot; speck; blot; **fläcka ned** stain

fläckborttagningsmedel (*flehk*-boart-taag-nings-*māy*-dayl) *nt* stain remover

fläckfri (*flehk*-free) *adj* spotless, stainless

fläckig (fleh-ki) adj spotted

fläkt (flehkt) c breath of air, breeze; fan

fläktrem (flehkt-rehm) c (pl ~mar) fan belt

flämta (flehm-tah) v pant

flöjt (flurʸt) c flute

fnittra (fnit-rah) v giggle

foajé (foo-ah-ʸay) c lobby, foyer

fock (fok) c foresail

foder (foo-derr) nt lining; forage

foderbehållare (foo-derr-bay-ho-lah-rer) c (pl ~) manger

fodral (foo-draal) nt case; cover

fogde (foog-der) c bailiff

folk (folk) nt folk, nation, people; pl people pl; **folk-** national, popular

folkdans (folk-dahns) c folk-dance

folklore (folk-loar) c folklore

folkmassa (folk-mah-sah) c crowd

folkrik (folk-reek) adj populous

folkvisa (folk-vee-sah) c folk song

fond (fond) c fund

fondbörs (fond-burrs) c stock exchange

fondmarknad (fond-mahrk-nahd) c stock market

fonetisk (fo-nay-tisk) adj phonetic

fontän (fon-tain) c fountain

forcera (for-say-rah) v force

fordon (foo-doon) nt vehicle

fordra (food-rah) v demand; claim

fordran (food-rahn) c (pl -ringar) claim

fordringsägare (food-rings-ai-gah-rer) c (pl ~) creditor

forell (fo-rayl) c trout

form (form) c form; shape

forma (for-mah) v form; model, shape

formalitet (for-mah-li-tayt) c formality

format (for-maat) nt format; size

formel (for-merl) c (pl -mler) formula

formell (for-mehl) adj formal

formulär (for-mew-læær) nt form

forntida (foorn-tee-dah) adj ancient

forskning (forsk-ning) c research

fort¹ (foort) adv in a hurry

fort² (fort) nt fort

*fortgå (foort-goa) v continue

fortkörning (foort-tʸurr-ning) c speeding

*fortsätta (foort-seh-tah) v *keep on; continue; *go on, *go ahead, carry on; proceed

fortsättning (foort-seht-ning) c continuation

fosterföräldrar (fooss-terr-furr-ehld-rahr) pl foster-parents pl

fosterland (fooss-terr-lahnd) nt (pl -länder) fatherland, native country

fot (foot) c (pl fötter) foot; **till fots** on foot; walking

fotboll (foot-bol) c football; soccer

fotbollslag (foot-bols-laag) nt soccer team

fotbollsmatch (foot-bols-mahch) c football match

fotbroms (foot-broms) c foot-brake

fotgängare (foot-ʸehng-ah-rer) c (pl ~) pedestrian

fotnot (foot-noot) c note

foto (foo-too) nt photo

fotoaffär (foo-too-ah-fæær) c camera shop

fotogen (fo-to-shayn) c paraffin; kerosene

fotograf (foo-too-graaf) c photographer

fotografera (foo-too-grah-fay-rah) v photograph

fotografering (foo-too-grah-fay-ring) c photography

fotografi (foo-too-grah-fee) nt photograph

fotostatkopia (foo-too-staat-koo-pee-ah) c photostat

fotpuder (foot-pew-derr) nt foot pow-

der
fotspecialist (fōōt-spay-si-ah-list) c chiropodist
fotvård (fōōt-vord) c pedicure
frakt (frahkt) c freight
fram (frahm) adv forward
framför (frahm-fūr) prep before; in front of; adv ahead
framföra (frahm-fūr-rah) v present, state
•**framgå** (frahm-goa) v appear
framgång (frahm-gong) c prosperity
framgångsrik (frahm-gongs-reek) adj successful
framkalla (frahm-kah-lah) v develop
•**framlägga** (frahm-lehg-ah) v present
framsida (frahm-see-dah) c front; face
framsteg (frahm-stāyg) nt progress; advance; •**göra** ~ advance, •**make progress**; •**get on**
framstegsvänlig (frahm-stāygs-vehn-li) adj progressive
framstående (frahm-stōa-ayn-der) adj prominent; distinguished
framställa (frahm-steh-lah) v produce, represent
framtid (frahm-teed) c future
framtida (frahm-tee-dah) adj future
framträda (frahm-trai-dah) v appear
framträdande (frahm-treh-dahn-der) nt appearance
framvisa (frahm-vee-sah) v •show
framåt (frahm-ōāt) adv onwards, forward, ahead
framåtsträvande (frahm-ōāt-strai-vahn-der) adj progressive
frankera (frahng-kāy-rah) v stamp
franko (frahng-koo) adj post-paid
Frankrike (frahngk-ri-ker) France
frans (frahns) c fringe
fransa sig (frahn-sah) fray
fransk (frahnsk) adj French
fransman (frahns-mahn) m (pl -män) Frenchman

fras (fraass) c phrase
frasig (fraa-si) adj crisp
fred (frāyd) c peace
fredag (frāy-daag) c Friday
frekvens (frer-kvehns) c frequency
fresta (frayss-tah) v tempt
frestelse (frayss-tayl-ser) c temptation
fri (free) adj free
fribiljett (free-bil-Yayt) c free ticket
frid (freed) c peace
fridfull (freed-fewl) adj peaceful; serene
•**frige** (fri-Yay) v release
frigivande (free-Yee-vahn-der) nt liberation
frigörelse (free-Yūr-rerl-ser) c emancipation, liberation
frihet (free-hāyt) c liberty, freedom
friidrott (free-ee-drot) c athletics pl
frikalla (free-kah-lah) v exempt
frikostig (free-koss-ti) adj liberal
friktion (frik-shōōn) c friction
frikännande (free-tYeh-nahn-der) nt acquittal
frimärke (free-mær-ker) nt postage stamp
frimärksautomat (free-mærks-ou-too-maat) c stamp machine
frisk (frisk) adj well, healthy
friskintyg (frisk-in-tēwg) nt health certificate
frisyr (fri-sēwr) c hair-do
•**frita** (free-taa) v exempt; ~ **från** discharge of
fritid (free-teed) c spare time
fritidscenter (free-teeds-sehn-terr) nt recreation centre
frivillig¹ (free-vi-li) c (pl ~a) volunteer
frivillig² (free-vi-li) adj voluntary
frivol (fri-vol) adj frivolous
from (froom) adj pious
frost (frost) c frost

frostknöl (*froast*-knürl) *c* chilblain

frostskyddsvätska (*frost*-shewds-vehts-kah) *c* antifreeze

frotté (fro-*tay*) *c* terry cloth

fru (frew) *c* madam

frukost (*frew*-kost) *c* breakfast

frukt (frewkt) *c* fruit

frukta (*frewk*-tah) *v* dread, fear

fruktan (*frewk*-tahn) *c* dread, fright

fruktansvärd (frewk-tahns-væærd) *adj* awful

fruktbar (*frewkt*-baar) *adj* fertile

fruktsaft (*frewkt*-sahft) *c* squash, juice

fruktträdgård (*frewkt*-trai-gōard) *c* orchard

frusen (*frew*-sern) *adj* frozen, cold

frys (frewss) *c* deep-freeze

***frysa** (*frew*-sah) *v* *be cold; *freeze

fryspunkt (*frewss*-pewngkt) *c* freezing-point

fråga (*frōa*-gah) *c* question; matter, issue; *v* ask

frågesport (*frōa*-ger-sport) *c* quiz

frågetecken (*frōa*-ger-tay-kern) *nt* question mark

frågvis (*frōag*-veess) *adj* inquisitive

från (frōan) *prep* from; off, as from, out of; ~ **och med** from; as from

frånstötande (*frōan*-stür-tahn-der) *adj* repellent; repulsive

frånvarande (*frōan*-vaa-rahn-der) *adj* absent

frånvaro (*frōan*-vaa-roo) *c* absence

fräck (frehk) *adj* impertinent, insolent; bold

fräckhet (frehk-*hayt*) *c* nerve

frälsa (frehl-sah) *v* redeem; deliver

frälsning (frehls-ning) *c* delivery

främling (frehm-ling) *c* stranger; alien

främmande (frehm-ahn-der) *adj* strange; foreign

frö (frür) *nt* seed

fröjd (frurᵞd) *c* joy

fröken (*frür*-kayn) *c* miss; spinster

fukt (fewkt) *c* damp

fukta (*fewk*-tah) *v* moisten; damp

fuktig (*fewk*-ti) *adj* damp; humid, moist

fuktighet (*fewk*-ti-hāyt) *c* humidity, moisture

ful (fēwl) *adj* ugly

full (fewl) *adj* full; drunk

fullblods- (*fewl*-blōōds) thoroughbred

fullborda (*fewl*-boor-dah) *v* accomplish; finish

***fullgöra** (*fewl*-ᵞur-rah) *v* fulfill; perform

fullkomlig (*fewl*-kom-li) *adj* complete; perfect; **fullkomligt** completely; entirely

fullkomlighet (*fewl*-kom-li-hāyt) *c* perfection

fullkornsbröd (*fewl*-kōōrns-brürd) *nt* wholemeal bread

fullpackad (*fewl*-pahk-ahd) *adj* chockfull; crowded

fullsatt (*fewl*-saht) *adj* full up

fullständig (*fewl*-stehn-di) *adj* complete, total, utter; **fullständigt** completely

fullända (*fewl*-ehn-dah) *v* complete

fundera på (fewn-*day*-rah) *think over, ponder upon

fungera (fewng-*gay*-rah) *v* work; operate

funktion (fewngk-*shōōn*) *c* function; working, operation

funktionsoduglig (fewngk-shōōns-ōō-dēwg-li) *adj* out of order

fuska (fewss-kah) *v* cheat

fy! (fēw) shame!

fylla (*few*-lah) *v* fill; ~ **i** fill in; fill out *Am*

fylld (fewld) *adj* stuffed

fyllning (*fewl*-ning) *c* filling, stuffing

fynd (fewnd) *nt* discovery, find; bargain

fyr (fēwr) c lighthouse

fyra (fēw-rah) num four

fyrtio (furr-ti) num forty

fysik (few-seek) c physics

fysiker (fēw-si-kerr) c (pl ~) physicist

fysiologi (few-si-o-lo-gee) c physiology

fysisk (fēw-sisk) adj physical

få (fōā) v *get; *may, *have, *be allowed to

*få (fōā) v *get; *may, *have, *be allowed to

fåfänglig (fōā-fehng-li) adj vain

fågel (fōā-gerl) c (pl fåglar) bird

fåll (fol) c hem

fånga (fong-ah) v *catch

fånge (fong-er) c prisoner

fångenskap (fong-ayn-skaap) c imprisonment

fångvaktare (fong-vahk-tah-rer) c (pl ~) jailer

får (fōār) nt sheep

fåra (fōā-rah) c furrow, groove

fårkött (fōār-tYurt) nt mutton

*få tag i (faw taag ee) *come across

fåtölj (fōā-turlY) c armchair; easy chair

fäkta (fehk-tah) v fence

fälg (fehlY) c rim

fälla (fehl-ah) c trap

fält (fehlt) nt field

fältkikare (fehlt-tYee-kah-rer) c (pl ~) field glasses

fältsäng (fehlt-sehng) c camp-bed

fängelse (fehng-ayl-ser) nt prison; gaol, jail

fängsla (fehngs-lah) v imprison, captivate

färdig (fæær-di) adj finished; ready

färg (færY) c colour; dye

färga (fær-Yah) v dye

färgad (fær-Yahd) adj coloured, dyed

färgblind (færY-blind) adj colour-blind

färgfilm (færY-film) c colour film

färglåda (færY-lōā-dah) c paint-box

färgrik (færY-reek) adj richly coloured, vivid

färgstark (færY-stahrk) adj colourful

färgäkta (færY-ehk-tah) adj fast-dyed

färgämne (færY-ehm-ner) nt colourant

färja (fær-Yah) c ferry-boat

färsk (færsk) adj fresh

fästa (fehss-tah) v attach, fasten; *stick; ~ med nål pin; fäst vid attached to

fästman (fehst-mahn) c (pl -män) fiancé

fästmö (fehst-mūr) c fiancée

fästning (fehst-ning) c fortress; stronghold

föda (fūr-dah) c food

född (furd) adj born

födelse (fūr-dayl-ser) c birth

födelsedag (fūr-dayl-ser-daag) c birthday

födelseort (fūr-dayl-ser-oort) c place of birth

födsel (furd-serl) c (pl -slar) birth

föga (fūr-gah) adj little

följa (furl-Yah) v accompany; follow; ~ efter follow

följaktligen (furlY-ahkt-li-gayn) adv consequently

följande (furl-Yahn-der) adj following; next, subsequent

följd (furlYd) c consequence; result; succession

följeslagare (furl-Yer-slaa-gah-rer) c (pl ~) companion

följetong (furl-Yer-tong) c serial

fönster (furns-terr) nt window

fönsterbräde (furn-sterr-braider) nt window-sill

fönstergaller (furns-terr-gahl-err) nt bar

fönsterlucka (furns-terr-lew-kah) c shutter

för (fūrr) prep for, conj for; ~ att to

föra (*fū-*rah) *v* convey, carry

förakt (furr-*ahkt*) *nt* scorn, contempt

förakta (furr-*ahk*-tah) *v* despise; scorn

förare (*fū*-rah-rer) *c* (pl ~) driver

förarga (furr-*ahr*-ᵞah) *v* annoy; displease

förargelse (furr-*ahr*-ᵞerl-ser) *c* annoyance

förarglig (furr-*ahr*ᵞ-li) *adj* annoying

förband (furr-*bahnd*) *nt* bandage

förbandslåda (furr-*bahnds*-lōā-dah) *c* first-aid kit

förbanna (furr-*bahn*-ah) *v* curse

förbehåll (*fū*rr-ber-hol) *nt* reservation; qualification: **utan** ~ unconditionally

förbereda (furr-ber-*rāy*-dah) *v* prepare

förberedelse (furr-ber-*rāy*-dayl-ser) *c* preparation

förbi (furr-*bee*) *prep* past; *gå* ~ pass by

***förbinda** (furr-*bin*-dah) *v* connect; join; dress

förbindelse (furr-*bin*-dehl-ser) *c* connection

förbipasserande (furr-*bee*-pah-*sāy*-rahn-der) *c* (pl ~) passer-by

***förbise** (*fū*rr-bi-*sāy*) *v* overlook

förbiseende (*fū*rr-bi-*sāy*-ayn-der) *nt* oversight

***förbjuda** (furr-*b*ᵞew-dah) *v* *forbid; prohibit

förbjuden (furr-*b*ᵞew-dayn) *adj* prohibited

***förbli** (furr-*blee*) *v* remain; stay

förbluffa (furr-*blew*-fah) *v* amaze

förbruka (furr-*brēw*-kah) *v* consume; *spend; use up

förbrukning (furr-*brēw*k-ning) *c* consumption

förbryllande (furr-*brew*-lahn-der) *adj* puzzling

förbrytare (furr-*brēw*-tah-rer) *c* (pl ~) criminal

förbud (furr-*bēwd*) *nt* prohibition

förbund (furr-*bewnd*) *nt* league; **förbunds-** federal

förbundsstat (furr-*bewnd*-staat) *c* federation

förbättra (furr-*beht*-rah) *v* improve

förbättring (furr-*beht*-ring) *c* improvement

fördel (*fū*rr-dāyl) *c* advantage; profit

fördelaktig (*fū*rr-dāyl-ahk-ti) *adj* advantageous; attractive

fördom (*fū*rr-doom) *c* prejudice

***fördriva** (furr-*dree*-vah) *v* expel, chase

fördröja (furr-*drur*-ᵞah) *v* delay; slow down

fördämning (furr-*dehm*-ning) *c* dike

fördärva (furr-*dær*-vah) *v* *spoil

före (*fū*-rer) *prep* before; ahead of; ~ **detta** former

förebrå (*fū*-rer-brōā) *v* reproach; blame

förebråelse (*fū*-rer-brōā-ayl-ser) *c* reproach

förebygga (*fū*-rer-bewg-ah) *v* prevent

förebyggande (*fū*-rer-bew-gahn-der) *adj* preventive

***föredra** (*fū*-rer-draa) *v* prefer

föredrag (*fū*-rer-draag) *nt* lecture, talk

***föregripa** (*fū*-rer-gree-pah) *v* anticipate

***föregå** (fur-rer-*gōā*) *v* precede

föregående (*fū*-rer-gōā-ern-der) *adj* previous; preceding; prior

föregångare (*fū*-rer-gong-ah-rer) *c* (pl ~) predecessor

***förekomma** (*fū*-rer-ko-mah) *v* occur; anticipate

förekomst (*fū*-rer-komst) *c* frequency

föreläsning (*fū*-rer-laiss-ning) *c* lecture

föremål (*fū*-rer-mōāl) *nt* object

förena (furr-*āy*-nah) *v* join, unite

förenad (furr-<u>ay</u>-nahd) *adj* united, combined, joint

förening (furr-<u>ay</u>-ning) *c* association; society, club; union

Förenta Staterna (fur-*rayn*-tah-*staa*-terr-nah) United States; the States

***föreslå** (f<u>ūr</u>-rer-slo<u>a</u>) *v* propose; suggest

förespråkare (f<u>ūr</u>-rer-spro<u>a</u>-kah-ray) *c* (pl ~) spokesman, advocate

förestående (f<u>ūr</u>-rer-sto<u>a</u>-ayn-der) *adj* oncoming

föreståndarinna (f<u>ūr</u>-rer-ston-dah-*ri*-nah) *c* matron; manageress

föreställa (f<u>ūr</u>-rer-stehl-ah) *v* introduce; represent; ~ **sig** imagine; fancy

föreställning (f<u>ūr</u>-rer-stehl-ning) *c* idea; performance, show

***företa** (f<u>ūr</u>-rer-tah) *v* *undertake

företag (f<u>ūr</u>-rer-taag) *nt* enterprise; undertaking; concern, company

företräde (f<u>ūr</u>-rer-trai-der) *nt* priority

förevisa (f<u>ūr</u>-rer-vee-sah) *v* exhibit

förevändning (f<u>ūr</u>-rer-vehnd-ning) *c* pretence

förfader (f<u>urr</u>-faa-derr) *c* (pl -fäder) ancestor

förfall (furr-*fahl*) *nt* decay

***förfalla** (furr-*fah*-lah) *v* deteriorate; expire

förfallen (furr-*fahl*-ern) *adj* dilapidated; ~ **till betalning** overdue

förfallodag (furr-*fah*-lo-daag) *c* due date, day of maturity, expiry

förfalska (furr-*fahls*-kah) *v* forge; counterfeit

förfalskning (furr-*fahlsk*-ning) *c* fake, falsification

förfaringssätt (furr-*faa*-rings-seht) *nt* method

författare (furr-*fah*-tah-rer) *c* (pl ~) author; writer

förfluten (furr-*fl<u>ew</u>*-tayn) *adj* past; **det**

förflutna the past

***förflyta** (furr-*fl<u>ew</u>*-tah) *v* pass

förflyttning (furr-*flewt*-ning) *c* transfer

förfogande (furr-*f<u>oo</u>g*-ahn-der) *nt* disposal

förfriskning (furr-*frisk*-ning) *c* refreshment

förfråga sig (furr-*fr<u>oa</u>g*-ah) inquire

förfrågan (furr-*fr<u>oa</u>*-gahn) *c* (pl -gningar) request, inquiry; query

förfärlig (furr-*fæær*-li) *adj* terrible; dreadful, frightful

förfölja (furr-*furl*-Yah) *v* pursue; chase

förföra (furr-*f<u>ūr</u>*-rah) *v* seduce

förförisk (furr-*f<u>ūr</u>*-risk) *adj* seductive

förgasare (furr-*gaa*-sah-rer) *c* (pl ~) carburettor

förgifta (furr-*Y*if-tah) *v* poison

förgrenas (furr-*gr<u>ay</u>*-nahss) *v* fork, ramify

förgrund (f<u>ūr</u>r-grewnd) *c* foreground

förgylld (furr-*Y*ewld) *adj* gilt

***förgå sig** (furr-*g<u>oa</u>*) offend

förgäves (furr-*Y*aiv-erss) *adv* in vain

på förhand (po<u>a</u> f<u>ūr</u>r-hahnd) in advance

förhandla (furr-*hahnd*-lah) *v* negotiate

förhandling (furr-*hahnd*-ling) *c* negotiation

förhastad (furr-*hahss*-tahd) *adj* rash; premature

förhindra (furr-*hin*-drah) *v* prevent

förhoppning (furr-*hop*-ning) *c* hope

förhållande (furr-*hol*-ahn-der) *nt* relation; affair

förhäxa (furr-*hehk*-sah) *v* bewitch

förhör (furr-*h<u>ū</u>r*) *nt* interrogation; examination

förhöra (furr-*h<u>ū</u>r*-rah) *v* interrogate; ~ **sig** inquire; enquire

förkasta (furr-*kahss*-tah) *v* reject; turn down

förklara (furr-*klaa*-rah) *v* explain; declare; ~ **skyldig** convict

förklaring (furr-*klaa*-ring) c explanation; declaration

förklarlig (furr-*klaar*-li) adj accountable

förklä sig (furr-*klai*) disguise

förkläde (furr-klai-der) nt apron

förklädnad (furr-*klaid*-nahd) c disguise

förkorta (furr-*kor*-tah) v shorten

förkortning (furr-*kort*-ning) c abbreviation

förkylning (furr-t$\overline{yewl}$-ning) c cold; *bli förkyld* *catch a cold

förkämpe (*furr*-t^{y}ehm-per) c advocate, champion

förkärlek (*furr*-t^{y}æær-lä$\overline{y}$k) c preference

förkörsrätt (*furr*-t^{y}ürrs-reht) c right of way

förlag (furr-*laag*) nt publishing house

förlamad (furr-*laa*-mahd) adj paralyzed; lame

förlikning (furr-*leek*-ning) c settlement

förlopp (furr-*lop*) nt process

förlora (furr-*loo*-rah) v *lose

förlossning (furr-*loss*-ning) c delivery; redemption

förlovad (furr-*lo͞a*-vahd) adj engaged

förlovning (furr-*lo͞av*-ning) c engagement

förlovningsring (furr-*lo͞av*-nings-ring) c engagement ring

förlust (furr-*lewst*) c loss

*förlåta** (furr-*lo͞a*-tah) v *forgive; *förlåt!* sorry!

förlåtelse (furr-*lo͞a*-tayl-ser) c pardon

förlägen (furr-*lai*-gern) adj embarrassed; *göra ~* embarrass

*förlägga** (furr-*leh*-gah) v place; *mislay

förläggare (furr-*leh*-gah-rer) c (pl ~) publisher

förlänga (furr-*lehng*-ah) v lengthen; extend; renew

förlängning (furr-*lehng*-ning) c extension

förlängningssladd (furr-*lehng*-nings-slahd) c extension cord

förlöjliga (furr-*lur^y*-li-gah) v ridicule

förman (*furr*-mahn) c (pl -män) foreman

förmedlare (furr-*mä$\overline{y}$d*-lah-rer) c (pl ~) intermediary

förmiddag (*furr*-mi-daag) c morning

förminska (furr-*mins*-kah) v lessen, reduce

förmoda (furr-*mo͞od*-ah) v suppose; guess, reckon, assume

förmodan (furr-*mo͞od*-ahn) c (pl ~den) supposition

förmyndare (*furr*-mewn-dah-rer) c (pl ~) tutor; guardian

förmynderskap (*furr*-mewn-derr-skaap) nt custody, guardianship

förmå att (furr-*mo͞a*) *be able to; cause to

förmåga (furr-*mo͞a*-gah) c ability; faculty, capacity

förmån (*furr*-mo͞an) c benefit; *till ~ för* in favour of ...

förmånlig (*furr*-mo͞an-li) adj advantageous

förmögen (furr-*mür*-gern) adj wealthy

förmögenhet (furr-*mür*-gern-hä$\overline{y}$t) c fortune

förmörkelse (furr-*murr*-kehl-ser) c eclipse

förnamn (*furr*-nahmn) nt first name; Christian name

förneka (furr-*nä$\overline{y}$*-kah) v deny

*förnimma** (furr-*nim*-ah) v sense, perceive; apprehend

förnimmelse (furr-*nim*-erl-ser) c sensation; perception

förnuft (furr-*newft*) nt reason; sense

förnuftig (furr-*newf*-ti) adj reasonable, sensible

förnya (furr-*nä͞w*-ah) v renew

förnämst (furr-*naimst*) adj leading,

foremost, greatest

förolämpa (*fürr-ōō*-lehm-pah) *v* insult

förolämpning (*furr-ōō*-lehmp-ning) *c* insult

förorda (*fürr-ōōr*-dah) *v* recommend

förorening (*fürr*-oo-*rāy*-ning) *c* pollution

förorsaka (*fürr*-oor-*saa*-kah) *v* cause

förort (*furr*-oort) *c* suburb

förpackning (*furr-pahk*-ning) *c* packing; package

förpliktelse (*furr-plik*-terl-ser) *c* obligation; engagement

förr (*furr*) *adv* formerly

förra (*furr*-ah) *adj* last; past

förresten (*furr-rehss*-tayn) *adv* by the way; besides

i förrgår (ee *furr*-gōar) the day before yesterday

förråd (*furr-rōad*) *nt* supply

förråda (*furr-rōad*-ah) *v* betray; *give away

förrådsbyggnad (*fur-rōads*-bewg-nahd) *c* warehouse

förrädare (*furr-rai*-dah-rer) *c* traitor

förräderi (*furr-aid*-er-ree) *nt* treason

förrätt (*furr*-reht) *c* hors-d'œuvre; first course

församling (*furr-sahm*-ling) *c* assembly; parish, congregation

***förse** (*furr-sāy*) *v* supply, furnish

förseelse (*furr-sāy*-ayl-ser) *c* offence

försena (*furr-sāy*-nah) *v* delay; **försenad** late; delayed; overdue

försening (*furr-sāy*-ning) *c* delay

försiktig (*furr-sik*-ti) *adj* cautious, careful

försiktighet (*furr-sik*-ti-hāyt) *c* caution; precaution

försiktighetsåtgärd (*furr-sik*-ti-hayts-ōat-ʸæærd) *c* precaution

förskott (*fürr*-skot) *nt* advance; **betald i ~** prepaid

förskottera (*fürr*-sko-*tāy*-rah) *v* advance

förskräcka (*furr-skreh*-kah) *v* terrify; *bli förskräckt *be frightened

förskräcklig (*furr-skrehk*-li) *adj* frightful; dreadful, terrible, horrible

förslag (*furr-slaag*) *nt* proposal; suggestion, proposition

försoning (*furr-sōōn*-ing) *c* reconciliation

***försova sig** (*furr-sōa*-vah) *oversleep

försprång (*fürr*-sprong) *nt* lead, start

först (furrst) *adv* at first

första (*furrs*-tah) *num* first; *adj* foremost, initial, earliest, original

förstad (*fürr*-staad) *c* (pl -städer) suburb; **förstads-** suburban

förstavelse (*fürr*-staa-vayl-ser) *c* prefix

förstklassig (*furrst-klahss*-i) *adj* firstclass; first-rate

förstoppad (*furr-sto*-pahd) *adj* constipated

förstoppning (*furr-stop*-ning) *c* constipation

förstora (*furr-stōō*-rah) *v* enlarge

förstoring (*furr-stōō*-ring) *c* enlargement

förstoringsglas (*furr-stōō*-rings-glaass) *nt* magnifying glass

förströelse (*furr-strür*-ayl-ser) *c* amusement; diversion

***förstå** (*furr-stōa*) *v* *understand; *see; comprehend

förståelse (*furr-stōa*-ayl-ser) *c* understanding

förstående (*furr-stōa*-ern-der) *adj* understanding

förstånd (*furr*-stond) *nt* intellect; reason, brain

förstöra (*furr-stür*-rah) *v* damage, destroy

förstörelse (*furr-stür*-rayl-ser) *c* destruction

försumlig (*furr-sewm*-li) *adj* neglectful

försumma (furr-*sewm*-ah) v neglect; fail

försvar (furr-*svaar*) nt defence

försvara (furr-*svaa*-rah) v defend, justify

*****försvinna** (furr-*svi*-nah) v disappear; vanish

försvunnen (furr-*svew*-nayn) adj lost; missing

försäkra (furr-*saik*-rah) v assure; insure

försäkring (furr-*saik*-ring) c insurance

försäkringsbrev (furr-*saik*-rings-brāyv) nt insurance policy; policy

försäkringspremie (furr-*saik*-rings-prāy-mi-ay) c premium

försäljare (furr-*sehl*-Yah-rer) c (pl ~) salesman

försäljerska (furr-*sehl*-Yerrs-kah) c salesgirl

försäljning (furr-*sehl*Y-ning) c sale

försändelse (furr-*sehn*-dayl-ser) c consignment; item of mail

försök (furr-*sūrk*) nt attempt; experiment, try

försöka (furr-*sūr*-kah) v try; attempt

förtal (furr-*taal*) nt slander, calumny

förteckning (furr-*tayk*-ning) c index, list

förtjusande (furr-t*Yēwss*-ahn-der) adj delightful; lovely

förtjusning (furr-t*Yēwss*-ning) c delight

förtjust (furr-t*Yēwst*) adj delighted; joyful

förtjäna (furr-t*Yai*-nah) v merit, deserve; earn

förtjänst (furr-t*Yehnst*) c gain; merit

förtret (furr-*trāyt*) c annoyance

förtroende (furr-*trōō*-ern-der) nt confidence; trust

förtrolig (furr-*trōō*-li) adj intimate

förtrollande (furr-*trol*-ahn-der) adj enchanting; glamorous

förtrycka (furr-*trew*-kah) v oppress

förträfflig (furr-*trehf*-li) adj excellent

förtulla (furr-*tew*-ler) v declare

förtunna (furr-*tewn*-ah) v dilute

förtvivla (furr-*tveev*-lah) v despair

förtvivlan (furr-*tveev*-lahn) c despair

förundran (furr-*ewnd*-rahn) c wonder

förundra sig (furr-*ewnd*-rah) wonder

förut (fūrr-ēwt) adv before; formerly

förutsatt att (furr-ēwt-saht aht) provided that

*****förutse** (fūrr-ēwt-sāy) v anticipate

förutspå (fūrr-ēwt-spōā) v predict

*****förutsäga** (fūrr-ēwt-seh-Yah) v forecast

förutsägelse (fūrr-ēwt-sayayl-ser) c forecast

förutvarande (fūr-rēwt-vaa-rahn-der) adj former

förvaltande (fūrr-vahl-tahn-der) adj administrative

förvaltare (furr-*vahl*-tah-rer) c (pl ~) administrator; trustee

förvaltning (furr-*vahlt*-ning) c administration

förvaltningsrätt (furr-*vahlt*-nings-reht) c administrative law

förvandla (furr-*vahnd*-lah) v transform; **förvandlas till** turn into

förvaring (furr-*vaa*-ring) c custody

förvaringsrum (furr-*vaa*-rings-rewm) nt depository

förverkliga (furr-*værk*-li-gah) v realize

förvirra (furr-*vi*-rah) v confuse; muddle

förvirrad (furr-*vi*-rahd) adj confused

förvirring (furr-*vi*-ring) c confusion

förvissa sig om (furr-*viss*-ah) ascertain

förvåna (furr-*vōā*-nah) v astonish; surprise; amaze

förvånansvärd (furr-*vōā*-nahns-væærd) adj astonishing

förvåning (furr-*vōā*ning) c astonishment; amazement

i förväg (ee *furr*-vaig) in advance

förväntan (furr-*vehn*-tahn) *c* (pl -tningar) expectation

förvänta sig (furr-*vehn*-tah) expect

förvärv (furr-*værv*) *nt* acquisition

förväxla (furr-*vehks*-lah) *v* *mistake, confuse, mix up

föråldrad (furr-*old*-rahd) *adj* antiquated, out-of-date

föräldrar (furr-*ehld*-rahr) *pl* parents *pl*

förälskad (furr-*ehls*-kahd) *adj* in love

förändra (furr-*ehnd*-rah) *v* change; alter

förändring (furr-*ehnd*-ring) *c* change, variation, alteration

föröva (furr-*ūrv*-ah) *v* commit

G

gaffel (*gah*-fayl) *c* (pl -flar) fork

gagnlös (*gahngn*-lūrss) *adj* futile, useless, fruitless

galen (*gaa*-lern) *adj* crazy

galge (*gahl*-Yer) *c* coat-hanger; gallows *pl*

galla (*gahl*-ah) *c* bile; gall

gallblåsa (*gahl*-blōass-ah) *c* gall bladder

galleri (gah-ler-*ree*) *nt* gallery

gallsten (*gahl*-stāyn) *c* gallstone

galopp (gah-*lop*) *c* gallop

gam (gaam) *c* vulture

gammal (*gahm*-ahl) *adj* old; ancient, aged; stale

gammaldags (*gahm*-ahl-dahks) *adj* old-fashioned; quaint

gammalmodig (*gahm*-ahl-mōō-di) *adj* old-fashioned, outmoded

ganska (*gahns*-kah) *adv* fairly; pretty, rather, quite

gap (gaap) *nt* jaws *pl*, mouth

gapa (*gaapah*) *v* open one's mouth

garage (gah-*raash*) *nt* garage

garantera (gah-rahn-*tāy*-rah) *v* guarantee

garanti (gah-rahn-*tee*) *c* guarantee

garderob (gahr-der-*rōāb*) *c* wardrobe: closet *nAm;* checkroom *nAm*

gardin (gahr-*deen*) *c* curtain

garn (gaarn) *nt* (pl ~er) yarn

gas (gaass) *c* gas

gaskök (*gaass*-t*ʸ*ūrk) *nt* gas cooker

gaspedal (*gaass*-pay-daal) *c* accelerator

gasspis (*gaass*-speess) *c* gas cooker

gastronom (gahst-ro-*nōām*) *c* gourmet

gasverk (*gaass*-værk) *nt* gasworks

gasväv (*gaass*-vaiv) *c* gauze

gata (gaa-tah) *c* street; road

gatubeläggning (*gaa*-tew-bay-lehg-ning) *c* pavement

gatukorsning (*gaatew*-kors-ning) *c* crossroads

gavel (*gaa*-vayl) *c* (pl gavlar) gable

*ge (Y*āy*) *v* *give; pass; ~ **efter** *give in; indulge; ~ **sig** surrender; ~ **sig av** *set out, *leave; ~ **upp** *give up; quit; ~ **ut** publish

gedigen (Y*ay*-dee-gern) *adj* solid

gelé (shay-*lāy*) *c* jelly

gemen (Y*ay*-*māyn*) *adj* mean, foul

gemensam (Y*ay*-*māyn*-sahm) *adj* common; joint, mutual; **gemensamt** jointly; in common

gemenskap (Y*ay*-*māyn*-skaap) *c* community, fellowship

genast (Y*āy*-nahst) *adv* immediately, at once, straight away

genera (shay-*nāy*-rah) *v* embarrass

general (Y*ay*-nay-raal) *c* general

generation (Y*ay*-nay-rah-*shōōn*) *c* generation

generator (Y*ay*-nay-*raa*-tor) *c* generator

generös (shay-nay-*rürss*) adj generous

geni (*Vāy*-nee) nt (pl ~er) genius

genljud (*Vāyn*-*Vewd*) nt echo

genom (*Vāy*-nom) prep through

genomborra (*Vāy*-nom-bo-rah) v pierce

genomföra (*Vāy*-nom-fūr-rah) v carry out

*genomgå (*Vāy*-nom-gōā) v *go through

genomresa (*Vāy*-nom-rāy-sah) c passage, transit

genomskinlig (*Vāy*-nom-sheen-li) adj transparent; sheer

genomsnitt (*Vāy*-nom-snit) nt average; mean; i ~ on the average

genomsnittlig (*Vāy*-nom-snit-li) adj average; medium

genomsöka (*Vāy*-nom-sūr-kah) v search, ransack

genomtränga (*Vāy*-nom-trehng-ah) v penetrate

gentemot (*Vāynt*-ay-*mōōt*) prep towards

genus (*gāy*-newss) nt gender

geografi (*Vāy*-o-grah-*fee*) c geography

geologi (*Vāy*-o-lo-*gee*) c geology

geometri (*Vāy*-o-mayt-*ree*) c geometry

gest (shehst) c gesture

gestikulera (shehss-ti-kew-*lāyr*-ah) v gesticulate

get (*Vāyt*) c (pl ~ter) goat; geta-bock billy goat

geting (*Vāy*-ting) c wasp

getskinn (*Vāyt*-shin) nt kid

gevär (*Ver*-væær) nt rifle; gun

gift (*Vift*) nt poison

gifta sig (*Vif*-tah) marry

giftig (*Vif*-ti) adj poisonous; toxic

gikt (*Vikt*) c gout

gilla (*Vi*-lah) v like; approve

gillande (*Vi*-lahn-der) nt approval

giltig (*Vil*-ti) adj valid

gips (*Vips*) c plaster

gissa (*Vi*-sah) v guess

gisslan (*Viss*-lahn) c hostage

gitarr (*Vi*-tahr) c guitar

givetvis (*Vee*-vert-veess) adv of course

givmild (*Veev*-mild) adj generous; liberal

givmildhet (*Veev*-mild-hāyt) c generosity

*gjuta (*Vew*-tah) v *cast

gjutjärn (*Vewt*-Yærn) nt cast iron

glaciär (glah-si-*Væær*) c glacier

glad (glaad) adj glad; cheerful, joyful

gladlynt (*glaad*-lewnt) adj good-humoured

glans (glahns) c gloss

glas (glaass) nt glass; färgat ~ stained glass; glas- glass

glasera (glah-*sāy*-rah) v glaze

glass (glahss) c ice-cream

glasögon (*glaass*-ūr-gon) pl glasses; spectacles

*glida (*glee*-dah) v *slide; glide

glidning (*gleed*-ning) c slide

glimt (glimt) c glimpse; flash

glob (*glōōb*) c globe

glupsk (glewpsk) adj greedy

*glädja (*glaid*-Yah) v please, delight

glädje (*glaid*-Yer) c joy, pleasure; gaiety, gladness; med ~ gladly

glänsa (*glehn*-sah) v *shine

glänsande (*glehn*-sahn-der) adj shining, lustrous

glänta (*glehn*-tah) c glade

glöd (glūrd) c embers pl; glow

glöda (*glūr*-dah) v glow

glödlampa (*glūrd*-lahm-pah) c light bulb

glödlampshållare (*glūrd*-lahmps-ho-lah-rer) c (pl ~) socket

glömma (*glur*-mah) v *forget

glömsk (glurmsk) adj forgetful

*gnida (*gneed*-ah) v rub

gnissla (*gniss*-lah) v creak

gnista (*gniss*-tah) c spark

gnistra (*gnist*-rah) v sparkle
gnistrande (*gnist*-rahn-der) adj sparkling
gobeläng (goo-ber-*lehng*) c tapestry
god (gōōd) adj nice; good; kind; **var ~ please; var så ~** here you are
goddag! (gōō-daa) hello!
godis (*gōōd*-iss) nt candy nAm
godkänna (*gōōd*-tᵞehn-ah) v approve of
godlynt (*gōōd*-lewnt) adj good-tempered
godmodig (*gōōd*-mōō-di) adj good-natured
gods (goods) nt estate
godståg (*goods*-tōåg) nt goods train; freight-train nAm
godsvagn (*goods*-vahngn) c waggon
godtrogen (*gōōd*-trōō-gern) adj credulous
godtycklig (*gōōd*-tewk-li) adj arbitrary, fortuitous
golf (golf) c golf
golfbana (*golf*-baa-ner) c golf-course; golf-links
golv (golv) nt floor
gondol (gon-*dōål*) c gondola
gosse (*goss*-er) c lad
gottaffär (*got*-ah-fæær) c sweetshop; candy store Am
gotter (*got*-err) pl sweets
***gottgöra** (*got*-ᵞŭrr-ah) v *make good, indemnify
gottgörelse (*got*-ᵞŭr-rerl-ser) c indemnity
grabb (grahb) c chap
grace (graass) c grace
graciös (grah-si-*ŭrss*) adj graceful
grad (graad) c degree; grade; **till den ~ so**
gradvis (*graad*-veess) adj gradual
grafisk (*graa*-fisk) adj graphic; **~ framställning** diagram
gram (grahm) nt gram

grammatik (grah-mah-*teek*) c grammar
grammatisk (grah-*mah*-tisk) adj grammatical
grammofon (grah-mo-*fōån*) c record-player; gramophone
grammofonskiva (grah-mo-*fōån*-shee-vah) c record; disc
gran (graan) c fir-tree
granit (grah-*neet*) c granite
granne (*grah*-ner) c neighbour
grannskap (*grahn*-skaap) nt neighbourhood
grapefrukt (*graip*-frewkt) c grapefruit
gratis (*graa*-tiss) adj free; gratis
gratulation (grah-tew-lah-*shōōn*) c congratulation
gratulera (grah-tew-*lāy*-rah) v compliment, congratulate
grav (graav) c grave; tomb
gravera (grah-*vāy*-rah) v engrave
gravid (grah-*veed*) adj pregnant
gravsten (*graav*-stāyn) c gravestone; tombstone
gravsättning (*graav*-seht-ning) c burial
gravyr (grah-*vēwr*) c engraving
gravör (grah-*vŭrr*) c engraver
grej (gray) c gadget
grek (grāyk) c Greek
grekisk (*grāy*-kisk) adj Greek
Grekland (*grāyk*-lahnd) Greece
gren (grāyn) c branch; bough
grepp (grayp) nt grasp; clutch, grip
greve (*grāy*-ver) c count; earl
grevinna (gray-vi-nah) c countess
grevskap (*grāyv*-skaap) nt county
griffeltavla (*gri*-ferl-taav-lah) c slate
grilla (*gri*-lah) v grill; roast
grillrestaurang (*gril*-rayss-tew-rahng) c grill-room
grind (grind) c gate
***gripa** (*greep*-ah) v grasp; *take, grip, seize, *catch

gripbar (*greep*-baar) *adj* tangible

gris (greess) *c* pig

griskött (*greess*-t^yurt) *nt* pork

groda (*grōō*-dah) *c* frog

grodd (grood) *c* germ

grop (grōōp) *c* pit

gropig (*grōō*-pi) *adj* bumpy, rough

gross (gross) *nt* gross

grossist (gro-*sist*) *c* wholesale dealer

grotta (*gro*-tah) *c* grotto; cave

grov (grōōv) *adj* coarse; gross

grund (grewnd) *c* cause; ground; *adj* shallow; **på ~ av** because of; on account of, for

grunda (*grewn*-dah) *v* found; base, ground

grundlag (*grewnd*-laag) *c* constitutional law

grundlig (*grewnd*-li) *adj* thorough

grundläggande (*grewnd*-leh-gahn-der) *adj* fundamental; basic

grundprincip (*grewnd*-prin-*seep*) *c* basis

grundsats (*grewnd*-sahts) *c* fundamental principle

grundval (*grewnd*-vaal) *c* base, foundation

grupp (grewp) *c* group; set

grus (grewss) *nt* gravel; grit

grusväg (*grewss*-vaig) *c* gravelled road

gruva (*grew*-vah) *c* mine; pit

gruvarbetare (*grewv*-ahr-*bay*-tah-rer) (pl ~) miner

gruvdrift (*grewv*-drift) *c* mining

grym (grewm) *adj* cruel; harsh

gryning (*grew*-ning) *c* dawn

gryta (*grew*-tah) *c* pot, casserole

grå (grōa) *adj* grey

*gråta (*grōa*-tah) *v* cry; *weep

grädde (*greh*-der) *c* cream

gräddfärgad (*grehd*-fær-^yahd) *adj* cream

gräl (grail) *nt* quarrel; dispute

gräla (*grai*-lah) *v* argue, quarrel; ~ **på** scold

gränd (grehnd) *c* alley; lane

gräns (grehns) *c* frontier, border; limit, bound

gränslinje (*grehns*-lin-^yer) *c* boundary

gräs (graiss) *nt* grass

gräshoppa (*graiss*-ho-pah) *c* grasshopper

gräslig (*graiss*-li) *adj* horrible

gräslök (*graiss*-lūrk) *c* chives *pl*

gräsmatta (*graiss*-mah-tah) *c* lawn

grässtrå (*graiss*-strōa) *nt* blade of grass

gräva (*grai*-vah) *v* *dig; ~ **ut** excavate

grön (grūrn) *adj* green

grönsak (*grūrn*-saak) *c* vegetable

grönsakshandlare (*grūrn*-saaks-*hahnd*-lah-rer) *c* (pl ~) greengrocer; vegetable merchant

grönsallad (*grūrn*-sahl-ahd) *c* lettuce

gud (gēwd) *c* god

gudfar (*gēwd*-faar) *c* (pl -fäder) godfather

gudinna (gew-*din*-ah) *c* goddess

gudomlig (gew-*doom*-li) *adj* divine

gudstjänst (*gewds*-t^yehnst) *c* worship, divine service

guide (gighd) *c* guide

gul (gēwl) *adj* yellow

guld (gewld) *nt* gold

guldgruva (*gewld*-grēw-vah) *c* goldmine

guldsmed (*gewld*-smayd) *c* goldsmith

gulsot (*gēwl*-sōōt) *c* jaundice

gummi (*gew*-mi) *nt* rubber; gum

gummiband (*gew*-mi-bahnd) *nt* rubber band

gunga (*gewng*-ah) *c* swing; *v* rock, *swing

gungbräda (*gewng*-brai-dah) *c* seesaw

gunstling (*gewnst*-ling) *c* favourite

gurgla (*gewrg*-lah) *v* gargle

gurka (*gewr*-kah) *c* cucumber

guvernant (*gēw*-verr-*nahnt*) *c* governess

guvernör (gēw-verr-*nūrr*) *c* governor

gylf (ᵞewlf) *c* fly

gyllene (ᵞewl-ler-ner) *adj* golden

gymnast (ᵞewm-*nahst*) *c* gymnast

gymnastik (ᵞewm-nah-*steek*) *c* gymnastics *pl*

gymnastikbyxor (ᵞewm-nah-*steek*-bewk-serr) *pl* trunks *pl*

gymnastiksal (ᵞewm-nah-*steek*-saal) *c* gymnasium

gymnastikskor (ᵞewm-nah-*steek*-skōōr) *pl* gym shoes; plimsolls *pl*; sneakers *plAm*

gynekolog (ᵞew-nay-ko-*lōāg*) *c* gynaecologist

gynna (ᵞewn-ah) *v* favour

gynnsam (ᵞewn-sahm) *adj* favourable

gyttja (ᵞewt-ᵞah) *c* mud

***gå** (gōā) *v* *go; walk; ~ **förbi** pass by; ~ **igenom** pass through; ~ **i land** land; ~ **in** enter; ~ **med** *pa* consent to; ~ **ombord** embark; ~ **upp** *rise; ~ **ut** *go out

gång (gong) *c* time; gait; passage, corridor, aisle; **en** ~ once; some time; **en** ~ **till** once more; **gång på gång** again and again; **någon** ~ some day; **två gånger** twice

gångart (gong-aart) *c* gait

gångbana (gong-baan-ah) *c* sidewalk *nAm*

gångjärn (gong-ᵞæærn) *nt* hinge

gångstig (gong-steeg) *c* footpath

gård (gōārd) *c* farm; yard

gås (gōāss) *c* (pl gäss) goose

gåshud (gōāss-hēwd) *c* goose-flesh

gåta (gōā-tah) *c* riddle; enigma

gåtfull (gōāt-fewl) *adj* mysterious

gåva (gōā-vah) *c* gift; present

gädda (ᵞeh-dah) *c* pike

gäl (ᵞail) *c* gill

gäll (ᵞehl) *adj* loud

gälla (ᵞehl-ah) *v* apply

gällande (ᵞehl-ahn-der) *adj* current, valid

gäng (ᵞehng) *nt* gang

gärna (ᵞæær-nah) *adv* gladly, willingly

gärning (ᵞæær-ning) *c* deed, act

gäspa (ᵞehss-pah) *v* yawn

gäst (ᵞehst) *c* guest

gästfri (ᵞehst-free) *adj* hospitable

gästfrihet (ᵞehst-free-hāyt) *c* hospitality

gästrum (ᵞehst-rewm) *nt* guest-room; spare room

gödsel (ᵞur-serl) *c* manure

gödselstack (ᵞur-serl-stahk) *c* dunghill

gök (ᵞūrk) *c* cuckoo

gömma (ᵞur-mah) *v* *hide

***göra** (ᵞūr-rah) *v* *do; *make; ~ **illa** harm; ~ **upp** settle; *make up

gördel (ᵞūrr-dayl) *c* (pl -dlar) girdle

H

***ha** (haa) *v* *have

habegär (haa-bay-ᵞæær) *nt* greed

hacka (hahk-ah) *c* hoe, pick-axe; *v* hoe, chop

hagalen (haa-gaa-lern) *adj* greedy

hagel (haa-gerl) *nt* hail

haj (high) *c* shark

haka (haa-kah) *c* chin

hal (haal) *adj* slippery

halka (hahl-kah) *v* slip

hall (hahl) *c* hall

hallon (hah-lon) *nt* raspberry

halm (hahlm) *c* straw

halmtak (hahlm-taak) *nt* thatched roof

hals (hahls) *c* throat; neck

halsband (*hahls*-bahnd) *nt* necklace; collar

halsbränna (*hahls*-breh-nah) *c* heartburn

halsduk (*hahls*-dēwk) *c* scarf

halsfluss (*hahls*-flewss) *c* tonsilitis

halsmandlar (*hahls*-mahnd-lahr) *pl* tonsils *pl*

halsont (*hahls*-oont) *nt* sore throat

halstra (*hahl*-strah) *v* roast

halt (hahlt) *adj* lame

halta (*hahl*-tah) *v* limp

halv (hahlv) *adj* half

halvcirkel (*hahlv*-seer-kerl) *c* (pl -klar) semicircle

halvera (hahl-*vāy*-rah) *v* halve

halvlek (*hahlv*-lāyk) *c* half-time

halvpension (*hahlv*-pahng-*shōōn*) *c* half board

halvvägs (*hahl*-vaigs) *adv* halfway

halvö (*hahlv*-ūr) *c* peninsula

hammare (*hah*-mah-rer) *c* (pl ~) hammer

hamn (hahmn) *c* port, harbour

hamnarbetare (*hahmn*-ahr-*bāy*-tah-rer) *c* (pl ~) docker

hamnpir (*hahmn*-peer) *c* jetty

hamnstad (*hahmn*-staad) *c* (pl -städer) seaport

hampa (*hahm*-pah) *c* hemp

han (hahn) *pron* he

han- (haan) *pref* male

hand (hahnd) *c* (pl händer) hand; **hand-** manual; *ta ~ om look after; *take care of, attend to

handarbete (*hahnd*-ahr-*bāyt*-er) *nt* needlework

handbagage (*hahnd*-bah-*gaash*) *nt* hand luggage; hand baggage *Am*

handbojor (*hahnd*-bo-Yor) *pl* handcuffs *pl*

handbok (*hahnd*-bōōk) *c* (pl -böcker) handbook

handbroms (*hahnd*-broms) *c* handbrake

handduk (*hahnd*-dēwk) *c* towel

handel (*hahn*-derl) *c* trade; business, commerce; *driva ~ trade; **handels-** commercial

handelsman (*hahn*-derls-mahn) *c* (pl -män) tradesman

handelsrätt (*hahn*-derls-reht) *c* commercial law

handelsvara (*hahn*-derls-vaa-rah) *c* merchandise

handfat (*hahnd*-faat) *nt* wash-basin

handflata (*hahnd*-flaa-tah) *c* palm

handfull (*hahnd*-fewl) *c* handful

handgjord (*hahnd*-Yoord) *adj* handmade

handikappad (*hahn*-di-kahp-ahd) *adj* handicapped, disabled

handkräm (*hahnd*-kraim) *c* hand cream

handla (*hahnd*-lah) *v* shop; act

-handlare (*hahnd*-lah-rer) *dealer*

handled (*hahnd*-lāyd) *c* wrist

handling (*hahnd*-ling) *c* action; act, plot, deed; certificate; **handlingar** documents *pl*

handpenning (*hahnd*-pay-ning) *c* down payment, deposit

handske (*hahnd*-sker) *c* glove

handslag (*hahnd*-slaag) *nt* handshake

handstil (*hahnd*-steel) *c* handwriting

handtag (*hahnd*-taag) *nt* knob, handle

handväska (*hahnd*-vehss-kah) *c* handbag; bag

hans (hahns) *pron* his

hantera (hahn-*tāy*-rah) *v* handle

hanterlig (hahn-*tāyr*-li) *adj* manageable

hantverk (*hahnt*-værk) *nt* handicraft

hare (*haa*-rer) *c* hare

harmoni (hahr-mo-*nee*) *c* harmony

harpa (*hahr*-pah) *c* harp

hasselnöt (*hahss*-erl-*nūrt*) *c* (pl ~ter) hazelnut

hast (hahst) c haste

hastig (hahss-ti) adj fast, rapid; hasty

hastighet (hahss-ti-hāyt) c speed

hastighetsbegränsning (hahss-ti-hāyts-ber-grehns-ning) c speed limit

hastighetsmätare (hahss-ti-hāyts-mai-tah-rer) c (pl ~) speedometer

hat (haat) nt hatred, hate

hata (haa-tah) v hate

hatt (haht) c hat

hatthylla (haht-hew-lah) c hat rack

hav (haav) nt sea

havande (haa-vahn-der) adj pregnant

havre (haav-rer) c oats pl

havsstrand (hahvs-strahnd) c (pl -stränder) seashore

havsvatten (hahvs-vah-tern) nt seawater

hebreiska (hay-brāy-iss-kah) c Hebrew

hed (hāyd) c moor, heath

heder (hāy-derr) c honour

hederlig (hāy-derr-li) adj honest, straight

hederskänsla (hāy-derrs-tᵛehns-lah) c sense of honour

hedning (hāyd-ning) c pagan, heathen

hednisk (hāyd-nisk) adj heathen; pagan

hedra (hāyd-rah) v honour

hej! (hay) hello!

hel (hāyl) adj entire; whole

helgdag (hehlᵞ-daag) c holiday

helgedom (hehl-ger-doom) c shrine, sanctuary

helgeflundra (hehl-ᵛer-flewnd-rah) c halibut

helgerån (hehl-ᵛeh-roān) nt sacrilege

helgon (hehl-gon) nt saint

helhet (hāyl-hāyt) c whole

helig (hāy-li) adj holy; sacred

hellre (hehl-rer) adv rather; sooner

helpension (hāyl-pahng-shōōn) c full board; bed and board; board and lodging

helt (hāylt) adv entirely; quite; ~ och hållet wholly; altogether

helvete (hehl-vāy-ter) nt hell

hem (hehm) nt home; adv home; *gå ~ *go home; hem- domestic

hembiträde (hehm-bee-trai-der) nt housemaid

hemgjord (hehm-ᵞoord) adj home-made

hemland (hehm-lahnd) nt (pl -länder) native country

hemlig (hehm-li) adj secret

hemlighet (hehm-li-hāyt) c secret

hemlängtan (hehm-lehng-tahn) c homesickness

hemma (hehm-ah) adv at home; home

hemmafru (heh-mah-frew) c housewife

hemorrojder (heh-mo-roi-derr) pl haemorrhoids pl; piles pl

hemort (hehm-oort) c domicile

hemsk (hehmsk) adj terrible

hemtrevlig (hehm-trāyv-li) adj cosy

henne (hehn-er) pron her

hennes (hehn-erss) pron her

herde (hāyr-der) c shepherd

herr (hær) mister

herravälde (hær-ah-vehl-der) nt domination; dominion

herre (hær-er) c gentleman; min ~ sir

herrfrisör (hær-fri-sūrr) c barber

herrgård (hær-goård) c manor-house

herrtoalett (hær-tōō-ah-layt) c men's room

hertig (hær-tig) c duke

hertiginna (hær-ti-gin-ah) c duchess

hes (hāyss) adj hoarse

het (hāyt) adj hot

heta (hāy-tah) v *be called

heterosexuell (heh-ter-ro-sehk-sew-ayl) adj heterosexual

hetlevrad (*hāyt*-lāyv-rahd) *adj* hot-tempered

hetta (*hay*-tah) *c* heat

hicka (*hi*-kah) *c* hiccup

hierarki (hi-err-ahr-*kee*) *c* hierarchy

himmel (*him*-erl) *c* (pl -mlar) sky; heaven

hinder (*hin*-derr) *nt* obstacle; impediment

hindra (*hind*-rah) *v* hinder; impede; embarrass

hink (hingk) *c* bucket

hinna (*hin*-ah) *c* membrane

*hinna (*hin*-ah) *v* *catch; *find time

hiss (hiss) *c* lift; elevator *nAm*

hissa (*hiss*-ah) *v* hoist

historia (hiss-*tōō*-ri-ah) *c* history; story

historiker (hiss-*tōō*-ri-kerr) *c* (pl ~) historian

historisk (hiss-*tōō*-risk) *adj* historic; historical

hitta (*hit*-ah) *v* *find

hittegods (*hi*-ter-goods) *nt* lost and found

hittegodsmagasin (*hi*-ter-goods-mah-gah-*seen*) *nt* lost property office

hittills (*heet*-tils) *adv* so far

hjord (Vōōrd) *c* herd; flock

hjort (Voort) *c* deer

hjortdjurshorn (Voort-Vēwrs-hōōrn) *nt* antlers *pl*

hjortkalv (Voort-kahlv) *c* fawn

hjul (Vēwl) *nt* wheel

hjulaxel (Vēwl-*ahk*-serl) *c* (pl -axlar) axle

hjälm (Vehlm) *c* helmet

hjälp (Vehlp) *c* help; aid, assistance; relief; helper; **första hjälpen** first-aid

hjälpa (*Vehl*-pah) *v* help; aid, assist

hjälpsam (*Vehlp*-sahm) *adj* helpful

hjälpstation (*Vehlp*-stah-shōōn) *c* first-aid post

hjälte (*Vehl*-ter) *c* hero

hjärna (Væær-nah) *c* brain

hjärnskakning (Væærn-skaak-ning) *c* concussion

hjärta (Vær-tah) *nt* heart

hjärtattack (Vært-ah-*tahk*) *c* heart attack

hjärtklappning (Vært-klahp-ning) *c* palpitation

hjärtlig (Vært-li) *adj* cordial; hearty

hjärtlös (Vært-lūrss) *adj* heartless

hobby (*ho*-bi) *c* (pl -bies, ~er) hobby

hockey (*ho*-ki) *c* hockey

Holland (*ho*-lahnd) Holland

holländare (*ho*-lehn-dah-rer) *c* (pl ~) Dutchman

holländsk (*ho*-lehndsk) *adj* Dutch

homosexuell (*ho*-moo-sehk-sew-*ayl*) *adj* homosexual

hon (hoon) *pron* she

hon- (hōōn) *pref* female

honom (*ho*-nom) *pron* him

honung (*hōā*-newng) *c* honey

hop (hōōp) *c* crowd; bunch

hopp (hop) *nt* hope; jump, leap, hop

hoppa (*ho*-pah) *v* jump; *leap, hop; ~ **över** skip, jump over

hoppas (*ho*-pahss) *v* hope

hoppfull (*hop*-fewl) *adj* hopeful, confident

hopplös (*hop*-lūrss) *adj* hopeless

hora (*hōō*-rah) *c* whore

horisont (ho-ri-*sont*) *c* horizon

horisontal (ho-ri-son-*taal*) *adj* horizontal

horn (hoorn) *nt* horn

hos (hooss) *prep* at

hosta (*hooss*-tah) *v* cough; *c* cough

hot (hōōt) *nt* threat

hota (*hōō*-tah) *v* threaten

hotande (*hōō*-tahn-der) *adj* threatening

hotell (ho-*tayl*) *nt* hotel

hov[1] (hōāv) *nt* court

hov² (hōōv) c hoof

hovmästare (hōāv-mehss-tah-rer) c (pl ~) head-waiter

hud (hēwd) c skin

hudkräm (hēwd-krehm) c skin cream

hudutslag (hēwd-ēwt-slaag) nt rash

*hugga (hew-gah) v *hew

humle (hewm-lay) nt hop

hummer (hew-merr) c (pl -mrar) lobster

humor (hēw-mor) c humour

humoristisk (hēw-mo-riss-tisk) adj humorous

humör (hēw-mūrr) nt mood; temper, temperament

hund (hewnd) c dog

hundkoja (hewnd-ko-ʸah) c kennel

hundra (hewnd-rah) num hundred

hunger (hewng-err) c hunger

hungrig (hewng-ri) adj hungry

hur (hēwr) adv how; ~ **mycket** how much; ~ **många** how many; ~ **som helst** anyhow; any way

hus (hēwss) nt house; home

husblock (hēwss-blok) nt house block Am

husbåt (hēwss-bōat) c houseboat

hushåll (hēwss-hol) nt household

hushållerska (hēwss-ho-lerrs-kah) c housekeeper

hushållning (hēwss-hol-ning) c housekeeping; economy

hushållsarbete (hēwss-hols-ahr-bāy-ter) nt housework

hushållssysslor (hēwss-hols-sewss-lor) pl housekeeping

husmor (hēwss-mōōr) c (pl -mödrar) mistress

husrum (hēwss-rewm) nt accommodation; lodging

hustru (hewst-rew) c wife

husvagn (hēwss-vahngn) c caravan; trailer nAm

huttra (hewt-rah) v shiver

huttrande (hewt-rahn-der) adj shivery

huvud (hēwv-er) nt (pl ~, ~en) head; **huvud-** main; chief, cardinal, principal, capital, primary

huvudbry (hēw-verd-brēw) nt puzzle

huvudgata (hēw-verd-gaa-tah) c main street; thoroughfare

huvudkudde (hēw-verd-kew-der) c pillow

huvudledning (hēw-verd-lāyd-ning) c mains pl

huvudlinje (hēw-verd-lin-ʸer) c main line

huvudrätt (hēw-verd-reht) c main course

huvudsaklig (hēw-verd-saak-li) adj cardinal, capital; **huvudsakligen** mainly

huvudstad (hēw-verd-staad) c (pl -städer) capital

huvudväg (hēw-verd-vaig) c main road; thoroughfare

huvudvärk (hēw-verd-værk) c headache

hy (hēw) c complexion, skin

hycklande (hewk-lahn-der) adj hypocritical

hycklare (hewk-lah-rer) c (pl ~) hypocrite

hyckleri (hewk-ler-ree) nt (pl ~er) hypocrisy

hydda (hew-dah) c hut; cabin

hygien (hew-gi-āyn) c hygiene

hygienisk (hew-gi-āy-nisk) adj hygienic

hylla (hew-lah) v congratulate, honour; c shelf, rack

hyllning (hewl-ning) c tribute; homage; congratulations pl

hymn (hewmn) c hymn, anthem

hypotek (hew-po-tāyk) nt mortgage

hyra (hēw-rah) v rent, hire; lease; c rent; ~ **ut** *let

hyresgäst (hēw-rerss-ʸehst) c tenant

hyreshus (*hēw-rerss-hēwss*) *nt* block of flats; apartment house *Am*

hyreskontrakt (*hēw-rerss-kon-trahkt*) *nt* lease

hyresvärd (*hēw-rerss-væærd*) *c* landlord

hyresvärdinna (*hēw-rerss-vær-di-nah*) *c* landlady

hysterisk (*hewss-tāy-risk*) *adj* hysterical

hytt (hewt) *c* cabin; booth

hyttventil (*hewt-vehn-teel*) *c* porthole

hågkomst (*hōag-komst*) *c* remembrance

hål (hōal) *nt* hole; ***göra** ~ pierce

håla (*hōal-ah*) *c* cavern

hålighet (*hōal-i-hāyt*) *c* cavity, hollow

håll (nol) *nt* way; stitch

*hålla (ho-lah) *v* *hold; *keep; ~ **av** love; ~ **fast** *hold; ~ **tillbaka** restrain; ~ **uppe** support; *hold up; ~ **upp med** stop; ~ **ut** *keep up

hållning (hol-ning) *c* gait, carriage; attitude

hållplats (hol-plahts) *c* stop, halt

hån (hōan) *nt* scorn; mockery, derision

håna (hōa-nah) *v* mock, deride

hår (hōar) *nt* hair; ~ **gelé** *nt* hair gel

hårborste (hōar-bors-ter) *c* hairbrush

hård (hōard) *adj* hard

hårdnackad (hōard-nahk-ahd) *adj* obstinate, stubborn

hårig (hōar-i) *adj* hairy

hårklippning (hōar-klip-ning) *c* haircut

hårklämma (hōar-kleh-mah) *c* bobby pin *Am*

hårkräm (hōar-kraim) *c* hair cream

hårnål (hōar-nōal) *c* hairpin

hårnät (hōar-nait) *nt* hair-net

håndolja (hōar-ol-Yah) *c* hair-oil

hårrullar (hōar-rew-lahr) *pl* hair rollers

hårspray (hōar-spray) *nt* hair-spray

hårspänne (hōar-speh-nay) *nt* hairgrip

hårtork (hōar-tork) *c* hair-dryer

hårvatten (hōar-vah-tern) *nt* hair tonic

häck (hehk) *c* hedge

hädanefter (hai-dahn-ehf-terr) *adv* henceforth

häftig (hehf-ti) *adj* violent, severe; intense, fierce

häftklammer (hehft-klah-merr) *c* (pl ~, -mrar) staple

häftplåster (hehft-ploss-terr) *nt* sticking-plaster

häftstift (hehft-stift) *nt* drawing-pin; thumbtack *nAm*

häger (hai-gerr) *c* heron

häkte (hehk-ter) *nt* custody

häl (hail) *c* heel

hälft (hehlft) *c* half; **till hälften** half

hälla (heh-lah) *v* pour

hälsa (hehl-sah) *v* greet; salute; *c* health

hälsning (hehls-ning) *c* greeting

hälsosam (hehl-soo-sahm) *adj* wholesome, salubrious

hälsovårdscentral (hehl-soo-vōards-sehn-traal) *c* health centre

hämnd (hehmnd) *c* revenge

hämta (hehm-tah) *v* fetch; *get, collect, pick up

hända (hehn-dah) *v* happen; occur

händelse (hehn-dayl-ser) *c* event, happening; incident; **i** ~ **av** in case of

händig (hehn-di) *adj* skilful

hänga (hehng-ah) *v* *hang; ~ **med** *keep up with

hängare (hehng-ah-rer) *c* (pl ~) peg, hook, hanger

hängbro (hehng-brōō) *c* suspension bridge

hänglås (hehng-lōass) *nt* padlock

hängmatta (hehng-mah-tah) *c* hammock

hängslen (*hehngs*-lern) *pl* braces *pl*; suspenders *plAm*

hängsmycke (*hehng*-smew-ker) *nt* pendant

hänsyn (hain-*sēwn*) *c* regard; **med ~ till** considering; as regards; *****ta ~ till** consider

hänsynsfull (hain-*sēwns*-fewl) *adj* considerate

hänsynsfullhet (hain-sewns-*fewl*-hāyt) *c* consideration

hänvisa till (hain-vee-sah) refer to

hänvisning (hain-veess-ning) *c* reference

här (hæær) *adv* here

härbärge (*hæær*-bær-Yah) *nt* hostel

härbärgera (hær-bær-*Yāy*-rah) *v* accommodate

härkomst (*hæær*-komst) *c* origin

härleda (*hæær*-lāyd-ah) *v* deduce

härlig (*hæær*-li) *adj* wonderful; delightful; fine

häromdagen (hæær-om-*daa*-gern) *adv* recently

härskare (*hærs*-kah-rer) *c* (pl ~) ruler; sovereign

härsken (*hærs*-kayn) *adj* rancid

härstamning (*hæær*-stahm-ning) *c* origin

häst (hehst) *c* horse

hästkapplöpning (*hehst*-kahp-lūrp-ning) *c* horserace

hästkapplöpningsbana (*hehst*-kahp-lūrp-nings-baa-nah) *c* race-course

hästkraft (*hehst*-krahft) *c* horsepower

hästsko (*hehst*-skōō) *c* horseshoe

hävarm (*haiv*-ahrm) *c* lever

hävstång (*haiv*-stong) *c* (pl -stänger) lever

häxa (*hehk*-sah) *c* witch

hö (hūr) *nt* hay

höft (hurft) *c* hip

höfthållare (*hurft*-ho-lah-rer) *c* (pl ~) girdle

hög (hūrg) *c* lot, heap, pile; *adj* high; tall

högdragen (*hūrg*-draa-gern) *adj* haughty

höger (*hūr*-gerr) *adj* right, right-hand; **på ~ hand** on the right-hand side; **till ~** to the right

högkvarter (*hūrg*-kvahr-tair) *nt* headquarters *pl*

högland (*hūrg*-lahnd) *nt* (pl -länder) uplands *pl*

högljudd (*hūrg*-Yewd) *adj* loud

högmodig (*hūrg*-mōō-di) *adj* haughty

högskola (*hūrg*-skōō-lah) *c* college

högsäsong (*hūrg*-seh-song) *c* peak season; high season

högt (hurkt) *adv* aloud

högtalare (*hūrg*-taa-lah-rer) *c* loudspeaker

högtidlig (*hūrg*-teed-li) *adj* solemn, ceremonious

högvatten (*hūrg*-vah-tern) *nt* high tide

höja (*hurY*-ah) *v* raise; lift

höjd (hurYd) *c* height; altitude; **på sin ~** at most

höjdpunkt (*hurYd*-pewngt) *c* height; peak, climax

hök (hūrk) *c* hawk

höna (*hūr*-nah) *c* hen

höra (*hūr*-rah) *v* *****hear

hörbar (*hūrr*-baar) *adj* audible

hörn (hūrrn) *nt* corner

hörsal (*hūrr*-saal) *c* auditorium

hörsel (*hurr*-sayl) *c* hearing

hösnuva (*hūr*-snēw-vah) *c* hay fever

höst (hurst) *c* autumn; fall *nAm*

hövding (*hurv*-ding) *c* chieftain

hövlig (*hūrv*-li) *adj* polite, civil

I

i (ee) *prep* in; at, for, to

*iaktta (*ee*-ahkt-taa) v observe; watch

iakttagelse (*eeahkt*-taa-gerl-ser) c observation

ibland (i-*blahnd*) adv sometimes; *prep* among

idag (i-*daag*) adv today

idé (i-*day*) c idea

ideal (i-day-*aal*) nt ideal

idealisk (i-day-*aal*-isk) adj ideal

identifiera (i-dayn-ti-fi-*ayr*-ah) v identify

identifiering (i-dayn-ti-fi-*ay*-ring) c identification

identisk (i-*dayn*-tisk) adj identical

identitet (i-dayn-ti-*tayt*) c identity

identitetskort (i-dayn-ti-*tayts*-koort) nt identity card

idiom (i-di-*ōām*) nt idiom

idiomatisk (i-di-o-*maa*-tisk) adj idiomatic

idiot (i-di-*ōōt*) c idiot

idiotisk (i-di-*ōōt*-isk) adj idiotic

idol (i-*dōāl*) c idol

idrottsman (*eed*-rots-mahn) c (pl -män) sportsman

ifall (i-*fahl*) conj if; in case

igelkott (*ee*-gerl-kot) c hedgehog

igen (i-*Yehn*) adv again

igenvuxen (i-*Y*n-vewk-sern) adj overgrown

ignorera (ing-noa-*ray*-rah) v ignore

igår (i-*gōār*) adv yesterday

ihålig (*ee*-hōā-li) adj hollow

ihärdig (*ee*-hææer-di) adj persevering, tenacious

ikon (i-*kōān*) c icon

illaluktande (*i*-lah-lewk-tahn-der) adj smelly

illamående (*i*-lah-mōā-ayn-der) nt nausea, sickness; adj sick

illegal (il-er-*gaal*) adj illegal

illtjut (*il*-t*Yewt*) nt shriek

illusion (il-ew-*shōōn*) c illusion

illustration (i-lew-strah-*shōōn*) c illus-

tration; picture

illustrera (i-lew-*stray*-rah) v illustrate

illvillig (*il*-vi-li) adj spiteful, malicious

ilska (*ils*-kah) c anger

imitation (i-mi-tah-*shōōn*) c imitation

imitera (i-mi-*tay*-rah) v imitate

immigrera (i-mi-*gray*-rah) v immigrate

immunisera (i-mēw-ni-*say*-rah) v immunize

immunitet (i-mēw-ni-*tayt*) c immunity

imperium (im-*pay*-ri-ewm) nt empire; imperial- imperial

imponera (im-po-*nay*-rah) v impress

imponerande (im-po-*nayr*-ahn-der) adj impressive; imposing

impopulär (im-po-pew-*læær*) adj unpopular

import (im-*port*) c import

importera (im-por-*tay*-rah) v import

importtull (im-*port*-tewl) c import duty

importvara (im-*port*-vaa-rah) c import

importör (im-por-*tūrr*) c importer

impotens (im-po-*tayns*) c impotence

impotent (im-po-*taynt*) adj impotent

impregnerad (im-prayng-*nay*-rahd) adj rainproof, impregnated

improvisera (im-pro-vi-*sayr*-ah) v improvise

impuls (im-*pewls*) c impulse

impulsiv (im-pewl-*seev*) adj impulsive

in (in) adv in; *gå ~ *go in; ~ i into; inside

inackordering (*in*-ahk-or-*dayr*-ing) c boarder; lodger

inandas (*in*-ahn-dahss) v inhale

*inbegripa (*in*-ber-*gree*-pah) v comprise

inberäknad (*in*-ber-*raik*-nahd) adj included

inbetalning (*in*-ber-taal-ning) c payment, deposit

inbillad (*in*-bi-lahd) adj imaginary

inbilla sig (*in*-bi-lah) imagine

inbillning (*in*-bil-ning) *c* imagination

•**inbjuda** (*in*-bYew-dah) *v* invite; ask

inbjudan (*in*-bYew-dahn) *c* invitation

inblanda (*in*-blahn-dah) *v* involve

inblandad (*in*-blahn-dahd) *adj* involved; concerned

inblandning (*in*-blahnd-ning) *c* interference

inbrott (*in*-brot) *nt* burglary; •**göra ~ burgle**

inbrottstjuv (*in*-brots-tYewv) *c* burglar

inbördes (*in*-bürr-derss) *adj* mutual

indela (*in*-dāyl-ah) *v* divide; classify

indian (in-di-*aan*) *c* Indian

indiansk (in-di-*aansk*) *adj* Indian

Indien (*in*-di-ayn) India

indier (*in*-di-Yerr) *c* (pl ~) Indian

indignation (in-ding-nah-shōon) *c* indignation

indirekt (*in*-di-raykt) *adj* indirect

indisk (*in*-disk) *adj* Indian

individ (in-di-*veed*) *c* individual

individuell (in-di-vee-dew-*ayl*) *adj* individual

indones (in-doo-*nāyss*) *c* Indonesian

Indonesien (in-doo-*nāy*-si-Yern) Indonesia

indonesisk (in-doo-*nāyss*-isk) *adj* Indonesian

industri (in-dewss-*tree*) *c* industry

industriell (in-dewss-tri-*ayl*) *adj* industrial

industriområde (in-dew-*stree*-om-*rōa*-der) *nt* industrial area

ineffektiv (in-ay-fehk-*teev*) *adj* ineffective; inefficient

infall (*in*-fahl) *nt* whim; idea

infanteri (in-fahn-ter-*ree*) *nt* infantry

infektion (in-fehk-shōon) *c* infection

infinitiv (in-fi-ni-teev) *c* infinitive

inflammation (in-flah-mah-shōon) *c* inflammation; •**bli inflammerad** •**become septic**

inflation (in-flah-shōon) *c* inflation

influensa (in-flew-*ayn*-sah) *c* flu; influenza

inflytelserik (*in*-flew-tayl-say-reek) *adj* influential

infoga (*in*-fōō-gah) *v* insert

informator (in-for-*maa*-tor) *c* tutor

informell (in-for-*mayl*) *adj* informal; casual

informera (in-for-*māyr*-ah) *v* inform

infraröd (*in*-frah-rürd) *adj* infra-red

infödd (*in*-furd) *adj* native

inföding (*in*-fūr-ding) *c* native

införa (*in*-fürr-ah) *v* import; introduce

införsel (*in*-fürr-serl) *c* (pl -slar) import

ingefära (*i*-nger-fææ-rah) *c* ginger

ingen (*in*ɡ ayn) *pron* nobody; none, no one; no

ingendera (*i*-ngayn-dāy-rah) *pron* neither

ingenjör (in-shayn-Yürr) *c* engineer

ingenstans (*ing*-ayn-stahns) *adv* nowhere

ingenting (*ing*-ayn-ting) *pron* nothing; nil

ingrediens (ing-gray-di-*ayns*) *c* ingredient

•**ingripa** (*in*-gree-pah) *v* interfere; intervene

ingång (*in*-gong) *c* entrance; way in, entry

inhemsk (*in*-haymsk) *adj* domestic

initial (i-ni-tsi-*aal*) *c* initial

initiativ (i-nit-si-ah-*teev*) *nt* initiative

injektion (in-Yayk-shōon) *c* injection

injektionsspruta (in-Yehk-shōons-sprēw-tah) *c* syringe

inkassera (in-kah-*sāy*-rah) *v* cash

inklusive (ing-klew-*see*-ver) *adj* inclusive; **allt inkluderat** all included, all in

inkompetent (in-kom-per-*tehnt*) *adj* incompetent

inkomst (*in*-komst) *c* income; revenue; **inkomster** earnings *pl*

inkomstskatt (*in*-komst-skaht) *c* income-tax

inkräkta (*in*-krehk-tah) *v* trespass

inkräktare (*in*-krehk-tah-rer) *c* (pl ~) trespasser

inkvartera (*in*-kvahr-*tāy*-rah) *v* lodge

inkvartering (*in*-kvahr-*tāy*-ring) *c* lodgings *pl*

inköpspris (*in*-t Ÿurps-preess) *nt* cost price

inledande (*in*-lāyd-ahn-der) *adj* preliminary

inledning (*in*-lāyd-ning) *c* introduction

innan (*i*-nahn) *conj* before; *adv* before

innanför (*in*-ahn-fūrr) *prep* inside

innanmäte (*in*-ahn-mait-er) *nt* entrails, pulp

inne (*i*-ner) *adv* inside, indoors

*innebära (*i*-ner-bæær-ah) *v* imply

innefatta (*i*-ner-fah-tah) *v* include

innehavare (*i*-ner-haa-vah-rer) *c* (pl ~) owner; occupant

innehåll (*i*-ner-hol) *nt* contents *pl*

*innehålla (*i*-ner-ho-lah) *v* contain

innehållsförteckning (*i*-ner-hols-furr-*tayk*-ning) *c* table of contents

innerslang (*in*-err-slahng) *c* inner tube

innersta (*in*-ayrs-tah) *nt* heart

innertak (*in*-nerr-taak) *nt* ceiling

*innesluta (*i*-ner-slēwt-ah) *v* encircle; enclose

inofficiell (*in*-o-fi-si-*ayl*) *adj* unofficial

inom (*in*-om) *prep* within; ~ **kort** soon; shortly

inomhus (*in*-om-hēwss) *adj* indoor; *adv* indoors

inre (*in*-rer) *adj* inner; internal, inside

inringa (*in*-ring-ah) *v* encircle

inrätta (*in*-reh-tah) *v* institute, establish

insats (*in*-sahts) *c* bet, inset; contribution

*inse (*in*-*sāy*) *v* realize; ***see**

insekt (*in*-sehkt) *c* insect; bug *nAm*

insektsgift (*in*-sehkts-Ÿift) *nt* insecticide

insektsmedel (*in*-sehkts-māy-dayl) *nt* insect repellent

insida (*in*-seed-ah) *c* inside; interior

insikt (*in*-sikt) *c* insight

insistera (in-si-*stāyr*-ah) *v* insist

inskription (in-skrip-*shōōn*) *c* inscription

*inskriva (*in*-skree-vah) *v* list, enter, inscribe; ~ **sig** register

inskrivningsblankett (*in*-skreev-nings-blahng-*kayt*) *c* registration form

inskränkning (*in*-skrehngk-ning) *c* restriction, limitation

inskränkt (*in*-skrehngkt) *adj* restricted; limited; narrow-minded

inspektera (in-spayk-*tāy*-rah) *v* inspect

inspektion (in-spayk-*shōōn*) *c* inspection

inspektör (in-spayk-*tūrr*) *c* inspector

inspelning (in-spāyl-ning) *c* recording

inspirera (in-spi-*rāyr*-ah) *v* inspire

inspruta (*in*-sprēw-tah) *v* inject

instabil (in-stah-*beel*) *adj* unstable

installation (in-stah-lah-*shōōn*) *c* installation

installera (in-stah-*lāy*-rah) *v* install; induct

instinkt (*in*-stingt) *c* instinct

institut (in-sti-*tēwt*) *nt* institute

institution (in-sti-tew-*shōōn*) *c* institution

instruera (in-strew-*āy*-rah) *v* instruct

instruktion (in-strewk-*shōōn*) *c* direction

instruktör (in-strewk-*tūrr*) *c* instructor

instrument (in-strew-*maynt*) *nt* instrument

instrumentbräda (in-strēw-*maynt*-brai-dah) *c* dashboard

inställning (*in*-stehl-ning) *c* attitude;

position
instämma (*in*-stehm-ah) *v* agree
°inta (*in*-taa) *v* capture, take
intagning (*in*-taag-ning) *c* admission
intakt (in-*tahkt*) *adj* unbroken; intact
inte (*in*-ter) *adv* not; ~ **alls** by no means; ~ **desto mindre** nevertheless; ~ **ens** not even; ~ **längre** no longer
inteckning (*in*-tayk-ning) *c* mortgage
intellekt (in-ter-*laykt*) *nt* intellect
intellektuell (in-ter-layk-tew-*ayl*) *adj* intellectual
intelligens (in-ter-li-*gayns*) *c* intelligence
intelligent (in-ter-li-*gaynt*) *adj* intelligent; clever
intendent (in-tern-*daynt*) *c* superintendent, curator, controller
intensiv (in-tayn-*seev*) *adj* intense
intern (in-*tæærn*) *c* prisoner
internationell (in-terr-naht-shoo-*nayl*) *adj* international
internatskola (in-terr-*naat*-skoo-lah) *c* boarding-school
interrogativ (in-ter-ro-gahteev) *adj* interrogative
intervall (in-terr-*vahl*) *c* interval
intervju (in-terr-v*ȳew*) *c* interview
intet (*in*-*tert*) *nt* nothing
intetsägande (*in*-tert-sai-gahn-der) *adj* insignificant
intressant (in-tray-*sahnt*) *adj* interesting
intresse (in-*treh*-ser) *nt* interest
intressera (in-trer-*sāy*-rah) *v* interest
intresserad (in-trer-*sāy*-rahd) *adj* interested
introducera (in-tro-dew-*sāyr*-ah) *v* introduce
intryck (*in*-trewk) *nt* impression; **°göra ~ på** impress
inträde (*in*-trai-der) *nt* entrance; admission

inträdesavgift (*in*-traiderss-aav-ᵞift) *c* entrance-fee
intyg (*in*-t*ēwg*) *nt* certificate; document; testimonial
intäkter (*in*-tehk-terr) *pl* earnings *pl*
inuti (*in*-*ēw*-ti) *adv* within, inside
invadera (in-vah-*dāy*-rah) *v* invade
invalid (in-vah-*leed*) *c* invalid
invalidiserad (in-vah-li-di-*sāy*-rahd) *adj* crippled; invalid, disabled
invand (*in*-vaand) *adj* habitual
invandrare (*in*-vahnd-rah-rer) *c* (pl ~) immigrant
invandring (*in*-vahnd-ring) *c* immigration
invasion (in-vah-*shōōn*) *c* invasion
invecklad (*in*-vayk-lahd) *adj* complicated; complex, involved
inventering (in-vayn-*tāy*-ring) *c* inventory
investera (in-vayss-*tāy*-rah) *v* invest
investering (in-vayss-*tāy*-ring) *c* investment
invånare (*in*-vōa-nah-rer) *c* (pl ~) inhabitant; resident
invända (*in*-vehn-dah) *v* object
invändig (*in*-vehn-di) *adj* internal, inside
invändning (*in*-vehnd-ning) *c* objection
inåt (*in*-ōat) *adv* inwards
inälvor (*in*-ehl-vor) *pl* bowels *pl*; intestines *pl*
Irak (i-*raak*) Iraq
irakier (i-*raa*-ki-err) *c* (pl ~) Iraqi
irakisk (i-*raak*-isk) *adj* Iraqi
Iran (i-*raan*) Iran
iranier (i-*raan*-i-err) *c* (pl ~) Iranian
iransk (i-*raansk*) *adj* Iranian
Irland (*eer*-lahnd) Ireland
irländare (eer-lehn-dah-rer) *c* (pl ~) Irishman
irländsk (*eer*-lehnsk) *adj* Irish
ironi (i-roo-*nee*) *c* irony
ironisk (i-*rōōn*-isk) *adj* ironical

irra (eer-ah) *v* err

irritera (eer-i-*tayr*-ah) *v* irritate; annoy

is (eess) *c* ice

isblåsa (eess-bloa-sah) *c* ice-bag

iskall (eess-kahl) *adj* freezing

Island (eess-lahnd) Iceland

isländsk (eess-lehnsk) *adj* Icelandic

islänning (eess-lehn-ing) *c* Icelander

isolator (i-soo-laa-*tor*) *c* insulator, insulant

isolera (i-soo-*lay*-rah) *v* isolate; insulate

isolerad (i-soo-*lay*-rahd) *adj* isolated

isolering (i-soo-*lay*-ring) *c* isolation; insulation

Israel (eess-rah-ayl) Israel

israeli (iss-rah-*ay*-li-err) *c* (pl ~) Israeli

israelisk (iss-rah-*ay*-lisk) *adj* Israeli

isvatten (eess-vah-tern) *nt* iced water

isär (i-*sæær*) *adv* apart

Italien (i-*taal-Yayn) Italy

italienare (i-tahl-*Yay*-nah-rer) *c* (pl ~) Italian

italiensk (i-tahl-*Yaynsk) *adj* Italian

iver (ee-verr) *c* zeal; eagerness

ivrig (eev-ri) *adj* eager; anxious

iväg (i-*vaig*) *adv* off

J

ja (Yaa) yes; **ja ja!** well!

jacka (Yah-kah) *c* jacket

jade (Yaa-der) *c* jade

jag (Yaa) *pron* I

jaga (Yaa-gah) *v* hunt; ~ **bort** chase; ~ **efter** hunt for

jakande (Yaa-kahn-der) *adj* affirmative

jakt (Yahkt) *c* hunt; chase

jaktstuga (Yahkt-stewg-ah) *c* lodge

januari (Yah-new-aa-ri) January

Japan (Yaa-pahn) Japan

japan (Yah-*paan*) *c* Japanese

japansk (Yah-*paansk*) *adj* Japanese

jeans (djiins) *pl* jeans

jerseytyg (Yurr-si-tewg) *nt* jersey

jetplan (Yeht-plaan) *nt* jet

jobb (Yob) *nt* job

jockey (djo-ki) *c* jockey

jod (Yod) *c* iodine

jolle (Yo-ler) *c* dinghy

jord (Yoord) *c* earth; soil

Jordanien (Yoor-daa-ni-ern) Jordan

jordanier (Yoor-daa-ni-err) *c* (pl ~) Jordanian

jordansk (Yoor-daansk) *adj* Jordanian

jordbruk (Yoord-brewk) *nt* agriculture

jordbävning (Yoord-behv-ning) *c* earthquake

jordgubbe (Yoord-gew-ber) *c* strawberry

jordisk (Yoor-disk) *adj* earthly

jordklot (Yoord-kloot) *nt* globe

jordlott (Yoord-lot) *c* allotment, plot

jordmån (Yoord-moan) *c* soil

jordnöt (Yoord-nurt) *c* (pl ~ter) peanut

jordvall (Yoord-vahl) *c* dam

journalfilm (shoor-*naal*-film) *c* newsreel

journalism (shoor-nah-*lism*) *c* journalism

journalist (shoor-nah-*list*) *c* journalist

jubileum (Yew-bi-*lay*-ewm) *nt* (pl -leer) jubilee

jude (Yew-der) *c* Jew

judisk (Yew-disk) *adj* Jewish

juice (ōōss) *c* juice

jul (Yewl) *c* Christmas; Xmas; **god ~!** Merry Christmas!; ~ **gåva** *c* Christmas present

juli (Yew-li) July

jumper (Yewm-perr) *c* (pl -prar) jumper

jungfru (*Yewng*-frew) c virgin
juni (*Yew*-ni) June
junior (*Yew*-ni-or) adj junior
juridik (Yew-ri-*deek*) c law
juridisk (Yew-ree-disk) adj juridical, legal
jurist (Yew-*rist*) c lawyer
jury (Yewr-i) c jury
just[1] (Yewst) adv just
just[2] (shewst) adj fair
justera (shew-*stayr*-ah) v adjust
juvel (Yew-*vayl*) c gem; **juveler** jewellery
juvelerare (Yew-ver-*lay*-rah-rer) c (pl ~) jeweller
jägare (*Yai*-gah-rer) c (pl ~) hunter
jämföra (*Yehm*-fur-rah) v compare
jämförelse (*Yehm*-fur-rayl-say) c comparison
jämlikhet (*Yehm*-leek-hayt) c equality
jämlöpande (*Yehm*-lur-pahn-der) adj parallel
jämn (Yehmn) adj even; smooth; level
jämna (*Yehm*-nah) v level
jämra sig (*Yehm*-rah) moan
jämvikt (*Yehm*-vikt) c balance
järn (Yæærn) nt iron; **järn-** iron
järnhandel (*Yæærn*-hahn-dayl) c hardware store
järnvaror (*Yæærn*-vaa-ror) pl hardware
järnverk (*Yæærn*-værk) nt ironworks
järnväg (*Yæærn*-vaig) c railway; railroad nAm
järnvägsspår (*Yæærn*-vaig-spoar) nt track
järnvägsstation (*Yæærn*-vaig-stah-shoon) c station
järnvägsvagn (*Yæærn*-vaigs-vahngn) c carriage; passenger car Am
järnvägsövergång (*Yæærn*-vaigs-ūr-verr-gong) c railway crossing, level crossing
jäsa (*Yaiss*-ah) v ferment

jäst (Yehst) c yeast
jätte (*Yeht*-er) c giant
jättestor (*Yeh*-ter-stoor) adj huge

K

kabaré (kah-bah-*ray*) c cabaret
kabel (*kaab*-erl) c (pl kablar) cable
kabin (kah-*been*) c cabin
kabinett (kah-bi-*nayt*) nt cabinet
kafé (kah-*fay*) nt (pl ~er) café
kafeteria (kah-fer-*ray*-ri-ah) c cafeteria
kaffe (*kah*-fay) nt coffee
kaffebryggare (*kah*-fay-brew-gah-rer) c (pl ~) percolator
kagge (*kah*-ger) c keg, cask
kaj (kigh) c quay; dock
kajuta (kah-*Yew*-tah) c cabin
kaka (*kaa*-kah) c cake
kakel (*kaa*-kerl) nt tile
kaki (*kaa*-ki) c khaki
kal (kaal) adj bare, naked
kalas (kah-*laass*) nt party
kalcium (*kahl*-si-ewm) nt calcium
kalender (kah-*layn*-derr) c (pl -drar) calendar
kalk (kahlk) c lime
kalkon (kahl-*koon*) c turkey
kall (kahl) adj cold
kalla (*kahl*-ah) v call; **så kallad** so-called
kalori (kah-loo-*ree*) c calorie
kalsonger (kahl-*song*-err) pl drawers; briefs pl; shorts plAm; underpants plAm
kalv (kahlv) c calf
kalvinism (kahl-vi-*nism*) c Calvinism
kalvkött (*kahlv*-t Yurt) nt veal
kalvskinn (*kahlv*-shin) nt calf skin
kam (kahm) c (pl ~mar) comb
kamaxel (*kahm*-ahks-erl) c (pl -axlar) camshaft

kamé (kah-*māy*) c cameo
kamel (kah-*māyl*) c camel
kamera (*kaa*-mer-rah) c camera
kamgarn (*kahm*-gaarn) nt worsted
kamin (kah-*meen*) c heater, stove
kamma (*kah*-mah) v comb
kammare (*kah*-mah-rer) c (pl ~, kamrar) chamber
kammartjänare (*kahm*-ahr-t*Y*ai-nah-rer) c (pl ~) valet
kamp (kahmp) c fight; struggle, combat, battle
kampa (*kahm*-pah) v camp
kampanj (kahm-*pahn*ʸ) c campaign
kampare (*kahm*-pah-rer) c (pl ~) camper
kampingplats (*kahm*-ping-plahts) c camping site
kamrat (kahm-*raat*) c comrade
Kanada (*kah*-nah-dah) Canada
kanadensare (kah-nah-*dayn*-sah-rer) c (pl ~) Canadian
kanadensisk (kah-nah-*dayn*-sisk) adj Canadian
kanal (kah-*naal*) c canal; channel
kanariefågel (kah-*naa*-ri-er-fōa-gerl) c (pl -glar) canary
kandelaber (kahn-der-*laa*-berr) c (pl -brar) candelabrum
kandidat (kahn-di-*daat*) c candidate
kanel (kah-*nāyl*) c cinnamon
kanhända (kahn-*hehn*-dah) adv perhaps
kanin (kah-*neen*) c rabbit
kanon (kah-*nōōn*) c gun
kanot (kah-*nōōt*) c canoe
kanske (*kahn*-sher) adv perhaps; maybe
kant (kahnt) c edge; border; verge, rim
kantin (kahn-*teen*) c canteen
kaos (*kaa*-oss) nt chaos
kaotisk (kah-*ōā*-tisk) adj chaotic
kapa (*kaa*-pah) v hijack

kapabel (kah-*paa*-berl) adj capable
kapacitet (kah-pah-si-*tāyt*) c capacity
kapare (*kaa*-pah-rer) c (pl ~) hijacker
kapell (kah-*payl*) nt chapel
kapital (kah-pi-*taal*) nt capital
kapitalism (kah-pi-tah-*lism*) c capitalism
kapitalplacering (kah-pi-taal-plah-*sāy*-ring) c investment
kapitulation (kah-pi-tew-lah-*shōōn*) c capitulation, surrender
kaplan (kah-*plaan*) c chaplain
kappa (*kah*-pah) c coat
kapplöpning (*kahp*-lūrp-ning) c race
kapplöpningshäst (*kahp*-lūrp-nings-hehst) c race-horse
kapprum (*kahp*-rewm) nt cloakroom
kappsegling (*kahp*-sāyg-ling) c regatta
kappsäck (*kahp*-sehk) c suitcase, grip
kapsyl (kahp-*sēwl*) c capsule
kapten (kahp-*tāyn*) c captain
kapuschong (kah-pew-*shong*) c hood
karaff (kah-*rahf*) c carafe
karakterisera (kah-rahk-ter-ri-*sāy*-rah) v characterize
karakteristisk (kah-rahk-ter-*riss*-tisk) adj characteristic; typical
karaktär (kah-rahk-*tæær*) c character
karaktärsdrag (kah-rahk-*tæærs*-draag) nt characteristic
karamell (kah-rah-*mayl*) c caramel, sweet; candy nAm
karantän (kah-rahn-*tain*) c quarantine
karat (kah-*raat*) c (pl ~) carat
karbonkopia (kahr-*bōān*-koo-*pee*-ah) c carbon copy
karbonpapper (kahr-*bōān*-pah-perr) nt carbon paper
kardinal (kahr-di-*naal*) c cardinal
karg (kahrʸ) adj bare
karl (kaar) c guy; chap, fellow
karmosinröd (kahr-mo-*seen*-rūrd) adj crimson

karneval (kahr-nay-*vaal*) *c* carnival

kaross (kah-*ross*) *c* coach

karosseri (kah-ro-ser-*ree*) *nt* (pl ∼er) coachwork; motor body *Am*

karp (kahrp) *c* carp

karriär (kah-ri-*æær*) *c* career

karta (*kaar*-tah) *c* map

kartong (kahr-*tong*) *c* carton

karusell (kah-rew-*sayl*) *c* merry-go-round

kaschmir (kahsh-*meer*) *c* cashmere

kasern (kah-*sæærn*) *c* barracks *pl*

kasino (kah-*see*-no) *nt* casino

kassa (*kah*-sah) *c* cash, fund; pay-desk

kassaskåp (*kah*-sah-skōap) *nt* safe

kassavalv (*kah*-sah-vahlv) *nt* vault

kasse (*kah*-ser) *c* shopping bag

kassera (kah-*say*-rah) *v* discard

kassör (kah-*sūrr*) *c* cashier

kassörska (kah-*sūrrs*-kah) *c* cashier

kast (kahst) *nt* throw; cast

kasta (*kahss*-tah) *v* *throw; toss, *cast; *overcast

kastanj (kahss-*tahn*^Y) *c* chestnut

kastanjebrun (kah-*stahn*-Yer-brēwn) *adj* auburn

kastby (*kahst*-bēw) *c* gust

kastrull (kahst-*rewl*) *c* saucepan

katakomb (kah-tah-*komb*) *c* catacomb

katalog (kah-tah-*lōag*) *c* catalogue

katarr (kah-*tahr*) *c* catarrh

katastrof (kah-tah-*strōaf*) *c* catastrophe; disaster; calamity

katastrofal (kah-tah-stro-*faal*) *adj* disastrous

katedral (kah-ter-*draal*) *c* cathedral

kategori (kah-ter-gōa-*ree*) *c* category

katolsk (kah-*tōolsk*) *adj* catholic; ro-mersk ∼ Roman Catholic

katrinplommon (kaht-*reen*-ploo-mon) *nt* prune

katt (kaht) *c* cat

kavaj (kah-*vigh*) *c* jacket

kaviar (*kah*-vi-Yahr) *c* caviar

kedja (t^Y*ayd*-Yah) *c* chain

kejsardöme (t^Y*ay*-sahr-dūr-mer) *nt* empire

kejsare (t^Y*ay*-sah-rer) *c* (pl ∼) em-peror

kejsarinna (t^Yay-sah-*ri*-nah) *c* empress

kejserlig (t^Y*ay*-serr-li) *adj* imperial

kelgris (t^Y*ayl*-greess) *c* pet

kemi (t^Yay-*mee*) *c* chemistry

kemikalieaffär (t^Yay-mi-*kaa*-li-ay-ah-fær) *c* chemist's; drugstore *nAm*

kemisk (t^Y*ay*-misk) *adj* chemical

kemtvätt (t^Y*aym*-tveht) *c* dry-clean-er's

kemtvätta (t^Y*aym*-tveh-tah) *v* dry-clean

kennel (*keh*-nerl) *c* (pl -nlar) kennel

Kenya (*kāy*-ni-ah) Kenya

keramik (t^Yay-rah-*meek*) *c* ceramics *pl;* pottery

kex (kayks) *nt* biscuit; cookie *nAm;* cracker *nAm*

kika (t^Y*ee*-kah) *v* peep

kikare (t^Y*ee*-kah-rer) *c* (pl ∼) binocu-lars *pl*

kikhosta (t^Y*eek*-hooss-tah) *c* whoop-ing-cough

kil (t^Yeel) *c* wedge, gusset

kilo (t^Y*ee*-loo) *nt* kilogram

kilometer (t^Yee-loo-*māy*-terr) *c* (pl ∼) kilometre

Kina (t^Y*ee*-nah) China

kind (t^Yind) *c* cheek

kindben (t^Y*ind*-bāyn) *nt* cheek-bone

kindtand (t^Y*ind*-tahnd) *c* (pl -tänder) molar

kines (t^Yi-*nāyss*) *c* Chinese

kinesisk (t^Yi-*nāy*-sisk) *adj* Chinese

kinin (t^Yi-*neen*) *nt* quinine

kinkig (t^Y*ing*-ki) *adj* difficult

kiosk (t^Yi-*osk*) *c* kiosk

kirurg (t^Yi-*rewrg*) *c* surgeon

kissekatt (ki-ser-*kaht*) *c* pussy-cat

kista (t^yiss-tah) c chest; coffin

kittel (t^yi-terl) c (pl -tlar) kettle

kittla (t^yit-lah) v tickle

kiv (t^yeev) nt strife, quarrelling

kivas (t^yeev-ahss) v quarrel

kjol (t^yool) c skirt

klack (klahk) c heel

klaga (klaa-gah) v complain

klagomål (klaa-goo-moal) nt complaint

klander (klahn-derr) nt blame

klandra (klahn-drah) v blame

klang (klahng) c tone

klar (klaar) adj ready; clear, serene

klara sig (klaa-rah) manage; get along; pass; **klara sig med** *make do with

***klargöra** (klaar-^yūr-rah) v clarify

***klarlägga** (klaar-lehg-ah) v elucidate

klass (klahss) c class; form

klassificera (klah-si-fi-sāy-rah) v classify, grade

klassisk (klah-sisk) adj classical

klasskamrat (klahss-kahm-raat) c class-mate

klassrum (klahss-rewm) nt classroom

klatsch (klahch) c smack

klausul (klahew-sēwl) c clause

klenod (klay-nood) c gem

klia (klee-ah) v itch

klibbig (kli-bi) adj sticky

klient (kli-aynt) c client; customer

klimat (kli-maat) nt climate

klimpig (klim-pi) adj lumpy

klinik (kli-neek) c clinic

klippa¹ (kli-pah) v *cut; ~ av *cut off

klippa² (kli-pah) c rock; cliff

klippbok (klip-book) c (pl -böcker) scrap-book

klippig (kli-pi) adj rocky

klipsk (klipsk) adj smart, shrewd

klister (kliss-terr) nt gum

klisterremsa (kliss-terr-raym-sah) c adhesive tape

klistra (kliss-trah) v paste; *stick

klo (kloo) c claw

kloak (kloo-aak) c sewer

klocka (klo-kah) c watch; bell; **klockan ... at ... o'clock; klockan tolv** noon

klockarmband (klok-ahrm-bahnd) nt watch-strap

klockspel (klok-spāyl) nt chimes pl

klok (klook) adj clever

klor (kloar) c chlorine

kloss (kloss) c block

kloster (kloss-terr) nt cloister; convent, monastery

klot (kloot) nt sphere

klubb (klewb) c club

klubba (klew-bah) c club; mallet; lollipop

klump (klewmp) c lump

klumpig (klewm-pi) adj clumsy; awkward

klumpsumma (klewmp-sewm-ah) c lump sum

klyfta (klewf-tah) c cleft; cleavage; segment

***klyva** (klēw-vah) v *split

klåda (klōā-dah) c itch

klä (klai) v *become; clothe; cover; ~ av sig undress; ~ om sig change; ~ på dress; ~ på sig *put on; ~ sig dress; *vara klädd i *wear

klädborste (klaid-bors-ter) c clothes-brush

kläder (klai-derr) pl clothes pl

klädhängare (klehd-hehng-ah-rer) c (pl ~) hanger

klädskåp (klaid-skōap) nt wardrobe

klämma (klehm-ah) v clamp

klänning (klehn-ing) c dress; frock, gown

klättra (kleht-rah) v climb

klättring (kleht-ring) c climb

klösa (klūr-sah) v scratch

klöver (klūr-verr) c clover

knacka (*knah*-kah) *v* knock; tap

knackning (*knahk*-ning) *c* knock

knapp[1] (knahp) *c* button

knapp[2] (knahp) *adj* scarce; **knappast** scarcely; **knappt** *adv* hardly

knapphet (*knahp*-hāyt) *c* scarcity

knapphål (*knahp*-hōal) *nt* buttonhole

knappnål (*knahp*-nōal) *c* pin

knaprig (*knaap*-ri) *adj* crisp

knekt (knehkt) *c* knave

knep (knāyp) *nt* artifice

***knipa** (*knee*-pah) *v* pinch

kniptång (*kneep*-tong) *c* (pl -tänger) pincers *pl*

kniv (kneev) *c* knife

knivblad (*kneev*-blaad) *nt* blade

knoge (*knōō*-ger) *c* knuckle

knopp (knop) *c* bud

knorra (*kno*-rah) *v* grumble

knubbig (*knewb*-i) *adj* plump

knuff (knewf) *c* push

knut (knewt) *c* knot

knutpunkt (*knēwt*-pewngkt) *c* junction

***knyta** (*knēw*-tah) *v* tie; knot; ~ **upp** untie

knytnäve (*knēwt*-nai-ver) *c* fist

knytnävsslag (*knēwt*-naivs-slaag) *nt* punch

knä (knai) *nt* knee

knäböja (*knai*-bur-ヤah) *v* *kneel

knäppa (*knehp*-ah) *v* button; ~ **upp** unbutton

knäskål (*knai*-skōal) *c* kneecap

ko (kōō) *c* cow

koagulera (ko-ah-gew-*lāy*-rah) *v* coagulate

kock (kok) *c* cook

kod (kōād) *c* code

koffein (ko-fer-*een*) *nt* caffeine

koffeinfri (ko-fer-*een*-free) *adj* decaffeinated

koffert (*ko*-ferrt) *c* trunk

kofta (*kof*-tah) *c* cardigan

kofångare (*kōō*-fong-ah-rer) *c* (pl ~) bumper

koj (koi) *c* berth; bunk

koka (*kōō*-kah) *v* boil

kokain (koo-kah-*een*) *nt* cocaine

kokbok (*kōōk*-bōōk) *c* (pl -böcker) cookery-book; cookbook *nAm*

kokosnöt (*koo*-kooss-nūrt) *c* (pl ~ter) coconut

kol (kōāl) *nt* coal

kola (*kōā*-lah) *c* toffee

kolja (*kol*-ヤah) *c* haddock

kolla (*kol*-ah) *v* check

kollapsa (ko-*lahp*-sah) *v* collapse

kollega (ko-*lāy*-gah) *c* colleague

kollektiv (ko-lehk-teev) *adj* collective

kollidera (ko-li-*dāy*-rah) *v* collide; crash

kollision (ko-li-*shōōn*) *c* collision; crash

koloni (ko-lo-*nee*) *c* colony

kolonn (ko-*lon*) *c* column

kolossal (ko-lo-*saal*) *adj* huge

koltrast (*kōāl*-trahst) *c* blackbird

kolumn (ko-*lewmn*) *c* column

kolv (kolv) *c* piston

kolvring (*kolv*-ring) *c* piston ring

kolvstång (*kolv*-stong) *c* (pl -stänger) piston-rod

koma (*kōā*-mah) *c* coma

kombination (kom-bi-nah-*shōōn*) *c* combination

kombinera (koam-bi-*nāy*-rah) *v* combine

komedi (ko-may-*dee*) *c* comedy; **musikalisk** ~ musical comedy

komfort (kom-*fort*) *c* comfort

komfortabel (kom-for-*taa*-berl) *adj* comfortable

komiker (*kōō*-mi-kerr) *c* (pl ~) comedian

komisk (*kōō*-misk) *adj* comic

***komma** (*ko*-mah) *v* *come; ~ **ihåg** remember; ~ **tillbaka** return; *get

back

kommatecken (ko-mah-tay-kern) nt comma

kommentar (ko-mayn-taar) c comment

kommentera (ko-mayn-tāy-rah) v comment

kommersiell (ko-mær-si-ayl) adj commercial

kommission (ko-mi-shōōn) c commission

kommitté (ko-mi-tāy) c committee

kommun (ko-mēwn) c municipality; commune; **kommunal-** municipal

kommunfullmäktige (ko-mēwn-fewl-mehk-ti-ger) pl municipality council

kommunikation (ko-mew-ni-kah-shōōn) c communication

kommuniké (ko-mew-ni-kāy) c communiqué

kommunism (ko-mew-nism) c communism

kommunist (ko-mew-nist) c communist

kompakt (kom-pahkt) adj compact

kompanjon (koam-pahn-Yōōn) c partner; associate

kompass (kom-pahss) c compass

kompensation (kom-payn-sah-shōōn) c compensation

kompensera (kom-pern-sāy-rah) v compensate

kompetent (koam-pay-taynt) adj qualified

komplett (kom-playt) adj complete

komplex (kom-plehks) nt complex

komplicerad (kom-pli-sāyr-ahd) adj complicated

komplimang (kom-pli-mahng) c compliment

komplimentera (kom-pli-mern-tāyr-ah) v compliment

komplott (kom-plot) c plot; conspiracy

komponera (kom-poo-nāy-rah) v compose

komposition (kom-po-si-shōōn) c composition

kompositör (kom-po-si-turr) c composer

kompromiss (kom-pro-miss) c compromise

koncentration (kon-sayn-trah-shōōn) c concentration

koncentrera (kon-sayn-trāy-rah) v concentrate

koncern (kon-surrn) c concern

koncession (kon-ser-shōōn) c concession

koncis (kon-seess) adj concise

kondition (kon-di-shōōn) c condition

konditor (kon-dee-toar) c confectioner

konditori (kon-di-too-ree) nt (pl ~er) pastry shop

kondom (kon-dōōm) c condom

konduktör (kon-dewk-turr) c ticket collector

konfektionssydd (kon-fayk-shōōn-sewd) adj ready-made

konferens (kon-fer-rayns) c conference

konfidentiell (kon-fi-dayn-tsi-ayl) adj confidential

konfiskera (kon-fi-skāyr-ah) v confiscate

konflikt (kon-flikt) c conflict

konfrontera (kon-fron-tāy-rah) v confront, face

kongregation (kon-gray-gah-shōōn) c congregation

kongress (kong-rayss) c congress

konjak (kon-Yahk) c cognac

konkret (kon-krāyt) adj concrete

konkurrens (kon-kew-rayns) c competition

konkurrent (kon-kew-raynt) c competitor

konkurrera (kon-kew-rāyr-ah) v compete

konkursmässig (kon-*kewrs*-meh-si) *adj* bankrupt

konsekvens (kon-ser-*kvayns*) *c* consequence; issue

konsert (kon-*sæær*) *c* concert

konsertsal (kon-sær-saal) *c* concert hall

konservativ (kon-sær-vah-*teev*) *adj* conservative

konservatorium (kon-*sær*-vah-*tōō*-ri-ewm) *nt* (pl -rier) music academy

konservburk (kon-*særv*-bewrk) *c* can, tin

konserver (kon-*særv*-err) *pl* tinned food

konservera (kon-sær-*vāy*-rah) *v* preserve

konservering (kon-sær-*vāy*-ring) *c* preservation

konservöppnare (kon-*særv*-urp-nah-rer) *c* (pl ~) can opener, tin-opener

konst (konst) *c* art; **de sköna konsterna** fine arts

konstakademi (*konst*-ah-kah-day-*mee*) *c* art school

konstatera (kons-tah-*tāyr*-ah) *v* ascertain, establish; diagnose

konstgalleri (*konst*-gah-ler-*ri*) *nt* (pl ~er) art gallery; gallery

konstgjord (*konst*-Yōōrd) *adj* artificial

konsthantverk (*konst*-hahnt-værk) *nt* handicraft

konsthistoria (*konst*-hiss-*tōō*-ri-ah) *c* art history

konstig (*kons*-ti) *adj* funny, odd; queer

konstindustri (*konst*-in-dew-*stree*) *c* arts and crafts

konstnär (*konst*-næær) *c* artist

konstnärinna (*konst*-næ-*ri*-nah) *c* artist

konstnärlig (konst-*næær*-li) *adj* artistic

konstruera (kon-strew-*āyr*-ah) *v* construct

konstruktion (kon-strewk-*shōōn*) *c* construction

konstsamling (*konst*-sahm-ling) *c* art collection

konstsiden (*konst*-see-dern) *c* rayon

konststycke (*konst*-stew-ker) *nt* trick

konstutställning (*konst*-ēwt-stehl-ning) *c* art exhibition

konstverk (*konst*-værk) *nt* work of art

konsul (*kon*-sewl) *c* consul

konsulat (kon-sew-*laat*) *nt* consulate

konsultation (kon-sewl-tah-*shōōn*) *c* consultation

konsument (kon-sew-*maynt*) *c* consumer

kontakt (kon-*tahkt*) *c* contact

kontakta (kon-*tahk*-tah) *v* contact

kontaktlinser (kon-*tahkt*-lin-serr) *pl* contact lenses

kontanter (kon-*tahn*-terr) *pl* cash

kontinent (kon-ti-*naynt*) *c* continent

kontinental (kon-ti-nayn-*taal*) *adj* continental

kontinuerlig (kon-ti-new-*āyr*-li) *adj* continuous

konto (*kon*-too) *nt* account

kontor (kon-*tōōr*) *nt* office

kontorist (kon-too-*rist*) *c* clerk

kontorsartiklar (kon-*tōōrs*-ahr-tik-lahr) *pl* stationery

kontorstid (kon-*tōōrs*-teed) *c* office hours; business hours

kontra (*kont*-rah) *prep* versus

kontrakt (kon-*trahkt*) *nt* contract; agreement

kontrast (kon-*trahst*) *c* contrast

kontroll (kon-*trol*) *c* control; inspection; supervision

kontrollera (kon-tro-*lāy*-rah) *v* control; check, inspect, supervise

kontur (kon-*tewr*) c contour

konversation (kon-vær-sah-*shoon*) c conversation

kooperation (koo-o-per-rah-*shoon*) c co-operative

kooperativ (koo-o-per-rah-*teev*) adj co-operative

kopia (ko-*pee*-ah) c copy

kopiera (koo-pi-*ayr*-ah) v copy

kopp (kop) c cup

koppar (*ko*-pahr) c copper

koppel (ko-*payl*) nt leash; lead

koppla (*kop*-lah) v connect; ~ av relax; ~ på switch on; ~ till connect; ~ ur disconnect; declutch

koppling (*kop*-ling) c clutch

kopplingsbord (*kop*-lings-boord) nt switchboard

korall (ko-*rahl*) c coral

korg (korʸ) c basket; hamper

korint (ko-*rint*) c currant

kork (kork) c cork

korka upp (*kor*-kah) uncork

korkskruv (*kork*-skrewv) c corkscrew

korn (koorn) nt grain; corn, barley

korp (korp) c raven

korpulent (kor-pew-*laynt*) adj corpulent; stout

korrekt (ko-*raykt*) adj correct

korrespondens (ko-ray-spon-*dahngs*) c correspondence

korrespondent (ko-rayss-pon-*daynt*) c correspondent

korrespondera (ko-rayss-pon-*day*-rah) v correspond

korridor (ko-ri-*doar*) c corridor

korrumpera (ko-rewm-*pay*-rah) v corrupt

korrumperad (ko-rewm-*pay*-rahd) adj corrupt

korruption (ko-rewp-*shoon*) c corruption

kors (kors) nt cross

korsett (kor-*sayt*) c corset

korsfästa (*kors*-fehss-tah) v crucify

korsfästelse (*kors*-fehss-tayl-ser) c crucifixion

korsning (*kors*-ning) c crossing

korståg (*kors*-toag) nt crusade

kort¹ (kort) adj short; brief

kort² (koort) nt card; snapshot; **grönt ~** green card

kortfattad (*kort*-faht-ahd) adj brief; concise

kortslutning (*kort*-slewt-ning) c short circuit

korv (korv) c sausage

kosmetika (koss-*may*-ti-kah) pl cosmetics pl

kost (kost) c fare

kosta (*koss*-tah) v *cost

kostnad (*kost*-nahd) c cost

kostnadsfri (*kost*-nahds-free) adj free of charge

kostsam (*kost*-sahm) adj expensive

kostym (koss-*tewm*) c suit

kotlett (kot-*leht*) c chop; cutlet

krabba (*krah*-bah) c crab

kraft (krahft) c force; energy, strength, power

kraftig (*krahf*-ti) adj strong, powerful; robust

kraftverk (*krahft*-værk) nt power-station

krage (*kraa*-gay) c collar

kragknapp (*kraag*-knahp) c collar stud

kram (kraam) c hug

krama (*kraam*-ah) v cuddle, embrace

kramp (krahmp) c cramp; convulsion

krampa (*krahm*-pah) c clamp

kran (kraan) c tap

krasslig (*krahss*-li) adj unwell

krater (*kraa*-terr) c (pl -trar) crater

kratta (*krah*-tah) c rake

krav (kraav) nt requirement

kredit (kray-*deet*) c credit

kreditera (kray-di-*tay*-rah) v credit

kreditiv (kray-*di*-teev) *nt* letter of credit

kreditkort (kray-*deet*-koort) *nt* credit card; charge plate *Am*

kremera (kray-*mayr*-ah) *v* cremate

kremering (kray-*may*-ring) *c* cremation

krets (krayts) *c* circuit; circle

kretslopp (*krayts*-lop) *nt* circulation, orbit, cycle

kricket (*kri*-kayt) *nt* cricket

krig (kreeg) *nt* war

krigsfånge (*kriks*-fong-er) *c* prisoner of war

krigsmakt (*kriks*-mahkt) *c* military force

kriminell (kri-mi-*nayl*) *adj* criminal

kringliggande (*kring*-li-gahn-der) *adj* surrounding

kris (kreess) *c* crisis

kristall (kriss-*tahl*) *c* crystal; **kristall**- crystal

kristen[1] (*kriss*-tern) *c* (pl -tna) Christian

kristen[2] (*kriss*-tern) *adj* Christian

Kristus (*kriss*-tewss) Christ

krita (*kreet*-ah) *c* chalk

kritik (kri-*teek*) *c* criticism

kritiker (*kree*-ti-kerr) *c* (pl ~) critic

kritisera (kri-ti-*say*-rah) *v* criticize

kritisk (*kree*-tisk) *adj* critical

krog (kroog) *c* restaurant

krok (krook) *c* hook

krokig (*krook*-i) *adj* crooked, curved, bent

krokodil (kroo-koo-*deel*) *c* crocodile

krom (kroam) *c* chromium

krona (*kroo*-nah) *c* crown

kronblad (*kroon*-blaad) *nt* petal

kronisk (*kroo*-nisk) *adj* chronic

kronologisk (kroo-noo-*loag*-isk) *adj* chronological

kronärtskocka (*kroon*-ærts-ko-kah) *c* artichoke

kropp (krop) *c* body; **fast ~** solid

krucifix (krew-si-*fiks*) *nt* crucifix

kruka (*krew*-kah) *c* jar

krus (krewss) *nt* pitcher

krusa (*krew*-sah) *v* curl

krusbär (*krewss*-bæær) *nt* gooseberry

krut (krewt) *nt* gunpowder

krycka (*krew*-kah) *c* crutch

krydda (*krew*-dah) *c* spice; *v* flavour

kryddad (*krew*-dahd) *adj* spiced; spicy

krympa (*krewm*-pah) *v* *shrink

krympfri (*krewmp*-free) *adj* shrinkproof

***krypa** (*krewp*-ah) *v* *creep; crawl

kryssning (*krewss*-ning) *c* cruise

kråka (*kroak*-ah) *c* crow

kräfta (*krehf*-tah) *c* crayfish

kräkas (*krai*-kahss) *v* vomit

kräldjur (*krail*-Yewr) *nt* reptile

kräm (kraim) *c* cream

krämpa (*krehm*-pah) *c* ailment

kränka (*krehng*-kah) *v* offend

kränkande (*krehng*-kahn-der) *adj* offensive

kränkning (*krehngk*-ning) *c* offence; violation

kräsen (*krai*-sern) *adj* choosy, fastidious, particular

kräva (*krai*-vah) *v* demand; require, claim

krök (krurk) *c* bend

kröna (*krur*-nah) *v* crown

kub (kewb) *c* cube

Kuba (*kew*-bah) Cuba

kuban (kew-*baan*) *c* Cuban

kubansk (kew-*baansk*) *adj* Cuban

kudde (*kew*-day) *c* cushion; pillow

kuggas (*kewg*-ahss) *v* fail

kula (*kew*-lah) *c* bullet

kull (kewl) *c* litter

kulle (*kew*-lay) *c* hill; mound

kullkasta (*kewl*-kahss-tah) *v* *upset

kulspetspenna (*kewl*-spayts-pay-nah) *c* ballpoint-pen

kultiverad (kewl-ti-*vāy*-rahd) *adj* cultured, refined

kultur (kewl-*tewr*) *c* culture

kund (kewnd) *c* customer; client

kung (kewng) *c* king

kungarike (*kewng*-ah-ree-ker) *nt* kingdom

kunglig (*kewng*-li) *adj* royal

*****kungöra** (kewn-*Yürr*-ah) *v* proclaim

kungörelse (kewn-*Yür*-rayl-ser) *c* announcement; proclamation, notice

*****kunna** (*kewn*-ah) *v* *can; *may, *be able to

kunskap (*kewn*-skaap) *c* knowledge

kupé (kew-*pāy*) *c* compartment

kuperad (kew-*pāy*-rahd) *adj* hilly

kupol (kew-*pōal*) *c* dome

kupong (kew-*pong*) *c* coupon; voucher

kur (kewr) *c* cure

kurort (*kewr*-oort) *c* spa

kurs (kewrs) *c* course

kursivering (kewr-si-*vāyr*-ing) *c* italics *pl*

kurva (*kewr*-vah) *c* curve, turning, bend

kusin (kew-*seen*) *c* cousin

kuslig (*kēwss*-li) *adj* creepy

kust (kewst) *c* coast; sea-coast, seaside

kuvert (kew-*væær*) *nt* envelope

kuvertavgift (*kēw*-væær-aav-Yift) *c* cover charge

kvacksalvare (*kvahk*-sahl-vah-rer) *c* (pl ~) quack

kvadrat (kvah-*draat*) *c* square

kvadratisk (kvah-*draa*-tisk) *adj* square

kvalificera sig (kvah-li-fi-*sāyr*-ah) qualify

kvalificerad (kvah-li-fi-*sāyr*-ahd) *adj* qualified

kvalifikation (kvah-li-fi-kah-*shōōn*) *c* qualification

kvalitet (kvah-li-*tāyt*) *c* quality

kvantitet (kvahn-ti-*tāyt*) *c* quantity

kvar (kvaar) *adv* left

kvarleva (*kvaar*-lāy-vah) *c* remnant

kvarn (kvaarn) *c* mill

kvart (kvahrt) *c* quarter of an hour; quarter

kvartal (kvahr-*taal*) *nt* quarter; **kvartals-** quarterly

kvarter (kvahr-*tāyr*) *nt* block

kvast (kvahst) *c* broom

kvav (kvaav) *adj* stuffy

kvick (kvik) *adj* quick

kvicksilver (*kvik*-sil-vehr) *nt* mercury

kvicktänkt (*kvik*-tehngkt) *adj* bright

kvinna (*kvi*-nah) *c* woman

kvinnlig (*kvin*-li) *adj* feminine

kvist (kvist) *c* twig

kvitto (*kvi*-too) *nt* receipt

kvot (kvōōt) *c* quota

kväll (kvehl) *c* evening; night; **i ~** tonight

kvällsmat (*kvehls*-maat) *c* supper

kväva (*kvai*-vah) *v* choke

kvävas (*kvai*-vahss) *v* choke

kväve (*kvai*-ver) *nt* nitrogen

kyckling (*tYewk*-ling) *c* chicken

kyla (*tYēw*-lah) *c* cold

kylig (*tYēw*-li) *adj* cool; chilly

kylskåp (*tYēwl*-skōap) *nt* fridge, refrigerator

kylsystem (*tYēwl*-sew-*stāym*) *nt* cooling system

kypare (*tYēw*-pah-rer) *c* (pl ~) waiter

kyrka (*tYewr*-kah) *c* church

kyrkogård (*tYewr*-koo-gōard) *c* churchyard; cemetery

kyrktorn (*tYewrk*-toorn) *nt* church tower

kyrkvaktmästare (*tYewrk*-vahkt-mehss-tah-rer) *c* (pl ~) sexton

kysk (tYewsk) *adj* chaste

kyss (tYewss) *c* kiss

kyssa (*tYew*-sah) *v* kiss

kåda (*kōad*-ah) *c* resin

kål (koal) c cabbage

käck (tᵛehk) adj plucky

käft (tᵛehft) c mouth

kägelspel (tᵛai-gerl-spayl) nt bowling

käke (tᵛai-ker) c jaw

källborgerlig (tᵛehlk-bor-Yerr-li) adj bourgeois

källke (tᵛehl-ker) c sleigh, sledge

källa (tᵛehl-ah) c spring; source, fountain

källare (tᵛeh-lah-rer) c (pl ~) cellar

källarvåning (tᵛeh-lahr-voa-ning) c basement

kämpa (tᵛehm-pah) v *fight; struggle, combat, battle

känd (tᵛehnd) adj famous, known, noted

känguru (tᵛehng-gew-rew) c kangaroo

känna (tᵛehn-ah) v *feel; *know; ~ igen recognize

kännare (tᵛeh-nah-rer) c (pl ~) connoisseur

kännbar (tᵛehn-baar) adj perceptible, noticeable

kännedom (tᵛehn-er-doom) c knowledge

kännemärke (tᵛehn-er-mær-ker) nt feature

kännetecken (tᵛeh-ner-tay-kern) nt characteristic

känsel (tᵛehn-serl) c touch; feeling; utan ~ numb

känsla (tᵛehns-lah) c emotion, sensation

känslig (tᵛehns-li) adj sensitive; delicate

känslolös (tᵛayns-loo-lūrss) adj insensitive

käpp (tᵛehp) c cane; stick

käpphäst (tᵛehp-hehst) c hobby-horse

kär (tᵛæær) adj dear

kärl (tᵛæærl) nt vessel

kärlek (tᵛæær-layk) c love

kärleksaffär (tᵛæær-layks-ah-fæær) c affair

kärleksfull (tᵛæær-layks-fewl) adj affectionate

kärlekshistoria (tᵛæær-layks-hiss-tōō-ri-ah) c love-story

kärn- (tᵛæærn) nuclear; atomic

kärna (tᵛær-nah) c stone, pip; core, essence; nucleus

kärnhus (tᵛæærn-hēwss) nt core

kärnkraft (tᵛæærn-krahft) c nuclear energy

kärra (tᵛæ-rah) c cart; barrow

kö (kūr) c queue

köa (kūr-ah) v queue; stand in line Am

kök (tᵛūrk) nt kitchen

kökschef (tᵛurks-shāyf) c chef

kökshandduk (tᵛurks-hahn-dēwk) c tea-cloth

köksredskap (tᵛurks-rāyd-skaap) nt utensil

köksspis (tᵛurk-speess) c stove, cooker

köksträdgård (tᵛurks-trai-gōard) c kitchen garden

köl (tᵛūrl) c keel

kön (tᵛūrn) nt sex; **köns-** genital

könssjukdom (tᵛūrns-shēwk-doom) c venereal disease

köp (tᵛūrp) nt purchase

köpa (tᵛūr-pah) v *buy; purchase

köpare (tᵛūr-pah-rer) c (pl ~) buyer; purchaser

köpesumma (tᵛūr-per-sew-mah) c purchase price

köpman (tᵛūrp-mahn) c (pl -män) merchant; trader

***köpslå** (tᵛūrp-sloa) v bargain

kör (kūr) c choir

köra (tᵛūr-rah) v *drive; ~ för fort *speed; ~ om *overtake; pass vAm

körbana (tᵛūrr-baan-ah) c carriageway; roadway nAm

körfil (t ͮurr-feel) c lane
körkort (t ͮurr-koort) nt driving licence
körriktningsvisare (t ͮurr-rikt-nings-vee-sah-rer) c (pl ~) trafficator; directional signal Am
körsbär (t ͮurrs-bæær) nt cherry
körsnär (t ͮurrs-næær) c furrier
körtel (t ͮurr-terl) c (pl -tlar) gland
kött (t ͮurt) nt flesh; meat

L

laboratorium (lah-bo-rah-tōō-ri-ewm) nt (pl -rier) laboratory
labyrint (lah-bew-rint) c labyrinth; maze
lack (lahk) nt lacquer; varnish
lada (laa-dah) c barn
laddning (lahd-ning) c charge; cargo
lag (laag) c law; nt team
laga (laa-gah) v fix; mend
lager (laa-gerr) nt store, stock; layer
laglig (laag-li) adj legal; lawful
lagra (laag-rah) v store; stock
lagring (laag-ring) c storage
lagun (lah-gēwn) c lagoon
lakan (laa-kahn) nt sheet
lakrits (laa-krits) c liquorice
lamm (lahm) nt lamb
lammkött (lahm-t ͮurt) nt lamb
lampa (lahm-pah) c lamp
lampskärm (lahmp-shærm) c lampshade
land (lahnd) nt (pl länder) land; country; *gå i ~ land, disembark; i ~ ashore
landa (lahn-dah) v land
landgräns (lahnd-grehns) c boundary
landgång (lahnd-gong) c gangway
landmärke (lahnd-mær-ker) nt landmark

landsbygd (lahnds-bewgd) c countryside; country
landsflykt (lahnds-flewkt) c exile
landsflykting (lahnds-flewk-ting) c exile
landskap (lahnd-skaap) nt province, landscape; scenery
landsman (lahnds-mahn) c (pl -män) countryman
***landstiga** (lahnd-steeg-ah) v disembark
landsväg (lahnds-vaig) c highway
lantbruk (lahnt-brēwk) nt farm; **lantbruks-** agrarian
lantbrukare (lahnt-brēw-kah-rer) c (pl ~) farmer
lantegendom (lahnt-āy-gayn-doom) c estate
lantlig (lahnt-li) adj rural
lantställe (lahnt-steh-ler) nt country house
lappa (lahp-ah) v patch
larma (lahr-mah) v alarm; clamour
lasarett (lah-sah-reht) nt hospital
last (lahst) c cargo; load, freight; vice
lasta (lahss-tah) v load; charge; ~ av unload
lastbil (lahst-beel) c lorry; truck nAm
lastkaj (lahst-kigh) c wharf
lastrum (lahst-rewm) nt hold
lat (laat) adj lazy; idle
Latinamerika (lah-teen-ah-māy-ri-kah) Latin America
latinamerikansk (lah-teen-ah-may-ri-kaansk) adj Latin-American
lavin (lah-veen) c avalanche
lax (lahks) c salmon
***le** (lāy) v smile
led (lāyd) c joint; ur ~ dislocated
leda (lāyd-ah) v *lead; head, direct
ledande (lāy-dahn-der) adj leading
ledare (lāy-dah-rer) c (pl ~) leader
ledarhund (lāyd-ahr-hewnd) c guidedog

ledarskap (*lāyd*-ahr-skaap) *nt* leadership

ledig (*lāy*-di) *adj* vacant; unoccupied

ledighet (*lāy*-di-hāyt) *c* leave; leisure

ledning (*lāyd*-ning) *c* lead, guidance; management

ledsaga (*lāyd*-saag-ah) *v* accompany; conduct

ledsen (*lay*-sayn) *adj* sad, sorry

ledstång (*lāyd*-stong) *c* (pl -stänger) rail, banister

leende (*lāy*-ern-der) *nt* smile

legal (lay-*gaal*) *adj* legal

legalisering (lay-gah-li-*sāyr*-ing) *c* legalization

legat (lay-*gaat*) *nt* legacy

legation (lay-gah-*shōōn*) *c* legation

legitimation (*lay*-gi-ti-mah-*shōōn*) *c* identification

lejon (*lay*-on) *nt* lion

lek (lāyk) *c* play

leka (*lāyk*-ah) *v* play

lekman (*lāyk*-mahn) *c* (pl -män) layman

lekplats (*lāyk*-plahts) *c* playground

leksak (*lāyk*-saak) *c* toy

leksaksaffär (*lāyk*-sahks-ah-*fæær*) *c* toyshop

lekskola (*lāyk*-skōōl-ah) *c* kindergarten

lektion (lehk-*shōōn*) *c* lesson

lektor (*lehk*-tor) *c* lecturer, senior master

lem (laym) *c* (pl ~mar) limb

len (lāyn) *adj* soft, smooth

lera (*lāy*-rah) *c* clay

lergods (*lair*-goods) *nt* pottery, ceramics *pl;* crockery

lerig (*lāy*-ri) *adj* muddy

leta efter (*lāy*-tah) look for

leva (*lāy*-vah) *v* live

levande (*lāy*-vahn-der) *adj* alive; live

lever (*lāy*-verr) *c* (pl levrar) liver

leverans (lay-vay-*rahns*) *c* delivery; supply

leverera (lay-vay-*rāy*-rah) *v* deliver; furnish

levnadsstandard (*lāyv*-nahds-stahn-dahrd) *c* standard of living

libanes (li-bah-*nāyss*) *c* Lebanese

libanesisk (li-bah-*nāyss*-isk) *adj* Lebanese

Libanon (*lee*-bah-non) Lebanon

liberal (li-bay-*raal*) *adj* liberal

Liberia (li-*bāyri*-ah) Liberia

liberian (li-bay-ri-*aan*) *c* Liberian

liberiansk (li-bay-ri-*aansk*) *adj* Liberian

licens (li-*sayns*) *c* licence

***lida** (*lee*-dah) *v* suffer

lidande (*leed*-ahn-der) *nt* suffering; ailment, affliction

lidelse (*leed*-erl-ser) *c* passion

lidelsefull (*leed*-erl-ser-*fewl*) *adj* passionate

lifta (*lif*-tah) *v* hitchhike

liftare (*lif*-tah-rer) *c* (pl ~) hitchhiker

***ligga** (*li*-gah) *v* *lie; *be situated

lik (leek) *nt* corpse; *adj* alike, like

lika (*lee*-kah) *adj* equal; even; *adv* equally, as;. ~ **mycket** as much

likadan (*lee*-kah-daan) *adj* alike

likaledes (*lee*-kah-*lāyd*-erss) *adv* likewise

likasinnad (*lee*-kah-*sin*-ahd) *adj* likeminded

likaså (*lee*-kah-sōā) *adv* likewise; as well, as much

likformig (*leek*-for-mi) *adj* uniform, homogeneous

likgiltig (*leek*-*Yil*-ti) *adj* indifferent

likhet (*leek*-hāyt) *c* resemblance; similarity

likna (*leek*-nah) *v* resemble

liknande (*leek*-nahn-der) *adj* similar, such

liksom (*lik*-som) *conj* as

likström (*leek*-strurm) *c* direct current

liktorn (*leek*-tōarn) *c* corn
likväl (leek-*vail*) *adv* yet; however, still
likvärdig (*leek*-vær-di) *adj* equivalent; ***vara ~ equal**
likör (li-*kūrr*) *c* liqueur
lilja (*lil*-Yah) *c* lily
lillfinger (*lil*-fing-ayr) *nt* (pl -fingrar) little finger
lim (lim) *nt* glue
limpa (*lim*-pah) *c* loaf; carton of cigarettes
lina (*leen*-ah) *c* cord, line
lind (lind) *c* lime; limetree
linda (*lin*-dah) *v* *wind
lindra (*lind*-rah) *v* relieve, mitigate, soothe
linjal (lin-*Yaal*) *c* ruler
linje (*leen*-Yer) *c* line
linjefartyg (*leen*-Yer-faar-tēwg) *nt* liner
linjerederi (*lin*-Yer-ray-day-*ree*) *nt* (pl ~er) shipping line
linne (*li*-ner) *nt* linen
lins (lins) *c* lens; lentil
list (list) *c* ruse; artifice; border
lista (*liss*-tah) *c* list
listig (*liss*-ti) *adj* cunning
lita på (*lee*-tah) trust; rely on
liten (*lee*-tern) *adj* (pl små) minor, small; little; petty, short; **ytterst ~ minute**
liter (*lee*-terr) *c* litre
litteratur (li-ter-rah-*tewr*) *c* literature; **litteratur-** literary
litterär (li-ter-*ræær*) *adj* literary
liv (leev) *nt* life
livbälte (*leev*-behl-ter) *nt* lifebelt
livfull (*leev*-fewl) *adj* lively
livförsäkring (*liv*-furr-saik-ring) *c* life insurance
livlig (*leev*-li) *adj* vivid; busy
livmoder (*leev*-mōōd-err) *c* (pl -drar) womb
livräddare (*leev*-reh-dah-rer) *c* (pl ~)

life-saver
livsfarlig (*lifs*-faar-li) *adj* perilous
livsmedel (*lifs*-māy-derl) *nt* food
livsmedelsbutik (*lifs*-māy-derls-bew-teek) *c* grocer's
livstid (*lifs*-teed) *c* lifetime
livsviktig (*lifs*-vik-ti) *adj* vital
livvakt (*leev*-vahkt) *c* bodyguard
ljud (Yēwd) *nt* sound
*ljuda (Yēw-dah) *v* sound
ljudband (Yēwd-bahnd) *nt* tape
ljuddämpare (Yēwd-dehm-pah-rer) *c* (pl ~) silencer; muffler *nAm*
ljudisolerad (Yēwd-i-soo-lāy-rahd) *adj* soundproof
*ljuga (Yēwg-ah) *v* lie
ljum (Yewm) *adj* lukewarm, tepid
ljumske (Yewms-ker) *c* groin
ljung (Yewng) *c* heather
ljunghed (Yewng-hāyd) *c* moor
ljus (Yēwss) *adj* light; *nt* light
ljushårig (Yēwss-hōā-ri) *adj* fair
ljuvlig (Yēwv-li) *adj* lovely
lock (lok) *nt* cover, lid, top; *c* curl
locka (*lok*-ah) *v* curl; entice, tempt
lockelse (*lo*-kayl-ser) *c* attraction
lockig (*lo*-ki) *adj* curly
locktång (*lok*-tong) *c* (pl -tänger) curling-tongs *pl*
lodrät (*lōōd*-rait) *adj* vertical; perpendicular
logera (lo-*shāy*-rah) *v* accommodate
logi (lo-*shee*) *nt* (pl ~er, ~n) accommodation
logik (loo-*geek*) *c* logic
logisk (*lawg*-isk) *adj* logical
lojal (lo-*Yaal*) *adj* loyal
lok (lōōk) *nt* locomotive
lokal (loo-*kaal*) *adj* local; **lokal-** local
lokalisera (loo-kah-li-*sāy*-rah) *v* locate
lokalsamtal (loo-*kaal*-sahm-taal) *nt* local call
lokaltåg (loo-*kaal*-tōag) *nt* local train
lokomotiv (loo-koo-moo-*teev*) *nt* en-

gine

longitud (*long*-gi-tĕwd) *c* longitude
lopp (lop) *nt* race; course
lort (loort) *c* dirt, filth
lortig (*loort*-i) *adj* filthy, dirty
lossa (*loss*-ah) *v* loosen; unfasten; discharge
lots (loots) *c* pilot
lott (lot) *c* lot; lottery ticket
lotteri (lo-ter-*ree*) *nt* lottery
lov (lōāv) *nt* vacation; permission
lova (*lōā*-vah) *v* promise
LP-skiva (ayl-pay-*shee*-vah) *c* long-playing record
lucka (*lew*-kah) *c* hatch
luffare (*lewf*-ah-rer) *c* (pl ~) tramp
luft (lewft) *c* air; sky; **luft-** air-; pneumatic
lufta (*lewf*-tah) *v* air, ventilate
luftfilter (*lewft*-fil-terr) *nt* (pl ~, -trer) air-filter
luftig (*lewf*-ti) *adj* airy
luftkonditionerad (*lewft*-kon-di-shoo-*nāy*-rahd) *adj* air-conditioned
luftkonditionering (*lewft*-kon-di-shoo-*nāyr*-ing) *c* air-conditioning
luftrörskatarr (*lewft*-rūrrs-kah-*tahr*) *c* bronchitis
lufttryck (*lewft*-trewk) *nt* atmospheric pressure
lufttät (*lewft*-tait) *adj* airtight
lugn (lewngn) *adj* calm; quiet, tranquil; sedate, restful
lugna (*lewng*-nah) *v* calm down; reassure; ~ **sig** calm down
lukt (lewkt) *c* smell; odour
lukta (*lewk*-tah) *v* *smell
lunch (lewnsh) *c* lunch; luncheon
lunga (*lewng*-ah) *c* lung
lunginflammation (*lewng*-in-flah-mah-*shōōn*) *c* pneumonia
lura (*lēwr*-ah) *v* cheat
lus (lēwss) *c* (pl löss) louse
lust (lewst) *c* desire; zest; *ha ~ att

*feel like; fancy
lustig (*lewss*-ti) *adj* funny; amusing, jolly, humorous
lustjakt (*lewst*-Yahkt) *c* yacht
lustspel (*lewst*-spāyl) *nt* comedy
luta (*lēw*-tah) *v* *lean; ~ **sig** *lean
lutande (*lēw*-tahn-der) *adj* slanting
lutning (*lēwt*-ning) *c* inclination
luxuös (lewk-sew-*ūrss*) *adj* luxurious
lya (*lēw*-ah) *c* den
lycka (*lewk*-ah) *c* happiness; fortune, luck
lyckas (*lewk*-ahss) *v* manage, succeed
lycklig (*lewk*-li) *adj* happy; fortunate
lyckosam (*lew*-ko-sahm) *adj* lucky
lyckönska (*lewk*-urns-kah) *v* congratulate
lyckönskning (*lewk*-urnsk-ning) *c* congratulation
lyda (*lēwd*-ah) *v* obey
lydig (*lēw*-di) *adj* obedient
lydnad (*lēwd*-nahd) *c* obedience
lyfta (*lewf*-tah) *v* lift; *take off
lyftkran (*lewft*-kraan) *c* crane
lykta (*lewk*-tah) *c* lantern
lyktstolpe (*lewkt*-stol-per) *c* lamp-post
lymmel (*lew*-merl) *c* (pl -mlar) rascal
lysande (*lēw*-sahn-der) *adj* luminous
lysa upp (*lēw*-sah) illuminate, light up; brighten
lyssna (*lewss*-nah) *v* listen
lyssnare (*lewss*-nah-rer) *c* (pl ~) listener
lyx (lewks) *c* luxury
låda (*lōā*-dah) *c* drawer
låg (lōāg) *adj* low
låga (*lōā*-gah) *c* flame
lågland (*lōāg*-lahnd) *nt* (pl -länder) lowlands *pl*
lågsäsong (*lōāg*-seh-*song*) *c* low season; off season
lågtryck (*lōāg*-trewk) *nt* depression
lågvatten (*lōāg*-vaht-ern) *nt* low tide

lån (lōān) nt loan

låna (lōā-nah) v borrow; ~ ut *lend

lång (long) adj long; tall

långbyxor (long-bewks-err) pl trousers pl; slacks pl

långsam (long-sahm) adj slow

långt (longt) adv far; ~ bort far-away; längre bort further away; längst bort furthest; på ~ när by far

långtråkig (long-trōā-ki) adj boring; dull

långvarig (long-vaar-i) adj long, lengthy

lår (lōār) nt thigh

lås (lōāss) nt lock

låsa (lōā-sah) v lock; ~ in lock up; ~ upp unlock

*låta (lōā-tah) v sound; allow to, *let; *leave

låtsa (lot-sah) v simulate, pretend

läcka (leh-kah) c leak; v leak

läcker (leh-kerr) adj delicious

läder (leh-derr) nt leather; läder-leather

läge (lai-ger) nt location; position; situation, site

lägenhet (lai-gern-hāyt) c flat; apartment nAm

läger (lai-gerr) nt camp

*lägga (lehg-ah) v *put; *lay; ~ på *put on; apply; add; ~ sig *lie down; ~ till add

läggningsvätska (lehg-nings-vehts-kah) c setting lotion

läka (lai-kah) v heal

läkare (lai-kah-rer) c (pl ~) doctor; physician; allmänpraktiserande ~ general practitioner

läkarmottagning (lai-kahr-moot taag-ning) c surgery

läkarvetenskap (lai-kahr-vāy-tern-skaap) c medicine

läkemedel (lai-ker-māy-dayl) nt rem-edy

läktare (lehk-tah-rer) c (pl ~) stand

lämna (lehm-nah) v *leave; check out; ~ i sticket *let down

lämplig (lehmp-li) adj appropriate; proper, fit, convenient

län (lain) nt province

längd (lehngd) c length; på längden lengthways

längs (lehngs) prep along; past

längta (lehng-tah) v desire; ~ efter long for

längtan (lehng-tahn) c longing; wish

länk (lehngk) c link

läpp (lehp) c lip

läppstift (lehp-stift) nt lipstick

lära (læær-ah) c teachings pl; v *teach; ~ sig *learn; ~ sig utan-till memorize

lärare (læær-ah-rer) c (pl ~) teacher; master, schoolmaster, schoolteach-er

lärarinna (læær-ah-rin-ah) c teacher

lärd (læærd) c scholar

lärka (lær-kah) c lark

lärobok (læǽ-roo-bōōk) c (pl -böcker) textbook

lärorik (læǽ-roo-reek) adj instructive

läroverk (læǽ-roo-værk) nt secondary school

läsa (lai-sah) v *read

läsesal (lai-ser-saal) c reading-room

läskedryck (lehss-ker-drewk) c lemon-ade

läskpapper (lehsk-pahp-err) nt blot-ting paper

läslampa (laiss-lahm-pah) c reading-lamp

läslig (laiss-li) adj legible

läsning (laiss-ning) c reading

lätt (leht) adj easy; light, slight

lätta (leht-ah) v relieve; lighten, ease

lätthanterlig (leht-hahn-tayr-li) adj easy to handle

lätthet (*leht*-hāȳt) c facility, ease
lättnad (*leht*-nahd) c relief
lättretad (*leht*-rāȳ-tahd) adj irritable
lättretlig (*leht*-rāȳt-li) adj irascible, touchy; quick-tempered
lättsmält (*leht*-smehlt) adj digestible
läxa (*lehks*-ah) c homework, lesson
löda (*lūrd*-ah) v solder
lödder (*lur*-derr) nt lather
lödkolv (*lūrd*-kolv) c soldering-iron
löfte (*lurf*-ter) nt promise; vow
lögn (lurngn) c lie
löjeväckande (*lur*-Yer-veh-kahn-der) adj ludicrous
löjlig (*lur*Y-li) adj ridiculous; ludicrous, foolish
lök (lūrk) c onion
lön (lūrn) c salary; wages pl, pay
löna sig (*lūrn*-ah) *pay
lönande (*lūrn*-ahn-der) adj paying
löneförhöjning (*lūrn*-er-furr-hur Y-ning) c rise; raise nAm
lönlös (*lūrn*-lūrss) adj useless, futile
lönn (lurn) c maple
lönsam (*lūrn*-sahm) adj profitable
löntagare (*lūrn*-taa-gah-rer) c (pl ~) employee
lördag (*lūr*-daag) c Saturday
lös (lūrss) adj loose
lösa (*lūr*-sah) v solve; ~ **in cash**; ~ **upp** *undo
lösdriveri (*lūrss*-dree-ver-*ree*) nt vagrancy
lösen (*lūr*-sern) c ransom
lösenord (*lūrss*-ern-ōōrd) nt password
löshår (*lūrss*-hōar) nt hair piece
löslig (*lūrss*-li) adj soluble
lösning (*lūrss*-ning) c solution
löständer (*lūrss*-tehn-derr) pl false teeth
löv (lūrv) nt leaf

M

madrass (mah-*drahss*) c mattress
magasin (mah-gah-*seen*) nt storehouse; warehouse
mage (*maa*-ger) c stomach; **mag**- gastric
mager (*maa*-gerr) adj thin; lean
magisk (*maag*-isk) adj magic
magnetapparat (mahng-*nāȳt*-ah-pah-raat) c magneto
magnetisk (mahng-*nāȳ*-tisk) adj magnetic
magnifik (mahng-ni-*feek*) adj magnificent
magont (*maag*-oont) nt stomach-ache
magplågor (*maag*-plōag-or) pl stomach-ache
magra (*maag*-rah) v slim
magsår (*maag*-sōar) nt gastric ulcer
maj (migh) May
major (mah-Yōōr) c major
majoritet (mah-Yoo-ri-*tāȳt*) c majority
majs (mighss) c maize
majskolv (*mighss*-kolv) c corn on the cob
maka (*maak*-ah) c wife
make (*maak*-er) c husband
makrill (*mahk*-ril) c mackerel
makt (mahkt) c power; might, force; rule
maktbefogenhet (*mahkt*-bay-fōō-gern-hāȳt) c authority
maktlös (*mahkt*-lūrss) adj powerless
mal (maal) c moth
mala (*maa*-lah) v *grind
malaria (mah-*laa*-ri-Yah) c malaria
Malaysia (mah-*ligh*-si-ah) Malaysia
malaysier (mah-*ligh*-si-err) c (pl ~) Malay
malaysisk (mah-*ligh*-sisk) adj Malaysian
mallig (*mahl*-i) adj cocky

malm (mahlm) c ore

malplacerad (mahl-plah-sáyr-ahd) adj misplaced

mammut (mahm-ewt) c mammoth

man¹ (mahn) pron one

man² (mahn) c (pl män) man

manchester (mahn-shayss-terr) c corduroy

mandarin (mahn-dah-reen) c mandarin; tangerine

mandat (mahn-daat) nt mandate

mandel (mahn-dayl) c (pl -dlar) almond

manet (mah-náyt) c jelly-fish

mani (mah-nee) c craze

manikyr (mah-ni-kéwr) c manicure

manikyrera (mah-ni-kew-ráy-rah) v manicure

manlig (mahn-li) adj masculine

mannekäng (mah-ner-kehng) c model

manschett (mahn-shayt) c cuff

manschettknappar (mahn-shayt-knah-pahr) pl cuff-links pl

manuskript (mah-new-skript) nt manuscript

mardröm (maar-drurm) c (pl ~mar) nightmare

margarin (mahr-gah-reen) nt margarine

marginal (mahr-Yi-naal) c margin

marinmålning (mah-reen-móal-ning) c seascape

maritim (mah-ri-teem) adj maritime

mark (mahrk) c ground, earth; grounds

markant (mahr-kahnt) adj striking

markera (mahr-káy-rah) v mark

markis (mahr-keess) c awning; marquis

marknad (mahrk-nahd) c fair

marmelad (mahr-may-laad) c marmalade

marmor (mahr-moor) c marble

marockan (mah-ro-kaan) c Moroccan

marockansk (mah-ro-kaansk) adj Moroccan

Marocko (mah-rok-o) Morocco

mars (mahrs) March

marsch (mahrsh) c march

marschera (mahr-sháy-rah) v march

marschfart (mahrsh-faart) c cruising speed

marsvin (maar-sveen) nt guinea-pig

martyr (mahr-téwr) c martyr

mask (mahsk) c worm; mask

maska (mahss-kah) c mesh; ladder

maskara (mahss-kaa-rah) c mascara

maskin (mah-sheen) c engine; machine; *skriva ~ type

maskineri (mah-shi-ner-ree) nt (pl ~er) machinery

maskinskriven (mah-sheen-skree-vern) adj typewritten

maskinskriverska (mah-sheen-skree-vayrs-kah) c typist

maskros (mahsk-róoss) c dandelion

massa (mahss-ah) c mass; bulk

massage (mah-saash) c massage

massera (mah-sáy-rah) v massage

massiv (mah-seev) adj solid; massive

massmöte (mahss-múr-ter) nt rally

massproduktion (mahss-pro-dewk-shóon) c mass production

massör (mah-súrr) c masseur

mast (mahst) c mast

mat (maat) c food; fare; djupfryst ~ frozen food; laga ~ cook; ~ och logi bed and board; room and board, board and lodging; smälta maten digest

mata (maa-tah) v *feed

match (mahch) c match

matematik (mah-tay-mah-teek) c mathematics

matematisk (mah-tay-maat-isk) adj mathematical

materia (mah-táy-ri-ah) c matter

material (mah-teh-ri-aal) nt material

materiell (mah-teh-ri-*ayl*) *adj* material

matförgiftning (*maat*-furr-ᵞift-ning) *c* food poisoning

matlust (*maat*-lewst) *c* appetite

matros (mah-trōōss) *c* seaman

maträtt (*maat*-reht) *c* dish

matsal (*maat*-saal) *c* dining-room

matsedel (*maat*-sāy-derl) *c* menu

matservis (*maat*-sehr-*veess*) *c* dinner-service

matsked (*maat*-shāyd) *c* tablespoon

matsmältning (*maat*-smehlt-ning) *c* digestion

matsmältningsbesvär (*maat*-smehlt-nings-bay-svæær) *nt* indigestion

matt (maht) *adj* dim, mat; dull

matta (*mah*-tah) *c* carpet; mat

matvaror (*maat*-vaa-roor) *pl* foodstuffs *pl*

mausoleum (mou-so-*lāy*-ewm) *nt* (pl -leer) mausoleum

med (māyd) *prep* with; by; ***ha ~ sig** ***bring**

medalj (may-*dahl*ᵞ) *c* medal

medan (*māy*-dahn) *conj* while; whilst

medarbetare (*māyd*-ahr-bāy-tah-rer) *c* (pl ~) colleague

medborgare (*māyd*-bor-ᵞah-rer) *c* (pl ~) citizen; **medborgar-** civic

medborgarskap (*māyd*-bor-ᵞahr-skaap) *nt* citizenship

medborgerlig (*māyd*-bor-ᵞayr-li) *adj* civil

medbrottsling (*māyd*-brots-ling) *c* accessary

meddela (*māyd*-dāy-lah) *v* inform; report, communicate, notify

meddelande (*māyd*-dāy-lahn-day) *nt* message; information, communication

medel (*māy*-derl) *nt* means; **antiseptiskt ~** antiseptic; **lugnande ~** sedative; tranquillizer; **smärtstillande ~** analgesic; **stärkande ~** tonic

medel- (*māy*-derl) medium

Medelhavet (*māy*-derl-haa-vert) Mediterranean

medelklass (*māy*-derl-klahss) *c* middle class

medelmåttig (*māyd*-erl-mot-i) *adj* moderate; medium

medelpunkt (*māyd*-erl-pewngt) *c* centre

medeltida (*māy*-derl-tee-dah) *adj* mediaeval

Medeltiden (*māy*-derl-tee-dern) Middle Ages

medfödd (*māyd*-furd) *adj* inborn

medföra (*māyd*-fūr-rah) *v* *bring

*medge (*māyd*-ᵞāy) *v* admit; grant

medhjälpare (*māyd*-ᵞehl-pah-rer) *c* (pl ~) assistant

medicin (may-di-*seen*) *c* medicine; drug

medicinsk (may-di-*seensk*) *adj* medical

meditera (may-di-*tāyr*-ah) *v* meditate

medkänsla (*māyd*-tᵞehns-lah) *c* sympathy

medla (*māyd*-lah) *v* mediate

medlare (*māyd*-lah-rer) *c* (pl ~) mediator

medlem (*māyd*-laym) *c* (pl ~mar) member; associate

medlemskap (*māyd*-laym-skaap) *nt* membership

medlidande (*māyd*-lee-dahn-der) *nt* pity; ***ha ~ med** pity

medräkna (*māyd*-raik-nah) *v* count, include

medströms (*māyd*-strurms) *adv* downstream

medtävlare (*māyd*-taiv-lah-rer) *c* (pl ~) competitor

medvetande (*māyd*-vāy-tahn-der) *nt* consciousness

medveten (*māyd*-vāy-tern) *adj* conscious; aware

medvetslös (*māyd*-vāyts-lurss) *adj* unconscious

mejeri (may-Yay-*ree*) *nt* (pl ~er) dairy

mejsel (*may*-sayl) *c* (pl -slar) chisel

mekaniker (may-*kaa*-ni-kerr) *c* (pl ~) mechanic

mekanisk (may-*kaa*-nisk) *adj* mechanical

mekanism (may-kah-*nism*) *c* mechanism

mellan (*may*-lahn) *prep* between; among

mellanmål (*may*-lahn-mōal) *nt* snack

mellanrum (*may*-lahn-rewm) *nt* space

mellanspel (*may*-lahn-spāyl) *nt* interlude

mellantid (*may*-lahn-teed) *c* interim

mellanvåning (*may*-lahn-vōa-ning) *c* mezzanine

mellersta (*may*-lerrs-tah) *adj* middle

melodi (may-lo-*dee*) *c* melody; tune

melodisk (mer-*lōod*-isk) *adj* melodious

melodrama (may-loo-*draam*-ah) *nt* (pl -mer) melodrama

melon (may-*lōon*) *c* melon

memorandum (may-moo-*rahn*-dewm) *nt* (pl -da) memo

men (mayn) *conj* but; only

mena (*māyn*-ah) *v* *mean

mened (*māyn*-āyd) *c* perjury

mening (*māy*-ning) *c* sentence; sense; meaning

meningslös (*māy*-nings-lūrss) *adj* meaningless

menstruation (mayn-strew-ah-*shōon*) *c* menstruation

mental (mayn-*taal*) *adj* mental

mentalsjukhus (mehn-*taal*-shēwk-hēwss) *nt* asylum

meny (mer-*nēw*) *c* menu; **fast ~** set menu

mer (*māy*r) *adv* more; **lite ~** some

more

mest av allt (mayst aav ahlt) most of all

för det mesta (furr day mayss-tah) mostly

meta (*māy*t-ah) *v* fish; angle

metall (may-*tahl*) *c* metal; **metall-** metal

meter (*māy*-terr) *c* (pl ~) metre

metkrok (*māy*t-krōok) *c* fishing hook

metod (may-*tōod*) *c* method

metodisk (may-*tōo*-disk) *adj* methodical

metrev (*māy*t-rāyv) *c* fishing line

metrisk (*māy*t-risk) *adj* metric

metspö (*māy*t-spur) *nt* fishing rod

mexikanare (mayks-i-*kaa*-nah-rer) *c* (pl ~) Mexican

mexikansk (mayks-i-*kaansk*) *adj* Mexican

Mexiko (*mayks*-i-koo) Mexico

middag (*mi*-dah) *c* dinner; **•äta ~** dine

midja (*meed*-Yah) *c* waist

midnatt (*meed*-naht) *c* midnight

midsommar (*mid*-so-mahr) *c* midsummer

mig (may) *pron* me; myself

migrän (mi-*grain*) *c* migraine

mikrofon (mik-ro-*fōan*) *c* microphone

mil (meel) *c* ten kilometres

mild (mild) *adj* mild; gentle

miljon (mil-*Yōon*) *c* million

miljonär (mil-Yoo-*næær*) *c* millionaire

miljö (mil-*Yur*) *c* environment; milieu

milstolpe (*meel*-stol-per) *c* milestone

min (min) *pron* (nt mitt, pl mina) my

mindervärdig (*min*-derr-væær-di) *adj* inferior

minderårig (*min*-derr-ōa-ri) *adj* under age; *c* minor

mindre (*mind*-rer) *adv* less; *adj* minor

mineral (mi-ner-*raal*) *nt* mineral

mineralvatten (mi-ner-*raal*-vah-tern) *nt*

mineral water; soda-water

miniatyr (mi-ni-ah-$\overline{tewr}$) *c* miniature

minimum ($\overline{mee}$-ni-mewm) *nt* (pl ~, -ma) minimum

minister (mi-*niss*-terr) *c* (pl -trar) minister

mink (mingk) *c* mink

minnas (*min*-ahss) *v* remember, recollect

minne (*minah*) *nt* memory; remembrance

minnesfest (*mi*-nayss-fehst) *c* commemoration

minnesmärke (*mi*-nayss-mær-ker) *nt* memorial; monument

minnesvärd (*mi*-nayss-væærd) *adj* memorable

minoritet (mi-noo-ri-$\overline{tayt}$) *c* minority

minska (*miss*-kah) *v* decrease; subtract; lower

minskning (*minsk*-ning) *c* decrease, reduction

minst (minst) *adj* least

minus ($\overline{mee}$-newss) *prep* minus

minut (mi-$\overline{newt}$) *c* minute

mirakel (mi-*raa*-kayl) *nt* (pl -kler) miracle

missa (*miss*-ah) *v* miss

missbelåten (*miss*-ber-$\overline{loa}$-tern) *adj* discontented

missbruk (*miss*-br$\overline{ew}$k) *nt* abuse; misuse

missbruka (*miss*-br$\overline{ew}$kah) *v* abuse

missfall (*miss*-fahl) *nt* miscarriage

missfärgad (*miss*-fær-^{Y}ahd) *adj* discoloured

* **missförstå** (*miss*-furr-st$\overline{oa}$) *v* *misunderstand

missförstånd (*miss*-furr-*stond*) *nt* misunderstanding

misshaga (*miss*-haa-gah) *v* displease

misslyckad (*miss*-lew-kahd) *adj* unsuccessful

misslyckande (*miss*-lew-kahn-der) *nt* failure

misslyckas (*miss*-lew-kahss) *v* fail

missnöjd (*miss*-nur^{Y}d) *adj* dissatisfied

* **missta** (*miss*-taa) *be mistaken; err

misstag (*miss*-taag) *nt* mistake; error

misstanke (*miss*-tahng-ker) *c* suspicion

misstro (*miss*-tr$\overline{oo}$) *v* mistrust; *c* distrust

misstrogen (*miss*-tr$\overline{oo}$-gern) *adj* distrustful

misstänka (*miss*-tehng-kah) *v* suspect

misstänksam (*miss*-tehngk-sahm) *adj* suspicious

misstänksamhet (*miss*-tayngk-sahm-h$\overline{ay}$t) *c* suspicion

misstänkt[1] (*miss*-tehngt) *c* (pl ~a) suspect

misstänkt[2] (*miss*-tehngt) *adj* suspicious, suspected

missunna (*miss*-ewn-ah) *v* grudge

mista (*miss*-tah) *v* *lose

mitt (mit) *c* middle; midst; ~ i amid; ~ ibland amid

mittemellan (*mit*-ay-may-lahn) *adv* in between

mittemot (*mit*-ay-$\overline{moot}$) *prep* opposite; facing

mixer (*miks*-err) *c* (pl ~) mixer

mjuk (m$^Y\overline{ew}$k) *adj* soft; smooth; supple

mjuka upp (m$^Y\overline{ew}$-kah) soften

mjäll (m^{Y}ehl) *nt* dandruff; *adj* tender

mjöl (m$^Y\overline{u}$rl) *nt* flour

mjölk (m^{Y}urlk) *c* milk

mjölkbud (m^{Y}urlk-bewd) *nt* milkman

mjölkig (m^{Y}url-ki) *adj* milky

mjölnare (m$^Y\overline{u}$rl-nah-rer) *c* (pl ~) miller

mockaskinn (*mo*-kah-shin) *nt* suede

mod (m$\overline{oo}$d) *nt* courage; guts

mode (m$\overline{oo}$-der) *nt* fashion

modell (moo-*dayl*) *c* model

modellera (moo-day-$\overline{layr}$-ah) *v* model

moderat (moo-der-*raat*) *adj* moderate

modern (moo-*dæærn*) *adj* modern; fashionable

modersmål (*mōō*-derrs-*mōal*) *nt* mother tongue; native language

modig (*mōō*-di) *adj* brave, courageous

modist (moo-*dist*) *c* milliner

mogen (*mōō*-gayn) *adj* mature; ripe

mognad (*mōōg*-nahd) *c* maturity

mohair (moo-*hæær*) *c* mohair

moln (mōāln) *nt* cloud

molnig (*mōāl*-ni) *adj* cloudy

monark (moo-*nahrk*) *c* monarch

monarki (moo-nahr-*kee*) *c* monarchy

monetär (mo-ner-*tæær*) *adj* monetary

monolog (mo-noo-*lōag*) *c* monologue

monopol (mo-no-*pōal*) *nt* monopoly

monoton (mo-no-*tōan*) *adj* monotonous

monter (*mon*-terr) *c* (pl -trar) showcase

montera (mon-*tāy*-rah) *v* assemble

montering (mon-*tāy*-ring) *c* assembly

montör (mon-*tūrr*) *c* fitter, assembler

monument (mo-new-*mehnt*) *nt* monument

moped (moo-*pāyd*) *c* moped; motorbike *nAm*

mor (moor) *c* (pl mödrar) mother

moral (moo-*raal*) *c* moral

moralisk (moo-*raa*-lisk) *adj* moral

morallära (moo-*raal*-læǽ-rah) *c* morality

morbror (*moor*-broor) *c* (pl -bröder) uncle

mord (mōōrd) *nt* murder; assassination

morfar (*moor*-fahr) *c* (pl -fäder) grandfather

morfin (mor-*feen*) *nt* morphine; morphia

morgon (*mor*-on) *c* (pl -gnar) morning; i ~ tomorrow

morgonrock (*mo*-ron-rok) *c* dressing-gown

morgontidning (*mo*-ron-teed-ning) *c* morning paper

morgonupplaga (*mor*-on-ewp-laag-ah) *c* morning edition

mormor (*moor*-moor) *c* (pl -mödrar) grandmother

morot (*mōō*-rōōt) *c* (pl morötter) carrot

morra (*mor*-ah) *v* growl

i morse (ee *mor*-ser) this morning

mosa (*mōōss*-ah) *v* mash

mosaik (moo-sah-*eek*) *c* mosaic

moské (moss-*kāy*) *c* mosque

moskit (mo-*skeet*) *c* mosquito

mossa (*moss*-ah) *c* moss

moster (*mooss*-terr) *c* (pl -trar) aunt

mot (mōōt) *prep* against; towards

motbjudande (*mōōt*-bʸēw-dahn-day) *adj* revolting

motell (moo-*tayl*) *nt* motel

motgång (*mōōt*-gong) *c* adversity

motion (mot-*shōōn*) *c* exercise; motion

motiv (moo-*teev*) *nt* motive

motor (*mōō*-tor) *c* engine, motor

motorbåt (*mōō*-tor-bōāt) *c* motorboat

motorcykel (*mōō*-tor-sew-kerl) *c* (pl -klar) motor-cycle

motorfartyg (*mōō*-tor-faar-tēwg) *nt* motor vessel

motorhuv (*mōō*-tor-hēwv) *c* bonnet; hood *nAm*

motorskada (*mōō*-tor-skaa-dah) *c* engine failure

motorstopp (*mōō*-tor-stop) *nt* breakdown

motorväg (*mōō*-tor-vaig) *c* motorway; highway *nAm*

motsats (*mōōt*-sahts) *c* contrary; reverse

motsatt (*mōōt*-saht) *adj* opposite;

contrary

motstående (*mōōt*-stoå-ayn-der) *adj* opposite

motstånd (*mōōt*-stond) *nt* resistance; resistor

motståndare (*mōōt*-ston-dah-rer) *c* (pl ~) opponent

motsvara (*mōōt*-svaar-ah) *v* correspond to

motsvarande (*mōōt*-svaar-ahn-der) *adj* equivalent

motsvarighet (*mōōt*-svaa-ri-hāyt) *c* equivalence

*motsäga (*mōōt*-say-ah) *v* contradict

motsägande (*mōōt*-say-ahn-der) *adj* contradictory

*motta (*mōōt*-taa) *v* receive; accept

mottagande (*mōōt*-taag-ahn-der) *nt* reception; receipt

mottagning (*mōōt*-taag-ning) *c* reception; **mottagningstid** consultation hours

mottagningsbevis (*mōōt*-taag-nings-ber-*veess*) *nt* receipt

motto (*mot*-oo) *nt* motto

motvilja (*mōōt*-vil-ʸah) *c* antipathy; dislike; aversion

mousserande (moo-*sāy*-rahn-der) *adj* sparkling

mugg (mewg) *c* mug

mulen (*mēwl*-ern) *adj* overcast, cloudy

mullbär (*mewl*-bæær) *nt* mulberry

multe (*mewl*-ter) *c* mullet

multiplicera (mewl-ti-pli-*sāy*-rah) *v* multiply

multiplikation (mewl-ti-pli-kah-*shōōn*) *c* multiplication

mulåsna (*mēwl*-ōass-nah) *c* mule

mun (mewn) *c* (pl ~nar) mouth

munk (mewngk) *c* monk

munsbit (*mewns*-beet) *c* bite

munstycke (*mewn*-stew-ker) *nt* nozzle

munter (*mewn*-terr) *adj* merry; gay, cheerful

munterhet (mewn-terr-*hāyt*) *c* gaiety

muntlig (*mewnt*-li) *adj* oral; verbal

muntra upp (*mewnt*-rah) cheer up

munvatten (*mewn*-vah-tern) *nt* mouthwash

mur (mēwr) *c* wall

mura (*mēwr*-ah) *v* *lay bricks

murare (*mēw*-rah-rer) *c* (pl ~) bricklayer

murgröna (*mēwr*-grūr-nah) *c* ivy

mus (mēwss) *c* (pl möss) mouse

museum (mew-*sāy*-ewm) *nt* (pl museer) museum

musik (*mēw*-seek) *c* music

musikal (*mēw*-si-kaal) *c* musical

musikalisk (*mēw*-si-kaa-lisk) *adj* musical

musiker (*mēw*-si-kerr) *c* (pl ~) musician

musikinstrument (*mēw*-seek-in-strēw-*mehnt*) *nt* musical instrument

muskel (*mewss*-kerl) *c* muscle

muskotnöt (*mewss*-kot-*nūrt*) *c* (pl ~ter) nutmeg

muskulös (mewss-kew-*lūrss*) *adj* muscular

muslin (mewss-*leen*) *nt* muslin

mustasch (mewss-*taash*) *c* moustache

muta (*mēwt*-ah) *v* bribe

mutning (*mēwt*-ning) *c* bribery

mutter (mew-terr) *c* (pl -trar) nut

mycket (*mew*-ker) *adv* very; much, far

mygga (*mewg*-ah) *c* mosquito

myggnät (*mewg*-nait) *nt* mosquito-net

myndig (*mewn*-di) *adj* of age

myndigheter (*mewn*-di-*hāy*-terr) *pl* authorities *pl*

mynning (*mewn*-ing) *c* mouth

mynt (mewnt) *nt* coin

mynta (*mewn*-tah) *c* mint

myntenhet (mewnt-*āyn*-hāyt) *c* monetary unit

myntöppning (*mewnt*-urp-ning) c slot

myra (*mēw*-rah) c ant

mysig (*mēw*-si) adj cosy

mysterium (mewss-*tāy*-ri-ewm) nt (pl -rier) mystery

mystisk (*mewss*-tisk) adj mysterious

myt (mēwt) c myth

myteri (mew-ter-*ree*) nt (pl ~er) mutiny

må (mōā) v *feel

mål (mōāl) nt goal; meal

måla (*mōā*l-ah) v paint

målare (*mōā*l-ah-rer) c (pl ~) painter

målarfärg (*mōā*-lahr-færᵛ) c paint

mållinje (*mōā*l-lin-ᵛer) c finish, finishing line

mållös (*mōā*l-lürss) adj speechless

målning (*mōā*l-ning) c painting

målsättning (*mōā*l-seht-ning) c objective, aim

måltavla (*mōā*l-taav-lah) c target

måltid (*mōā*l-teed) c meal

målvakt (*mōā*l-vahkt) c goalkeeper

månad (*mōā*-nahd) c month

månadstidning (*mōā*-nahds-*teed*-ning) c monthly magazine

månatlig (*mōā*-naht-li) adj monthly

måndag (*mon*-daag) c Monday

måne (*mōā*-ner) c moon

många (*mong*-ah) adj many; much

mångsidig (*mong*-see-di) adj all-round

månsken (*mōān*-shäyn) nt moonlight

mås (mōāss) c gull

*måste (*moss*-ter) v *must; *be obliged to, *have to, need to; *be bound to

mått (mot) nt measure

måttband (*mot*-bahnd) nt tape-measure

måttlig (*mot*-li) adj moderate

mäklare (*maik*-lah-rer) c (pl ~) broker

mäktig (*mehk*-ti) adj powerful; mighty

mängd (mehngd) c amount; lot

människa (*meh*-ni-shah) c human being; man

mänsklig (*mehnsk*-li) adj human

mänsklighet (*mehn*-skli-hāyt) c humanity; mankind

märg (mæær ᵛ) c marrow

märka (*mæær*-kah) v notice, sense; mark

märkbar (*mærk*-baar) adj noticeable; perceptible

märke (*mær*-ker) nt mark; brand; •lägga ~ till notice

märkvärdig (*mærk*-vææ*r*-di) adj curious

mässa (*meh*-sah) c Mass

mässing (*meh*-sing) c brass

mässingsorkester (*mehss*-ings-or-*kehss*-terr) c (pl -trar) brass band

mässling (*mehss*-ling) c measles

mästare (*mayss*-tah-rer) c (pl ~) master; champion

mästerverk (*mehss*-terr-værk) nt masterpiece

mäta (*mai*-tah) v measure

mätare (mait-ah-rer) c (pl ~) meter; gauge

möbelben (*mūr*-berl-bāyn) nt leg

möbler (*mūrb*-lerr) pl furniture

möblera (mūr-*blāy*-rah) v furnish

möda (*mūr*-dah) c pains, trouble

mögel (*mūr*-gerl) nt mildew

möglig (*mūrg*-li) adj mouldy

möjlig (*mur*ᵛ-li) adj possible

*möjliggöra (*mur*ᵛ-li-ᵛ*ūr*-rah) v *make possible; enable

möjlighet (*mur*ᵛ-li-hāyt) c possibility

mönster (*murns*-terr) nt pattern

mör (mūrr) adj tender

mörda (*mūrr*-dah) v murder

mördare (*mūrr*-dah-rer) c (pl ~) murderer

mörk (murrk) adj dark; obscure

mörker (*murr*-kerr) *nt* dark; darkness

mört (murrt) *c* roach

mössa (*mur*-sah) *c* cap

möta (*mūr*-tah) *v* *meet; encounter

mötande (*mūr*-tahn-der) *adj* oncoming

möte (*mūrt*-er) *nt* meeting; **avtalat ~** appointment; engagement

mötesplats (*mūr*-tayss-plahts) *c* meeting-place

N

nackdel (*nahk*-dāyl) *c* disadvantage

nacke (*nahk*-er) *c* nape of the neck

nagel (*naa*-gayl) *c* (pl naglar) nail

nagelborste (*naa*-gayl-bors-ter) *c* nail-brush

nagelfil (*naa*-gayl-feel) *c* nail-file

nagellack (*naa*-gayl-lahk) *nt* nail-polish

nagelsax (*naa*-gayl-sahks) *c* nail-scissors *pl*

naiv (nah-*eev*) *adj* naïve

naken (*naa*-kern) *adj* naked; nude, bare

nakenstudie (*naa*-kern-*stew*-di-er) *c* nude

namn (nahmn) *nt* name; **i ... namn** in the name of

narkos (nahr-*kōass*) *c* narcosis

narkotika (nahr-*kōā*-ti-kah) *c* narcotic

nation (naht-*shōōn*) *c* nation

nationaldräkt (naht-shoo-*naal*-drehkt) *c* national dress

nationalisera (naht-shoo-nah-li-*sāyr*-ah) *v* nationalize

nationalitet (naht-shoo-nah-li-*tāyt*) *c* nationality

nationalpark (naht-shoo-*naal*-pahrk) *c* national park

nationalsång (naht-shoo-*naal*-song) *c* national anthem

nationell (naht-shoo-*nayl*) *adj* national

natt (naht) *c* (pl nätter) night; **i ~** tonight; **om natten** by night; **över natten** overnight

nattaxa (*naht*-tahk-sah) *c* night rate

nattflyg (*naht*-flēwg) *nt* night flight

nattklubb (*naht*-klewb) *c* nightclub; cabaret

nattkräm (*naht*-kraim) *c* night-cream

nattlig (*naht*-li) *adj* nightly

nattlinne (*naht*-li-ner) *nt* nightdress

nattåg (*naht*-tōag) *nt* night train

natur (nah-*tēwr*) *c* nature

naturlig (nah-*tēwr*-li) *adj* natural

naturligtvis (nah-*tēwr*-lit-*veess*) *adv* of course; naturally

naturskön (nah-*tēwr*-shūrn) *adj* scenic

naturvetenskap (nah-*tēwr*-vāyt-ern-*skaap*) *c* physics

navel (*naav*-erl) *c* (pl navlar) navel

navigation (nah-vi-gah-*shōōn*) *c* navigation

navigera (nah-vi-*gāy*-rah) *v* navigate

necessär (nay-ser-*sær*) *c* toilet case

ned (nāyd) *adv* down

nedan (*nāy*-dahn) *adv* beneath, below

nedanför (*nāy*-dahn-fūrr) *prep* below; under

nederbörd (*nāyd*-err-bürrd) *c* precipitation

nederlag (*nāyd*-err-laag) *nt* defeat

nederländare (*nāy*-derr-lehn-dah-rer) *c* (pl ~) Dutchman

Nederländerna (*nāy*-derr-lehn-derr-nah) the Netherlands

nederländsk (*nāy*-dayr-lehnsk) *adj* Dutch

nedersta (*nāy*-derr-stah) *adj* bottom, lowest

nedre (*nāyd*-rer) *adj* inferior

nedslående (*nāyd*-slōā-ayn-der) *adj* depressing

nedsmutsad (*nāyd*-smewt-sahd) *adj*

soiled

nedstigning (*nāyd*-steeg-ning) *c* descent

nedstämd (*nāyd*-stehmd) *adj* low; down, down-hearted

nedåt (*nāyd*-ot) *adv* down; downwards

negativ (nay-gah-teev) *adj* negative; *nt* negative

neger (*nāy*-gerr) *c* (pl negrer) Negro

negligé (nay-gli-*shāy*) *c* negligee

nej (nay) no

neka (*nāyk*-ah) *v* deny

nekande (*nāyk*-ahn-der) *adj* negative

neon (nay-*ōan*) *nt* neon

ner (nāyr) *adv* down, downstairs

nerv (nærv) *c* nerve

nervös (nær-*vūrss*) *adj* nervous

netto- (nayt-oo) net

neuralgi (nayv-rahl-*gee*) *c* neuralgia

neuros (nayv-*rōass*) *c* neurosis

neutral (nay*ew*-traal) *adj* neutral

neutrum (*nāy*-ewt-rewm) *nt* neuter

Ni (nee) *pron* you

ni (nee) *pron* you

nick (nik) *c* nod

nicka (*nik*-ah) *v* nod

nickel (*nik*-erl) *c* nickel

✱niga (*nee*-gah) *v* curtsy

Nigeria (ni-*gāyr*-i-ah) Nigeria

nigerian (ni-gay-ri-*aan*) *c* Nigerian

nigeriansk (ni-gay-ri-*aansk*) *adj* Nigerian

nikotin (ni-koo-*teen*) *nt* nicotine

nio (*neeoo*) *num* nine

nionde (*nee*-on-der) *num* ninth

nit (neet) *nt* zeal, ardour

nittio (*nit*-i) *num* ninety

nitton (*nit*-on) *num* nineteen

nittonde (*nit*-on-der) *num* nineteenth

nivå (ni-*voa*) *c* level

njure (n*ʸew*-rer) *c* kidney

✱njuta (n*ʸew*-tah) *v* enjoy

njutning (n*ʸewt*-ning) *c* delight

nog (nōōg) *adv* enough; probably

noga (*nōō*-gah) *adj* precise

noggrann (*nōōg*-rahn) *adj* accurate, precise

nolla (*no*-lah) *c* zero; nought

nominell (noo-mi-*nayl*) *adj* nominal

nominera (noo-mi-*nāyr*-ah) *v* nominate

nominering (noo-mi-*nāyr*-ing) *c* nomination

nord (nōōrd) *c* north

nordlig (*nōōrd*-li) *adj* northern; northerly, north

nordost (nōōrd-*oost*) *c* north-east

Nordpolen (*nōōrd*-pōō-lern) North Pole

nordväst (nōōrd-*vehst*) *c* north-west

Norge (*nor*-ʸer) Norway

norm (norm) *c* norm, standard

normal (nor-*maal*) *adj* normal; regular

norrman (*nor*-mahn) *c* (pl -män) Norwegian

norsk (norsk) *adj* Norwegian

nos (nōōss) *c* snout

noshörning (*nōōss*-hürr-ning) *c* rhinoceros

nota (*nōōt*-ah) *c* bill; check *nAm*

notera (noo-*tāyr*-ah) *v* note

nougat (noo-*gaat*) *c* nougat

novell (noo-*vehl*) *c* short story

november (noo-*vehm*-berr) November

nu (new) *adv* now

nudistbadstrand (new-*dist*-baad-strahnd) *c* (pl -stränder) nudist beach

nuförtiden (*nēw*-furr-tee-dayn) *adv* nowadays

nummer (*newm*-err) *nt* number; act

nummerplåt (*new*-merr-plōat) *c* registration plate; licence plate *Am*

nunna (*newn*-ah) *c* nun

nunnekloster (*newn*-er-kloss-terr) *nt* nunnery

nutid (*nēw*-teed) *c* present

nutida (*nēw*-tee-dah) *adj* contemporary

nuvarande (*nēw*-vaa-rahn-der) *adj* present; current

ny (nēw) *adj* new; recent; **splitter ~** brand-new

nyans (new-*ahngs*) *c* nuance; shade

Nya Zeeland (*nēwah sāy*-lahnd) New Zealand

nybörjare (*nēw*-burr-*Yah*-rer) *c* (pl ~) beginner; learner

nyck (newk) *c* whim; fancy

nyckel (new-kerl) *c* (pl -klar) key

nyckelben (new-kerl-*bāyn*) *nt* collarbone

nyckelhål (new-kerl-*hōal*) *nt* keyhole

nyfiken (*nēw*-fee-kern) *adj* curious

nyfikenhet (*nēw*-fee-kern-*hāyt*) *c* curiosity

nyhet (*nēw*-*hāyt*) *c* news

nyheter (*nēw*-*hāy*-terr) *pl* news; tidings *pl*

nykter (newk-terr) *adj* sober

nyligen (*nēw*-li-gayn) *adv* recently; lately

nylon (new-*lōan*) *nt* nylon

nynna (newn-ah) *v* hum

*nypa (*nēw*-pah) *v* pinch

*nysa (*nēw*-sah) *v* sneeze

nyss (newss) *adv* a moment ago

nytta (new-tah) *c* use; benefit; profit; ***ha ~ av** benefit by, profit by

nyttig (new-ti) *adj* useful

nyttighet (new-ti-*hāyt*) *c* utility

nyttja (newt-*Yah*) *v* use, employ

nyår (*nēw*-*ōar*) *nt* New Year

nå (*nōa*) *v* reach

nåd (*nōad*) *c* grace; mercy

någon (*nōa*-gon) *pron* somebody; any; someone

någonsin (*nōa*-gon-*sin*) *adv* ever

någonstans (*nōa*-gon-stahns) *adv* somewhere

någorlunda (*nōa*-goor-lewn-dah) *adv* quite; rather

något (*nōa*-got) *pron* something, some

några (*nōag*-rah) *pron* some; *adj* some

nål (*nōal*) *c* needle

näbb (nehb) *c* beak

näktergal (*nehk*-terr-*gaal*) *c* nightingale

nämligen (*nehm*-li-gern) *adv* namely

nämna (*nehm*-nah) *v* mention

när (næær) *adv* when; *conj* when

nära (*næær*-ah) *adj* near; close

närande (*næær*-ahn-der) *adj* nourishing; nutritious

närapå (*nǽæ*-rah-poa) *adv* nearly

närbelägen (*næær*-bay-*laig*-ern) *adj* near

närgången (*næær*-gong-ern) *adj* inquisitive

närhelst (*næær*-*hehlst*) *conj* whenever

närhet (*næær*-*hāyt*) *c* vicinity

närliggande (*næær*-li-gahn-der) *adj* nearby

närma sig (*nær*-mah) approach

närmast (*nær*-mahst) *adv* closest; nearest

närsynt (*næær*-*sēwnt*) *adj* shortsighted

närvarande (*næær*-vaa-rahn-der) *adj* present; ***vara ~ vid** attend, assist at

närvaro (*næær*-vaa-roo) *c* presence

näs (naiss) *nt* isthmus

näsa (*nai*-sah) *c* nose

näsblod (*naiss*-*blōod*) *nt* nosebleed

näsborre (*naiss*-bo-rer) *c* nostril

näsduk (*naiss*-*dēwk*) *c* handkerchief

nästa (*nehss*-tah) *adj* following, next

nästan (*nehss*-tahn) *adv* practically; almost; nearly

näsvis (*naiss*-veess) *adj* impertinent

näsvishet (*naiss*-veess-*hāyt*) *c* impertinence

nät (nait) *nt* net

näthinna (*nait*-hin-ah) *c* retina

nätverk (*nait*-værk) *nt* network

nöd (nūrd) *c* misery; distress

nödläge (*nūrd*-lai-ger) *nt* emergency

nödsignal (*nūrd*-sing-naal) *c* distress signal

nödsituation (*nūrd*-si-tew-ah-*shōōn*) *c* emergency

nödtvång (*nūrd*-tvong) *nt* urgency

nödutgång (*nūrd*-ēwt-gong) *c* emergency exit

nödvändig (*nūrd*-vehn-di) *adj* necessary

nödvändighet (*nūrd*-vehn-di-hāyt) *c* necessity; need

nöja sig (nur-*Yah*) content oneself

nöjd (nurYd) *adj* content; pleased

nöje (nurY-er) *nt* pleasure; enjoyment, fun, amusement

nöt (nūrt) *c* (pl ~ter) nut

nötknäppare (*nūrt*-knehp-ah-rer) *c* (pl ~) nutcrackers *pl*

nötskal (*nūrt*-skaal) *nt* nutshell

O

oaktat (ōō-ahk-taht) *prep* in spite of

oanad (ōō-aan-ahd) *adj* unexpected

oangenäm (ōō-ahn-Yer-*naim*) *adj* unpleasant

oansenlig (ōō-ahn-*sāyn*-li) *adj* insignificant; inconspicuous

oanständig (ōō-ahn-stehn-di) *adj* obscene

oantagbar (ōō-ahn-taag-baar) *adj* unacceptable

oas (oo-*aass*) *c* oasis

oavbruten (ōō-aav-*brēw*-tern) *adj* continuous; uninterrupted

oavsiktlig (ōō-aav-sikt-li) *adj* unintentional

obduktion (ob-dewk-*shōōn*) *c* autopsy

obebodd (ōō-ber-*bood*) *adj* uninhabited

obeboelig (ōō-ber-*boo*-ay-li) *adj* uninhabitable

obegriplig (ōō-ber-*greep*-li) *adj* incomprehensible

obegränsad (ōō-ber-*grehn*-sahd) *adj* unlimited

obehaglig (ōō-ber-*haag*-li) *adj* unpleasant; disagreeable

obekant (ōō-ber-*kahnt*) *adj* unfamiliar

obekväm (ōō-ber-*kvaim*) *adj* uncomfortable, inconvenient

oberoende (ōō-ber-*rōō*-ayn-der) *adj* independent

oberättigad (ōō-ber-*reh*-ti-gahd) *adj* unauthorized

obestämd (ōō-ber-*stehmd*) *adj* indefinite

obesvarad (ōō-ber-*svaa*-rahd) *adj* unanswered

obetydlig (ōō-ber-*tēwd*-li) *adj* insignificant; petty

obetänksam (ōō-ber-*tehngk*-sahm) *adj* thoughtless, rash

obildad (ōō-bil-dahd) *adj* uneducated

objekt (ob-*Yaykt*) *nt* object

objektiv (ob-*Yerk*-teev) *adj* objective

obligation (ob-li-gah-*shōōn*) *c* bond

obligatorisk (ob-li-gah-*tōō*-risk) *adj* compulsory; obligatory

oblyg (ōō-blēwg) *adj* immodest

obotlig (ōō-*bōōt*-li) *adj* incurable

observation (ob-serr-vah-*shōōn*) *c* observation

observatorium (ob-serr-vah-*tōō*-ri-ewm) *nt* (pl -rier) observatory

observera (ob-serr-*vāyr*-ah) *v* observe; note

och (o) *conj* and

också (*ok*-sōā) *adv* also; too

ockupation (o-kew-pah-*shōōn*) *c* occupation

ockupera (o-kew-*pay*-rah) v occupy

odla (*ōōd*-lah) v cultivate; *grow, raise

oduglig (*ōō*-*dēwg*-li) adj incapable, incompetent

odygdig (*ōō*-dewg-di) adj mischievous, naughty

*vara **oenig** (vaa-rah *ōō*-*āy*-ni) disagree

*vara **oense** (vaa-rah *ōō*-ayn-say) disagree

oerfaren (*ōō*-*āyr*-faa-rern) adj inexperienced

oerhörd (*ōō*-ayr-*hūrrd*) adj immense; tremendous

ofantlig (oo-*fahnt*-li) adj vast

ofarlig (*ōō*-faar-li) adj harmless

ofattbar (*ōō*-faht-baar) adj incomprehensible, inconceivable

offensiv (of-ern-seev) adj offensive; c offensive

offentlig (o-*faynt*-li) adj public

*offentliggöra** (o-*faynt*-li-*Yūr*-rah) v announce; publish

offentliggörande (o-*faynt*-li-*Yūr*-rahn-der) nt publication

offer (o-ferr) nt sacrifice; victim; casualty

officer (o-fi-*sāyr*) c officer

officiell (o-fi-si-*ayl*) adj official

offra (of-rah) v sacrifice

ofog (*ōō*-*fōōg*) nt mischief

oframkomlig (*ōō*-frahm-kom-li) adj impassable

ofta (of-tah) adv often; frequently

ofullkomlig (*ōō*-fewl-kom-li) adj imperfect

ofullständig (*ōō*-fewl-stehn-di) adj incomplete

ofärdig (*ōō*-fæær-di) adj crippled, disabled

oförarglig (*ōō*-furr-ahr-*Y*-li) adj harmless

oförklarlig (*ōō*-furr-*klaar*-li) adj inexplicable, unaccountable

oförmodad (*ōō*-furr-*mōō*-dahd) adj unexpected, casual

oförmögen (*ōō*-fūrr-*mūr*-gern) adj incapable, unable

oförskämd (*ōō*-furr-*shehmd*) adj impertinent; insolent, impudent

oförskämdhet (*ōō*-furr-*shehmd*-hāyt) c insolence

oförståndig (*ōō*-furr-*ston*-di) adj unwise

oförtjänt (*ōō*-furr-*t*Y*aint*) adj unearned

ogift (*ōō*-Yift) adj single

ogilla (*ōō*-Yi-lah) v disapprove of, dislike

ogiltig (*ōō*-Yil-ti) adj invalid; expired, void

ogräs (*ōō*-graiss) nt weed

ogynnsam (*ōō*-Yewn-sahm) adj unfavourable

ohälsosam (*ōō*-hehl-soo-sahm) adj unhealthy

ohövlig (*ōō*-hūrv-li) adj impolite; rude

ojust (*ōō*-shewst) adj unfair

ojämn (*ōō*-Yehmn) adj uneven; rough

ok (*ōōk*) nt yoke

oklanderlig (oo-*klahn*-derr-li) adj faultless

oklar (*ōō*-klaar) adj dim; obscure

okonstlad (*ōō*-konst-lahd) adj simple, ingenious

okrossbar (*ōō*-kross-baar) adj unbreakable

oktober (ok-*tōō*-berr) October

okunnig (*ōō*-kew-ni) adj ignorant

okvalificerad (*ōō*-kvah-li-fi-*sāy*-rahd) adj unqualified

okänd (*ōō*-t*Y*ehnd) adj unknown

olaglig (*ōō*-laag-li) adj unlawful; illegal

olik (*ōō*-leek) adj different; distinct, unlike; *vara ~ differ; vary

olika (*ōō*-lee-kah) adj different; unequal; various

oliv (o-*leev*) c olive

olivolja (o-*leev*-ol-Yah) c olive oil

olja (ol-Yah) c oil; v lubricate

oljebyte (ol-Yer-bew-ter) nt oil-change

oljefilter (ol-Yer-*fil*-terr) nt (pl -trer, ~) oil filter

oljefyndighet (ol-Yer-fewn-di-hāyt) c oil-well

oljekälla (ol-Yer-tYeh-lah) c oil-well

oljemålning (ol-Yer-mōāl-ning) c oil-painting

oljeraffinaderi (ol-Yer-rah-fi-nah-der-ree) nt (pl ~er) oil-refinery

oljetryck (ol-Yer-trewk) nt oil pressure

oljig (ol-Yi) adj oily; greasy

oljud (ōō-Yewd) nt noise

olustig (ōō-lewss-ti) adj uneasy; out of spirits

olycka (ōō-lew-kah) c accident; misfortune, calamity, disaster

olycklig (ōō-lewk-li) adj unhappy; miserable, unfortunate

olycksbådande (ōō-lewks-bōād-ahn-der) adj ominous; sinister

olycksfall (ōō-lewks-*fahl*) nt accident

olägenhet (ōō-leh-gern-hāyt) c inconvenience

olämplig (ōō-lehmp-li) adj inconvenient; inappropriate

oläslig (ōō-laiss-li) adj illegible

om (om) conj if; whether; prep about, in; runt ~ round

ombord (om-*bōōrd*) adv aboard; *gå ~ embark

ombordläggning (om-bōōrd-lehg-ning) c collision

omdirigering (om-di-ri-shāy-ring) c diversion, detour

omdöme (om-dur-mer) nt judgement

omdömesgill (om-dur-merss-Yil) adj judicous

omedelbar (ōō-māy-dayl-baar) adj immediate; spontaneous; omedelbart instantly, immediately, straight away

omedveten (ōō-māyd-vāy-tern) adj unaware

omelett (o-mer-*layt*) c omelette

omfamna (om-fahm-nah) v embrace; hug

omfamning (om-fahm-ning) c embrace

omfartsled (om-faarts-lāyd) c by-pass

omfatta (om-fah-tah) v comprise; include

omfattande (om-faht-ahn-der) adj extensive; comprehensive

omfång (om-fong) nt extent

omfångsrik (om-fongs-reek) adj bulky, big; extensive

*omge (om-gāy) v surround; circle

omgivning (om-Yeev-ning) c setting; environment

omgående (om-gōā-ayn-der) adj prompt

*omkomma (om-kom-ah) v perish

omkostnader (om-kost-nah-derr) pl expenses pl

omkring (om-kring) prep round; around; adv about

omkull (om-kewl) adv down, over; *slå ~ knock down

omkörning förbjuden (om-tYurr-ning furr-bYew-dayn) no overtaking; no passing Am

omlopp (om-lop) nt circulation

omnämna (om-nehm-nah) v mention

omnämnande (om-nehm-nahn-der) nt mention

omodern (ōō-moo-dæærn) adj out of date

omringa (om-ring-ah) v surround; encircle

område (om-rōād-er) nt district; region, area, zone

omräkna (om-raik-nah) v convert

omräkningstabell (om-raik-nings-tah-bayl) c conversion chart

omslagspapper (om-slaags-pah-perr)

nt wrapping paper

•**omsluta** (om-slew-tah) *v* surround; encircle

omsorgsfull (om-sor ᵛs-fewl) *adj* thorough, careful

omstridd (om-strid) *adj* controversial

omständighet (om-stehn-di-hāyt) *c* circumstance

omsvängning (om-svehng-ning) *c* sudden change

omsättning (om-seht-ning) *c* turnover

omtvistad (om-tviss-tahd) *adj* controversial

omtänksam (om-tehngk-sahm) *adj* considerate, thoughtful

omtänksamhet (om-tehngk-sahm-hāyt) *c* thoughtfulness

omvandla (om-vahnd-lah) *v* transform

omväg (om-vaig) *c* detour

omvänd (om-vehnd) *adj* inverted; converted

omvända (om-vehn-dah) *v* convert

omväxlande (om-vehks-lahn-der) *adj* varied

omväxling (om-vehks-ling) *c* change; variety

omåttlighet (ōō-mot-ii-hāyt) *c* immoderation

omöblerad (ōō-murb-lāy-rahd) *adj* unfurnished

omöjlig (ōō-mur ᵛ-li) *adj* impossible

ond (oond) *adj* evil; wicked

ondska (oonds-kah) *c* evil

ondskefull (oond-skay-fewl) *adj* vicious; spiteful

onsdag (oons-daag) *c* Wednesday

ont (oont) *nt* harm

onyx (ōā-newks) *c* onyx

onödig (ōō-nūr-di) *adj* unnecessary

oordentlig (ōō-or-daynt-li) *adj* untidy; sloppy

oordning (ōō-oard-ning) *c* mess

opal (oo-paal) *c* opal

opartisk (ōō-paart-isk) *adj* impartial

opassande (ōō-pah-sahn-der) *adj* improper; indecent, unsuitable

opera (ōō-per-rah) *c* opera

operahus (ōō-per-rah-hēwss) *nt* opera house

operation (o-per-rah-shōōn) *c* operation

operera (o-per-rāyr-ah) *v* operate

operett (oo-per-rayt) *c* operetta

opersonlig (ōō-pehr-sōōn-li) *adj* impersonal

opponera sig (o-po-nāy-rah) oppose

opposition (o-po-si-shōōn) *c* opposition

optiker (op-ti-kerr) *c* (pl ~) optician

optimism (op-ti-mism) *c* optimism

optimist (op-ti-mist) *c* optimist

optimistisk (op-ti-miss-tisk) *adj* optimistic

opålitlig (ōō-pōā-leet-li) *adj* unreliable; untrustworthy

ord (ōōrd) *nt* word

ordbok (ōōrd-bōōk) *c* (pl -böcker) dictionary

ordentlig (or-dehnt-li) *adj* thorough

order (ōār-derr) *c* (pl ~) order

orderblankett (ōār-derr-blahng-keht) *c* order-form

ordförande (ōōrd-fūr-rahn-der) *c* (pl ~) chairman; president

ordförråd (ōōrd-furr-rōād) *nt* vocabulary

ordinera (ōār-di-nāy-rah) *v* prescribe

ordinär (ōār-di-nær) *adj* ordinary, common

ordlista (ōōrd-liss-tah) *c* vocabulary, wordbook

ordna (ōārd-nah) *v* arrange; settle; sort

ordning (ōārd-ning) *c* order; method; tidiness; •göra i ~ prepare; i ~ in order

ordningsföljd (awrd-nings-furl ᵛd) *c* order; sequence

ordspråk (*ōōrd*-sprōāk) *nt* proverb

ordväxling (*ōōrd*-vehks-ling) *c* argument

oreda (*ōō*-rāyd-ah) *c* disorder; mess, muddle

oregelbunden (*ōō*-rāy-gayl-bewn-dayn) *adj* irregular

oren (*ōō*-rāyn) *adj* unclean

organ (or-*gaan*) *nt* organ

organisation (or-gah-ni-sah-*shōōn*) *c* organization

organisera (or-gah-ni-*sāy*-rah) *v* organize

organisk (or-*gaa*-nisk) *adj* organic

orgel (*or-*Yerl) *c* (pl orglar) organ

orientalisk (o-ri-ayn-*taa*-lisk) *adj* oriental

Orienten (o-ri-*ayn*-tayn) the Orient

orientera sig (o-ri-ayn-*tāy*-rah) orientate oneself

originell (or-gi-*nayl*) *adj* original

oriktig (*ōō*-rik-ti) *adj* incorrect; inaccurate

orimlig (*ōō*-rim-li) *adj* unreasonable; absurd

orkan (or-*kaan*) *c* hurricane

orkester (or-*kayss*-terr) *c* (pl -trar) orchestra

orm (oorm) *c* snake

oro (*ōō*-rōō) *c* concern; disturbance, fear, worry; unrest

oroa (*ōō*-rōō-ah) *v* alarm; ~ **sig** worry

orolig (*ōō*-rōō-li) *adj* anxious

oroväckande (*ōō*-rōō-veh-kahn-der) *adj* alarming

orsak (*ōōr*-saak) *c* cause; reason

orsaka (*ōōr*-saa-kah) *v* cause

ort (c ...) *c* place

ortodox (or-to-*doks*) *adj* orthodox

orubblig (*ōō*-rewb-li) *adj* steadfast

orätt (*ōō*-reht) *c* wrong; *adj* wrong; •**göra** ~ wrong

orättvis (*ōō*-reht-veess) *adj* unfair, unjust

orättvisa (*ōō*-reht-veesah) *c* injustice

osann (*ōō*-sahn) *adj* untrue

osannolik (*ōō*-sah-noo-leek) *adj* unlikely

osjälvisk (*ōō*-shehl-visk) *adj* unselfish

oskadad (*ōō*-skaa-dahd) *adj* unhurt; whole

oskuld (*ōō*-skewld) *c* innocence; virgin; virginity

oskyddad (*ōō*-shew-dahd) *adj* unprotected

oskyldig (*ōō*-shewl-di) *adj* innocent, harmless

osnygg (*ōō*-snewg) *adj* slovenly, foul

oss (oss) *pron* us; ourselves

ost (oost) *c* cheese

ostadig (*ōō*-staa-di) *adj* unsteady

ostlig (*oost*-li) *adj* easterly, eastern

ostron (*oost*-ron) *nt* oyster

osund (*ōō*-sewnd) *adj* unsound

osympatisk (*ōō*-sewm-*paat*-isk) *adj* disagreeable

osynlig (*ōō*-*sēwn*-li) *adj* invisible

osäker (*ōō*-sai-kerr) *adj* uncertain

osäkerhet (*ōō*-sai-kerr-hāyt) *c* insecurity; incertainty

otacksam (*ōō*-tahk-sahm) *adj* ungrateful

otillfredsställande (*ōō*-til-frāyds-*steh*-lahn-der) *adj* unsatisfactory

otillgänglig (*ōō*-til-Yehng-li) *adj* inaccessible

otillräcklig (*ōō*-til-rehk-li) *adj* insufficient; inadequate

otrevlig (*ōō*-trāyv-li) *adj* unpleasant

otrogen (*ōō*-trōō-gayn) *adj* unfaithful

otrolig (*ōō*-trōō-li) *adj* incredible; improbable

otur (*ōō*-tēwr) *c* bad luck; misfortune

oturlig (*ōō*-tēwr-li) *adj* unlucky

otvivelaktigt (*ōō*-tveev-erl-ahk-tit) *adv* undoubtedly

otålig (*ōō*-tōāl-i) *adj* impatient; eager

otäck (ōō-tehk) *adj* nasty

otät (ōō-tait) *adj* leaky

oumbärlig (ōō-ewm-bæær-li) *adj* indispensable

oundviklig (ōō-ewnd-veek-li) *adj* unavoidable, inevitable

oupphörligen (ōō-ewp-hūrr-li-ern) *adv* continually

ouppodlad (ōō-ewp-ōōd-lahd) *adj* uncultivated

outhärdlig (ōō-ēwt-hæærd-li) *adj* unbearable, intolerable

ouvertyr (oo-vær-tēwr) *c* overture

oval (oo-*vaal*) *adj* oval

ovan[1] (ōā-vahn) *adv* above; overhead

ovan[2] (ōō-vaan) *adj* unaccustomed

ovanför (ōā-vahn-fūrr) *prep* over; above

ovanlig (ōō-vaan-li) *adj* unusual; uncommon; exceptional

ovanpå (ōā-vahn-pōā) *prep* on top of

overall (ōā-ver-rōāl) *c* overalls *pl*

overklig (ōō-værk-li) *adj* unreal

overksam (ōō-værk-sahm) *adj* idle

oviktig (ōō-vik-ti) *adj* unimportant; insignificant

ovillig (ōō-vi-li) *adj* unwilling

ovillkorlig (ōō-vil-kōār-li) *adj* unconditional

oviss (ōō-viss) *adj* uncertain; vague

oväder (ōō-vai-derr) *nt* tempest

ovälkommen (ōō-verl-ko-mern) *adj* unwelcome, undesirable

ovänlig (ōō-vehn-li) *adj* unkind; unfriendly

oväntad (ōō-vehn-tahd) *adj* unexpected

ovärderlig (ōō-vær-dāyr-li) *adj* priceless

oväsen (ōō-vai-sayn) *nt* noise; racket

oväsentlig (ōō-vai-sehnt-li) *adj* petty

oxe (ooks-er) *c* ox

oxkött (ooks-t ᵞurt) *nt* beef

oåterkallelig (ōō-ōāt-err-kahl-er-li) *adj* irrevocable

oäkta (ōō-ehk-tah) *adj* false

oändlig (ōō-ehnd-li) *adj* infinite, endless; immense

oärlig (ōō-æær-li) *adj* dishonest; crooked

oätbar (ōō-ait-baar) *adj* inedible

oöverkomlig (ōō-ūr-verr-kom-li) *adj* insurmountable; prohibitive

oöverträffad (ōō-ūrv-err-trehf-ahd) *adj* unsurpassed

P

pacifism (pah-si-*fism*) *c* pacifism

pacifist (pah-si-*fist*) *c* pacifist

pacifistisk (pah-si-*fiss*-tisk) *adj* pacifist

packa (*pah*-kah) *v* pack; ~ in pack; ~ upp unpack

packning (-*pahk*-ning) *c* pack; packing

padda (*pahd*-ah) *c* toad

paddel (*pah*-dayl) *c* (pl -dlar) paddle

paket (pah-*kāyt*) *nt* packet; parcel, package

Pakistan (pah-ki-*staan*) Pakistan

pakistanier (pah-ki-*staa*-ni-err) *c* (pl ~) Pakistani

pakistansk (pah-ki-*staansk*) *adj* Pakistani

palats (pah-*lahts*) *nt* palace

palm (pahlm) *c* palm

panel (pah-*nāyl*) *c* panel; panelling

panik (pah-*neek*) *c* panic

pank (pahngk) *adj* broke

panna (*pahn*-ah) *c* forehead; pan

pant (pahnt) *c* pledge; security

pantlånare (*pahnt*-lōā-nah-ray) *c* (pl ~) pawnbroker

*pantsätta (*pahnt*-seh-tah) *v* pawn

papegoja (pah-per-*goi*-ah) *c* parakeet, parrot

papiljott (pah-pil-Yot) c curler

papp (pahp) c cardboard; **papp-cardboard**

pappa (pah-pah) c daddy

papper (pah-perr) nt paper; **pappers-paper**

pappershandel (pah-perrs-hahn-dayl) c (pl -dlar) stationer's

papperskniv (pah-perrs-kneev) c paper-knife

papperskorg (pah-perrs-korY) c wastepaper-basket

pappersnäsduk (pah-perrs-naiss-dēwk) c paper hanky, tissue

papperspåse (pah-perrs-pōa-ser) c paper bag

pappersservett (pah-perrs-sær-vayt) c paper napkin

par (paar) nt pair; couple; **äkta ~** married couple

parad (pah-raad) c parade

parafera (pah-rah-fāy-rah) v initial

paragraf (pah-rah-graaf) c paragraph

parallell (pah-rah-layl) c parallel, adj parallel

paralysera (pah-rah-lew-sāy-rah) v paralise

paraply (pah-rah-plēw) nt umbrella

parfym (pahr-fēwm) c perfume

park (pahrk) c park; **offentlig ~** public garden

parkera (pahr-kāy-rah) v park

parkering (pahr-kāy-ring) c parking; **~ förbjuden** no parking

parkeringsavgift (pahr-kāy-rings-aav-Yift) c parking fee

parkeringsljus (pahr-kāy-rings-Yēwss) nt parking light

parkeringsmätare (pahr-kāy-rings-mai-tah-rer) c (pl ~) parking meter

parkeringsplats (pahr-kāy-rings-plahts) c car park; parking lot Am

parkeringszon (pahr-kāy-rings-sōōn) c parking zone

parkett (pahr-kayt) c parquet; stall; orchestra seat Am

parlament (pahr-lah-maynt) nt parliament

parlamentarisk (pahr-lah-mayn-taar-isk) adj parliamentary

parlör (pahr-lūrr) c phrase-book

parti (pahr-tee) nt (pl ~er) party; side

partisk (paar-tisk) adj partial

partner (paart-nerr) c (pl ~) partner

pass (pahss) nt passport; pass

passa (pahss-ah) v fit; suit; look after, match

passage (pah-saash) c passage

passagerare (pah-sah-shāy-rah-rer) c (pl ~) passenger

passande (pahss-ahn-der) adj proper, suitable; convenient, adequate

passera (pah-sāyr-ah) v pass

passfoto (pahss-fōō-too) nt passport photograph

passion (pah-shōōn) c passion

passiv (pah-seev) adj passive

passkontroll (pahss-kon-trol) c passport control

patent (pah-taynt) nt patent

patentbrev (pah-taynt-brāyv) nt patent

pater (paa-terr) c (pl patrar) father

patient (pah-si-ehnt) c patient

patricierhus (paht-ree-si-err-hēwss) nt mansion

patriot (paht-ri-ōōt) c patriot

patron (paht-rōōn) c cartridge

patrull (paht-rewl) c patrol

patrullera (pah-trew-lāyr-ah) v patrol

paus (pouss) c pause; intermission, interval; ***göra ~** pause

paviljong (pah-vil-Yong) c pavilion

pedal (pay-daal) c pedal

peka (pāyk-ah) v point

pekfinger (pāyk-fing-err) nt (pl -grar) index finger

pelare (*pāyl*-ah-rer) *c* (pl ~) column; pillar

pelargång (*pāy*-lahr-gong) *c* arcade

pelikan (pay-li-*kaan*) *c* pelican

pendlare (*pehnd*-lah-rer) *c* (pl ~) commuter

pengar (*payng*-ahr) *pl* money; **placera** ~ invest

penicillin (pay-ni-si-*leen*) *nt* penicillin

penna (*peh*-nah) *c* pen

penningförsändelse (*payn*-ing-furr-*sehn*-dayl-ser) *c* remittance

pennkniv (*pehn*-kneev) *c* penknife

pennvässare (*pehn*-veh-sah-rer) *c* (pl ~) pencil-sharpener

pensel (*pehn*-serl) *c* (pl -slar) paintbrush

pension (pahng-*shōōn*) *c* pension; board

pensionat (pahng-shoo-*naat*) *nt* boarding-house; pension; guesthouse

pensionerad (pahng-shoo-*nāy*-rahd) *adj* retired

peppar (*pay*-pahr) *c* pepper

pepparmint (*pay*-pahr-mint) *nt* peppermint

pepparrot (*pay*-pahr-rōōt) *c* horseradish

perfekt (pær-*faykt*) *adj* perfect

period (pay-ri-*ōōd*) *c* period; term

periodisk (pay-ri-*ōō*-disk) *adj* periodical

permanent (pær-mah-*naynt*) *c* permanent wave

permanentveck (pær-mah-*naynt*-vayk) permanent press

perrong (pæ-*rong*) *c* platform

perrongbiljett (pæ-*rong*-bil-*Y*ayt) *c* platform ticket

perser (*pær*-serr) *c* (pl ~) Persian

Persien (*pær*-si-ern) Persia

persienn (pær-si-*æn*) *c* blind; shutter

persika (*pær*-si-kah) *c* peach

persilja (pær-*sil*-Yah) *c* parsley

persisk (*pær*-sisk) *adj* Persian

person (pær-*sōōn*) *c* person; **enskild** ~ individual; **per** ~ per person

personal (pær-soo-*naal*) *c* staff; personnel

personbil (pær-*sōōn*-beel) *c* car

personlig (pær-*sōōn*-li) *adj* personal; private

personlighet (pær-*sōōn*-li-hāyt) *c* personality

persontåg (pær-*sōōn*-tōāg) *nt* slow train

perspektiv (pær-spayk-*teev*) *nt* perspective

peruk (per-*rēwk*) *c* wig

pessimism (pay-si-*mism*) *c* pessimism

pessimist (pay-si-*mist*) *c* pessimist

pessimistisk (pay-si-*miss*-tisk) *adj* pessimistic

petition (pay-ti-*shōōn*) *c* petition

pianist (pi-ah-*nist*) *c* pianist

piano (pi-*aa*-noo) *nt* piano

pickels (*pik*-erls) *pl* pickles *pl*

picknick (*pik*-nik) *c* picnic

picknicka (*pik*-ni-kah) *v* picnic

pigg (pig) *adj* brisk; alert

piggsvin (*pig*-sveen) *nt* porcupine

pikant (pi-*kahnt*) *adj* spicy

pil (peel) *c* arrow; willow

pilgrim (*peel*-grim) *c* pilgrim

pilgrimsfärd (*peel*-grims-fæærd) *c* pilgrimage

piller (*pi*-lerr) *nt* pill

pilot (pi-*lōōt*) *c* pilot

pimpsten (*pimp*-stāyn) *c* pumice stone

pina (*pee*-nah) *c* torment

pincett (pin-*sayt*) *c* tweezers *pl*

pingst (pingst) *c* Whitsun

pingvin (ping-*veen*) *c* penguin

pinsam (*peen*-sahm) *adj* embarrassing

pionjär (pi-on-*Y*æær) *c* pioneer

pipa (*pee*-pah) *c* pipe

*****pipa** (*pee*-pah) *v* chirp

piprensare (*peep*-rayn-sah-rer) *c* (pl ~) pipe cleaner

piptobak (*peep*-too-bahk) *c* pipe tobacco

pir (peer) *c* pier

piska (*piss*-kah) *c* whip

pistol (piss-*tōōl*) *c* pistol

pittoresk (pi-to-*raysk*) *adj* picturesque

pjäs (p^{Y}aiss) *c* play

pjäxor (p^{Y}ehks-or) *pl* ski boots

placera (plah-*sāyr*-ah) *v* place; *****lay, *****put

plakat (plah-*kaat*) *nt* placard

plan (plaan) *c* plan; project, scheme, map; *nt* level; *adj* even, level, plane

planera (plah-*nāy*-rah) *v* plan

planet (plah-*nāyt*) *c* planet

planetarium (plah-nay-*taa*-ri-ewm) *nt* (pl -rier) planetarium

planka (*plahng*-kah) *c* plank

*****planlägga** (*plaan*-leh-gah) *v* plan, design

planta (*plahn*-tah) *c* plant

plantage (plahn-*taash*) *c* plantation

plantera (plahn-*tāy*-rah) *v* plant

plantskola (*plahnt*-skōōl-ah) *c* nursery

plast (plahst) *c* plastic; **plast-** plastic

platina (plah-*tee*-nah) *c* platinum

plats (plahts) *c* place; spot; seat; room; job; **ställa på ~** *****put away; **öppen ~** square

platsbiljett (*plahts*-bil-^{Y}eht) *c* seat reservation

platt (plaht) *adj* flat

platta (*plaht*-ah) *c* plate

plattform (*plaht*-form) *c* platform

platå (plah-*tōå*) *c* plateau

plikt (plikt) *c* duty

plocka (*plok*-ah) *v* pick; **~ upp** pick up

plog (plōōg) *c* plough

plomb (plomb) *c* filling

plommon (*ploom*-on) *nt* plum

plural (pl$\overline{ew}$-raal) *c* plural

plus (plewss) *prep* plus

plåga (pl$\overline{oa}$g-ah) *c* plague; *v* torment

plånbok (pl$\overline{oa}$n-bōōk) *c* (pl -böcker) wallet; pocket-book

plåster (*ploss*-terr) *nt* plaster

plåt (plōåt) *c* sheet metal; plate

plåtburk (pl$\overline{oa}$t-bewrk) *c* tin, can

plädera (pleh-*dāyr*-ah) *v* plead

plöja (plur^Y-ah) *v* plough

plötslig (*plurts*-li) *adj* sudden; **plötsligt** suddenly

pocketbok (po-kert-bōōk) *c* (pl -böcker) paperback

poesi (poo-ay-*see*) *c* poetry

pojke (*poi*-ker) *c* boy

pokal (poo-*kaal*) *c* cup

polack (poo-*lahk*) *c* Pole

Polen (*pōå*-lern) Poland

polera (poo-*lāy*-rah) *v* polish

polio (p$\overline{oo}$-li-oo) *c* polio

polis (poo-*leess*) *c* police *pl*; policeman

poliskonstapel (poo-*leess*-kon-staa-perl) *c* (pl -plar) policeman

polisonger (po-li-*song*-err) *pl* whiskers *pl*; sideburns *pl*

polisstation (poo-*leess*-stah-sh$\overline{oo}$n) *c* police-station

politik (poo-li-*teek*) *c* politics; policy

politiker (poo-*lee*-ti-kerr) *c* (pl ~) politician

politisk (poo-*lee*-tisk) *adj* political

pollett (po-*layt*) *c* token

polsk (pōålsk) *adj* Polish

pommes frites (pom-*frit*) chips

ponny (*po*-new) *c* (pl -nies, ~er) pony

poplin (pop-*leen*) *nt* poplin

popmusik (*pop*-m$\overline{ew}$-seek) *c* pop music

populär (po-p$\overline{ew}$-*læær*) *adj* popular

porslin (pors-*leen*) *nt* china; crockery, porcelain

port (pōort) *c* front door, gate

portfölj (port-*furlY*) *c* briefcase

portier (port-*rāy*) *c* hall porter, receptionist

portion (port-*shōōn*) *c* portion; helping

portmonnä (port-mo-*nai*) *c* purse

portnyckel (*poort*-new-kerl) *c* (pl -klar) latchkey

porto (*por*-too) *nt* postage

portofri (*por*-too-free) *adj* postage paid

porträtt (poort-*reht*) *nt* portrait

Portugal (*por*-tew-gahl) Portugal

portugis (por-tew-*geess*) *c* Portuguese

portugisisk (por-tew-*gee*-sisk) *adj* Portuguese

portvakt (*poort*-vahkt) *c* janitor, concierge

position (po-si-*shōōn*) *c* position; station

positiv[1] (*poo*-si-teev) *adj* positive

positiv[2] (poo-si-*teev*) *nt* street-organ

post (post) *c* item; mail; post

posta (*poss*-tah) *v* mail; post

postanvisning (*post*-ahn-veess-ning) *c* postal order; money order; mail order *Am*

poste restante (post rer-*stahnt*) poste restante

postkontor (*post*-kon-*tōōr*) *nt* post-office

postnummer (*post*-new-merr) *nt* zip code *Am*

postväsen (*post*-vai-sern) *nt* postal service

potatis (poo-*taa*-tiss) *c* potato

poäng (po-*ehng*) *c* point; *få ~ score

poängsumma (po-*ehng*-sew-mah) *c* score

prakt (prahkt) *c* splendour

praktfull (*prahkt*-fewl) *adj* splendid; magnificent, glorious, gorgeous

praktik (prahk-*teek*) *c* practice

praktisera (prahk-ti-*sāy*-rah) *v* practise

praktisk (*prahk*-tisk) *adj* practical

prat (praat) *nt* chat

prata (*praat*-ah) *v* chat; talk; ~ strunt talk rubbish

pratmakare (*praat*-maa-kah-rer) *c* (pl ~) chatterbox

pratsam (*praat*-sahm) *adj* talkative

pratstund (*praat*-stewnd) *c* chat

precis (pray-*seess*) *adj* exact, precise; *adv* exactly. just

predika (pray-*deek*-ah) *v* preach

predikan (pray-*deek*-ahn) *c* sermon

predikstol (pray-dik-stōōl) *c* pulpit

preliminär (pray-li-mi-*næær*) *adj* preliminary

premiärminister (pray-mi-ær-mi-niss-terr) *c* (pl -trar) premier

prenumerant (pray-new-mer-*rahnt*) *c* subscriber

preposition (pray-po-si-*shōōn*) *c* preposition

presenning (pray-*say*-ning) *c* tarpaulin

present (pray-*saynt*) *c* present

presentation (pray-sayn-tah-*shōōn*) *c* introduction

presentera (pray-sayn-*tāy*-rah) *v* introduce; present

president (pray-si-*daynt*) *c* president

pressa (*prayss*-ah) *v* press

presskonferens (*prayss*-kon-fer-*rayns*) *c* press conference

prestation (prayss-tah-*shōōn*) *c* achievement; feat

prestera (pray-*stāy*-rah) *v* achieve

prestige (pray-*steesh*) *c* prestige

preventivmedel (pray-vayn-*teev*-māy-dayl) *nt* contraceptive

pricka av (*prik*-ah) tick off

prickskytt (*prik*-shewt) *c* sniper

primär (pri-*mæær*) *adj* primary

princip (prin-*seep*) *c* principle

prins (prins) *c* prince

prinsessa (prin-*say*-sah) *c* princess

prioritet (pri-o-ri-*tāyt*) *c* priority

pris (preess) *nt* (pl ~, ~er) price; cost, rate; award, prize

prisfall (*preess*-fahl) *nt* fall in prices; break; slump

prislista (*preess*-liss-tah) *c* price-list

prisnedsättning (*preess*-nāyd-seht-ning) *c* reduction

prissätta (*preess*-seh-tah) *v* price

privat (pri-*vaat*) *adj* private

privatliv (pri-*vaat*-leev) *nt* privacy

privilegiera (pri-vi-lay-gi-*āyr*-ah) *v* privilege, favour

privilegium (pri-vi-*lāy*-gi-ewm) *nt* (pl -gier) privilege

problem (proo-*blāym*) *nt* problem; question

procedur (proo-ser-*dewr*) *c* procedure

procent (proo-*saynt*) *c* (pl ~) percent

procentsats (proo-*saynt*-sahts) *c* percentage

process (proo-*sayss*) *c* process; lawsuit

procession (proo-seh-*shōōn*) *c* procession

producent (proo-dēw-*sehnt*) *c* producer

produkt (proo-*dewkt*) *c* produce; product

produktion (proo-dewk-*shōōn*) *c* production; output

professor (proo-*fay*-sor) *c* professor

profet (pro-*fāyt*) *c* prophet

program (proo-*grahm*) *nt* programme

projekt (pro-*shaykt*) *nt* project

proklamera (prok-lah-*māy*-rah) *v* proclaim

promenad (pro-mer-*naad*) *c* walk; promenade, stroll

promenadkäpp (pro-mer-*naad*-tᵛehp) *c* walking-stick

promenera (pro-mer-*nāy*-rah) *v* walk

pronomen (pro-*nōā*-mayn) *nt* pronoun

propaganda (pro-pah-*gahn*-dah) *c* propaganda

propeller (pro-*pay*-lerr) *c* (pl -lrar) propeller

proportion (pro-por-*shōōn*) *c* proportion

proportionell (pro-por-shōō-*nayl*) *adj* proportional

propp (prop) *c* stopper; fuse

proppfull (*prop*-fewl) *adj* chock-full

prospekt (pro-*spaykt*) *nt* prospectus

prostituerad (pross-ti-tēw-*āy*-rahd) *c* (pl ~e) prostitute

protein (proo-tay-*een*) *nt* protein

protest (proo-*tayst*) *c* protest

protestantisk (proo-tay-*stahn*-tisk) *adj* Protestant

protestera (proo-tay-*stāy*-rah) *v* protest; object; ~ **mot** object to

protokoll (pro-to-*kol*) *nt* record; minutes

prov (prōōv) *nt* test; trial; proof; sample; **skriftligt** ~ written test; exercise

prova (*prōō*-vah) *v* try on

proviant (proo-vi-*ahnt*) *c* provisions *pl*

provinsiell (proo-vin-si-*ayl*) *adj* provincial

provisorisk (proo-vi-*sōōr*-isk) *adj* temporary; provisional

provrum (*prōōv*-rewm) *nt* fitting room

pruta (*prēw*-tah) *v* bargain

prydlig (*prēwd*-li) *adj* neat

präst (prehst) *c* clergyman; parson, minister, rector; **katolsk** ~ priest

prästgård (*prehst*-gōārd) *c* vicarage; rectory, parsonage

pröva (*prūr*-vah) *v* attempt; test

prövning (*prūrv*-ning) *c* test

psalm (sahlm) *c* hymn

psykiater (psew-ki-*aa*-terr) c (pl ~) psychiatrist

psykisk (*psēw*-kisk) adj mental, psychic

psykoanalytiker (psew-ko-ah-nah-*lēw*-ti-kerr) c (pl ~) analyst; psychoanalyst

psykolog (psew-ko-*lōāg*) c psychologist

psykologi (psew-ko-lo-*gee*) c psychology

psykologisk (psew-ko-*lōā*-gisk) adj psychological

publicera (pewb-li-*sāy*-rah) v publish

publicitet (pewb-li-si-*tāyt*) c publicity

publik (pew-*bleek*) c audience; public

puder (*pēw*-derr) nt powder

puderdosa (*pēw*-derr-dōō-sah) c powder compact

pudervippa (*pēw*-derr-vi-pah) c powder-puff

pullover (pew-*lōāv*-err) c pullover

puls (pewls) c pulse

pulsåder (*pewls*-ōā-derr) c (pl -dror) artery

pump (pewmp) c pump

pumpa (*pewm*-pah) v pump

pund (pewnd) nt pound

pung (pewng) c pouch

punkt (pewngkt) c point; item; full stop, period

punkterad (pewngk-*tāy*-rahd) adj punctured

punktering (pewngk-*tāy*-ring) c puncture; flat tyre, blow-out

punktlig (*pewngkt*-li) adj punctual

pur (*pēwr*) adj sheer

purpur (pewr-pewr) adj purple

puss (pewss) c kiss

pussel (*pewss*-erl) nt jigsaw puzzle; puzzle

pyjamas (pew-*Yaa*-mahss) c (pl ~, ~ar) pyjamas pl

pytteliten (*pew*-ter-lee-tern) adj tiny

på (pōā) prep on; upon, at; in

påfallande (*pōā*-fahl-ahn-der) adj striking

påfrestning (*pōā*-frayst-ning) c strain

påfyllningsförpackning (*pōā*-fewl-nings-furr-*pahk*-ning) c refill

påfågel (*pōā*-fōāg-erl) c (pl -glar) peacock

***pågå** (*pōā*-gōa) v *be in progress

påhitt (*pōā*-hit) nt idea, invention

påk (pōāk) c cudgel

påklädningsrum (*pōā*-klaid-nings-rewm) nt dressing-room

påle (*pōā*-ler) c pole

pålitlig (*pōā*-leet-li) adj reliable; sound, trustworthy

***pålägga** (*pōā*-leh-gah) v impose, inflict

påminna (*pōā*-mi-nah) v remind

påpeka (*pōā*-pāy-kah) v remark; indicate

påringning (*pōā*-ring-ning) c call

påse (*pōā*-ser) c bag

till påseende (til *pōā*-sāy-ayn-der) on approval

påsk (posk) c Easter

påsklilja (*posk*-lil-Yah) c daffodil

påssjuka (*pōāss*-shēw-kah) c mumps

***påstå** (*pōā*-stōā) v claim

påstående (*pōā*-stōā-ayn-der) nt statement

påtryckning (*pōā*-trewk-ning) c pressure

påve (*pōā*-ver) c pope

påverka (*pōā*-vær-kah) v affect; influence

påverkan (*pōā*-vær-kahn) c (pl -kning-ar) influence

päls (pehls) c fur coat; fur

pälsverk (*pehls*-værk) nt furs

pärla (*pææ*r-lah) c pearl; bead

pärlemor (*pææ*r-ler-mōōr) c mother-of-pearl

pärlhalsband (*pææ*rl-hahls-bahnd) nt

pearl necklace, beads pl
pärm (pærm) c cover
päron (pææ-ron) nt pear
pöl (purl) c puddle

R

rabarber (rah-bahr-berr) c rhubarb
rabatt (rah-baht) c discount; rebate; flowerbed
rabies (raa-bi-erss) c rabies
racket (rah-kayt) c racquet
rad (raad) c row; line, file, rank
radband (raad-bahnd) nt rosary; beads pl
radergummi (rah-dāyr-gew-mi) nt eraser
radie (raa-di-Yer) c radius
radikal (rah-di-kaal) adj radical
radio (raa-di-oo) c radio; wireless
raffinaderi (rah-fi-nah-der-ree) nt (pl ~er) refinery
rak (raak) adj straight
raka sig (raa-kah) shave
rakapparat (raak-ah-pah-raat) c electric razor; shaver
rakblad (raak-blaad) nt razor-blade
rakborste (raak-bors-ter) c shaving-brush
raket (rah-kāyt) c rocket
rakhyvel (raak-hēw-verl) c (pl-vlar) safety-razor
rakkniv (raak-kneev) c razor
rakkräm (raak-kraim) c shaving-cream
rakt (raakt) adv straight; ~ **fram** straight ahead; straight on
raktvål (raak-tvōal) c shaving-soap
rakvatten (raak-vah-tern) nt after-shave lotion
ram (raam) c frame
ramp (rahmp) c ramp

rand (rahnd) c (pl ränder) stripe
randig (rahn-di) adj striped
rang (rahng) c rank
ranson (rahn-sōōn) c ration
rapphöna (rahp-hūrn-ah) c partridge
rappning (rahp-ning) c plaster
rapport (rah-port) c report
rapportera (rah-por-tāy-rah) v report
raring (raa-ring) c sweetheart
raritet (rah-ri-tāyt) c curio
ras (raass) c breed, race; nt landslide; **ras-** racial
rasa (raass-ah) v collapse; rage
rasande (raass-ahn-der) adj furious; mad; *vara ~ rage
raseri (raa-say-ree) nt fury, rage
rask (rahsk) adj swift
rast (rahst) c break
rastlös (rahst-lūrss) adj restless
rastlöshet (rahst-lūrss-hāyt) c unrest
ratt (raht) c steering-wheel
rattstång (raht-stong) c (pl -stänger) steering-column
reagera (ray-ah-gāy-rah) v react
reaktion (ray-ahk-shōōn) c reaction
realisation (ray-ah-li-sah-shōōn) c sales; clearance sale
realisera (ray-ah-li-sāyr-ah) v realize
recension (ray-sayn-shōōn) c review
recept (ray-saypt) nt prescription; recipe
reception (ray-sayp-shōōn) c reception office
receptionist (ray-sayp-shoo-nist) c receptionist
redaktör (ray-dahk-tūrr) c editor
redan (rāy-dahn) adv already
redigera (ray-di-shāy-rah) v edit; *write, *draw up
redogörelse (rāy-doo-Yūr-rayl-ser) c report; account
redovisa (rāy-doo-vee-sah) v account for
redskap (rāyd-skaap) nt tool; imple-

ment, utensil

reducera (ray-dew-*sāy*-rah) v reduce

reduktion (ray-dewk-*shōōn*) c reduction

referens (ray-fer-*rayns*) c reference

reflektera (ray-flayk-*tāy*-rah) v reflect

reflektor (ray-*flayk*-tor) c reflector

reflex (rayf-*lehks*) c reflection

Reformationen (ray-for-mah-*shōō*-nern) reformation

regel¹ (*rāy*-gerl) c rule; regulation; **som ~** as a rule

regel² (*rāy*-gerl) c bolt

regelbunden (*rāy*-gerl-bewn-dayn) adj regular

regelmässig (*rāy*-gerl-mehss-i) adj regular

regent (ray-*Yehnt*) c ruler

regera (ray-*Yāy*-rah) v rule; govern, reign

regering (ray-*Yāy*-ring) c government; rule

regeringstid (ray-*Yāy*-rings-teed) c reign

regi (ray-*shee*) c direction

regim (ray-*sheem*) c régime

region (ray-gi-*ōōn*) c region

regional (ray-gi-oo-*naal*) adj regional

regissera (rer-shi-*sāyr*-ah) v direct

regissör (ray-shi-*surr*) c director

register (ray-*Yiss*-terr) nt index

registrering (ray-*Yi-strāy*-ring) c registration

registreringsnummer (ray-*Yi-strāy*-rings-newm-err) nt registration number; licence number|Am

reglemente (rayg-ler-*mayn*-ter) nt regulation

reglera (ray-*glāy*-rah) v regulate

reglering (ray-*glāy*r-ing) c regulation

regn (rehngn) nt rain

regna (*rehng*-nah) v rain

regnbåge (*rehngn*-bōā-ger) c rainbow

regnig (*rehng*-ni) adj rainy

regnrock (*rehng*-rok) c mackintosh; raincoat

regnskur (*rehngn*-skēwr) c shower

reguljär (ray-gewl-*Yæær*) adj regular

rehabilitering (ray-hah-bi-li-*tāy*-ring) c rehabilitation

reklam (rayk-*laam*) c advertising

reklamationsbok (rayk-lah-mah-*shōōns*-bōōk) c (pl ~böcker) complaints book

reklamsändning (rayk-*laam*-sehnd-ning) c commercial

rekommendation (ray-ko-mayn-dah-*shōōn*) c recommendation

rekommendationsbrev (ray-ko-mayn-dah-*shōōns*-brāyv) nt letter of recommendation

rekommendera (ray-ko-mayn-*dāy*-rah) v recommend; register

rekord (rer-*kord*) nt record

rekreation (rayk-rāy-ah-*shōōn*) c recreation

rekryt (ray-*krēwt*) c recruit

rektangel (rayk-*tahng*-erl) c (pl -glar) rectangle; oblong

rektangulär (rayk-tahng-gew-*læær*) adj rectangular

rektor (*rayk*-tor) c headmaster; principal

relatera (ray-lah-*tāy*-rah) v relate

relation (ray-lah-*shōōn*) c relation

relativ (*ray*-lahteev) adj relative; comparative

relief (ray-li-*ayf*) c relief

religion (ray-li-*Yōōn*) c religion

religiös (ray-li-*shürss*) adj religious

relik (ray-*leek*) c relic

relikskrin (ray-*leek*-skreen) nt shrine

rem (raym) c strap

remsa (*raym*-sah) c strip

ren¹ (rāyn) c reindeer

ren² (rāyn) adj pure, neat, clean; sheer

•rengöra (*rāyn*-Yür-rah) v clean

rengöring (*rayn*-Yūr-ring) *c* cleaning

rengöringsmedel (*rayn*-Yūr-rings-may-dayl) *nt* cleaning fluid; detergent

renommé (rer-no-*may*) *nt* reputation

rep (rayp) *nt* rope; cord

repa (*rayp*-ah) *c* scratch

reparation (rer-pah-rah-*shoon*) *c* repair; reparation

reparera (rer-pah-*rayr*-ah) *v* repair; mend

repertoar (ray-pær-too-*aar*) *c* repertory

repetera (ray-pay-*tayr*-ah) *v* rehearse

repetition (ray-pay-ti-*shoon*) *c* rehearsal; repetition; revision

reporter (ray-*poar*-terr) *c* (pl -trar) reporter

representant (rer-pray-sayn-*tahnt*) *c* representative, agent

representation (rer-pray-sayn-tah-*shoon*) *c* representation

representativ (rer-pray-sayn-tah-*teev*) *adj* representative

representera (rer-pray-sayn-*tay*-rah) *v* represent

reproducera (rer-pro-dew-*say*-rah) *v* reproduce

reproduktion (rer-pro-dewk-*shoon*) *c* reproduction

republik (rer-pew-*bleek*) *c* republic

republikansk (rer-pewb-li-*kaansk*) *adj* republican

resa (*ray*-sah) *c* journey; voyage, trip; *v* travel; ~ **bort** *leave; ~ **sig** *get up

resebyrå (*ray*-ser-bew-*roa*) *c* travel agency

resecheck (*ray*-ser-t^Yayk) *c* traveller's cheque

reseförsäkring (*ray*-ser-furr-*saik*-ring) *c* travel insurance

resehandbok (*ray*-ser-hahnd-book) *c* (pl -böcker) guidebook

resekostnader (*ray*-ser-kost-nah-derr)

pl travelling expenses

reseledare (*ray*-ser-*lay*-dah-rer) *c* (pl ~) guide, tour leader

resenär (*ray*-ser-næær) *c* traveller

reserv (rer-*særv*) *c* reserve; **reserv-** spare

reservation (rer-sær-vah-*shoon*) *c* reservation; booking

reservdel (rer-*særv*-dayl) *c* spare part

reservdäck (rer-*særv*-dehk) *nt* spare tyre

reservera (rer-sær-*vayr*-ah) *v* reserve; book

reserverad (rer-sær-*vay*-rahd) *adj* reserved

reservhjul (rer-*særv*-Yewl) *nt* spare wheel

reservoar (rer-sær-voo-*aar*) *c* reservoir

reservoarpenna (rer-sær-voo-*aar*-pay-nah) *c* fountain-pen

resgodsfinka (*rayss*-goots-*fin*-kah) *c* luggage van

resolut (rer-so-*lewt*) *adj* resolute

resonera (rer-so-*nay*r-ah) *v* reason

respekt (rer-*spaykt*) *c* respect; esteem

respektabel (rer-spayk-*taa*-berl) *adj* respectable

respektera (rer-spayk-*tay*-rah) *v* respect

respektfull (rer-*spaykt*-fewl) *adj* respectful

respektive (rayss-payk-teev-er) *adj* respective

resplan (*rayss*-plaan) *c* itinerary

resrutt (*rayss*-rewt) *c* itinerary

rest (rayst) *c* rest; remnant, remainder

restaurang (rayss-to-*rahng*) *c* restaurant

restaurangvagn (rayss-to-*rahng*-vahngn) *c* dining-car

resterande (ray-*stay*r-ahn-der) *adj* remaining

restriktion (rayst-rik-*shōōn*) c restriction

resultat (ray-sewl-*taat*) nt result; outcome; issue

resultera (rer-sewl-*tāy*-rah) v result

resväska (*rāyss*-vehss-kah) c suitcase; case, bag

resårband (ray-*sōar*-bahnd) nt elastic band

reta (*rāyt*-ah) v tease; annoy, irritate

retsam (*rāyt*-sahm) adj teasing, annoying

returflyg (ray-*tewr*-flēwg) nt return flight

returnera (ray-tewr-*nāy*-rah) v *send back

reumatism (ray-ew-mah-*tism*) c rheumatism

rev (*rāyv*) nt reef

reva (*rāy*-vah) c tear

revben (*rāyv*-bāyn) nt rib

revidera (rer-vi-*dāy*-rah) v revise

revision (rer-vi-*shōōn*) c revision

revolt (rer-*volt*) c revolt

revolution (rer-vo-lew-*shōōn*) c revolution

revolutionär (rer-vo-lew-shoo-*næær*) adj revolutionary

revolver (rer-*vol*-verr) c revolver

revy (rer-*vēw*) c revue

revyteater (rer-*vēw*-tay-aa-terr) c (pl -trar) music-hall

***rida** (*reed*-ah) v *ride

riddare (*rid*-ah-rer) c (pl ~) knight

ridning (*reed*-ning) c riding

ridskola (*reed*-skōōl-ah) c riding-school

ridå (ri-*dōa*) c curtain

rik (reek) adj rich

rike (*reek*-er) nt country; kingdom; empire

rikedom (*ree*-ker-doom) c wealth; riches pl

riklig (*reek*-li) adj abundant; plentiful

riklighet (*reek*-li-hāyt) c plenty

riksdagsman (*riks*-dahks-mahn) c (pl -män) Member of Parliament

rikssamtal (*riks*-sahm-taal) nt trunk-call

riksväg (*riks*-vaig) c trunk road

rikta (*rik*-tah) v direct

riktig (*rik*-ti) adj right; just, correct, proper

riktighet (*rik*-ti-hāyt) c correctness

riktning (*rikt*-ning) c direction; way

riktnummer (*rikt*-new-merr) nt area code

rim (rim) nt rhyme

rimlig (*rim*-li) adj reasonable

ring (ring) c ring

ringa (*ring*-ah) v call; *ring; ~ upp phone, ring up; call up Am

ringaktning (*ring*-ahkt-ning) c contempt

ringklocka (*ring*-klo-kah) c bell

***rinna** (*ri*-nah) v *run

ris (reess) nt rice

risk (risk) c risk; hazard, chance

riskabel (riss-*kaa*-berl) adj unsafe

riskera (ri-*skāyr*-ah) v risk

riskfylld (*risk*-fewld) adj risky

rispa (*riss*-pah) v scratch

rita (*ree*-tah) v *draw

***riva** (*ree*-vah) v *tear, demolish; grate

rival (ri-*vaal*) c rival

rivalitet (ri-vah-li-*tāyt*) c rivalry

rivjärn (*reev*-Yææærn) nt grater

rivning (*reev*-ning) c demolition

ro (rōō) c quiet; v row

roa (*rōō*-ah) v amuse; entertain

roande (*rōō*-ahn-der) adj entertaining

robust (ro-*bewst*) adj robust

rock (rok) c coat

rockslag (*rok*-slaag) nt lapel

roddbåt (*rood*-bōat) c rowing-boat

roder (*rōō*-derr) nt rudder

rodna (*rōad*-nah) v blush

rolig (*rōō*-li) *adj* funny; enjoyable

rom (rom) *c* roe

roman (roo-*maan*) *c* novel

romanförfattare (roo-*maan*-furr-*fah*-tah-rer) *c* (pl ~) novelist

romans (roo-*mahns*) *c* romance

romantisk (roo-*mahn*-tisk) *adj* romantic

rond (rond) *c* round

rondell (ron-*dayl*) *c* roundabout

rop (rōōp) *nt* call; cry

ropa (*rōō*-pah) *v* call; cry

rorkult (*rōōr*-kewlt) *c* helm

rorsman (*rōōrs*-mahn) *c* (pl -män) steersman; helmsman

ros (rōōss) *c* rose

rosa (*rōa*-sah) *adj* rose, pink

rost (rost) *c* rust

rostig (*ross*-ti) *adj* rusty

rot (rōōt) *c* (pl rötter) root

rotting (*rot*-ing) *c* rattan

rouge (rōōsh) *c* rouge

rovdjur (*rōōv*-ẏewr) *nt* beast of prey

rubin (rew-*been*) *c* ruby

rubrik (rew-*breek*) *c* headline, heading

ruin (rew-*een*) *c* ruins

ruinera (rew-ee-*nāy*-rah) *v* ruin

rulett (rew-*layt*) *c* roulette

rulla (*rewl*-ah) *v* roll

rulle (*rewl*-er) *c* roll

rullgardin (*rewl*-gahr-*deen*) *c* blind

rullskridskoåkning (*rewl*-skri-skoo-*ōak*-ning) *c* roller-skating

rullstol (*rewl*-stōōl) *c* wheelchair

rulltrappa (*rewl*-trah-pah) *c* escalator

rum (rewm) *nt* room; space; ~ med frukost bed and breakfast

rumsbetjäning (*rewms*-ber-tᵞai-ning) *c* room service

rumstemperatur (*rewms*-taym-per-rah-*tēwr*) *c* room temperature

rumän (*rew*-main) *c* Rumanian

Rumänien (*rew*-mai-ni-ern) Rumania

rumänsk (rēw-*mainsk*) *adj* Rumanian

rund (rewnd) *adj* round

rundad (rewn-dahd) *adj* rounded

rundhänt (rewnd-hehnt) *adj* liberal

rundresa (rewnd-*rāy*-sah) *c* tour

runt (rewnt) *adv* around

rusa (*rēwss*-ah) *v* rush; dash

rusningstid (*rēwss*-nings-*teed*) *c* rush-hour; peak hour

russin (*rewss*-in) *nt* raisin

rustik (rēw-*steek*) *adj* rustic

rustning (*rewst*-ning) *c* armour

ruta (*rēwt*-ah) *c* square; pane

rutig (*rēwt*-i) *adj* chequered

rutin (rēw-*teen*) *c* routine

rutschbana (rewch-*baan*-ah) *c* slide

rutt (rewt) *c* route

rutten (rewt-ern) *adj* rotten

ryck (rewk) *nt* tug; wrench

rygg (rewg) *c* back

ryggrad (rewg-raad) *c* backbone; spine

ryggskott (rewg-skot) *nt* lumbago

ryggsäck (rewg-sehk) *c* rucksack; knapsack

ryggvärk (rewg-værk) *c* backache

*****ryka** (*rēw*-kah) *v* smoke

ryktbarhet (*rewkt*-baar-hāyt) *c* fame

rykte (*rewk*-ter) *nt* rumour; reputation; renown

rymd (rewmd) *c* space

rymlig (*rewm*-li) *adj* spacious; roomy, large

rymling (*rewm*-ling) *c* runaway

rymma (*rewm*-ah) *v* *run away; contain

rynka (*rewng*-kah) *c* wrinkle

rysk (rewsk) *adj* Russian

ryslig (*rēwss*-li) *adj* horrible; awful

rysning (*rēwss*-ning) *c* shiver; shudder, *nt* chill

ryss (rewss) *c* Russian

Ryssland (*rewss*-lahnd) Russia

*****ryta** (*rēw*-tah) *v* roar

rytm (rewtm) c rhythm

ryttare (rewt-ah-rer) c (pl ~) rider; horseman

rå (roā) adj raw

råd (roād) nt advice; •**ha ~ med** afford

råda (roā-dah) v advise

rådfråga (roād-froā-gah) v consult

•**rådgiva** (roād-Yee-vah) v advise

rådgivare (roād-Yee-vah-rer) c (pl ~) counsellor

rådjurskalv (roā-Yewrs-kahlv) c fawn

rådman (roād-mahn) c (pl -män) magistrate

rådsförsamling (roāds-furr-sahm-ling) c council

rådsmedlem (roāds-māyd-lehm) c (pl ~mar) councillor

råmaterial (roā-mah-tay-ri-aal) nt raw material

rån¹ (roān) nt robbery; **väpnat ~** hold-up

rån² (roān) nt wafer

råna (roā-nah) v rob

rånare (roā-nah-reh) c (pl ~) robber

råolja (roā-ol-Yah) c petroleum

råtta (ro-tah) c rat

räcka (rehk-ah) v suffice

räcke (rehk-er) nt rail; railing

räckhåll (rehk-hol) nt reach

räckvidd (rehk-vid) c range

räd (raid) c raid

rädd (rehd) adj afraid

rädda (rehd-ah) v save; rescue

räddning (rehd-ning) c rescue

rädisa (rai-di-sah) c radish

rädsla (raids-lah) c fear

räka (rai-kah) c shrimp; prawn

räkna (raik-nah) v reckon, count; ~ **ut** calculate

räknemaskin (raik-ner-mah-sheen) c adding-machine

räkneord (raik-ner-oord) nt numeral

räkning (raik-ning) c bill; arithmetic

rännsten (rehn-stāyn) c gutter

ränsel (rehn-sayl) c (pl -slar) haversack

ränta (rehn-tah) c interest

rätt¹ (reht) c course

rätt² (reht) adj appropriate, right, correct; adv rather; c justice; •**ha ~ •** be right; **med rätta** rightly

rätta (reht-ah) v correct; ~ **till** correct, adjust

rättegång (reh-ter-gong) c trial; lawsuit

rättelse (reh-terl-ser) c correction

rättfärdig (reht-fæær-di) adj righteous

rättighet (reh-ti-hāyt) c right

rättmätig (reht-mai-ti) adj legitimate

rättskaffens (reht-skahf-erns) adj honourable

rättskrivning (reht-skreev-ning) c dictation

rättvis (reht-veess) adj just; fair, right

rättvisa (reht-vee-sah) c justice

räv (raiv) c fox

röd (rūrd) adj red

rödbeta (rūrd-bāy-tah) c beetroot

rödhake (rūrd-haa-ker) c robin

rödlila (rūrd-lee-lah) adj mauve

rödspätta (rūrd-speh-tah) c plaice

rök (rūrk) c smoke

röka (rūr-kah) v smoke

rökare (rūr-kah-rer) c (pl ~) smoker

rökelse (rūrk-erl-ser) c incense

rökkupé (rūrk-kew-pāy) c smoker, smoking-compartment

rökning förbjuden (rūrk-ning furr-bYew-dern) no smoking

rökrum (rūrk-rewm) nt smoking-room

röntga (rurnt-kah) v X-ray

röntgenbild (rurnt-kern-bild) c X-ray

rör (rūrr) nt pipe; tube; cane

röra¹ (rūrr-ah) v touch; move; ~ **om** stir; ~ **sig** move

röra² (rūrr-ah) c muddle

rörande (*rūrr*-ahn-der) *adj* touching; *prep* regarding

rörelse (*rūrr*-erl-ser) *c* motion, movement; emotion; *•sätta i ~* move

rörlig (*rūrr*-li) *adj* mobile

rörmokare (*rūrr*-moo-kah-rer) *c* (pl ~) plumber

röst (rurst) *c* voice; vote

rösta (*rurss*-tah) *v* vote

röstning (*rurst*-ning) *c* vote

rösträtt (*rurst*-reht) *c* franchise; suffrage

S

sackarin (sah-kah-*reen*) *nt* saccharin

sadel (*saa*-dayl) *c* (pl sadlar) saddle

safir (sah-*feer*) *c* sapphire

saft (sahft) *c* syrup

saftig (*sahf*-ti) *adj* juicy

saga (*saa*-gah) *c* fairytale; tale

sak (saak) *c* thing; matter, affair

sakkunnig (*saak*-kewn-i) *adj* expert

saklig (*saak*-li) *adj* matter-of-fact

sakna (*saak*-nah) *v* lack, miss

saknad (*saak*-nahd) *c* lack

sakta ned (*sahk*-tah) slow down

sal (saal) *c* hall

saldo (*sahl*-doo) *nt* balance

saliv (sah-*leev*) *c* saliva, spit

sallad (*sahl*-ahd) *c* salad

salladsolja (sah-*lahds*-ol-ᵛah) *c* salad-oil

salong (sah-*long*) *c* drawing-room; salon

salt (sahlt) *nt* salt; *adj* salty

saltkar (*sahlt*-kaar) *nt* salt-cellar

till salu (til *saa*-lew) for sale

saluhall (*saa*-lew-hahl) *c* market

salva (*sahl*-vah) *c* ointment; salve

samarbete (*sahm*-ahr-*bāy*-ter) *nt* co-operation

samarbetsvillig (*sahm*-ahr-bāyts-vi-li) *adj* co-operative

samband (*sahm*-bahnd) *nt* relation

samfund (*sahm*-fewnd) *nt* society

samhälle (*sahm*-heh-ler) *nt* community; locality; **samhälls-** social

samhällsbevarande (*sahm*-hehls-ber-*vaa*-rahn-der) *adj* conservative

samla (*sahm*-lah) *v* gather; assemble, collect; *~ ihop* compile; *~ in* collect

samlag (*sahm*-laag) *nt* sexual intercourse

samlare (*sahm*-lah-rer) *c* (pl ~) collector

samlas (*sahm*-lahss) *v* gather

samling (*sahm*-ling) *c* collection

samma (*sahm*-ah) *adj* same

•sammanbinda (*sah*-mahn-bin-dah) *v* link

sammandrag (*sah*-mahn-draag) *nt* summary

•sammanfalla (*sahm*-ahn-fahl-ah) *v* coincide

sammanfatta (*sahm*-ahn-fah-tah) *v* summarize

sammanfattning (*sah*-mahn-faht-ning) *c* summary, résumé

sammanfoga (*sahm*-ahn-*fōōg*-ah) *v* join, *•put together

sammanhang (*sahm*-ahn-hahng) *nt* connection; coherence, reference

sammankomst (*sahm*-ahn-komst) *c* meeting; assembly

sammanlagd (*sahm*-ahn-lahgd) *adj* overall, total

sammanslagning (*sahm*-ahn-slaag-ning) *c* merger

sammanslutning (*sah*-mahn-slewt-ning) *c* society; association

sammanställa (*sahm*-ahn-stehl-ah) *v* compose; compile

sammanstöta (*sahm*-ahn-stūr-tah) *v* bump

sammanstötning (*sahm*-ahn-stŭrt-ning) *c* collision

***sammansvärja sig** (*sahm*-ahn-*svær*-Yah) conspire

sammansvärjning (sahm-ahn-*svær*Y-ning) *c* conspiracy, plot

sammansättning (*sahm*-ahn-seht-ning) *c* composition

sammanträde (*sahm*-ahn-traid-er) *nt* meeting

sammanträffande (*sahm*-ahn-trehf-ahn-der) *nt* concurrence; encounter

sammet (*sah*-mayt) *c* velvet

samordna (*sahm*-ord-nah) *v* co-ordinate

samordning (*sahm*-ord-ning) *c* co-ordination

samtal (*sahm*-taal) *nt* conversation; talk, discussion

samtalsämne (*sahm*-taals-aim-ner) *nt* topic

samtida (*sahm*-tee-dah) *adj* contemporary

samtidig (*sahm*-tee-di) *adj* simultaneous

samtycka (*sahm*-tew-kah) *v* consent

samtycke (*sahm*-tew-ker) *nt* consent

samverkan (*sahm*-vær-kahn) *c* co-operation

samvete (*sahm*-vāy-ter) *nt* conscience

sanatorium (sah-nah-*tōō*-ri-ewm) *nt* (pl -rier) sanatorium

sand (sahnd) *c* sand

sandal (sahn-*daal*) *c* sandal

sandig (*sahn*-di) *adj* sandy

sandpapper (*sahnd*-pahp-err) *nt* sandpaper

sanitär (sah-ni-*tæær*) *adj* sanitary

sann (sahn) *adj* very, true

sannfärdig (*sahn*-fæær-di) *adj* truthful

sanning (*sah*-ning) *c* truth

sannolik (*sahn*-oo-leek) *adj* likely; probable

sansad (sahns-ahd) *adj* sober

sardin (sahr-*deen*) *c* sardine

satellit (sah-tay-*leet*) *c* satellite

satäng (sah-*tehng*) *c* satin

Saudiarabien (sou-di-ah-*raa*-bi-ern) Saudi Arabia

saudiarabisk (sou-di-ah-*raab*-isk) *adj* Saudi Arabian

sax (sahks) *c* scissors *pl*

scen (sāyn) *c* scene, stage

schack (shahk) *nt* chess; **schack!** check!

schackbräde (*shahk*-brai-der) *nt* checkerboard *nAm*

schal (shaal) *c* shawl

schampo (*shahm*-pōō) *nt* shampoo

scharlakansfeber (shahr-*laa*-kahns-*fāy*-berr) *c* scarlet fever

scharlakansröd (shahr-*laa*-kahns-rŭrd) *adj* scarlet

schema (*shāy*-mah) *nt* scheme

schlager (*shlaa*-gerr) *c* (pl ~, -rar) hit

Schweiz (shvayts) Switzerland

schweizare (*shvay*-tsah-rer) *c* (pl ~) Swiss

schweizisk (*shvay*-tsisk) *adj* Swiss

scout (skout) *c* boy scout

***se** (sāy) *v* *see; notice; ~ **på** look at; ~ **till** attend to; ~ **upp** look out; watch out; ~ **ut** look

sebra (*sāyb*-rah) *c* zebra

sedan (*sāy*-dahn) *adv* then; afterwards; *conj* since, after; *prep* since; **för ... ~** ago; ~ **dess** since

sedel (*sāy*-dayl) *c* (pl sedlar) banknote

seder (*sāy*-derr) *pl* customs *pl*

sediment (say-di-*maynt*) *nt* deposit

sedlig (*sāyd*-li) *adj* moral

sedvanlig (*sāyd*-vaan-li) *adj* customary

sedvänja (*sāyd*-vehn-Yah) *c* usage

seg (sāyg) *adj* tough

segel (*sāy*-gerl) *nt* sail

segelbar (*sāy*-gerl-baar) *adj* navigable

segelbåt (*sāy*-gerl-bōat) *c* sailing-boat

segelflygplan (*sāy*-gerl-flēwg-plaan) *nt* glider

segelsport (*sāy*-gerl-sport) *c* yachting

segelsällskap (*sāy*-gerl-sehl-skaap) *nt* yacht-club

seger (*sāy*-gerr) *c* (pl segrar) victory

segerrik (*sāy*-gerr-reek) *adj* triumphant

segla (*sāyg*-lah) *v* sail; navigate

segra (*sāyg*-rah) *v* *win

segrare (*sāyg*-rah-ray) *c* (pl ~) winner, victor

sekreterare (sayk-ray-*tāy*-rah-rer) *c* (pl ~) secretary; clerk

sektion (sehk-*shōōn*) *c* section

sekund (ser-*kewnd*) *c* second

sekundär (ser-kewn-*dæær*) *adj* secondary

selleri (say-ler-*ree*) *nt* celery

semester (say-*mayss*-terr) *c* holiday

semesterort (say-*mayss*-terr-oort) *c* holiday resort

semikolon (say-mi-*kōō*-lon) *nt* semicolon

sen (sāyn) *adj* late; för sent too late

sena (*sāyn*-ah) *c* sinew; tendon

senap (*sāy*-nahp) *c* mustard

senat (ser-*naat*) *c* senate

senator (ser-*naa*-tor) *c* senator

senil (say-*neel*) *adj* senile

sensation (sayn-sah-*shōōn*) *c* sensation

sensationell (sayn-sah-shoo-*nayl*) *adj* sensational

sentimental (sayn-ti-mayn-*taal*) *adj* sentimental

separat (say-pah-*raat*) *adv* separately

september (sayp-*taym*-berr) September

septisk (*sayp*-tisk) *adj* septic

serie (*sāy*-ri-er) *c* series; tecknad ~ comics *pl*

seriös (say-ri-*ūrss*) *adj* serious

serum (*sāy*-rewm) *nt* serum

servera (sær-*vāy*-rah) *v* serve

serveringsfat (sær-*vāy*-rings-faat) *nt* dish

servett (sær-*vayt*) *c* napkin; serviette

servitris (sær-vit-*reess*) *c* waitress

servitör (sær-vi-*tūrr*) *c* waiter

session (say-*shōōn*) *c* session

sevärdhet (*sāy*-væærd-hāyt) *c* sight

sex (sayks) *num* six

sextio (*sayks*-ti) *num* sixty

sexton (*sayks*-ton) *num* sixteen

sextonde (*sayks*-ton-der) *num* sixteenth

sexualitet (sayk-sew-ah-li-*tāyt*) *c* sexuality

sexuell (sayk-sew-*ayl*) *adj* sexual

Siam (*see*-ahm) Siam

siames (see-ah-*māyss*) *c* Siamese

siamesisk (see-ah-*māyss*-isk) *adj* Siamese

sida (*see*-dah) *c* side; page; på andra sidan across; på andra sidan om beyond; åt sidan aside; sideways

siden (*see*-dayn) *nt* silk; siden- silken

sidogata (*see*-doo-*gaat*-ah) *c* sidestreet

sidoljus (*see*-doo-*ᵞewss*) *nt* sidelight

sidoskepp (*see*-doo-shayp) *nt* aisle

siffra (*sif*-rah) *c* figure; digit

sifon (si-*fōan*) *c* siphon, syphon

sig (say) *pron* himself, herself; themselves

sigill (si-*ᵞil*) *nt* seal

signal (sing-*naal*) *c* signal

signalement (sing-nah-lay-*maynt*) *nt* description

signalera (sing-nah-*lāyr*-ah) *v* signal

signalhorn (sing-*naal*-hōōrn) *nt* hooter, horn

signatur (sing-nah-*tēwr*) *c* signature

sikt (sikt) *c* visibility

sikta¹ (*sik*-tah) *v* aim at; ~ **på** aim at
sikta² (*sik*-tah) *v* sift
sil (seel) *c* strainer
sila (*seel*-ah) *v* strain
sill (sil) *c* herring
silver (*sil*-verr) *nt* silver; silverware
silversmed (*sil*-verr-smāyd) *c* silver-smith
simbassäng (*sim*-bah-*sehng*) *c* swimming pool
simma (*sim*-ah) *v* *swim
simmare (*si*-mah-rer) *c* (pl ~) swimmer
simning (*sim*-ning) *c* swimming
simpel (*sim*-perl) *adj* common
simulera (si-mew-*lāyr*-ah) *v* pretend
sin (sin) *pron* (nt sitt, pl sina) his, her, its, one's, their
singularis (sing-gēw-laa-riss) *nt* singular
sinne (*si*-ner) *nt* sense
sinnesförvirrad (*si*-nerss-furr-*vi*-rahd) *adj* mad
sinnesrörelse (*si*-nerss-rūr-rayl-ser) *c* emotion
sinnessjuk¹ (*si*-nerss-shēwk) *adj* insane
sinnessjuk² (*si*-nerss-shēwk) *c* (pl ~a) lunatic
sinnesstämning (*si*-nerss-stehm-ning) *c* spirits
siren (si-*rāyn*) *c* siren
sist (sist) *adj* last; **till** ~ at last
sista (*siss*-tah) *adj* ultimate
sitta (*sit*-ah) *v* *sit
sittplats (*sit*-plahts) *c* seat
situation (si-tew-ah-*shōōn*) *c* situation
sju (shew) *num* seven
sjuk (shēwk) *adj* ill; sick
sjukdom (*shēwk*-doom) *c* illness; sickness, disease
sjukhus (*shēwk*-hēwss) *nt* hospital
sjukledighet (*shēwk*-lāy-di-hāyt) *c* sick-leave

sjuksköterska (*shēwk*-shūrt-err-skah) *c* nurse
sjukvård (*shēwk*-vōard) *c* public health
sjukvårdsrum (*shēwk*-vōards-rewm) *nt* infirmary
sjunde (*shewn*-der) *num* seventh
sjunga (*shewng*-ah) *v* *sing
sjunka (*shewng*-kah) *v* *sink
sjuttio (*shewt*-i) *num* seventy
sjutton (*shewt*-on) *num* seventeen
sjuttonde (*shewt*-on-der) *num* seventeenth
själ (shail) *c* soul
själv (shehlv) *pron* myself, yourself, himself, herself, itself, oneself
själva (*shehl*-vah) *pron* ourselves, yourselves, themselves
självbetjäning (*shehlv*-ber-t Yai-ning) *c* self-service
självgod (*shehlv*-gōōd) *adj* self-righteous
självisk (*shehl*-visk) *adj* selfish
självklar (*shehlv*-klaar) *adj* self-evident
självmord (*shehlv*-mōōrd) *nt* suicide
självservering (*shehlv*-sayr-*vāy*-ring) *c* self-service restaurant
självstyre (*shehlv*-stēw-rer) *nt* self-government
självständig (*shehlv*-stehn-di) *adj* independent
självständighet (*shehlv*-stehn-di-hāyt) *c* independence
självupptagen (*shehlv*-ewp-taag-ern) *adj* self-centred
sjätte (*sheh*-ter) *num* sixth
sjö (shūr) *c* lake
sjöborre (*shūr*-bo-rer) *c* sea-urchin
sjöfart (*shūr*-faart) *c* navigation; shipping
sjöfågel (*shūr*-fōa-gayl) *c* (pl -glar) sea-bird
sjöjungfru (*shūr*- Yewng-frew) *c* mer-

maid

sjökort (*shūr*-koort) *nt* nautical chart

sjöman (*shūr*-mahn) *c* (pl -män) sailor

sjörövare (*shūr*-rūr-vah-rer) *c* (pl ~) pirate

sjösjuk (*shūr*-shewk) *adj* seasick

sjösjuka (*shūr*-shēw-kah) *c* seasickness

sjösättning (*shūr*-seht-ning) *c* launching

sjötunga (*shūr*-tewng-ah) *c* sole

***ska** (skaa) *v* *shall; *will

skada (*skaa*-dah) *c* injury; damage, mischief, harm; *v* *hurt, injure, harm

skadad (*skaa*-dahd) *adj* injured

skadeersättning (*skaa*-der-āyr-seht-ning) *c* compensation; indemnity

skadlig (*skaad*-li) *adj* harmful; hurtful

skaffa (*skahf*-ah) *v* get, procure, provide; ~ **sig** acquire, *v* acquire; obtain

skafferi (skah-fay-*ree*) *nt* (pl ~er) larder

skaft (skahft) *nt* handle

skaka (*skaa*-kah) *v* *shake

skal (skaal) *nt* skin, peel; shell

skala (*skaa*-lah) *c* scale; *v* peel

skalbagge (*skaal*-bahg-er) *c* beetle; bug

skald (skahld) *c* poet

skaldjur (*skaal*-ⁱēwr) *nt* shellfish

skalle (*skah*-ler) *c* skull

skam (skahm) *c* shame; disgrace

skamsen (*skahm*-sayn) *adj* ashamed

skandal (skahn-*daal*) *c* scandal

skandinav (skahn-di-*naav*) *c* Scandinavian

Skandinavien (skahn-di-*naav*-i-ern) Scandinavia

skandinavisk (skahn-di-*naav*-isk) *adj* Scandinavian

skapa (*skaa*-pah) *v* create

skarp (skahrp) *adj* sharp; keen; strong

skata (*skaa*-tah) *c* magpie

skatt (skaht) *c* tax; treasure

skattefri (*skah*-ter-free) *adj* tax-free

skattmästare (*skaht*-mehss-tah-rer) *c* (pl ~) treasurer

ske (shāy) *v* happen; occur

sked (shāyd) *c* spoon; spoonful

skelett (skay-*layt*) *nt* skeleton

skelögd (*shāyl*-ūrgd) *adj* cross-eyed

sken (shāyn) *nt* glare

skenhelig (*shāyn*-hāy-li) *adj* hypocritical

skepp (shayp) *nt* boat

skeppa (*shayp*-ah) *v* ship

skeppsredare (*shayps*-rāy-dah-rer) *c* (pl ~) shipowner

skeppsvarv (*shayps*-vahrv) *nt* shipyard

skicka (*shik*-ah) *v* *send; ~ **bort** dismiss; ~ **efter** *send for; ~ **iväg** *send off; ~ **tillbaka** *send back

skicklig (*shik*-li) *adj* skilled, skilful; clever

skicklighet (*shik*-li-hāyt) *c* ability; skill

skida (*shee*-dah) *c* ski; **åka skidor** ski

skidbyxor (*sheed*-bewks-err) *pl* ski pants

skidlift (*sheed*-lift) *c* ski-lift

skidstavar (*sheed*-staa-vahr) *pl* ski sticks; ski poles *Am*

skidåkare (*sheed*-ōā-kah-rer) *c* (pl ~) skier

skidåkning (*sheed*-ōāk-ning) *c* skiing

skiffer (*shif*-err) *nt* slating

skift (shift) *nt* gang, shift

skiftnyckel (*shift*-new-kayl) *c* (pl -klar) spanner; wrench

skilja (*shil*-ⁱah) *v* separate; part; **skiljas** divorce; ~ **sig** divorce

skiljevägg (*shil*-ⁱer-vehg) *c* partition

skillnad (*shil*-nahd) *c* difference; distinction; *göra ~ distinguish

skilsmässa (*shils*-meh-sah) *c* divorce

*skina (*shee*-nah) *v* *shine

skinka (*shing*-kah) *c* ham; buttock

skinn (shin) *nt* hide; **skinn-** leather

skinna (*shi*-nah) *v* skin, fleece

skir (sheer) *adj* sheer

skiss (skiss) *c* sketch

skissbok (*skiss*-bōōk) *c* (pl -böcker) sketch-book

skissera (ski-*sāy*-rah) *v* sketch

skiva (*sheev*-ah) *c* slice; disc

skivspelare (*shiv*-spāy-lah-rer) *c* (pl ~) record-player

skjorta (*shoor*-tah) *c* shirt

skjul (shewl) *nt* shed

*skjuta (*shēwt*-ah) *v* fire, *shoot; push

skjutdörr (*shēwt*-durr) *c* sliding door

sko (skōō) *c* shoe

skoaffär (*skōō*-ah-fæær) *c* shoe-shop

skog (skōōg) *c* forest; wood

skogig (*skōōg*-i) *adj* wooded

skogsdunge (*skoogs*-dew-nger) *c* grove

skogstrakt (*skoogs*-trahkt) *c* woodland

skogvaktare (*skōōg*-vahk-tah-rer) *c* (pl ~) forester

skoj (skoi) *nt* fun

skoja (*skoi*-ah) *v* joke, fool

skokräm (*skōō*-krehm) *c* shoe polish

skola (*skōōl*-ah) *c* school

skolbänk (*skōōl*-behngk) *c* desk

skolflicka (*skōōl*-fli-kah) *c* schoolgirl

skolka (*skol*-kah) *v* play truant

skollärare (*skōōl*-læær-ah-rer) *c* (pl ~) schoolmaster, schoolteacher

skolpojke (*skōōl*-poi-ker) *c* schoolboy

skolväska (*skōōl*-vehss-kah) *c* satchel

skomakare (*skōō*-maa-kah-rer) *c* (pl ~) shoemaker

skorpa (*skor*-pah) *c* crust; rusk

skorsten (*skors*-tāyn) *c* chimney

skosnöre (*skōō*-snūr-rer) *nt* shoe-lace

skotsk (skotsk) *adj* Scottish; Scotch

skott (skot) *nt* shot

skottavla (*skot*-taav-lah) *c* target

skotte (*sko*-ter) *c* Scot

skottkärra (*skot*-t Ŷær-ah) *c* wheelbarrow

Skottland (*skot*-lahnd) Scotland

skottår (*skot*-ōar) *nt* leap-year

skovel (*skōā*-verl) *c* (pl -vlar) shovel

skrapa (*skraap*-ah) *v* scrape; scratch

skratt (skraht) *nt* laugh; laughter

skratta (*skrah*-tah) *v* laugh

skreva (*skrāy*-vah) *c* cleft

skri (skree) *nt* scream

skridsko (*skri*-skoo) *c* skate; **åka skridskor** skate

skridskobana (*skri*-skoo-baa-nah) *c* skating-rink

skridskoåkning (*skri*-skoo-ōāk-ning) *c* skating

skriftlig (*skrift*-li) *adj* written

skrik (skreek) *nt* cry; scream, shout

*skrika (*skree*-kah) *v* shriek; scream, shout; cry

*skriva (*skree*-vah) *v* *write; ~ **in** book; enter; ~ **in sig** check in; ~ **om** *rewrite; ~ **på** endorse; ~ **upp** *write down

skrivblock (*skreev*-blok) *nt* writing-pad

skrivbord (*skreev*-bōōrd) *nt* desk; bureau

skrivmaskin (*skreev*-mah-sheen) *c* typewriter

skrivmaskinspapper (*skreev*-mah-sheens-pah-perr) *nt* typing paper

skrivpapper (*skreev*-pah-perr) *nt* note-paper

skrot (skrōōt) *nt* scrap-iron

skrovlig (*skrōā*v-li) *adj* hoarse

skrubbsår (*skrewb*-sōar) *nt* graze

skruv (skrēwv) *c* screw

skruva (*skrēw*-vah) *v* screw; ~ **av** unscrew; ~ **på** screw on, turn on skruvmejsel (*skrēwv*-may-sayl) *c* (pl -slar) screw-driver

skrymmande (*skrewm*-ahn-der) *adj* bulky

skrynkla (*skrewngk*-lah) *c* crease; *v* crease

*skryta (*skrēwt*-ah) *v* boast

skråma (*skrōa*-mah) *c* scratch

skräck (skrehk) *c* scare; fright; horror, terror

skräddare (*skreh*-dah-rer) *c* (pl ~) tailor

skräddarsydd (*skreh*-dahr-sewd) *adj* tailor-made

skrämd (skrehmd) *adj* frightened

skrämma (*skrehm*-ah) *v* frighten; scare

skrämmande (*skrehm*-ahn-der) *adj* terrifying

skräp (skraip) *nt* rubbish; refuse, junk

skugga (*skewg*-ah) *c* shadow; shade

skuggig (*skewg*-i) *adj* shady

skuld (skewld) *c* guilt, fault; debt

skulptur (skewlp-*tēwr*) *c* sculpture

skulptör (skewlp-*tŭrr*) *c* sculptor

skum (skewm) *nt* foam, froth; *adj* obscure

skumgummi (*skewm*-gewm-i) *nt* foam-rubber

skumma (*skewm*-ah) *v* foam

skura (*skēw*-rah) *v* scrub

skurk (skewrk) *c* villain

skutta (*skew*-tah) *v* skip; *leap

skvadron (skvah-*drōōn*) *c* squadron

skvaller (*skvah*-lerr) *nt* gossip

skvallra (*skvahl*-rah) *v* gossip

sky (shēw) *c* sky, cloud; gravy

skydd (shewd) *nt* protection; shelter, cover

skydda (*shewd*-ah) *v* protect; shelter

skyfall (*shēw*-fahl) *nt* cloud-burst

skygg (shewg) *adj* shy

skygghet (*shewg*-hāyt) *c* shyness

skyldig (*shewl*-di) *adj* guilty; *vara ~ owe

skyltdocka (*shewlt*-do-kah) *c* dummy, mannequin

skyltfönster (*shewlt*-furns-terr) *nt* shop-window

skymfa (*shewm*-fah) *v* call names

skymning (*shewm*-ning) *c* twilight; dusk

skymt (shewmt) *c* glimpse

skymta (*shewm*-tah) *v* glimpse

skynda sig (*shewn*-dah) hurry; hasten

skyskrapa (*shēw*-skraa-pah) *c* skyscraper

skådespel (*skōa*-der-spāyl) *nt* spectacle; drama

skådespelare (*skōa*-der-spāy-lah-rer) *c* (pl ~) actor; comedian

skådespelerska (*skōa*-der-spāy-lerrs-kah) *c* actress

skådespelsförfattare (*skōa*-der-spāyls-furr-*fah*-tah-rer) *c* (pl ~) playwright

skål (skōal) *c* bowl; basin; toast

skåp (skōap) *nt* cupboard; closet

skåpvagn (*skōap*-vahngn) *c* pick-up van

skägg (shehg) *nt* beard

skäl (shail) *nt* reason

skälla (*shehl*-ah) *v* bark, bay; scold; ~ ut scold

skälm (shehlm) *c* rascal

skälva (*shehl*-vah) *v* shiver; tremble

skämma bort (*sheh*-mah bort) *spoil

skämmas (*shehm*-ahss) *v* *be ashamed

skämt (shehmt) *nt* joke

skämtsam (*shehmt*-sahm) *adj* humorous

skär (shaeær) *adj* pink

*skära (*shaeæ*-rah) *v* *cut; carve; ~ av *cut off; ~ ned reduce, *cut down; decrease

skärgård (*shaeær*-gōard) *c* archipelago

skärm (shærm) c screen

skärmmössa (shærm-mur-sah) c cap

skärpt (shærpt) adj bright

skärsår (shæær-sōār) nt cut

sköldpadda (shurld-pahd-ah) c turtle

skölja (shurl-Yah) v rinse

sköljmedel (shurl-māȳ-derl) nt conditioner

sköljning (shurlY-ning) c rinse

skön (shūrn) adj beautiful, fine; comfortable

skönhet (shūrn-hāȳt) c beauty

skönhetsmedel (shūrn-hāȳts-māȳd-ayl) pl cosmetics pl

skönhetssalong (shūrn-hāȳts-sah-long) c beauty salon

skönhetsvård (shūrn-hāȳts-vōard) c beauty treatment

skör (shūrr) adj fragile

skörd (shūrrd) c harvest; crop

skörda (shūrr-dah) v reap; harvest; gather

sköta (shūrt-ah) v look after; ~ om *take care of

sladd (slahd) c flex, electric cord; skid

slag[1] (slaag) nt a sort of, a kind of; **all slags** all sorts of

slag[2] (slaag) nt battle; blow, tap; bump

slaganfall (slaag-ahn-fahl) nt stroke

slagsmål (slahgs-mōāl) nt fight

slaktare (slahk-tah-rer) c (pl ~) butcher

slangtryck (slahng-trewk) nt tyre pressure

slank (slahngk) adj slender; slim

slant (slahnt) c coin

slapp (slahp) adj limp

slappna av (slahp-nah) relax

slarv (slahrv) nt neglect

slarvig (slahr-vi) adj careless; slovenly

slav (slaav) c slave

slicka (slik-ah) v lick

slingra sig (sling-rah) *wind

slingrande (sling-rahn-der) adj winding

slipa (slee-pah) v sharpen

***slippa** (sli-pah) v not *have to

slipprig (slip-ri) adj slippery

slips (slips) c necktie

slira (slee-rah) v skid; slip

***slita** (slee-tah) v *tear; ~ ut wear out

sliten (sleet-ern) adj worn

slogan (slōā-gahn) c (pl ~) slogan

slott (slot) nt castle

slug (slēwg) adj sly

sluka (slēw-kah) v swallow

slump (slewmp) c chance, luck; **av en ~** by chance

slumpartad (slewmp-ahr-tahd) adj accidental

sluss (slewss) c lock; sluice

slut (slēwt) nt end; finish

till slut at last

sluta (slēwt-ah) v end; discontinue, finish

***sluta** (slēwt-ah) v close

slutbetala (slēwt-ber-taa-lah) v *pay off

sluten (slēwt-ern) adj closed; reserved

slutlig (slēwt-li) adj final; eventual

slutresultat (slēwt-ray-sewl-taat) nt final result

slutsats (slēwt-sahts) c conclusion

slutta (slewt-ah) v slope; slant

sluttande (slewt-ahn-der) adj slanting, sloping

sluttning (slewt-ning) c hillside, slope; incline

***slå** (slōā) v *beat; *strike, *hit; slap, punch; ~ **ifrån** switch off; ~ **igen** slam; ~ **ihjäl** kill; ~ **in** wrap; ~ **till** *strike; ~ **upp** look up

slående (slōā-ayn-der) adj striking

***slåss** (sloss) v struggle

släcka (slehk-ah) v *put out; extinguish

släde (*slai*-der) c sleigh, sledge

släkt (slehkt) c family

släkting (*slehk*-ting) c relative; relation

slänga (*slehng*-ah) v *throw

släpa (*slaip*-ah) v drag; haul

släppa in (*slehp*-ah) admit; *let in

släpvagn (*slaip*-vahngn) c trailer

slät (slait) adj smooth; level

slätt (sleht) c plain

slätvar (*slait*-vaar) c brill

slö (slur) adj blunt, dull

slöja (*slur*-Yah) c veil

slösa bort (*slur*-sah bort) waste

slösaktig (*slurss*-ahk-ti) adj wasteful; lavish, extravagant

slöseri (slur-ser-*ree*) nt waste, wastefulness

smak (smaak) c taste; flavour

smaka (*smaa*-kah) v taste

smaklig (*smaak*-li) adj savoury

smaklös (*smaak*-lūrss) adj tasteless

smaksätta (*smaak*-say-tah) v flavour

smal (smaal) adj narrow

smaragd (smah-*rahgd*) c emerald

smed (smāyd) c blacksmith; smith

smekmånad (*smāyk*-mōa-nahd) c honeymoon

smeknamn (*smāyk*-nahmn) nt nickname

smet (smāyt) c batter

smidig (*smeed*-i) adj supple; flexible

smink (smingk) c make-up

*smita (*smee*-tah) v slip away

smitta (*smit*-ah) v infect

smittande (*smi*-tahn-der) adj contagious

smittkoppor (*smit*-ko-poor) pl smallpox

smittsam (*smi*-too-sahm) adj infectious; contagious

smoking (*smōa*-king) c dinner-jacket; tuxedo nAm

smuggla (*smewg*-lah) v smuggle

smula (*smew*-lah) c crumb; bit

smultron (*smewlt*-ron) nt wild strawberry

smuts (smewts) c dirt

smutsig (*smewt*-si) adj dirty; filthy

smycke (*smew*-ker) nt jewel; **smycken** jewellery

*smyga (*smēw*-gah) v sneak

småaktig (*smōa*-ahk-ti) adj stingy

småfranska (*smōa*-frahns-kah) c roll

småningom (*smōa*-ning-om) adv gradually

småpengar (*smōa*-payng-ahr) pl change

småprat (*smōa*-praat) nt chat

småprata (*smōa*-praat-ah) v chat

småskratta (*smōa*-skraht-ah) v chuckle

smäll (smehl) c spanking; crack

smälla (*smehl*-ah) v spank; crack

smälta (*smehl*-tah) v melt, thaw; digest

smärta (*smær*-tah) c pain

smärtfri (*smært*-free) adj painless

smärting (*smær*-ting) c canvas

smärtsam (*smært*-sahm) adj painful

smärtstillande (*smært*-sti-lahn-der) adj pain-relieving, analgesic

smör (smurr) nt butter

smörgås (*smurr*-gōass) c sandwich

smörja (smurr-Yah) c trash

*smörja (smurr-Yah) v grease, lubricate

smörjning (smurrY-ning) c lubrication

smörjolja (smurrY-ol-Yah) c lubrication oil

smörjsystem (smurrY-sew-*stāym*) nt lubrication system

snabb (snahb) adj rapid; fast

snabbgående (snahb-gōa-ayn-der) adj express, high-speed

snabbhet (snahb-*hāyt*) c rapidity, swiftness

snabbkurs (snahb-kewrs) c intensive

course

snabbköp (*snahb*-t Yūrp) *nt* supermarket

snackbar (*snahk*-baar) *c* snack-bar

snarare (*snaar*-ah-rer) *adv* rather

snarka (*snahr*-kah) *v* snore

snart (snaart) *adv* soon; presently, shortly; **så ~ som** as soon as

snask (snahsk) *nt* candy *nAm*

sned (snāyd) *adj* slanting

snickare (*snik*-ah-rer) *c* (pl ~) carpenter

snida (*snee*-dah) *v* carve

snideri (snee-der-*ree*) *nt* carving

snideriarbete (snee-der-*ree*-ahr-*bāy*-ter) *nt* wood-carving

snigel (*snee*-gayl) *c* (pl -glar) snail

snilleblixt (*sni*-ler-blikst) *c* brain-wave

snitt (snit) *nt* cut

snodd (snood) *c* twine

snorkel (*snor*-kayl) *c* (pl -klar) snorkel

snubbla (*snewb*-lah) *v* stumble

snurra (*snew*-rah) *v* *spin

snygg (snewg) *adj* good-looking

***snyta sig** (*snew*-tah) *blow one's nose

snål (snōal) *adj* avaricious

snäcka (*sneh*-kah) *c* sea-shell

snäckskal (*snehk*-skaal) *nt* shell

snäll (snehl) *adj* good; sweet, kind, nice

snälltåg (*snehl*-tōag) *nt* through train, express train

snäv (snaiv) *adj* narrow

snö (snūr) *c* snow

snöa (*snūr*-ah) *v* snow

snöig (*snūr*-i) *adj* snowy

snöre (*snūr*-rer) *nt* string; tape

snöslask (*snūr*-slahsk) *nt* slush

snöstorm (*snūr*-storm) *c* snowstorm; blizzard

social (soo-si-*aal*) *adj* social

socialism (soo-si-ah-*lism*) *c* socialism

socialist (soo-si-ah-*list*) *c* socialist

socialistisk (soo-siah-*liss*-tisk) *adj* socialist

socka (*sok*-ah) *c* sock

socker (*so*-kerr) *nt* sugar

sockerbit (*so*-kerr-beet) *c* lump of sugar

sockerlag (*so*-kerr-laag) *c* syrup

sockersjuk (*so*-kerr-shewk) *c* (pl ~a) diabetic

sockersjuka (*so*-kerr-shew-kah) *c* diabetes

sodavatten (*sōō*-dah-vah-tern) *nt* soda-water

soffa (*so*-fah) *c* sofa; couch

sol (sōōl) *c* sun

solbada (*sōōl*-baa-dah) *v* sunbathe

solbränd (*sōōl*-brehnd) *adj* tanned

solbränna (*sōōl*-breh-nah) *c* suntan

soldat (sol-*daat*) *c* soldier

solfjäder (*sōōl*-fYeh-derr) *c* fan

solglasögon (*sōōl*-glaass-*ūr*-goan) *pl* sun-glasses *pl*

solid (so-*leed*) *adj* firm

solig (*sōō*-li) *adj* sunny

solistframträdande (soo-*list*-frahm-trai-dahn-der) *nt* recital

solljus (*sōōl*-Yewss) *nt* sunlight

solnedgång (*sōōl*-nāyd-gong) *c* sunset

sololja (*sōōl*-ol-Yah) *c* suntan oil

solparasoll (*sōōl*-pah-rah-*sol*) *nt* sunshade

solsken (*sōōl*-shāyn) *nt* sunshine

solsting (*sōōl*-sting) *nt* sunstroke

soluppgång (*sōōl*-ewp-gong) *c* sunrise

som (som) *conj* as; *pron* who, that, which; **~ om** as if

somliga (*som*-li-gah) *pron* some

sommar (so-mahr) *c* summer

sommartid (*so*-mahr-teed) *c* summer time

son (sōān) *c* (pl söner) son

sondotter (*sōān*-do-terr) *c* (pl -döttrar) granddaughter

sonson (sōān-sōān) c (pl -söner) grandson
sopa (sōō-pah) v *sweep
sophink (sōōp-hingk) c rubbish-bin
sopor (soo-por) pl garbage
soppa (sop-ah) c soup
soppsked (sop-shāyd) c soup-spoon
sopptallrik (sop-tahl-rik) c soup-plate
soptunna (sōōp-tewn-ah) c dustbin; trash can Am
sorg (sorʸ) c sorrow; mourning, grief
sorgespel (sor-ʸer-spāyl) nt tragedy
sorglös (sorʸ-lūrss) adj carefree
sorgsen (sorʸ-sayn) adj sad
sort (sort) c kind; sort
sortera (sor-tāyr-ah) v sort; assort
sortiment (sor-ti-maynt) nt assortment
souvenir (soo-ver-neer) c souvenir
***sova** (sōa-vah) v *sleep
sovande (sōav-ahn-der) adj asleep
sovbrits (sōav-brits) c berth
sovjetisk (sov-ʸay-tisk) adj Soviet
sovkupé (sov-kew-pāy) c sleeping compartment
sovrum (sōav-rewm) nt bedroom
sovsal (sōav-saal) c dormitory
sovsäck (sōav-sehk) c sleeping-bag
sovvagn (sōav-vahngn) c sleeping-car; Pullman
spade (spaa-der) c spade
Spanien (spah-ni-ayn) Spain
spanjor (spahn-ʸoor) c Spaniard
spannmål (spahn-mōal) c corn, cereals pl
spansk (spahnsk) adj Spanish
spara (spaa-rah) v save; economize
sparbank (spaar-bahngk) c savings bank
spark (spahrk) c kick
sparka (spahr-kah) v kick
sparkcykel (spahrk-sew-kerl) c (pl -klar) scooter
sparris (spahr-iss) c asparagus

sparsam (spaar-sahm) adj economical
sparv (spahrv) c sparrow
speceriaffär (spay-say-ree-ah-fæær) c grocer's
specerier (spay-say-ree-err) pl groceries pl
specerihandlare (spay-say-ree-hahnd-lah-rer) c (pl ~) grocer
specialisera sig (spay-si-ah-li-sāy-rah) specialize
specialist (spay-si-ah-list) c specialist
specialitet (spay-si-ah-li-tāyt) c speciality
speciell (spay-si-ayl) adj special
specifik (spay-si-feek) adj specific
specimen (spāy-si-mern) nt specimen
spegel (spāy-gayl) c (pl -glar) mirror; looking-glass
spegelbild (spāy-gerl-bild) c reflected image, reflection
spekulera (spay-kew-lāyr-ah) v speculate
spel (spāyl) nt game
spela (spāyl-ah) v play; act
spelare (spāy-lah-rer) c (pl ~) player
spelkort (spāyl-koort) nt playing-card
spelkula (spāyl-kēwl-ah) c marble
spelmark (spāyl-mahrk) c chip, counter
spenat (spay-naat) c spinach
spendera (spayn-dāyr-ah) v *spend
spets (spayts) c tip; point; lace
spetsig (spayt-si) adj pointed
spett (spayt) nt spit
spetälska (spāyt-ehls-kah) c leprosy
spik (speek) c nail
spikböld (speek-burld) c boil
spilla (spil-ah) v *spill
spindel (spin-dayl) c (pl -dlar) spider
spindelnät (spin-derl-nait) nt cobweb; spider's web
***spinna** (spin-ah) v purr; *spin
spion (spi-ōōn) c spy
spira (spee-rah) c spire

spirituell (spi-ri-tew-ayl) adj witty

spis (speess) c cooker; **öppen** ~ fireplace

spisgaller (speess-gah-lerr) c grate

spjut (spYewt) nt spear

spjäla (spYai-lah) c lath; bar; splint

spjällåda (spYail-lōad-ah) c crate

splitter (spli-terr) nt splinter

splitterfri (spli-terr-free) adj shatterproof

spole (spōōl-er) c spool

spoliera (spoo-li-ay-rah) v mess up

sporra (spo-rah) v incite

sport (sport) c sport

sportbil (sport-beel) c sports-car

sportjacka (sport-Yah-kah) c sports-jacket

sportkläder (sport-klai-derr) pl sportswear

spott (spot) nt spit

spotta (spo-tah) v *spit

spratt (spraht) nt trick

spray (spray) c atomizer

sprayflaska (spray-flahss-kah) c atomizer

spricka (sprik-ah) c chink, crack

***spricka** (sprik-ah) v crack; *burst

***sprida** (spreed-ah) v *spread; *shed

***springa** (spring-ah) v *run

sprit (spreet) c liquor; **denaturerad** ~ methylated spirits

spritdrycker (spreet-drewk-err) pl spirits

spritkök (spreet-tYūrk) nt spirit stove

spritvaror (spreet-vaa-ror) pl spirits

spruta (sprēwt-ah) c shot

språk (sprōāk) nt language; speech

språklaboratorium (sprōāk-lah-bo-rah-tōō-ri-ewm) nt (pl -rier) language laboratory

språng (sprong) nt jump

spräcka (spreh-kah) v crack

sprängämne (sprehng-ehm-ner) nt explosive

spy (spew) v vomit

spår (spōar) nt trace; trail

spåra (spōar-ah) v trace

spårvagn (spōar-vahngn) c tram; streetcar nAm

spädbarn (spaid-baᵉrn) nt infant

spädgris (spaid-greess) c piglet

spänd (spehnd) adj tense

spänna fast (speh-nah) fasten

spännande (spehn-ahn-der) adj exciting

spänne (speh-ner) nt buckle; fastener

spänning (speh-ning) c excitement; voltage, tension

spärra (spæ-rah) v block

spöke (spūr-ker) nt ghost; spook, spirit

spörsmål (spurrs-mōal) nt question, problem

stabil (stah-beel) adj stable

stad (staad) c (pl städer) city, town; **stads-** urban

stadig (staa-di) adj steady

stadigvarande (staa-di-vaa-rahn-der) adj permanent

stadion (staad-Yon) nt stadium

stadium (staa-dYewm) nt (pl -dier) stage

stadsbo (stahds-bōō) c citizen

stadscentrum (stahds-saynt-rewm) nt town centre

stadsdel (stahds-dāyl) c district

stadshus (stahds-hēwss) nt town hall

staket (stah-kāyt) nt fence

stall (stahl) nt stable

stam (stahm) c trunk; tribe

stamanställd (stahm-ahn-stehld) c (pl ~a) cadre, regular

stamma (stahm-ah) v falter

stampa (stahm-pah) v stamp

standard- (stahn-dahrd) standard

stanna (stahn-ah) v halt; pull up; ~ kvar stay

stapel (staa-perl) c (pl -plar) pile,

stack

stapla (*staap*-lah) *v* pile, stack

stare (*staar*-er) *c* starling

stark (stahrk) *adj* strong; powerful

start (staart) *c* take-off

starta (*staar*-tah) *v* start

startbana (*stahrt*-baa-nah) *c* runway

startmotor (*stahrt*-mōō-tor) *c* starter motor

stat (staat) *c* state; **stats-** national

station (stah-*shōōn*) *c* depot *nAm*

stationsinspektor (stah-*shōōns*-in-spayk-*tōōr*) *c* station-master

statistik (stah-ti-*steek*) *c* statistics *pl*

statskassa (*stahts*-kah-sah) *c* treasury

statsman (*stahts*-mahn) *c* (pl -män) statesman

statsminister (*stahts*-mi-*niss*-terr) *c* (pl -trar) Prime Minister

statstjänsteman (*stahts*-tʸehns-ter-mahn) *c* (pl -män) civil servant

statsöverhuvud (*stahts*-ūr-verr-*hēw*-vewd) *nt* (pl ~, ~en) head of state

staty (stah-*tēw*) *c* statue

stava (*staa*-vah) *v* *spell

stavelse (*staa*-vayl-ser) *c* syllable

stavning (*staav*-ning) *c* spelling

stearinljus (stāy-ah-*reen*-ʸēwss) *nt* candle

steg (stāyg) *nt* step, move; pace

stege (*stāy*-ger) *c* ladder

steka (*stāy*-kah) *v* fry

stekpanna (*stāyk*-pahn-ah) *c* frying-pan

stel (stāyl) *adj* stiff

sten (stāyn) *c* stone; **sten-** stone

stenblock (*stāyn*-blok) *nt* boulder

stenbrott (*stāyn*-brot) *nt* quarry

stengods (*stāyn*-goods) *nt* stoneware

***stenlägga** (*stāyn*-leh-gah) *v* pave

stenograf (stay-noo-*graaf*) *c* stenographer

stenografi (stay-noo-grah-*fee*) *c* shorthand

steril (stay-*reel*) *adj* sterile

sterilisera (stay-ri-li-*sāy*-rah) *v* sterilize

steward (stʸōō-ahrd) *c* steward

stick (stik) *nt* sting

sticka (*stik*-ah) *v* *knit

***sticka** (*stik*-ah) *v* *sting; prick; ~ **in** plug in

stickkontakt (*stik*-kon-tahkt) *c* plug, socket

stifta (*stif*-tah) *v* found; institute

stiftelse (*stif*-tayl-ser) *c* foundation

stig (steeg) *c* trail, path

***stiga** (*steeg*-ah) *v* *rise; ascend; ~ **av** *get off; ~ **ned** descend; ~ **på** *get on; ~ **upp** *rise; *get up; ~ **uppåt** ascend

stigbygel (*steeg*-bēw-gerl) *c* (pl-glar) stirrup

stigning (*steeg*-ning) *c* ascent

stil (steel) *c* style

stilla (*stil*-ah) *adj* quiet; calm, still

Stilla havet (*sti*-lah-*haa*-vert) Pacific Ocean

stillastående (*sti*-lah-stōa-ayn-der) *adj* stationary, still

stillhet (*stil*-hāyt) *c* quiet, stillness

stillsam (*stil*-sahm) *adj* calm, quiet

stimulans (*sti*-mew-lahngs) *c* stimulant; impulse

stimulera (sti-mew-*lāyr*-ah) *v* stimulate

sting (sting) *nt* sting

***stinka** (*sting*-kah) *v* *stink

stipendium (sti-*payn*-di-ewm) *nt* (pl -dier) grant, scholarship

stipulera (sti-pew-*lāy*-rah) *v* stipulate

stirra (*sti*-rah) *v* gaze, stare

***stjäla** (*shail*-ah) *v* *steal

stjälk (shehlk) *c* stem

stjärna (*shæær*-nah) *c* star

stjärt (shært) *c* bottom

sto (stōō) *nt* mare

stol (stōōl) *c* chair

stola (*stōal*-ah) *c* stole

stolpe (*stol*-per) *c* post; pillar

stolpiller (*stōol*-pi-lerr) *nt* suppository

stolt (stolt) *adj* proud

stolthet (*stolt*-hāyt) *c* pride

stoppa (*stop*-ah) *v* stop; *put; darn; upholster; **stopp!** stop!

stoppgarn (*stop*-gaarn) *nt* (pl ~er) darning wool

stor (stōor) *adj* large; great, big, major

storartad (*stōor*-aar-tahd) *adj* magnificent, superb, terrific

Storbritannien (*stōor*-bri-*tahn*-yayn) Great Britain

stork (stork) *c* stork

storlek (*stōor*-lāyk) *c* size

storm (storm) *c* gale, storm

stormig (*stor*-mi) *adj* stormy; gusty

stormlykta (*storm*-lewk-tah) *c* hurricane lamp

storslagen (*stōor*-slaa-gern) *adj* grand

straff (strahf) *nt* punishment; penalty

straffa (*strah*-fah) *v* punish

strafflag (*strahf*-laag) *c* criminal law

straffspark (*strahf*-spahrk) *c* penalty kick

stram (straam) *adj* tight

strama åt (*straa*-mah) tighten

strand (strahnd) *c* (pl stränder) beach; shore

strandsnäcka (*strahnd*-sneh-kah) *c* winkle

strandsten (*strahnd*-stāyn) *c* pebble

strax (strahks) *adv* presently

streberaktig (*strāy*-berr-ahk-ti) *adj* ambitious

streck (strayk) *nt* line

strejk (strayk) *c* strike

strejka (*stray*-kah) *v* *strike

stress (strayss) *c* stress

strid (streed) *c* fight; combat, strife, struggle

***strida** (*streed*-ah) *v* *fight

strikt (strikt) *adj* strict

strof (strōāf) *c* stanza

struktur (strewk-*tēwr*) *c* structure, fabric; texture

strumpa (*strewm*-pah) *c* stocking

strumpbyxor (*strewmp*-bewks-err) *pl* tights *pl*; panty-hose

strumpebandshållare (*strewm*-per-bahnds-ho-lah-rer) *c* (pl ~) suspender belt; garter belt *Am*

strunt (strewnt) *nt* rubbish

strupe (*strēw*-per) *c* throat

strupkatarr (*strēwp*-kah-*tahr*) *c* laryngitis

struts (strewts) *c* ostrich

***stryka** (*strēw*-kah) *v* iron; ~ **under** underline

strykfri (*strēwk*-fri) *adj* drip-dry; wash and wear

strykjärn (*strēwk*-Yæærn) *nt* iron

***strypa** (*strēwp*-ah) *v* strangle; choke

strålande (*strōā*-lahn-der) *adj* splendid, bright

stråle (*strōāl*-er) *c* ray, beam; spout, jet, squirt

strålkastare (*strōāl*-kahss-tah-rer) *c* (pl ~) searchlight; spotlight, headlamp, headlight

sträcka (*streh*-kah) *c* stretch

sträng (strehng) *adj* severe; strict, harsh; *c* string

sträv (straiv) *adj* harsh

sträva (*straiv*-ah) *v* aspire; ~ **efter** aim at

strö (strūr) *v* scatter, strew; sprinkle

ström (strurm) *c* (pl ~mar) stream, current

strömbrytare (*strurm*-brēw-tah-rer) *c* (pl ~) switch

strömdrag (*strurm*-draag) *nt* rapids *pl*

strömfördelare (*strurm*-furr-*dāyl*-ah-rer) *c* (pl ~) distributor

strömma (*strurm*-ah) *v* stream; flow

ströva (*strūrv*-ah) *v* roam

stubinträd (stew-*been*-trōad) *c* fuse

student (stew-*daynt*) *c* student

studentska (stew-*daynt*-skah) *c* student

studera (stew-*dāyr*-ah) *v* study

studerande (stew-*dāy*-rahn-der) *c* (pl ~) student

studium (*stēw*-di-ewm) *nt* (pl -dier) study

stuga (*stēw*-gah) *c* cottage

stuka (*stēw*-kah) *v* sprain

stukning (*stēwk*-ning) *c* sprain

stum (stewm) *adj* dumb; mute

stund (stewnd) *c* while

stup (stewp) *nt* precipice

stycke (*stewk*-er) *nt* piece; part, chunk

stygg (stewg) *adj* naughty; bad

stygn (stewngn) *nt* stitch

styra (*stēw*-rah) *v* manage; rule

styrbord (*stēwr*-bōōrd) starboard

styrelse (*stēw*-rayl-ser) *c* government; direction, management; commitee

styrelseordförande (stew-rayl-ser-ōōrd-fur-rahn-der) *c* (pl ~) chairman of the board

styrelsesätt (*stēw*-rayl-ser-seht) *nt* rule

styrka (*stewr*-kah) *c* strength, power; **beväpnade styrkor** armed forces

styvbarn (*stēwv*-baarn) *nt* stepchild

styvfar (*stēwv*-faar) *c* (pl -fäder) stepfather

styvmor (*stēwv*-mōōr) *c* (pl -mödrar) stepmother

*stå (stōā) *v* *stand; ~ **ut med** endure

stål (stōāl) *nt* steel; **rostfritt** ~ stainless steel

ståltråd (*stōāl*-trōad) *c* wire

stånd (stond) *nt* stand; stall; ***vara i** ~ **till** *be able to

ståndpunkt (*stond*-poongkt) *c* standpoint

stång (stong) *c* (pl stänger) bar; rod

ståtlig (*stōāt*-li) *adj* magnificent

städa (staid-ah) *v* clean; tidy up

städad (*stai*-dahd) *adj* tidy

städerska (*stai*-derr-skah) *c* chambermaid, cleaning-woman

ställa (steh-lah) *v* *put; ~ **in** tune in; ~ **ut** exhibit

ställe (steh-ler) *nt* place; spot

i stället för (ee steh-lert furr) instead of

ställföreträdare (stehl-fūr-rer-trai-dah-rer) *c* (pl ~) substitute; deputy

ställning (*stehl*-ning) *c* position

stämma överens (steh-mah ūrver-rayns) agree, tally

stämning (stehm-ning) *c* atmosphere; summons

stämpel (*stehm*-perl) *c* (pl -plar) stamp

ständig (*stehn*-di) *adj* constant; permanent, continual

stänga (stehng-ah) *v* *shut, close; fasten; ~ **av** turn off; *cut off; ~ **in** *shut in

stängd (stehngd) *adj* closed; shut

stängsel (*stehng*-serl) *nt* fence

stänka (stehng-kah) *v* splash

stänkskärm (*stehngk*-shærm) *c* mudguard

stärka (*stær*-kah) *v* starch

stärkelse (*stær*-kayl-ser) *c* starch

stöd (stūrd) *nt* support

stödja (*stūrd*-Yah) *v* support

stödstrumpor (*stūrd*-strewm-por) *pl* support hose

stöld (sturld) *c* theft; robbery

stöna (*stūrn*-ah) *v* groan

störa (*stūr*-rah) *v* disturb; bother

störning (*stūrr*-ning) *c* disturbance

större (*sturr*-er) *adj* major, superior, bigger

störst (sturrst) *adj* major, main, biggest

störta (*sturr*-tah) v crash

störtregn (*sturrt*-rehngn) nt downpour

störtskur (*sturrt*-skewr) c shower

stöt (stūrt) c bump, thrust

stöta (*stūrt*-ah) v bump; ~ **emot** knock against; ~ **på** *come across

stötdämpare (*stūrt*-dehm-pah-rer) c (pl ~) shock absorber

stötfångare (*stūrt*-fong-ah-rer) c (pl ~) fender

stötta (*stur*-tah) v *hold up, prop

stövel (*stur*-verl) c (pl -vlar) boot

subjekt (sewb-*Yehkt*) nt subject

substans (sewb-*stahns*) c substance

substantiv (*sewb*-stahn-teev) nt noun

subtil (sewb-*teel*) adj subtle

succé (sewk-*sāy*) c success

suddgummi (*sewd*-gew-mi) nt eraser, rubber

*suga (*sēw*-gah) v suck

sula (*sēw*-lah) c sole

summa (*sewm*-ah) c sum; total, amount

sumpig (*sewm*-pi) adj marshy

sumpmark (*sewmp*-mahrk) c marsh

*supa (*sēw*-pah) v booze

superlativ (sew-*perr*-lah-teev) adj superlative; c superlative

sur (sēwr) adj sour

surfingbräda (sewr-fing-brai-dah) c surf-board

surrogat (sew-roo-*gaat*) nt substitute

suspendera (sewss-payn-*dāyr*-ah) v suspend

svag (svaag) adj weak; faint, slight, feeble

svaghet (*svaag*-hāyt) c weakness

svala (*svaal*-ah) c swallow

svalka (*svahl*-kah) v refresh

svamp (svahmp) c mushroom; toadstool

svan (svaan) c swan

svans (svahns) c tail

svar (svaar) nt answer; reply

svara (*svaa*-rah) v answer; reply

svart (svahrt) adj black

svartsjuk (*svahrt*-shēwk) adj jealous

svartsjuka (*svahrt*-shēw-kah) c jealousy

svensk (svaynsk) adj Swedish; c Swede

svepskäl (*svāyp*-shail) nt pretext

Sverige (*svær*-Yer) Sweden

svetsa (*svayt*-sah) v weld

svetsfog (*svayts*-fōōg) c welding seam

svett (svayt) c sweat; perspiration

svettas (*svay*-tahss) v sweat, perspire

svettning (*svayt*-ning) c perspiration

*svika (*svee*-kah) v fail; betray

svimma (*svi*-mah) v faint

svindel (*svin*-derl) c vertigo; swindle

svindla (*svind*-lah) v swindle

svindlare (*svind*-lah-rer) c (pl ~) swindler

svinläder (*sveen*-lai-derr) nt pigskin

svit (sveet) c suite

svordom (*svōōr*-doom) c curse

svullnad (*svewl*-nahd) c swelling

svulst (svewlst) c tumour, growth

svåger (*svōa*-gerr) c (pl -grar) brother-in-law

svår (svōar) adj difficult, hard

svårighet (*svōa*-ri-hāyt) c difficulty

svägerska (*svai*-gayr-skah) c sister-in-law

*svälja (*svehl*-Yah) v swallow

svälla (*sveh*-lah) v *swell

svälta (*svehl*-tah) v starve

svänga (*svehng*-ah) v turn; *swing

svängdörr (*svehng*-durr) c revolving door

*svära (*svææ*-rah) v *swear, curse; vow

svärd (svæærd) nt sword

svärdotter (*svæær*-do-terr) (pl -döttrar) daughter-in-law

svärfar (*svæær*-faar) c (pl -fäder) father-in-law

svärföräldrar (*svææær-furr-ehld-rahr*) pl parents-in-law pl

svärmor (*svææær-mōōr*) c (pl -mödrar) mother-in-law

svärson (*svææær-sōān*) c (pl -söner) son-in-law

sväva (*svai-*vah) v float in the air

swahili (*svah-hee-*li) Swahili

sy (sew) v *sew; ~ **ihop** *sew up

sybehörsaffär (*sēw-*ber-hurrs-ah-*fææær*) c haberdashery

Sydafrika (*sēwd-*aaf-ri-kah) South Africa

sydlig (*sēwd-*li) adj southern; southerly

sydost (*sēwd-oost*) c south-east

Sydpolen (*sēwd-*pōō-lern) South Pole

sydväst (*sēwd-vehst*) c south-west

syfte (*sewf-*ter) nt aim; purpose, object

sylt (sewlt) c jam

symaskin (*sēw-*mah-*sheen*) c sewing-machine

symbol (sewm-*bōāl*) c symbol

symfoni (sewm-fo-*nee*) c symphony

sympati (sewm-pah-*tee*) c sympathy

sympatisk (sewm-*paat*-isk) adj nice

symptom (sewmp-*tōām*) nt symptom

syn (sēwn) c eyesight; sight; outlook

synagoga (sew-nah-*gōō*-gah) c synagogue

synas (*sēw-*nahss) v seem; appear; **det syns att** it is obvious that

synbar (*sēwn-*baar) adj visible

synbarligen (*sēwn-*baar-li-ern) adv apparently

synd (sewnd) c sin; **så synd!** what a pity!

syndabock (*sewn-*dah-bok) c scape-goat

synhåll (*sēwn-*hol) nt sight

synlig (*sēwn-*li) adj visible

synnerligen (*sew-*nerr-li-ern) adv ex-

tremely

synonym (sew-noo-*nēwm*) c synonym

synpunkt (*sēwn-*pewngkt) c point of view

syntetisk (sewn-*tāy-*tisk) adj synthetic

syra (*sēwr-*ah) c acid

syre (*sēw-*rer) nt oxygen

Syrien (*sēwr-*i-ern) Syria

syrier (*sēwr-*i-err) c Syrian

syrisk (*sēwr-*isk) adj Syrian

syrsa (*sewr-*sah) c cricket

***sysselsätta** (sew-*serl-*seht-ah) v occupy, employ; ~ **sig** occupy oneself

sysselsättning (sew-*sayl-*seht-ning) c occupation; employment

syssla (*sewss-*lah) c work, task

system (sewss-*tāym*) nt system

systematisk (sewss-tay-*maa*-tisk) adj systematic

systembolag (sew-*stāym-*boo-*laag*) nt off-licence; liquor store

syster (*sewss-*terr) c (pl -trar) sister

systerdotter (*sewss-*terr-do-terr) c (pl -döttrar) niece

systerson (*sewss-*terr-soan) c (pl -söner) nephew

så¹ (sōā) adv how, so, such; conj so that, so; ~ **att** so that

så² (sōā) v *sow

sådan (*sōā-*dahn) adj such; ~ **som** such as

såg (sōāg) c saw

sågspån (*sōāg-*spōan) nt sawdust

sågverk (*sōāg-*væærk) nt saw-mill

således (*sōā-*lāy-dayss) adv thus

sålla (*sol-*ah) v sift

sång (song) c song

sångare (*song-*ah-rer) c (pl ~) singer

sångerska (*song-*err-skah) c singer

sår (sōār) nt wound; ulcer, sore

såra (*sōār-*ah) v injure, wound; offend, *hurt

sårbar (sōār-baar) adj vulnerable

sås (sōāss) c sauce

såsom (sōā-som) conj like

såväl som (sōā-vail som) as well as

säck (sehk) c sack

säd (said) c corn

sädesfält (sai-derss-fehlt) nt cornfield

sädeskorn (sai-derss-kōōrn) nt grain

*säga (seh-Yah) v *say

säker (sai-kerr) adj sure; certain; safe, secure; helt säkert without fail

säkerhet (sai-kerr-hāyt) c safety, security; guarantee

säkerhetsbälte (sai-kerr-hāyts-behl-ter) nt safety-belt; seat-belt

säkerhetsnål (sai-kerr-hāyts-nōāl) c safety-pin

säkerligen (sai-kerr-li-ern) adv surely

säl (sail) c seal

*sälja (sehl-Yah) v *sell

säljbar (sehlY-baar) adj saleable

sällan (sehl-ahn) adv seldom, rarely

sällsam (sehl-sahm) adj strange, singular

sällskap (sehl-skaap) nt society; company, party

sällskaplig (sehl-skaap-li) adj sociable

sällskapsdjur (sehl-skaaps-Yēwr) nt pet

sällskapsrum (sehl-skaaps-rewm) nt lounge

sällsynt (sehl-sēwnt) adj rare; uncommon, infrequent

sämre (sehm-rer) adj worse; inferior

sända (sehn-dah) v *send; transmit

sändare (sehn-dah-rer) c (pl ~) transmitter

sändning (sehnd-ning) c transmission

säng (sehng) c bed

sängkläder (sehng-klai-derr) pl bedding

sängöverkast (sehng-ūr-verr-kahst) nt bedspread, counterpane

sänka (sehng-kah) v lower

säregen (sæær-āy-gern) adj peculiar; singular

särskild (sæær-shild) adj special; particular, separate; särskilt especially; in particular

säsong (seh-song) c season

säte (sai-ter) nt seat

sätt (seht) nt way; fashion, manner; på samma ~ alike

*sätta (seht-ah) v place; *set; *lay; ~ ihop assemble; ~ in bank; ~ på turn on; ~ sig *sit down; ~ upp *make up

säv (saiv) c rush

söder (sūr-derr) c south

söka (sūr-kah) v *seek; search

sökare (sūr-kah-rer) c (pl ~) view-finder

söm (surm) c (pl ~mar) seam

sömmerska (surm-err-skah) c seamstress; dressmaker

sömn (surmn) c sleep

sömnig (surm-ni) adj sleepy

sömnlös (surmn-lūrss) adj sleepless

sömnlöshet (surmn-lūrss-hāyt) c insomnia

sömntablett (surmn-tahb-layt) c sleeping-pill

söndag (surn-daag) c Sunday

sönder (surn-derr) adj broken; *gå ~ *break down; *riva ~ rip

sörja (surr-Yah) v grieve; ~ för see to

söt (sūrt) adj sweet; nice, pretty, lovely

söta (sūr-tah) v sweeten

sötsaker (sūrt-saa-kerr) pl sweets

sötvatten (sūrt-vah-tern) nt fresh water

T

*ta (taa) v *take; ~ **bort** *take away; ~ **illa upp** resent; ~ **med** *bring; ~ **reda på** inquire; ~ **upp** *bring up; ~ **ut** *take out; *draw
tabell (tah-*bayl*) c table; chart
tablett (tahb-*layt*) c tablet
tabu (tah-*bēw*) nt taboo
tack! (tahk) thank you!
tacka (*tahk*-ah) v thank; *ha att ~ för owe
tacksam (*tahk*-sahm) adj grateful; thankful
tacksamhet (*tahk*-sahm-hāyt) c gratitude
tagg (tahg) c thorn
tak (taak) nt roof
takräcke (*taak*-reh-ker) nt roof-rack
takt (tahkt) c tact; beat
taktik (tahk-*teek*) c tactics pl
tal (taal) nt speech; number
tala (*taa*-lah) v *speak; talk; ~ **om** talk about; *tell
talang (tah-*lahng*) c gift, talent; faculty
talarstol (*taa*-lahr-stōōl) c pulpit; desk
talförmåga (*taal*-furr-mōā-gah) c speech
talk (tahlk) c talc powder
tall (tahl) c pine
tallrik (*tahl*-rik) c plate; dish
talong (tah-*long*) c counterfoil; stub
talrik (*taal*-reek) adj numerous
tam (taam) adj tame
tampong (tahm-*pong*) c tampon
tand (tahnd) c (pl tänder) tooth
tandborste (*tahnd*-bors-ter) c toothbrush
tandkräm (*tahnd*-kraim) c toothpaste
tandkött (*tahnd*-tᵛurt) nt gum
tandläkare (*tahnd*-lai-kah-rer) c (pl ~) dentist

tandpetare (*tahnd*-pāy-tah-rer) c (pl ~) toothpick
tandprotes (*tahnd*-proo-*tāyss*) c denture
tandpulver (*tahnd*-pewl-verr) nt toothpowder
tandvärk (*tahnd*-værk) c toothache
tank (tahngk) c tank
tanka (*tahng*-kah) v fill up
tanke (*tahng*-ker) c idea, thought
tankfartyg (*tahngk*-faar-tēwg) nt tanker
tankfull (*tahngk*-fewl) adj thoughtful
tanklös (*tahngk*-lūrss) adj scatter-brained
tankstreck (*tahngk*-strayk) nt dash
tant (tahnt) c aunt
tapet (tah-*pāyt*) c wallpaper
tappa (*tahp*-ah) v drop
tapper (*tahp*-err) adj courageous; brave
tapperhet (*tahp*-err-hāyt) c courage
tariff (tah-*rif*) c tariff
tarm (tahrm) c intestine; gut; **tarmar** bowels pl
tass (tahss) c paw
taverna (tah-*vær*-nah) c tavern
tavla (*taav*-lah) c picture; board
taxa (*tahk*-sah) c rate
taxameter (tahks-ah-*māy*-terr) c (pl -trar) taxi-meter
taxi (*tahk*-si) c (pl ~) taxi; cab
taxichaufför (*tahk*-si-sho-*fūrr*) c cab-driver; taxi-driver
taxistation (tahks-i-stah-*shōōn*) c taxi rank; taxi stand Am
te (tāy) nt tea
teater (tay-*aa*-terr) c (pl -trar) theatre
tecken (*tay*-kayn) nt sign, indication; token; signal
teckna (*tayk*-nah) v sketch
teckning (*tayk*-ning) c drawing; sketch

tefat (*tāy*-faat) *nt* saucer

tegelpanna (*tāy*-gerl-pah-nah) *c* tile

tegelsten (*tāy*-gerl-stāyn) *c* brick

tejp (tayp) *c* adhesive tape

tekanna (*tāy*-kah-nah) *c* teapot

teknik (tayk-*neek*) *c* technique

tekniker (*tayk*-ni-kerr) *c* (pl ~) technician

teknisk (*tayk*-nisk) *adj* technical

teknologi (tayk-no-lo-*gee*) *c* technology

tekopp (*tāy*-kop) *c* teacup

telefon (tay-lay-*fōan*) *c* telephone; phone

telefonera (tay-lay-foo-*nāyr*-ah) *v* phone

telefonhytt (tay-lay-*fōan*-hewt) *c* telephone booth

telefonkatalog (tay-lay-*fōan*-kah-tah-*lōag*) *c* telephone directory; telephone book *Am*

telefonsamtal (tay-lay-*fōan*-sahm-taal) *nt* telephone call

telefonsvarare (tay-lay-foan-svāā-rah-rer) *c* answering machine

telefonväxel (tay-lay-*fōan*-vehks-ayl) *c* (pl -xlar) telephone exchange, switchboard

telegrafera (tay-ler-grah-*fāy*-rah) *v* telegraph; cable

telegram (tay-ler-*grahm*) *nt* telegram; cable

teleobjektiv (*tāy*-ler-ob-Yayk-teev) *nt* telephoto lens

telepati (tay-ler-pah-*tee*) *c* telepathy

television (tay-ler-vi-*shōōn*) *c* television; **kabel ~** *c* cable TV; **satellit ~** *c* satellite TV

televisionsapparat (tay-ler-vi-*shōōns*-ah-pah-*raat*) *c* television set

telex (*tāy*-layks) *nt* telex

tema (*tāy*-mah) *nt* theme

tempel (*taym*-payl) *nt* temple

temperatur (taym-per-rah-*tēwr*) *c* temperature

tempo (*taym*-poo) *nt* pace

tendens (tayn-*dayns*) *c* tendency

tendera (tayn-*dāyr*-ah) *v* tend; **~ åt** tend to

tenn (tayn) *nt* tin; pewter

tennis (*tayn*-iss) *c* tennis

tennisbana (*tayn*-iss-baa-nah) *c* tennis-court

tennisskor (*tayn*-iss-skōōr) *pl* tennis shoes

teologi (tay-o-lo-*gee*) *c* theology

teoretisk (tay-o-*rāyt*-isk) *adj* theoretical

teori (tay-o-*ree*) *c* theory

terapi (tay-rah-*pee*) *c* therapy

term (tærm) *c* term

termin (tær-*meen*) *c* term

termometer (tær-moo-*māy*-terr) *c* (pl -trar) thermometer

termosflaska (*tær*-mooss-flahss-kah) *c* vacuum flask

termostat (tær-moo-*staat*) *c* thermostat

terpentin (tær-payn-*teen*) *nt* turpentine

terrass (tær-*rahss*) *c* terrace

territorium (tær-i-*tōō*-ri-ewm) *nt* (pl -rier) territory

terror (*teh*-ror) *c* terrorism

terrorism (teh-ro-*rism*) *c* terrorism

terrorist (teh-ro-*rist*) *c* terrorist

terräng (tær-*ehng*) *c* terrain

tes (*tāyss*) *c* thesis

tesalong (*tāy*-sah-*loang*) *c* tea-shop

teservis (*tāy*-sær-*veess*) *c* tea-set

tesked (*tāy*-shāyd) *c* teaspoon; teaspoonful

testa (*tayss*-tah) *v* test

testamente (tayss-tah-*mayn*-tay) *nt* will

text (taykst) *c* text

textilier (tehk-*stee*-li-ayr) *pl* textiles *pl*

Thailand (*tigh*-lahnd) Thailand

thailändare (*tigh*-lehn-dah-rer) c (pl ~) Thai

thailändsk (*tigh*-lehndsk) adj Thai

tid (teed) c time; **hela tiden** all the time; **i ~** in time; **på sista tiden** lately

tidig (*tee*-di) adj early

tidigare (*tee*-di-gah-rer) adj previous

tidning (*teed*-ning) c paper

tidningsbilaga (*teed*-nings-bi-*laa*-gah) c supplement

tidningsförsäljare (*teed*-nings-furr-*sehl*-Yah-rer) c (pl ~) newsagent

tidningskiosk (*teed*-nings-tYosk) c newsstand

tidningspress (*teed*-nings-prayss) c press

tidsbesparande (*teeds*-ber-*spaa*-rahn-der) adj time-saving

tidskrift (*teed*-skrift) c periodical; magazine, review, journal

tidsschema (*teeds*-*shāy*-mah) nt schedule

tidtabell (*teed*-tah-bayl) c schedule, timetable

tidvatten (*teed*-vah-tern) nt tide

***tiga** (*teeg*-ah) v *be silent; *keep quiet

tiger (*teeg*-err) c (pl tigrar) tiger

tigga (*tig*-ah) v beg

tiggare (*ti*-gah-rer) c (pl ~) beggar

tik (teek) c bitch

till (til) prep to; for, until, till; **en ~** another; **~ och med** even

tillaga (*til*-laag-ah) v cook

tillbaka (til-*baa*-kah) adv back; *gå ~ *go back

tillbakagång (til-*baa*-kah-gong) c recession; decline

tillbakaväg (til-*baa*-kah-vaig) c way back

tillbehör (*til*-bay-hūrr) nt accessory

tillbringa (*til*-bring-ah) v *spend

tillbringare (*til*-bring-ah-rer) c (pl ~) jug

tillbörlig (*til*-būrr-li) adj proper

tilldela (*til*-dāyl-ah) v allot; assign to, award

tilldragande (*til*-draag-ahn-der) adj attractive

tilldragelse (*til*-draag-ayl-ser) c event, occurrence

***tilldra sig** (*til*-draa) happen, occur; attract

tillfredsställa (til-fray-*stehl*-ah) v satisfy

tillfredsställd (til-fray-stehld) adj satisfied

tillfredsställelse (til-fray-*stehl*-ayl-ser) c satisfaction

tillfriskna (*til*-frisk-nah) v recover

tillfrisknande (*til*-frisk-nahn-der) nt recovery

***tillfångata** (til-*fo*-ngah-taa) v capture

tillfångatagande (til-*fong*-ah-taag-ahn-der) nt capture

tillfälle (*til*-fehl-er) nt opportunity; occasion

tillfällig (*til*-feh-li) adj temporary; incidental, momentary

tillfällighet (*til*-feh-li-hāyt) c coincidence, chance

tillgiven (*til*-Yeev-ern) adj affectionate

tillgivenhet (*til*-Yeev-ern-hāyt) c affection

tillgjord (*til*-Yōord) adj affected

tillgång (*til*-gong) c asset; access

tillgänglig (*til*-Yehng-li) adj accessible; available

tillhöra (*til*-hūr-rah) v belong to, belong

tillhörigheter (*til*-hūr-ri-hāy-terr) pl belongings pl

tillit (*til*-leet) c faith

tillitsfull (*til*-leets-fewl) adj confident

***tillkännage** (*til*-tYeh-nah-Yāy) v announce

tillkännagivande (*til-t*Yehn-ah-Yeev-ahn-der) *nt* announcement

tillmötesgående (*til-mūr*-terss-gōa-ayn-der) *adj* obliging

tillråda (*til-rōa*-dah) *v* recommend

tillräcklig (*til-rehk*-li) *adj* sufficient; adequate, enough

tillrättavisa (til-*reht*-ah-veess-ah) *v* reprimand

tills (tils) *prep* till; until

tillsammans (til-*sah*-mahns) *adv* together

tillstånd (*til*-stond) *nt* permission, permit; condition, state

tillståndsbevis (*til*-stonds-ber-*veess*) *nt* licence, permit, permission

*tillta (*til*-taa) *v* increase

tilltagande (*til*-taa-gahn-der) *adj* increasing, progressive

tillträde (*til*-trai-der) *nt* entrance; access, admittance, entry; ~ **förbjudet** no entry, no admittance

tillvaro (*til*-vaa-roo) *c* existence

tillverka (*til*-vær-kah) *v* manufacture

*gå tillväga (gōa til-*vai*-gah) proceed

tillvägagångssätt (til-*vai*-gah-gongs-seht) *nt* procedure

*tillåta (*til*-lōa-tah) *v* allow; permit; ***vara tillåten** *be allowed

tillåtelse (*til*-lōat-ayl-ser) *c* authorization; permission

tillägg (*til*-lehg) *nt* addition; surcharge

*tillägga (*til*-leh-gah) *v* add

tillämpa (*til*-lehm-pah) *v* apply

timjan (*tim*-Yahn) *c* thyme

timme (*tim*-er) *c* hour; **varje** ~ hourly

timmer (*tim*-err) *nt* timber

tinning (*tin*-ing) *c* temple

tio (*tee*-oo) *num* ten

tionde (*tee*-on-der) *num* tenth

tisdag (*teess*-daag) *c* Tuesday

tistel (*tiss*-terl) *c* (pl -tlar) thistle

titel (*ti*-tayl) *c* (pl titlar) title

titt (tit) *c* look, glance

titta (*tit*-ah) *v* look; ~ **på** look at

tjata (*t*Yaa-tah) *v* nag

Tjeckiska republiken (t*Yeh*-kis-kah rer-pew-blee-kayn) *c* Czech Republic

tjock (t*Y*ok) *adj* fat, big; corpulent, thick, stout; ***göra** ~ thicken

tjocklek (*t*Yok-lāyk) *c* thickness

tjockna (*t*Yok-nah) *v* thicken; swell; become wider

tjugo (*t*Yew-goo) *num* twenty

tjugonde (*t*Yew-gon-der) *num* twentieth

tjur (t*Y*ewr) *c* bull

tjurfäktning (*t*Yewr-fehkt-ning) *c* bullfight

tjurfäktningsarena (*t*Yewr-fehkt-nings-ah-rāy-nah) *c* bullring

tjurskallig (*t*Yewr-skahl-i) *adj* pigheaded

tjusa (*t*Yew-sah) *v* charm, captivate, delight

tjusig (*t*Yew-si) *adj* charming

tjusning (*t*Yewss-ning) *c* charm

tjut (t*Y*ewt) *nt* yell

*tjuta (*t*Yewt-ah) *v* yell; scream; roar

tjuv (t*Y*ewv) *c* thief

tjuvlyssna (*t*Yewv-lewss-nah) *v* eavesdrop

*tjuvskjuta (*t*Yewv-shewt-ah) *v* poach

tjäder (*t*Yai-derr) *c* (pl -drar) capercailzie

tjäna (*t*Yai-nah) *v* earn; *make; ~ **till** *be of use

tjänare (*t*Yain-ah-rer) *c* (pl ~) domestic; boy

tjänst (t*Y*ehnst) *c* service, favour; post

tjära (*t*Yæær-ah) *c* tar

tjärn (t*Y*æærn) *nt* tarn

toalett (too-ah-*layt*) *c* toilet, bathroom, lavatory; washroom *nAm*

toalettartiklar (too-ah-*layt*-ahr-tik-lahr) *pl* toiletry

toalettbord (*too-ah-layt*-bōōrd) *nt* dressing-table

toalettpapper (*too-ah-layt*-pahp-err) *nt* toilet-paper

tobak (*too*-bahk) *c* tobacco

tobaksaffär (*too*-bahks-ah-*fæær*) *c* tobacconist's

tobakshandlare (*too*-bahks-*hahnd*-lah-rer) *c* (pl ~) tobacconist

tobakspung (*too*-bahks-*pewng*) *c* tobacco pouch

toffel (*to*-fayl) *c* (pl -flor) slipper

tofsvipa (*tofs*-veep-ah) *c* pewit

tokig (*tōō*-ki) *adj* mad; crazy

tolfte (*tolf*-ter) *num* twelfth

tolk (tolk) *c* interpreter

tolka (*tol*-kah) *v* interpret

tolv (tolv) *num* twelve

tom (toom) *adj* empty

tomat (too-*maat*) *c* tomato

tomt (tomt) *c* site

ton¹ (tōōn) *c* tone, note

ton² (ton) *nt* ton

tonfisk (*tōōn*-fisk) *c* tuna

tonskala (*tōōn*-skaa-lah) *c* scale

tonvikt (*tōōn*-vikt) *c* accent

tonåring (*ton*-ōā-ring) *c* teenager

topp (top) *c* top, peak; summit

topplock (*top*-lok) *nt* cylinder head

torg (torᵛ) *nt* market-place; square

torka (*tor*-kah) *v* dry; *c* drought; ~ av wipe; ~ bort wipe

torktumlare (*tork*-tewm-lah-rer) *c* dryer

torn (tōōrn) *nt* tower

torr (tor) *adj* dry

***torrlägga** (*tor*-leh-gah) *v* drain

torsdag (*toors*-daag) *c* Thursday

torsk (torsk) *c* cod

tortera (tor-*tāyr*-ah) *v* torture

tortyr (tor-*tēwr*) *c* torture

total (too-*taal*) *adj* total; utter; **totalt** completely

totalisator (to-tah-li-*saa*-toar) *c* totalizator

totalitär (to-tah-li-*tæær*) *adj* totalitarian

tradition (trah-di-*shōōn*) *c* tradition

traditionell (trah-di-shoo-*nayl*) *adj* traditional

trafik (trah-*feek*) *c* traffic; **enkelriktad** ~ one-way traffic

trafikljus (trah-*feek*-ᵛēwss) *nt* traffic light

trafikolycka (trah-*feek*-ōō-lew-kah) *c* traffic accident

trafikomläggning (trah-*feek*-om-lehg-ning) *c* diversion

trafikstockning (trah-*feek*-stok-ning) *c* traffic jam; jam

tragedi (trah-shay-*dee*) *c* tragedy

tragisk (*traa*-gisk) *adj* tragic

trakt (trahkt) *c* area

traktat (trahk-*taat*) *c* treaty

traktor (*trahk*-tor) *c* tractor

trampa (*trahm*-pah) *v* tread, tramp

trams (trahms) *nt* rubbish

transaktion (trahns-ahk-*shōōn*) *c* transaction

transatlantisk (trahns-aht-*lahn*-tisk) *adj* transatlantic

transformator (trahns-for-*maa*-tor) *c* transformer

transpiration (trahn-spi-rah-*shōōn*) *c* perspiration

transpirera (trahn-spi-*rāyr*-ah) *v* perspire

transport (trahns-*port*) *c* transportation; transport

transportbil (trahns-*port*-beel) *c* van

transportera (trahns-por-*tāy*-rah) *v* transport

trappa (*trah*-pah) *c* stairs *pl;* staircase

trappräcke (*trahp*-reh-ker) *nt* banisters *pl*

trasa (*traass*-ah) *c* rag; cloth

trasig (*traass*-i) *adj* broken

trast (trahst) *c* thrush

tratt (traht) c funnel
tre (trāy) num three
tredje (trāyd-Yay) num third
trekantig (trāy-kahn-ti) adj triangular
treklöver (trāy-klūrv-err) c shamrock
trettio (tray-ti) num thirty
tretton (tray-ton) num thirteen
trettonde (tray-ton-der) num thirteenth
trevlig (trāyv-li) adj enjoyable, pleasant, nice
triangel (tri-ahng-erl) c (pl -glar) triangle
trick (trik) nt trick
trikåvaror (tri-kōā-vaa-ror) pl hosiery
trimma (trim-ah) v trim
tripp (trip) c trip
triumf (tri-ewmf) c triumph
triumfera (tri-ewm-fāyr-ah) v triumph
trivsam (treev-sahm) adj pleasant, comfortable, cosy
tro (trōō) c belief, faith; v believe
trofast (trōō-fahst) adj true
trogen (trōō-gern) adj faithful; true
trolig (trōō-li) adj presumable, probable
trolleri (tro-ler-ree) nt magic
trollkarl (trol-kaar) c magician
trollkonst (trol-konst) c magic
tron (trōōn) c throne
tropikerna (tro-pee-kerr-nah) pl tropics pl
tropisk (trōā-pisk) adj tropical
trosor (trōō-sor) pl panties pl; briefs pl
trots (trots) prep in spite of; despite
trottoar (troo-too-aar) c pavement; sidewalk nAm
trottoarkant (troo-too-aar-kahnt) c curb
trovärdig (trōō-væær-di) adj credible
trubbig (trewb-i) adj blunt
trumhinna (trewm-hin-ah) c ear-drum
trumma (trewm-ah) c drum

trumpet (trewm-pāyt) c trumpet
trupper (trew-perr) pl troops pl
tryck (trewk) nt pressure; print
trycka (trewk-ah) v press; print
tryckknapp (trewk-knahp) c pressstud; push-button
tryckkokare (trewk-kōō-kah-rer) c (pl ~) pressure-cooker
trycksak (trewk-saak) c printed matter
tråd (trōād) c thread
trådbuss (trōād-bewss) c trolley-bus
trådsliten (trōād-slee-tern) adj threadbare
tråka ut (trōā-kah) bore
tråkig (trōāk-i) adj dull; boring
tråkmåns (trōāk-mons) c bore
trång (trong) adj narrow; tight
trä (trai) nt wood; trä- wooden
trä upp (trai) thread
träd (traid) nt tree
trädgård (treh-gōārd) c garden
trädgårdsmästare (treh-gōārds-mehss-tah-rer) c (pl ~) gardener
trädgårdsodling (treh-gōārds-ōōd-ling) c horticulture
träff (trehf) c hit; date; get-together
träffa (trehf-ah) v encounter, *meet; *hit
träkol (trai-kōāl) nt charcoal
träna (train-ah) v train; drill
tränare (trai-nah-rer) c (pl ~) coach
tränga sig fram (trehng-ah) push one's way
trängande (trehng-ahn-der) adj pressing
träning (trai-ning) c training
träsk (trehsk) nt swamp; bog
träsko (treh-skōō) c clog, wooden shoe
trög (trūrg) adj sluggish; inert
trögtänkt (trūrg-tehngkt) adj slow
tröja (trur-Yah) c sweater
tröskel (trūrss-kayl) c (pl -klar)

threshold
tröst (trurst) c comfort
trösta (trurss-tah) v comfort
tröstpris (trurst-preess) nt (pl~, ~er) consolation prize
trött (trurt) adj tired; weary; ~ **på** tired of
trötta (trurt-ah) v tire
tröttsam (trurt-sahm) adj tiring
tub (tewb) c tube
tuberkulos (tew-behr-kew-lōass) c tuberculosis
tugga (tewg-ah) v chew
tuggummi (tewg-gew-mi) nt chewing-gum
tull (tewl) c Customs duty; Customs pl
tullavgift (tewl-aav-yift) c Customs duty; duty
tullfri (tewl-free) adj duty-free
tullpliktig (tewl-plik-ti) adj dutiable
tulltjänsteman (tewl-t Yehns-ter-mahn) c (pl -män) Customs officer
tulpan (tewl-paan) c tulip
tumme (tewm-er) c thumb
tumvantar (tewm-vahn-tahr) pl mittens pl
tumör (tew-mūrr) c tumour
tung (tewng) adj heavy
tunga (tewng-ah) c tongue
tunika (tēw-ni-kah) c tunic
Tunisien (tew-nee-si-ern) Tunisia
tunisier (tew-nee-si-err) c (pl ~) Tunisian
tunisisk (tew-nee-sisk) adj Tunisian
tunn (tewn) adj thin; weak, light
tunna (tewn-ah) c barrel; cask
tunnel (tew-nayl) c (pl -nlar) tunnel
tunnelbana (tew-nayl-baa-nah) c underground; subway nAm
tupp (tewp) c cock
tupplur (tewp-lēwr) c nap
tur (tēwr) c luck; turn; ~ **och retur** round trip Am

turbin (tewr-been) c turbine
turbojet (tewr-bo-Yeht) c turbojet
turism (tew-rism) c tourism
turist (tēw-rist) c tourist
turistbyrå (tēw-rist-bew-rōa) c tourist office
turistklass (tēw-rist-klahss) c tourist class
turistsäng (tēw-rist-sehng) c folding bed, cot nAm
turk (tewrk) c Turk
Turkiet (tewr-kee-ayt) Turkey
turkisk (tewr-kisk) adj Turkish; **turkiskt bad** Turkish bath
turnering (tewr-nāyr-ing) c tournament
tusen (tēw-sern) num thousand
tuta (tew-tah) v hoot; honk vAm, toot vAm
tveka (tvāy-kah) v hesitate
tvekan (tvāy-kahn) c hesitation
tvetydig (tvāy-tēwd-i) adj ambiguous
tvillingar (tvi-ling-ahr) pl twins pl
tvinga (tving-ah) v force; compel
tvist (tvist) c dispute
tvista (tviss-tah) v dispute
tvisteämne (tviss-ter-ehm-ner) nt controversial issue
tvivel (tveev-erl) nt doubt
tvivelaktig (tvee-verl-ahk-ti) adj doubtful
tvivla (tveev-lah) v doubt
två (tvōa) num two
tvådelad (tvōa-dāy-lahd) adj two-piece
tvål (tvōal) c soap
tvåltvättmedel (tvōal-tveht-māy-dayl) nt soap powder
tvång (tvong) nt compulsion; **med ~** by force; ***vara tvungen att *be** obliged to
tvåspråkig (tvōa-sprōak-i) adj bilingual
tvärtom (tvært-om) adv the other

way round, on the contrary
tvätt (tveht) c laundry; washing
tvätta (tveht-ah) v wash
tvättbar (tveht-baar) adj washable
tvättinrättning (tveht-in-reht-ning) c laundry
tvättmaskin (tveht-mah-sheen) c washing-machine
tvättmedel (tveht-māy-dayl) nt washing-powder
tvättomat (tveh-too-maat) c launderette
tvättställ (tveht-stehl) nt wash-stand
tvättsvamp (tveht-svahmp) c sponge
tvättäkta (tveht-ehk-tah) adj washable, fast-dyed
tycka (tewk-ah) v *think; **inte ~ om** dislike; **~ illa om** dislike; **~ om** like; fancy, *be fond of
tyckas (tewk-ahss) v look; appear
tyda (rēw-dah) v decipher
tydlig (tēwd-li) adj clear; obvious, evident, apparent, distinct
tyfus (tēw-fewss) c typhoid
tyg (tēwg) nt cloth; fabric, material
tygla (tēwg-lah) v curb; restrain
tynga (tewng-ah) v oppress
tyngdkraft (tewngd-krahft) c gravity
typ (tēwp) c type
typisk (tēw-pisk) adj typical
tyrann (tew-rahn) c tyrant
tysk (tewsk) adj German; c German
Tyskland (tewsk-lahnd) Germany
tyst (tewst) adj silent
tysta (tewss-tah) v silence
tystnad (tewst-nahd) c silence
tyvärr (tew-vær) adv unfortunately
tå (tōā) c toe
tåg (tōāg) nt train
tågfärja (tōāg-fær-Yah) c train ferry
tåla (tōāl-ah) v *bear
tålamod (tōāl-ah-mōōd) nt patience
tålmodig (tōāl-mōōd-i) adj patient
tång (tong) c (pl tänger) tongs pl;

pliers pl
tår (tōār) c tear
tårta (tōār-tah) c cake
täcka (tehk-ah) v cover
täcke (tehk-er) nt quilt
tält (tehlt) nt tent
tältsäng (tehlt-sehng) c camp-bed
tämja (tehm-Yah) v tame
tämligen (tehm-li-ern) adv fairly, rather, pretty
tända (tehn-dah) v *light; turn on
tändare (tehn-dah-rer) c (pl ~) lighter
tändning (tehnd-ning) c ignition; lighting
tändspole (tehnd-spōōl-er) c ignition coil
tändsticka (tehnd-sti-kah) c match
tändsticksask (tehnd-stiks-ahsk) c match-box
tändstift (tehnd-stift) nt sparking-plug
tänja (tehn-Yah) v stretch
tänjbar (tehnY-baar) adj elastic
tänka (tehng-kah) v *think; **~ på** *think of; **~ sig** imagine; fancy; **~ ut** conceive
tärning (tær-ning) c dice pl; cube; **spela ~** play dice
tät (tait) adj dense; thick
tätort (tait-oort) c built-up area
tävla (taiv-lah) v compete
tävlan (taiv-lahn) c (pl-lingar) competition
tävling (taiv-ling) c competition; contest
tävlingsbana (taiv-lings-baa-nah) c race-track
töa (tūr-ah) v thaw
tölp (turlp) c lout, bastard
tömma (tur-mah) v empty
törst (turrst) c thirst
törstig (turrs-ti) adj thirsty
töväder (tūr-vai-derr) nt thaw

U

udda (*ewd*-ah) *adj* odd

udde (*ewd*-er) *c* headland, cape

uggla (*ewg*-lah) *c* owl

ugn (ewngn) *c* stove; furnace, oven;
mikrovågs ~ *c* microwave oven

ull (ewl) *c* wool

ultraviolett (*ewlt*-rah-vi-oo-*layt*) *adj*
ultraviolet

***umgås med** (*ewm*-gōäss) mix with;

undanröjning (*ewn*-dahn-rur Y-ning) *c*
removal

undantag (*ewn*-dahn-taag) *nt* excep-
tion; **med ~ av** except

under[1] (*ewn*-derr) *prep* under; be-
neath, below; during; *adv* under-
neath; **~ tiden** meanwhile; in the
meantime

under[2] (*ewn*-derr) *nt* wonder; marvel

underbar (*ewn*-derr-baar) *adj* wonder-
ful; marvellous

underbyxor (*ewn*-derr-*bewks*-err) *pl*
pants *pl*; knickers *pl*

undergång (*ewn*-derr-*gong*) *c* ruin;
destruction

underhåll (*ewn*-derr-*hol*) *nt* allow-
ance; alimony; maintenance, up-
keep

***underhålla** (*ewn*-derr-*hol*-ah) *v* enter-
tain; amuse

underhållande (*ewn*-derr-*hol*-ahn-der)
adj entertaining

underhållning (*ewn*-derr-*hol*-ning) *c*
entertainment

underjordisk (*ewn*-derr-Yoor-disk) *adj*
underground

underkasta sio (*ewn*-derr-*kahss*-tah)
submit

underkläder (*ewn*-derr-klai-derr) *pl*
underwear

underklänning (*ewn*-derr-kleh-ning) *c*
slip

underkuva (*ewn*-derr-kēw-vah) *v* sub-
due, subjugate

underlagskräm (*ewn*-derr-laags-kraim)
c foundation cream

underlig (*ewn*-derr-li) *adj* queer, odd

underlägsen (*ewn*-derr-laig-sern) *adj*
inferior

undernäring (*ewn*-derr-næær-ing) *c*
malnutrition

underordnad (*ewn*-derr-awrd-nahd)
adj subordinate; minor

underrätta (*ewn*-derr-*reht*-ah) *v* in-
form; notify; **~ sig** enquire

underrättelse (*ewn*-derr-*reht*-erl-ser) *c*
notice, information; news

underskatta (*ewn*-derr-skah-tah) *v*
underestimate

underskott (*ewn*-derr-skot) *nt* deficit

underström (*ewn*-derr-strurm) *c* (pl
~mar) undercurrent

understöd (*ewn*-derr-stūrd) *nt* sub-
sidy; assistance

understödja (*ewn*-derr-stūrd-Yah) *v*
support

undersåte (*ewn*-derr-sōä-ter) *c* subject

undersöka (*ewn*-derr-sūr-kah) *v* exam-
ine; enquire

undersökning (*ewn*-derr-sūrk-ning) *c*
inquiry; enquiry, examination;
check-up

underteckna (*ewn*-derr-tayk-*nah*) *v*
sign

undertecknad (*ewn*-derr-tayk-nahd) *c*
the undersigned

undertitel (*ewn*-derr-ti-terl) *c* (pl -tlar)
subtitle

undertrycka (*ewn*-derr-trewk-ah) *v*
suppress

undertröja (*ewn*-derr-trur-Yah) *c* vest;
undershirt

undervattens- (*ewn*-derr-vah-tayns)
underwater

undervisa (*ewn*-derr-vee-sah) *v* *teach

undervisning (*ewn*-derr-veess-ning) *c*

instruction; tuition

*undgå (ewnd-goa) v avoid; escape

undra (ewnd-rah) v wonder

*undslippa (ewnd-slip-ah) v escape

*undvika (ewnd-veek-ah) v avoid

ung (ewng) adj young

ungdom (ewng-doom) c youth

ungdomlig (ewng-doom-li) adj juvenile

ungdomshärbärge (ewng-dooms-hææær-bær-Yer) nt youth hostel

unge (ewng-er) c kid

ungefär (ewn-Yay-fæær) adv about; approximately

ungefärlig (ewn-Yay-fæær-li) adj approximate

Ungern (ewng-errn) Hungary

ungersk (ewng-ayrsk) adj Hungarian

ungkarl (ewng-kaar) c bachelor

ungmö (ewng-mūr) c spinster

ungrare (ewng-rah-rer) c (pl ~) Hungarian

uniform (ēw-ni-form) c uniform

unik (ēw-neek) adj unique

union (ēw-ni-ōōn) c union

universell (ēw-ni-vær-sayl) adj universal

universitet (ēw-ni-vær-si-tāyt) nt university

universum (ēw-ni-vær-sewm) nt universe

upp (ewp) adv up; upwards; upstairs; ~ och ner upside-down; up and down

uppassa (ewp-pah-sah) v attend on, wait on

uppblomstring (ewp-blomst-ring) c prosperity

uppblåsbar (ewp-blōāss-baar) adj inflatable

uppbygga (ewp-bewg-ah) v erect; edify

uppdikta (ewp-dik-tah) v invent

uppdrag (ewp-draag) nt assignment

uppehåll (ew-pay-hol) nt pause; utan ~ without stopping

*uppehålla sig (ew-pay-hol-ah) stay

uppehållstillstånd (ew-pay-hols-til-stond) nt residence permit

uppehälle (ew-per-hehl-er) nt livelihood

uppenbar (ewp-ern-baar) adj apparent

uppenbara (ewp-ern-baar-ah) v reveal

uppenbarelse (ewp-ern-baar-erl-ser) c apparition

uppfatta (ewp-faht-ah) v apprehend, *catch

uppfattning (ewp-faht-ning) c view, opinion; conception

*uppfinna (ewp-fin-ah) v invent

uppfinnare (ewp-fi-nah-rer) c (pl ~) inventor

uppfinning (ewp-fi-ning) c invention

uppfinningsrik (ewp-fi-nings-reek) adj inventive

uppfostra (ewp-foost-rah) v *bring up; rear, educate; raise

uppfostran (ewp-foost-rahn) c education

uppfriskande (ewp-friss-kahn-der) adj refreshing

uppföda (ewp-fūrd-ah) v *breed; raise

uppför (ewp-fūrr) adv uphill

uppföra (ewp-fūrr-ah) v construct; ~ sig behave; act

uppförande (ewp-fūr-rahn-day) nt behaviour; manners pl, conduct; production; construction

*uppge (ewp-Yāy) v state; declare

uppgift (ewp-Yift) c task; information

*uppgå till (ewp-goa) amount to

uppgörelse (ewp-Yūr-rayl-ser) c settlement

upphetsa (ewp-hayt-sah) v excite

upphängningsanordning (ewp-hehng-nings-ahn-ōārd-ning) nt suspension

upphäva (ewp-haiv-ah) v nullify; annul

upphöjning (*ewp*-hur^y-ning) *c* rise

upphöra (*ewp*-hūr-rah) *v* cease, stop; quit

uppkalla (*ewp*-kah-lah) *v* name

uppköp (*ewp*-tȳūrp) *nt* purchase

upplaga (*ewp*-laa-gah) *c* edition; issue

uppleva (*ewp*-lāȳ-vah) *v* experience

upplevelse (*ewp*-lāȳ-vayl-say) *c* experience

upplopp (*ewp*-lop) *nt* riot

upplysa (*ewp*-lēwss-ah) *v* inform

upplysning (*ewp*-lēwss-ning) *c* information

upplysningsbyrå (*ewp*-lēwss-nings-bēw-rōā) *c* information bureau; inquiry office

upplösa (*ewp*-lūrss-ah) *v* dissolve; ~ **sig** dissolve

uppmana (*ewp*-maan-ah) *v* exhort, urge

uppmuntra (*ewp*-mewn-trah) *v* encourage

uppmärksam (*ewp*-mærk-sahm) *adj* attentive

uppmärksamhet (*ewp*-mærk-sahm-hāȳt) *c* notice, attention

uppmärksamma (*ewp*-mærk-sahm-ah) *v* attend to, notice, *pay attention to

uppnå (*ewp*-nōā) *v* achieve; attain

uppnåelig (*ewp*-nōā-er-li) *adj* attainable

upprepa (*ewp*-rāȳ-pah) *v* repeat

upprepning (*ewp*-rāȳp-ning) *c* repetition

uppriktig (*ewp*-rik-ti) *adj* sincere; honest

uppror (*ewp*-rōōr) *nt* rebellion; rising; *göra ~ revolt

upprätt (*ewp*-reht) *adv* upright; *adj* erect, upright

upprätta (*ewp*-reh-tah) *v* found, establish

***upprätthålla** (*ewp*-reht-ho-lah) *v* maintain

upprättstående (*ewp*-reht-stōā-ayn-der) *adj* upright, erect

upprörande (*ewp*-rūr-rahn-der) *adj* shocking, revolting

upprörd (*ewp*-rūrrd) *adj* upset

uppsats (*ewp*-sahts) *c* essay, paper

uppseendeväckande (*ewp*-sāȳ-ern-der-*vehk*-ahn-der) *adj* sensational

uppsikt (*ewp*-sikt) *c* supervision

uppskatta (*ewp*-skah-tah) *v* appreciate; esteem

uppskattning (*ewp*-skaht-ning) *c* appreciation

***uppskjuta** (*ewp*-shēw-tah) *v* *put off, adjourn; delay, postpone

uppskov (*ewp*-skōōv) *nt* delay; respite

uppslagsbok (*ewp*-slaags-bōōk) *c* (pl -böcker) encyclopaedia

uppstigning (*ewp*-steeg-ning) *c* rise, ascent

***uppstå** (*ewp*-stōā) *v* *arise

uppståndelse (*ewp*-stond-ayl-ser) *c* commotion, excitement; resurrection

uppsving (*ewp*-sving) *nt* rise

uppsyningsman (*ewp*-sēw-nings-mahn) *c* (pl -män) supervisor

uppsättning (*ewp*-seht-ning) *c* set

***uppta** (*ewp*-taa) *v* *take up; occupy

upptagen (*ewp*-taa-gern) *adj* engaged; busy

uppträda (*ewp*-trææ-dah) *v* act

upptäcka (*ewp*-teh-kah) *v* discover; detect

upptäckt (*ewp*-tehkt) *c* discovery

uppvisa (*ewp*-vee-sah) *v* exhibit

uppvärma (*ewp*-vær-mah) *v* heat

uppvärmning (*ewp*-værm-ning) *c* heating

uppåt (*ewp*-ot) *adv* up

ur (ēwr) *prep* out of; *nt* clock

urbena (ewr-bāy-nah) v bone

urin (ew-reen) nt urine

urinblåsa (ew-reen-blôa-sah) c bladder

urmakare (ewr-maa-kah-rer) c (pl ~) watch-maker

ursinne (ewr-sin-er) nt rage; fury

ursinnig (ewr-si-ni) adj furious

urskilja (ewr-shil-ʸah) v distinguish

urskog (ewr-skôog) c jungle

ursprung (ewr-sprewng) nt origin

ursprunglig (ewr-sprewng-li) adj original; initial; ursprungligen originally

ursäkt (ewr-sehkt) c apology; excuse; *be om ~ apologize

ursäkta (ewr-sehk-tah) v excuse; ursäkta! sorry!

Uruguay (ew-rew-gew-igh) Uruguay

uruguayare (ew-rew-gew-igh-ah-rer) c (pl ~) Uruguayan

uruguaysk (ew-rew-gew-ighsk) adj Uruguayan

urval (ewr-vaal) nt choice; selection, assortment

usel (ew-serl) adj poor

ut (ewt) adv out; ~ och in inside out

utan (ew-tahn) prep without; *vara ~ *be without, spare

utandas (ewt-ahn-dahss) v expire; exhale

utanför (ew-tahn-fürr) prep outside; out of

utantill (ew-tahn-til) adv by heart

utarbeta (ewt-ahr-bāyt-ah) v compose, elaborate, prepare

utbetalning (ewt-bay-taal-ning) c payment

utbilda (ewt-bil-dah) v educate

utbildning (ewt-bild-ning) c education, background

utbreda (ewt-brāyd-ah) v *spread; expand

utbrott (ewt-brot) nt outbreak; eruption

utbud (ewt-bewd) nt supply

utbyta (ewt-bēwt-ah) v exchange

utbyte (ewt-bēw-ter) nt exchange; benefit

utdela (ewt-dāyl-ah) v distribute

*utdra (ewt-draa) v extract

utdrag (ewt-draag) nt excerpt; extract

ute (ew-ter) adv out

utelämna (ew-ter-lehm-nah) v *leave out; omit

*utesluta (ew-ter-slēw-tah) v exclude

uteslutande (ew-ter-slēw-tahn-der) adv exclusively; solely

utfart (ewt-faart) c exit

utfattig (ewt-fah-ti) adj destitute

utflykt (ewt-flewkt) c excursion; trip

utforska (ewt-fors-kah) v explore

utföra (ewt-fūr-rah) v perform; execute; carry out

utförbar (ewt-fürr-baar) adj feasible; realizable

utförlig (ewt-fürr-li) adj detailed

utförsel (ewt-fürr-serl) c exportation

*utge (ewt-gāy) v issue; publish

utgift (ewt-ʸift) c expense; utgifter expenditure

utgivning (ewt-ʸeev-ning) c issue, publication

*utgjuta (ewt-ʸēw-tah) v *shed

utgrävning (ewt-graiv-ning) c excavation

utgång (ewt-gong) c way out, exit; expiration; result

utgångspunkt (ewt-gongs-pewngkt) c starting-point

till uthyrning (til ewt-hewr-ning) for hire

uthållighet (ewt-hol-i-hāyt) c stamina, perseverance

uthärda (ewt-hæær-dah) v *stand, endure

uthärdlig (ewt-hæærd-li) adj tolerable, endurable

utjämna (ēwt-Yehm-nah) v equalize; level

utkant (ēwt-kahnt) c outskirts pl

utkast (ēwt-kahst) nt draft, design

utled (ewt-lāyd) adj fed up

utlämna (ēwt-lehm-nah) v give out; extradite

utländsk (ēwt-lehnsk) adj foreign; alien

utlänning (ēwt-lehn-ing) c foreigner; alien

utlöpa (ēwt-lürp-ah) v expire

utmana (ēwt-maan-ah) v challenge; dare

utmaning (ēwt-maan-ing) c challenge

utmatta (ēwt-maht-ah) v exhaust

utmattad (ēwt-maht-ahd) adj exhausted

utmärka (ēwt-mær-kah) v mark; ~ sig excel

utmärkt (ēwt-mærkt) adj excellent

utnyttja (ēwt-newt-Yah) v exploit; utilize

utnämna (ēwt-nehm-nah) v appoint

utnämning (ēwt-nehm-ning) c appointment; nomination

utom (ēwt-om) prep except; but, besides

utomhus (ēw-tom-hēwss) adv outdoors; outside

utomlands (ēwt-om-lahnds) adv abroad

utomordentlig (ēwt-om-or-daynt-li) adj extraordinary

utpeka (ēwt-pāy-kah) v point out

utplocka (ēwt-plo-kah) v select

utpressa (ēwt-prayss-ah) v extort; ~ pengar blackmail

utpressning c blackmail, extortion

utreda (ēwt-rāy-dah) v investigate

utredning (ēwt-rāyd-ning) c investigation

utrop (ēwt-rōōp) nt exclamation

utropa (ēwt-rōō-pah) v exclaim

utrusta (ēwt-rewss-tah) v equip

utrustning (ēwt-rewst-ning) c outfit, equipment; kit, gear

utrymma (ēwt-rew-mah) v vacate

utrymme (ēwt-rew-mer) nt room

utsatt för (ēwt-saht) liable to, subject to

utseende (ēwt-sāy-ayn-der) nt look; semblance, appearance

utsida (ēwt-seed-ah) c outside

utsikt (ēwt-sikt) c view; prospect, outlook

utskott (ēwt-skot) nt committee

*utskära (ēwt-shææ-rah) v carve

utsliten (ēwt-slee-tern) adj worn-out

utsmyckning (ēwt-smewk-ning) c ornament

utspäda (ēwt-spai-dah) v dilute

utsträckt (ēwt-strehkt) adj extended

*utstå (ēwt-stōā) v endure, *bear

utställa (ēwt-steh-lah) v issue; show, exhibit; display

utställning (ēwt-stehl-ning) c exhibition; exposition, display, show

utställningslokal (ēwt-stehl-nings-lo-kaal) c showroom

*utsuga (ēwt-sēw-gah) v exploit

utsåld (ēwt-sold) adj sold out

utsända (ēwt-sehn-dah) v *broadcast

utsändning (ēwt-sehnd-ning) c broadcast

utsökt (ēwt-sürkt) adj exquisite; delicious, superb

uttal (ēwt-taal) nt pronunciation

uttala (ēwt-taa-lah) v pronounce; ~ fel mispronounce

uttorkad (ēwt-tor-kahd) adj dried-up, parched

uttryck (ēwt-trewk) nt expression; *ge ~ åt express

uttrycka (ēwt-trew-kah) v express

uttrycklig (ēwt-trewk-li) adj explicit; express

uttröttad (ēwt-trur-tahd) adj over-tired

uttänka (ēwt-tehng-kah) v devise
utvald (ēwt-vaald) adj select
utvandra (ēwt-vahnd-rah) v emigrate
utvandrare (ēwt-vahnd-rah-rer) c (pl ~) emigrant
utvandring (ēwt-vahnd-ring) c emigration
utveckla (ēwt-vayk-lah) v develop
utveckling (ēwt-vayk-ling) c development
utvidga (ēwt-vid-gah) v extend; enlarge, expand
utvidgande (ēwt-vid-gahn-der) nt extension
utvisa (ēwt-vee-sah) v expel
utväg (ēwt-vaig) c way out
°utvälja (ēwt-vehl-Yah) v select
utvändig (ēwt-vehn-di) adj external
utåt (ēwt-ot) adv outwards
utöva (ēwt-ūrv-ah) v exercise
utöver (ēwt-ūrv-err) prep beyond, besides

V

vaccination (vahk-si-nah-shōōn) c vaccination
vaccinera (vahks-i-nāy-rah) v vaccinate
vacker (vah-kerr) adj beautiful; pretty
vackla (vahk-lah) v stagger, waver
vacklande (vahk-lahn-der) adj tottering, failing
vad¹ (vaad) pron what; ~ som helst anything; ~ som än whatever
vad² (vaad) nt bet; °slå ~ °bet
vad³ (vaad) c calf
vada (vaa-dah) v wade
vadhållningsagent (vaad-hol-nings-ah-gehnt) c bookmaker

vadställe (vaad-steh-ler) nt ford
vag (vaag) adj faint, vague; dim
vagga (vah-gah) c cradle
vagn (vahngn) c carriage, coach
vakans (vah-kahns) c vacancy
vaken (vaa-kayn) adj awake
vakna (vaak-nah) v °wake up
vaksam (vaak-sahm) adj vigilant
vakt (vahkt) c guard; warden
vaktel (vahk-tayl) c (pl -tlar) quail
vaktmästare (vahkt-mehss-tah-rer) c (pl ~) waiter
vakuum (vaa-kewm) nt vacuum
val (vaal) nt election, pick, choice; c whale
valfri (vaal-free) adj optional
valk (vahlk) c callus
valkrets (vaal-krayts) c constituency
vallfartsort (vahl-faarts-oort) c place of pilgrimage
vallgrav (vahl-graav) c moat
vallmo (vahl-mōō) c poppy
valnöt (vaal-nūrt) c (pl ~ter) walnut
vals (vahls) c waltz
valspråk (vaal-sprōak) nt motto
valuta (vah-lōō-tah) c currency; utländsk ~ foreign currency
valutakurs (vah-lēw-tah-kewrs) c rate of exchange
valv (vahlv) nt vault; arch
valvbåge (vahlv-bōa-ger) c arch
van (vaan) adj accustomed; °vara ~ vid °be used to
vana (vaa-nah) c habit; custom
vandra (vahnd-rah) v wander; hike, tramp
vanilj (vah-nilʸ) c vanilla
vankelmodig (vahng-kerl-mōō-di) adj irresolute
vanlig (vaan-li) adj usual; normal, ordinary, common, plain; frequent;
vanligen generally, as a rule
vanligtvis (vaan-lit-veess) adv usually
vansinne (vaan-sin-er) nt madness;

lunacy

vansinnig (vaan-sin-i) adj crazy; lunatic

vanskapt (vaan-skaapt) adj deformed

vansklig (vahnsk-li) adj precarious

vanställd (vaan-stehld) adj deformed, disfigured

vanvettig (vaan-vay-ti) adj mad; absurd

vapen (vaap-ern) nt weapon; arm

var[1] (vaar) conj where; adv where; ~ som helst anywhere

var[2] (vaar) pron each; ~ för sig apart; ~ och en everybody, everyone

var[3] (vaar) nt pus

vara (vaar-ah) v last

*__vara__ (vaar-ah) v *be

varaktig (vaar-ahk-ti) adj lasting; permanent

varaktighet (vaar-ahk-ti-hāyt) c duration

varandra (vaar-ahnd-rah) pron each other

vardag (vaar-daag) c weekday

vardagsrum (vaar-daags-rewm) nt living-room; sitting-room

vare sig ... eller (vaa-rer say ... eh-lerr) whether ... or

varelse (vaa-rayl-ser) c being; creature

varför (vahr-furr) adv why; what for

varg (vahrʸ) c wolf

varhelst (vaar-hehlst) adv wherever

variation (vah-ri-ah-shōōn) c variation, variety

variera (vah-ri-āy-rah) v vary

varierad (vah-ri-āy-rahd) adj varied

varietéföreställning (vah-ri-ay-tāy-fūr-rer-stehl-ning) c variety show

varietéteater (vah-ri-ay-tāy-tay-aa-terr) c (pl -trar) variety theatre

varifrån (vaar-i-frōān) adv from where

varje (vahr-ʸer) pron every; anyone,

each

varken ... eller (vahr-kern ... eh-lerr) neither ... nor

varm (vahrm) adj warm; hot

varmvattensflaska (vahrm-vah-terns-flahss-kah) c hot-water bottle

varna (vaar-nah) v warn; caution

varning (vaar-ning) c warning

varor (vaar-or) pl goods pl; wares pl

varsam (vaar-sahm) adj careful; wary

varubil (vaa-rēw-beel) c delivery van

varuhus (vaa-rēw-hēwss) nt department store

varumärke (vaa-rēw-mær-ker) nt trademark

varumässa (vaa-rēw-meh-sah) c trade fair

varuprov (vaarēw-proov) nt sample

varv (vahrv) nt revolution; shipyard

vas (vaass) c vase

vask (vahsk) c sink

vass (vahss) c reed; adj sharp

vatten (vah-tern) nt water; rinnande ~ running water

vattenblåsa (vaht-ern-blōa-sah) c blister

vattenfall (vaht-ern-fahl) nt waterfall

vattenfärg (vaht-ern-færʸ) c watercolour

vattenkran (vaht-ern-kraan) c faucet, tap

vattenkrasse (vaht-ern-krah-ser) c watercress

vattenmelon (vah-tern-may-lōōn) c watermelon

vattenpass (vaht-ern-pahss) nt level

vattenpump (vaht-ern-pewmp) c water pump

vattenskida (vah-tern-shee-dah) c water ski

vattentät (vah-tern-tait) adj waterproof

vattkoppor (vaht-ko-perr) pl chickenpox

vax (vahks) *nt* wax

vaxkabinett (*vahks*-kah-bi-*nayt*) *nt* waxworks *pl*

veck (vayk) *nt* fold; crease

vecka (*vay*-kah) *c* week; **vecko-** weekly

veckla upp (*vayk*-lah) unwrap

veckla ut (*vayk*-lah) unfold

veckopeng (*vay*-koo-pehng) *c* weekly allowance

veckoslut (*vay*-koo-slewt) *nt* weekend

veckotidning (*vay*-koo-teed-ning) *c* weekly magazine

vedervärdig (*vāy*-derr-væær-di) *adj* repulsive

vedträ (*vāyd*-trai) *nt* log

vegetarian (vay-ger-tahr-i-*aan*) *c* vegetarian

vegetation (vay-ger-tah-*shōōn*) *c* vegetation

vem (vaym) *pron* who; **till ~** to whom; **~ som helst** anybody; **~ som än** whoever

vemod (*vāy*-mōōd) *nt* melancholy; sadness

vemodig (*vāy*-mōōd-i) *adj* melancholy, sad

Venezuela (vay-nay-tsew-*āy*-lah) Venezuela

venezuelan (vay-nay-tsew-ay-*laan*) *c* Venezuelan

venezuelansk (vay-nay-tsew-ay-*laansk*) *adj* Venezuelan

ventil (vayn-*teel*) *c* valve

ventilation (vayn-ti-lah-*shōōn*) *c* ventilation

ventilator (vayn-ti-*laa*-tor) *c* ventilator

ventilera (vayn-ti-*lāy*-rah) *v* ventilate

veranda (vay-*rahn*-dah) *c* veranda

verb (værb) *nt* verb

verifiera (vay-ri-fi-*āy*-rah) *v* verify

verka (*vær*-kah) *v* appear, seem

verkan (*vær*-kahn) *c* effect; result; consequence

verklig (*værk*-li) *adj* real; actual, true; very; **verkligen** really; indeed

verklighet (*værk*-li-hāyt) *c* reality

verksam (*værk*-sahm) *adj* active, effective

verkstad (*værk*-staad) *c* (pl -städer) workshop; garage

verkställande (*værk*-stehl-ahn-der) *adj* executive

verktyg (*værk*-tēwg) *nt* tool; utensil

verktygslåda (*værk*-tēwgs-*lōā*-dah) *c* tool box

vers (værs) *c* verse

version (vær-*shōōn*) *c* version

vespa (*vayss*-pah) *c* scooter

vestibul (vehss-ti-*bēwl*) *c* lobby

***veta** (*vāy*-tah) *v* *know

vete (*vāy*-tay) *nt* wheat

vetemjöl (*vāy*-tay-mᵞ*ūrl*) *nt* flour

vetenskap (*vāy*-tayn-skaap) *c* science

vetenskaplig (*vāy*-tayn-skaap-li) *adj* scientific

vetenskapsman (*vāy*-tayn-skaaps-mahn) *c* (pl -män) scientist

veterinär (vay-tay-ri-*næær*) *c* veterinary surgeon

vevaxel (*vāy*v-ahks-ayl) *c* (pl -xlar) crankshaft

vi (vee) *pron* we

via (*vee*-ah) *prep* via

viadukt (vee-ah-*dewkt*) *c* viaduct

vibration (vi-brah-*shōōn*) *c* vibration

vibrera (vi-*brāy*-rah) *v* vibrate

vid (veed) *prep* on, by; *adj* wide

vidbränna (*veed*-breh-nah) *v* *burn

video(bandspelare) (*vee*-day-o-bahnd-spāy-lay-rer) *c* video recorder

videokamera (*vee*-day-o-*kāā*-mer-rah) *c* video camera

videokassett (*vee*-day-o-kah-*sēht*) *c* video cassette

vidga (*vid*-gah) *v* widen

***vidhålla** (*veed*-hol-ah) *v* insist

vidrig (*veed*-ri) *adj* disgusting

vidröra (*veed*-rūr-rah) *v* touch

vidskepelse (*veed*-shāy-payl-ser) *c* superstition

vidsträckt (*vid*-strehkt) *adj* broad, vast; extensive

vigselring (*vig*-sehl-ring) *c* wedding-ring

vik (veek) *c* bay; creek

*****vika** (*vee*-kah) *v* fold

vikt (vikt) *c* weight

viktig (*vik*-ti) *adj* important, essential; self-important; *****vara viktigt** matter

vila (*veel*-ah) *v* rest; *c* rest

vild (vild) *adj* wild; fierce, savage

vilja (*vil*-Yah) *c* will; **med ~** on purpose

*****vilja** (*vil*-Yah) *v* want, *will

viljekraft (*vil*-Yer-krahft) *c* will-power

vilken (*vil*-kayn) *pron* which

villa (*vi*-lah) *c* villa

villebråd (*vi*-ler-brōad) *nt* game

villfarelse (*vil*-faa-rayl-ser) *c* illusion

villig (*vi*-li) *adj* willing

villkor (*vil*-kōar) *nt* condition; term

villkorlig (*vil*-kōar-li) *adj* conditional

villrådig (*vil*-rōa-di) *adj* irresolute

vilohem (*vee*-loo-haym) *nt* rest-home

vilsegången (*vil*-ser-gong-ern) *adj* lost

vilstol (*veel*-stōōl) *c* deck chair

vilthandlare (*vilt*-hahnd-lah-rer) *c* (pl ~) poulterer

vin (veen) *nt* wine

*****vina** (*vee*-nah) *v* howl

vinbär (*veen*-bæær) *nt* currant; **svarta ~** black-currant

vind (vind) *c* wind; attic

vindbrygga (*vind*-brewg-ah) *c* drawbridge

vindpust (*vind*-pewst) *c* whiff of wind

vindruta (*vind*-rēw-tah) *c* windscreen; windshield *nAm*

vindrutetorkare (*vind*-rēw-ter-tor-kah-rer) *c* (pl ~) windscreen wiper;

windshield wiper *Am*

vindruvor (*veen*-drēw-voor) *pl* grapes *pl*

vindsrum (*vinds*-rewm) *nt* attic

vinge (*ving*-er) *c* wing

vingård (*veen*-gōard) *c* vineyard

vinhandlare (*veen*-hahnd-lah-rer) *c* (pl ~) wine-merchant

vink (vingk) *c* wave; hint

vinka (*ving*-kah) *v* wave

vinkel (*ving*-kerl) *c* (pl -klar) angle

vinkypare (*veen*-tᵞēw-pah-rer) *c* (pl ~) wine-waiter

vinkällare (*veen*-tᵞeh-lah-rer) *c* (pl ~) wine-cellar

vinlista (*veen*-liss-tah) *c* wine-list

*****vinna** (*vi*-nah) *v* *win; gain

vinnande (*vi*-nahn-der) *adj* winning

vinranka (*veen*-rahn-kah) *c* vine

vinskörd (*veen*-shūrrd) *c* grape harvest, vintage

vinst (vinst) *c* benefit, profit; winnings *pl*

vinstbringande (*vinst*-bring-ahn-der) *adj* profitable

vinter (*vin*-terr) *c* (pl -trar) winter

vintersport (*vin*-terr-sport) *c* winter sports

vinthund (*vint*-hewnd) *c* greyhound

vinäger (*vi*-nai-gerr) *c* vinegar

viol (vi-ōōl) *c* violet

violett (vi-ēw-*layt*) *adj* violet

virka (*veer*-kah) *v* crochet

virrvarr (*veer*-vahr) *nt* muddle

vis (veess) *nt* way, manner; *adj* wise

visa¹ (*veess*-ah) *v* *show; indicate, point out, display

visa² (*veess*-ah) *c* tune

visdom (*veess*-doom) *c* wisdom

vision (vi-*shōōn*) *c* vision

visit (vi-*seet*) *c* visit

visitera (vi-si-*tāy*r-ah) *v* search

visitering (vi-si-*tāy*-ring) *nt* search

visitkort (vi-*seet*-koort) *nt* visitingcard

viska (*viss*-kah) v whisper

viskning (*visk*-ning) c whisper

vispa (*viss*-pah) v whip

viss (viss) adj certain

visselpipa (*vi*-serl-pee-pah) c whistle

vissla (*viss*-lah) v whistle

vistas (*viss*-tahss) v stay

vistelse (*viss*-tayl-ser) c stay

visum (*vee*-sewm) nt (pl visa) visa

vit (veet) adj white

vitamin (vi-tah-*meen*) nt vitamin

vitling (*vit*-ling) c whiting

vitlök (*veet*-lūrk) c garlic

vits (vits) c joke

vittna (*vit*-nah) v testify

vittne (*vit*-ner) nt witness

vokal (voo-*kaal*) c vowel

vokalist (voo-kah-*list*) c vocalist

volt (volt) c (pl ~) volt

volym (vo-*lewm*) c volume; bulk

vrak (vraak) nt wreck

vred (vrāyd) adj angry

vrede (*vrāy*-day) c anger

vresig (*vrāyss*-i) adj cross

*****vrida** (*vree*-dah) v twist, turn; wrench; ~ om turn

vriden (*vreed*-ern) adj crooked

vridning (*vreed*-ning) c twist

vrål (vrōal) nt roar

vulgär (vewl-*gæær*) adj vulgar

vulkan (vewl-*kaan*) c volcano

vuxen[1] (*vewk*-sern) adj adult; grown-up

vuxen[2] (*vewk*-sern) c (pl vuxna) grown-up; adult

vykort (*vēw*-koort) nt picture post-card

våffla (*vof*-lah) c waffle

våg[1] (vōag) c (pl ~or) wave

våg[2] (vōag) c (pl ~ar) scales pl; weighing-machine

våga (*vōa*-gah) v dare; venture

vågad (*vōag*-ahd) adj risky

vågig (*vōa*-gi) adj wavy; undulating

våglängd (*vōag*-lehngd) c wave-length

våld (vold) nt violence; force

våldsam (*vold*-sahm) adj violent

våldsdåd (*vold*-dōad) nt act of violence; outrage

*****våldta** (*vold*-taa) v rape; assault

vålla (*vol*-ah) v cause

våning (*vōan*-ing) c floor; storey; apartment nAm

vår (vōar) c spring; springtime; pron our

vård (vōard) c care

vårda (*vōar*-dah) v nurse; tend

vårdhem (*vōard*-haym) nt nursing home

vårdslös (*vōards*-lūrss) adj careless

våt (vōat) adj wet

väcka (*veh*-kah) v *wake; *awake

väckarklocka (*veh*-kahr-klo-kah) c alarm-clock

väder (*vai*-derr) nt weather

väderkvarn (*vai*-derr-kvaarn) c windmill

väderleksrapport (*vai*-derr-lāyks-rah-port) c weather forecast

vädjan (*vaid*-Yahn) c appeal

vädra (*vaid*-rah) v ventilate

väg (vaig) c road; drive, way; på ~ till bound for

väga (*vai*-gah) v weigh

vägarbete (*vaig*-ahr-*bāy*-ter) nt road up, road work

vägavgift (*vaig*-aav-Yift) c toll

vägbank (*vaig*-bahngk) c embankment

vägg (vehg) c wall

vägglus (*vehg*-lēwss) c (pl -löss) bug

vägkant (*vaig*-kahnt) c roadside; way-side

vägkarta (*vaig*-kaar-tah) c road map

vägkorsning (*vaig*-kors-ning) c junction, intersection

vägleda (*vaig*-lāyd-ah) v direct; guide

vägmärke (*vaig*-mær-ker) c road sign

på ... vägnar (pōā *vehng*-nahr) on behalf of

vägnät (*vaig*-nait) nt road system

vägra (*vaig*-rah) v refuse; deny

vägran (*vaig*-rahn) c refusal

vägräcke (*vaig*-rehk-er) nt crash barrier

vägskäl (*vaig*-shail) nt road fork

vägvisare (*vaig*-vee-sah-rer) c (pl ~) signpost

välbefinnande (vail-ber-*fin*-ahn-der) nt well-being; comfort

välbärgad (*vail*-bær-ᵞahd) adj well-to-do

väldig (*vehl*-di) adj enormous; huge, gigantic

välgrundad (*vail*-grewn-dahd) adj well-founded

välgång (*vail*-gong) c prosperity

välgörenhet (*vail*-ᵞur-rern-h$\overline{ay}$t) c charity

*välja (*vehl*-ᵞah) v *choose; elect, pick

välkommen (*vail*-ko-mern) adj welcome

välkomna (vail-*kom*-nah) v welcome

välkomnande (vail-*kom*-nahn-der) nt welcome

välkänd (*vail*-tᵞehnd) adj well-known; familiar

välsigna (vehl-*sing*-nah) v bless

välsignelse (vehl-*sing*-nayl-ser) c blessing

välsmakande (*vail*-smaak-ahn-der) adj tasty; savoury

välstånd (*vail*-stond) nt prosperity

välvilja (*vail*-vil-ᵞah) c goodwill

välvårdad (*vail*-v$\overline{oo}$ar-dahd) adj neat

vämjelig (*vehm*-ᵞer-li) adj nauseous

vän (vehn) c (pl ~ner) friend

vända (*vehn*-dah) v turn; ~ **bort** avert; ~ **på** turn round; ~ **sig om** turn round; ~ **sig till** address; ~ **tillbaka** turn back; ~ **upp och ner** turn over

vändning (*vehnd*-ning) c change, turn

vändpunkt (*vehnd*-pewngkt) c turning-point

väninna (veh-*nin*-ah) c friend; girlfriend

*vänja (*vehn*-ᵞah) v accustom

vänlig (*vehn*-li) adj friendly; kind

vänskap (*vehn*-skaap) c friendship

vänskaplig (*vehn*-skaap-li) adj friendly

vänster (*vehns*-terr) adj left; lefthand

vänsterhänt (*vehns*-terr-hehnt) adj left-handed

vänta (*vehn*-tah) v wait; ~ **på** await; ~ **sig** expect; await

väntad (*vehn*-tahd) adj due

väntan (*vehn*-tahn) c waiting

väntelista (*vehn*-ter-liss-tah) c waiting-list

väntrum (*vehnt*-rewm) nt waiting-room

värd (væærd) c host

värde (*væær*-der) nt worth, value; ***vara värd** *be worth

värdefull (*væær*-der-fewl) adj valuable

värdelös (*væær*-der-l$\overline{ur}$ss) adj worthless

värdepapper (*væær*-der-pah-perr) pl stocks and shares

värdera (vær-*d$\overline{ay}$r*-ah) v value; estimate, evaluate

värdering (vær-*d$\overline{ay}$r*-ing) c appraisal

värdesaker (*væær*-der-saa-kerr) pl valuables pl

*värdesätta (*væær*-der-seh-tah) v value, appreciate

värdig (*væær*-di) adj dignified; worthy of

värdinna (vær-*di*-nah) c hostess

värdshus (*væærds*-h$\overline{ew}$ss) nt inn; roadhouse; roadside restaurant

värdshusvärd (*væærds*-h$\overline{ew}$ss-væærd)

c inn-keeper

värk (værk) *c* ache; **värkar** labour pains

värka (*vær*-kah) *v* ache; *hurt

värld (væærd) *c* world

världsberömd (*væærds*-ber-*rurmd*) *adj* world-famous

världsdel (*væærds*-dāyl) *c* continent

världshav (*væærds*-haav) *nt* ocean

världskrig (*væærds*-kreeg) *nt* world war

världsomfattande (*væærds*-om-fah-tahn-der) *adj* global

världsomspännande (*væærds*-om-speh-nahn-der) *adj* world-wide

värma (*vær*-mah) *v* warm

värme (*vær*-mer) *c* heat; warmth

värmedyna (*vær*-mer-dēw-nah) *c* heating pad

värmeelement (*vær*-mer-ay-ler-*mehnt*) *nt* radiator

värnpliktig (*væærn*-plik-tig) *c* (pl ~a) conscript

värre (*væ*-rer) *adv* worse; *adj* worse; **värst** worst

väsen (*vaiss*-ern) *nt* essence; noise; fuss

väsentlig (veh-*saynt*-li) *adj* essential; **väsentligen** essentially

väska (*vehss*-kah) *c* bag

vässa (*veh*-sah) *v* sharpen

väst (vehst) *c* waistcoat, vest *nAm*; west

väster (*vehss*-terr) *c* west

västlig (*vehst*-li) *adj* western; westerly

väte (*vai*-ter) *nt* hydrogen

vätesuperoxid (*vai*-ter-sēwp-rok-*seed*) *c* peroxide

vätska (*veht*-skah) *c* fluid

väva (*vai*-vah) *v* *weave

vävare (*vai*-vah-rer) *c* (pl ~) weaver

vävnad (*vaiv*-nahd) *c* tissue

växa (*vehks*-ah) *v* *grow

växel (*vehks*-ayl) *c* (pl växlar) gear; draft

växelkontor (*vehks*-ayl-kon-tōōr) *nt* exchange office; money exchange

växelkurs (*vehks*-ayl-kewrs) *c* exchange rate

växellåda (*vehks*-ayl-lōa-dah) *c* gearbox

växelpengar (*vehks*-ayl-peh-ngahr) *pl* small change

växelspak (*vehks*-ayl-spaak) *c* gear lever

växelström (*vehks*-ayl-strurm) *c* alternating current

växla (*vehks*-lah) *v* change; switch; exchange; change gear

växlande (*vehks*-lahn-der) *adj* variable

växt (vehkst) *c* growth; plant

växthus (*vehkst*-hēwss) *nt* greenhouse

vördnad (*vūrrd*-nahd) *c* veneration, respect

vördnadsvärd (*vūrrd*-nahds-væærd) *adj* venerable

W

watt (vaht) *c* (pl ~) watt

Y

ylle- (*ew*-ler) woollen

ylletröja (*ew*-ler-trur-ʏah) *c* jersey

ympa (*ewm*-pah) *v* inoculate; graft

ympning (*ewmp*-ning) *c* grafting

ynkrygg (*ewngk*-rewg) *c* coward

yr (ēwr) *adj* dizzy; giddy

yrke (*rōad*-mahn) *nt* profession; trade; **yrkes-** professional

yrkesutbildad (ewr-kerss-ēwt-bil-dahd)

adj skilled, trained

yrsel (*ewr*-serl) c dizziness; giddiness

yta (*ew*-tah) c surface; area

ytlig (*ewt*-li) adj superficial

ytterlig (*ewt*-err-li) adj extreme

ytterligare (*ewt*-err-li-gah-rer) adj further; additional

ytterlighet (*ewt*-err-li-hāyt) c extreme

ytterlinje (*ewt*-err-lin-Yer) c outline

yttersta (*ew*-terrs-tah) adj utmost; extreme

yttra (*ewt*-rah) v utter

yttrande (*ewt*-rahn-der) nt expression

yttrandefrihet (*ewt*-rahn-der-fri-hāyt) c freedom of speech

yttre (*ewt*-rer) nt exterior; adj outer; exterior

yxa (*ewks*-ah) c axe

Z

zenit (*sāy*-nit) zenith

zigenare (si-Yay-nah-rer) c (pl ~) gipsy

zink (singk) c zinc

zon (sōōn) c zone

zoo (sōō) nt zoo

zoologi (so-o-lo-gee) c zoology

zoomlins (sōōm-lins) c zoom lens

Å

å (ōā) c river, stream

åder (ōā-derr) c (pl ådror) vein

åderbrock (ōā-derr-brok) nt varicose vein

*****ådraga sig** (ōā-draa-gah) contract

åhörare (ōā-hūrr-ah-rer) c (pl ~) listener, auditor

åka (ōā-kah) v *ride, *drive, *go; ~

bort *go away; ~ fort *speed; ~ runt om by-pass; ~ tillbaka *go back

åker (ōāk-err) c (pl åkrar) field

ål (ōāl) c eel

ålder (ol-derr) c (pl åldrar) age

ålderdom (ol-derr-doom) c age; old age

åldrig (old-ri) adj aged

*****ålägga** (ōā-lehg-ah) v enjoin

ånga (ong-ah) c steam; vapour

ångare (ong-ah-rer) c (pl ~) steamer

ånger (ong-err) c repentance

ångest (ong-erst) c anguish; fear

ångra (ong-rah) v regret, repent

år (ōār) nt year; per ~ per annum

åra (ōā-rah) c oar

årgång (ōār-gong) c vintage

århundrade (ōār-hewnd-rah-der) nt century

årlig (ōār-li) adj annual; yearly

årsbok (ōārs-bōōk) c (pl -böcker) annual

årsdag (ōārs-daag) c anniversary

årstid (ōārs-teed) c season

åsikt (ōā-sikt) c opinion; view

åska (oss-kah) c thunder; v thunder; **åsk-** thundery

åskväder (osk-vai-derr) nt thunderstorm

åskådare (ōā-skōā-dah-rer) c (pl ~) spectator

åsna (ōāss-nah) c donkey; ass

*****åstadkomma** (ōā-stah-kom-ah) v effect

åsyn (ōā-sēwn) c sight

åt (ōāt) prep to; towards

åtala (ōā-taa-lah) v prosecute

*****åta sig** (ōā-taa) *take upon oneself

åter (ōāt-err) adv again

återbetala (ōāt-err-bay-taal-ah) v *repay; reimburse, refund

återbetalning (ōāt-err-bay-taal-ning) c repayment; refund

•**återfå** (*ōā*-terr-*fōā*) v *find again, recover

återföra (*ōāt*-err-*fūrr*-ah) v *bring back

återförena (*ōāt*-err-fur-*rāy*-nah) v reunite

återkalla (*ōāt*-err-kahl-ah) v recall

återkomst (*ōāt*-err-komst) c return

återresa (*ōāt*-err-*rāy*-sah) c return journey

återstod (*ōāt*-err-stōōd) c remainder

•**återstå** (*ōāt*-err-stōā) v remain

•**återuppta** (*ōāt*-err-ewp-tah) v resume

återvinna (*oat*-err-vi-nah) v recycle

återvinningsbar (*oat*-err-vin-nings-bāār) adj recyclable

återvända (*ōāt*-err-vehn-dah) v return

återvändsgränd (*ōāt*-err-vehnds-grehnd) c cul-de-sac

åtfölja (*ōāt*-furl-ᵞah) v accompany

åtgärd (*ōāt*-ᵞærd) c measure

åtkomlig (*ōāt*-kom-li) adj attainable

åtminstone (*ōāt*-mins-to-ner) adv at least

åtrå (*ōā*-trōā) c lust

åtråvärd (*ōā*-trōā-væærd) adj desirable

åtskild (*ōāt*-shild) adj separate

åtskilja (*ōāt*-shil-ᵞah) v divide; disconnect

åtskilliga (*ōāt*-shi-li-gah) adj several; various

åtstrama (*ōāt*-straam-ah) v tighten

åtta (o-tah) num eight

åttio (o-ti) num eighty

åttonde (o-ton-der) num eighth

åverkan (*ōā*-vehr-kahn) c damage, mischief

Ä

äcklig (*ehk*-li) adj disgusting; revolting

ädel (*ai*-dayl) adj noble

ädelsten (*ai*-dayl-stāyn) c stone; gem

äga (*ai*-gah) v own; possess; ~ **rum** *take place

ägare (*ai*-gah-rer) c (pl ~) owner; proprietor

ägg (ehg) nt egg

äggkopp (*ehg*-kop) c egg-cup

äggplanta (*ehg*-plahn-tah) c eggplant

äggula (*ehg*-gēwl-ah) c egg-yolk; yolk

ägna (*ehng*-nah) v devote; dedicate

ägodelar (*ai*-goo-*dāyl*-ahr) pl property; possessions

äkta (*ehk*-tah) adj true; authentic, genuine; ~ **man** husband

äktenskap (*ehk*-tayn-skaap) nt marriage; matrimony

äktenskaplig (*ehk*-tayn-skaap-li) adj matrimonial

äldre (*ehld*-rer) adj elder; elderly; **äldst** eldest

älg (ehlᵛ) c elk, moose

älska (*ehls*-kah) v love

älskad (*ehls*-kahd) adj beloved

älskare (*ehls*-kah-rer) c (pl ~) lover

älskarinna (ehls-kah-*rin*-ah) c mistress

älskling (*ehlsk*-ling) c darling; sweetheart; **älsklings-** favourite; pet

älv (ehlv) c river

ämbar (*ehm*-baar) nt pail

ämbete (*ehm*-bāyt-er) nt office

ämbetsdräkt (*ehm*-bāyts-drehkt) c official dress, robe

ämna (*ehm*-nah) v intend

ämne (*ehm*-ner) nt theme; matter

än (ehn) conj than

ända till (*ehn*-dah til) until; as far as

ändamål (*ehn*-dah-mōāl) nt purpose; object

ändamålsenlig (*ehn*-dah-mōāls-*āyn*-li) adj suitable, appropriate

ände (*ehn*-der) c end

ändra (*ehnd*-rah) v alter; change, vary, modify

ändring (*ehnd*-ring) c alteration

ändstation (*ehnd*-stah-shoon) *c* terminal

ändtarm (*ehnd*-tahrm) *c* rectum

äng (ehng) *c* meadow

ängel (*ehng*-ayl) *c* (pl änglar) angel

ängslig (*ehngs*-li) *adj* afraid; worried

änka (*ehng*-kah) *c* widow

änkling (*ehngk*-ling) *c* widower

ännu (*ehn*-ew) *adv* still; yet; ~ **en gång** once more

äpple (*ehp*-lay) *nt* apple

ära (*ææ*r-ah) *v* honour; *c* glory

ärelysten (*ææ*r-er-lewss-tern) *adj* ambitious

ärende (*ææ*-rayn-der) *nt* errand

ärftlig (*ærft*-li) *adj* hereditary

ärkebiskop (*ær*-ker-biss-kop) *c* archbishop

ärlig (*æær*-li) *adj* honest

ärlighet (*æær*-li-hāyt) *c* honesty

ärm (ærm) *c* sleeve

ärofull (*ææ*-roo-fewl) *adj* honourable

ärr (ær) *nt* scar

ärta (*ær*-tah) *c* pea

ärva (*ær*-vah) *v* inherit

*****äta** (*ai*-tah) *v* *eat

ätbar (*ait*-baar) *adj* edible

ättling (*eht*-ling) *c* descendant

även (*aiv*-ern) *adv* also; even; likewise; ~ **om** although; though

äventyr (*ai*-vayn-tēwr) *nt* adventure

Ö

ö (ūr) *c* island

öde (*ūrd*-er) *nt* fate; destiny, fortune; *adj* desert; waste

*****ödelägga** (*ūr*-day-leh-gah) *v* wreck; ruin

ödeläggelse (*ūr*-day-leh-gerl-ser) *c* ruination

ödesdiger (*ūr*-derss-dee-gerr) *adj* fatal

ödmjuk (*ūrd*-mγook) *adj* humble

öga (*ūr*-gah) *nt* (pl ögon) eye

ögla (*ūrg*-lah) *c* loop

ögonblick (*ūr*-gon-blik) *nt* moment; second, instant

ögonblickligen (*ūr*-gon-*blik*-li-ern) *adv* instantly

ögonblicksbild (*ūr*-gon-bliks-*bild*) *c* snapshot

ögonbryn (*ūr*-gon-brēwn) *nt* eyebrow

ögonbrynspenna (*ūr*-gon-brēwns-peh-nah) *c* eye-pencil

ögonfrans (*ūr*-gon-frahns) *c* eyelash

ögonlock (*ūr*-gon-lok) *nt* eyelid

ögonläkare (*ūr*-gon-lai-kah-rer) *c* (pl ~) eye specialist, oculist

ögonskugga (*ūr*-gon-skew-gah) *c* eyeshadow

ögonvittne (*ūr*-gon-vit-ner) *nt* eye-witness

öka (*ūr*-kah) *v* increase; raise

öken (*ūr*-kern) *c* (pl öknar) desert

ökning (*ūrk*-ning) *c* increase

öl (ūrl) *nt* beer; ale

öm (urm) *adj* tender; sore

ömsesidig (urm-say-*seed*-i) *adj* mutual

ömtålig (urm-tōā-li) *adj* delicate; perishable

önska (*urns*-kah) *v* wish; desire, want

önskan (*urns*-kahn) *c* (pl -kningar) wish; desire

önskvärd (*urnsk*-væærd) *adj* desirable

öppen (*ur*-payn) *adj* open

öppenhjärtig (ur-pern-γær-ti) *adj* open-hearted, frank

öppna (*urp*-nah) *v* open

öppning (*urp*-ning) *c* breach, gap; opening

öra (*ūr*-rah) *nt* (pl öron) ear

örfil (*ūrr*-feel) *c* slap; blow; ***ge en** ~ smack

örhänge (*urr*-hehng-er) *nt* earring

örlogsfartyg (*ūrr*-logs-faar-tēwg) *nt*

man-of-war

örn (urrn) c eagle

örngott (ürrn-got) nt pillow-case

örsprång (ürr-sprong) nt earache

ört (urrt) c herb

öst (urst) east

öster (urss-terr) c east

österrikare (urss-terr-ree-kah-rer) c (pl ~) Austrian

Österrike (urss-terr-ree-ker) Austria

österrikisk (urss-terr-ree-kisk) adj Austrian

östra (urst-rah) adj eastern

öva (ürv-ah) v exercise; ~ **sig** practise

över (ürv-err) prep over; across, adv over; *gå ~ cross, pass; **över-** upper, chief

överallt (ür-verr-ahlt) adv everywhere; throughout

överanstränga (ür-verr-ahn-strehng-ah) v strain; ~ **sig** overstrain, overwork

överdrift (ür-verr-drift) c exaggeration

*överdriva (ür-verr-dree-vah) v exaggerate

överdriven (ür-verr-dreev-ern) adj excessive; extravagant

överdäck (ür-verr-dehk) nt main deck

överenskommelse (ür-verr-ayns-ko-mayl-ser) c settlement, agreement

överensstämma (ür-verr-ayns-steh-mah) v correspond

överfart (ür-verr-faart) c crossing; passage

överflöd (ür-verr-flürd) nt abundance; plenty; *finnas i ~ *be in plenty

överflödig (ür-verr-flürd-i) adj superfluous; redundant

överfull (ür-verr-fewl) adj overfull, crowded

överföra (ür-verr-für-rah) v transfer

*överge (ür-verr-ȳay) v desert

övergång (ür-verr-gong) c crossing,

change over, transition

övergångsställe (ür-verr-gongs-steh-ler) nt crossing; crosswalk nAm

överlagd (ür-verr-lahgd) adj deliberate, premeditated

överleva (ür-verr-lāȳ-vah) v survive

överlevnad (ür-verr-lāȳv-nahd) c survival

*överlägga (ür-verr-lehg-ah) v deliberate

överläggning (ür-verr-lehg-ning) c discussion, deliberation

överlägsen (ür-verr-laig-sern) adj superior

överlämna (ür-verr-lehm-nah) v deliver, hand ... over; commit

överlärare (ür-verr-lææ-rah-rer) c (pl ~) head teacher

övermodig (ür-verr-mōōd-i) adj presumptuous, reckless

överraska (ür-verr-rahss-kah) v surprise

överraskning (ür-verr-rahsk-ning) c surprise

överrock (ür-verr-rok) c overcoat; topcoat

överrumpla (ür-verr-rewmp-lah) v surprise

översida (ür-verr-see-dah) c top side; top

översikt (ür-verr-sikt) c survey; summary

överskott (ür-verr-skot) nt surplus

*överskrida (ur-verr-skreed-ah) v exceed

överskrift (ür-verr-skrift) c heading; headline

överspänd (ür-verr-spehnd) adj overstrung

överste (ür-verrs-ter) c colonel

översvallande (ür-verr-svahl-ahn-der) adj exuberant

översvämning (ür-verr-svehm-ning) c flood

översända (ūr-verr-sehn-dah) v *send, remit

•**översätta** (ūr-verr-seh-tah) v translate

översättare (ūr-verr-seh-tah-rer) c (pl ~) translator

översättning (ūr-verr-seht-ning) c translation

•**överta** (ūr-verr-taa) v *take over

övertala (ūr-verr-taa-lah) v persuade

överträffa (ūr-verr-trehf-ah) v exceed; *outdo

övertyga (ūr-verr-tēw-gah) v convince; persuade

övertygelse (ūr-verr-tew-gayl-ser) c conviction; persuasion

övervaka (ūr-verr-vaak-ah) v supervise; watch

övervikt (ūr-verr-vikt) c overweight

•**övervinna** (ūr-verr-vin-ah) v *overcome

överväga (ūr-verr-vaig-ah) v consider; deliberate

övervägande (ūr-verr-vaig-ahn-der) nt consideration

överväldiga (ūr-verr-vehl-di-gah) v overwhelm

övning (ūrv-ning) c exercise

övre (ūrv-rer) adj upper; top

övrig (ūrv-ri) adj remaining; **för övrigt** moreover

Menu Reader

Food

abborre perch
aladåb aspic
ananas pineapple
and wild duck
anka duck
ansjovis marinated sprats
apelsin orange
aprikos apricot
aromsmör herb butter
bakad baked
bakelse pastry, fancy cake
banan banana
barnmatsedel children's menu
betjäningsavgift service charge
biff beef steak
~ **à la Lindström** minced beef
mixed with pickled beetroot,
capers and onions, shaped into
patties and fried
~ **Rydberg** fried diced beef and
potatoes, served with a light
mustard sauce
bit piece
björnbär blackberry
bladspenat spinach
blandad mixed, assorted
blini buckwheat pancake
blodpudding black pudding
(US blood sausage)
blomkål cauliflower

blåbär bilberry (US blueberry)
bondbönor broad beans
bruna bönor baked brown beans
flavoured with vinegar and
syrup
brylépudding caramel blanc-
mange (US caramel custard)
brynt browned
brysselkål brussels sprout
bräckkorv smoked pork sausage
bräckt sautéed, fried
bräserad braised
bröd bread
~ **och smör** bread and butter
bröst breast (of fowl)
buljong consommé.
bär berry
böckling smoked herring
böna bean
camembert soft, runny cheese
with pungent flavour
champinjon button mushroom
choklad chocolate
citron lemon
dagens rätt dish of the day
dietmat diet food
dill dill
~ **kött** stewed lamb or veal
served with a sour-sweet dill
sauce

dricks tip
duva pigeon (US squab)
efterrätt dessert
enbär juniper berry
endiv chicory (US endive)
enrisrökt smoked over juniper embers
entrecote sirloin steak, rib-eye steak
falukorv lightly smoked pork sausage
fasan pheasant
fastlagsbulle bun filled with almond paste and cream, eaten during Lent
fattiga riddare French toast; bread dipped in batter and fried, served with sugar and jam
femöring med ägg small steak topped with fried egg and served with onions
filbunke junket
filé fillet (US tenderloin)
 ~ **Oscar** fillets of veal served with bearnaise sauce (vinegar, egg-yolks, butter, shallots and tarragon), asparagus tips and lobster
filmjölk sour milk, type of thin junket
fisk fish
 ~ **bullar** codfish-balls
 ~ **färs** loaf, mousse
 ~ **gratäng** baked casserole
 ~ **pinnar** sticks
flamberad flamed (with liquor)
flundra flounder
fläsk pork
 ~ **med löksås** slices of thick bacon served with onion sauce
 ~ **filé** fillet (US tenderloin)
 ~ **karré** loin
 ~ **korv** boiled sausage

 ~ **kotlett** chop
 ~ **lägg** boiled, pickled knuckle
 ~ **pannkaka** pancake with diced bacon
 ~ **stek** roast
forell trout
franskbröd white bread
frasvåffla warm (crisp) waffle
frikadell boiled veal meat ball
friterad deep-fried
 ~ **camembert** deep-fried pieces of *camembert* served with Arctic cloudberry jam
fromage mousse, blancmange
frukost breakfast
 ~ **flingor** dry breakfast cereal, cornflakes
frukt fruit
frusen grädde frozen whipped cream
fylld stuffed, filled
fyllning stuffing, forcemeat
fågel fowl, game bird
får mutton
 ~ **i kål** Irish stew; mutton (more usually lamb) and cabbage stew
fänkål fennel
färsk fresh, new
färska räkor unshelled fresh shrimps
färskrökt lax slightly smoked salmon
förrätt starter, first course
gelé jelly, aspic
getost a soft, rather sweet whey cheese made from goat's milk
glace au four sponge cake filled with ice-cream, covered with meringue, quickly browned in oven and served flaming (US baked Alaska)
glass ice-cream
 ~ **tårta** ice-cream cake

grapefrukt grapefruit
gratinerad oven-browned
gratäng (au) gratin
gravad lax (gravlax) fresh salmon cured with sugar, sea salt, pepper and dill; served with mustard sauce
gravad strömming marinated Baltic herring
grillad grilled, broiled
grillkorv grilled sausage
gris pork
~ **fötter** pigs' trotters (US pigs' feet)
~ **hals** scrag
grodlår frogs' legs
grytstek pot roast
grädde cream
gräddfil sóur cream
gräddmjölk light cream (half and half)
gräddtårta sponge layer cake with cream and jam filling
gräslök chive
grönkål kale
grönpeppar green peppercorn
grönsak vegetable
grönsakssoppa vegetable soup
grönsallad lettuce
gröt porridge
gurka cucumber, gherkin
gås goose
~ **lever** 1) goose liver 2) goose-liver pâté
gädda pike
gäddfärsbullar pike dumplings
gös pike-perch (US walleyed pike)
hackad minced, chopped
~ **biff med lök** hamburger steak with fried onions
hallon raspberry
halstrad grilled over open fire

haricots verts French beans (US green beans)
harstek roast hare
hasselbackspotatis sliced potatoes covered with melted butter, then roasted
hasselnöt hazelnut
havregryn oats
havregrynsgröt oatmeal (porridge)
havskräfta seawater crayfish, Dublin Bay prawn
helgeflundra halibut
helstekt roasted whole
hemlagad home-made
herrgårdsost hard cheese with a mild to slightly strong flavour
hjortron Arctic cloudberry
honung honey
hovdessert meringue with whipped cream and chocolate sauce
hummer lobster
husmanskost home cooking, plain food
hälleflundra halibut
hälsokost organic health food
hökarpanna kidney stew with bacon, potatoes and onions, braised in beer
höna boiling fowl
höns med ris och curry boiled chicken, curry sauce and rice
ingefära ginger
inkokt boiled and served cold
inlagd marinated in vinegar, sugar and spices
is ice
~ **glass** water ice (US sherbet)
~ **kyld** iced
islandssill Iceland herring
isterband coarse, very tasty pork sausage
Janssons frestelse layers of sliced

potatoes, onions and marinated sprats, baked with cream

jordgubbe strawberry

jordgubbstårta sponge cake with whipped cream and strawberries

jordnöt peanut

jordärtskocka Jerusalem artichoke

jordärtskockspuré purée of Jerusalem artichoke

julbord buffet of Christmas specialities

julskinka baked ham

jultallrik plate of specialities taken from the *julbord*

jägarschnitzel veal cutlet with mushrooms

järpe hazelhen

kaka cake, biscuit (US cookie)

kalkon turkey

kall cold

kallskuret cold meat (US cold cuts)

kalops beef stew flavoured with bay leaves

kalorifattig low calorie

kalv veal, calf
  ~ **bräss** sweetbread
  ~ **filé** fillet (US tenderloin)
  ~ **frikassé** stew
  ~ **järpe** meatball made of minced veal
  ~ **kotlett** chop
  ~ **lever** liver
  ~ **njure** kidney
  ~ **schnitzel** cutlet
  ~ **stek** roast
  ~ **sylta** potted veal
  ~ **tunga** tongue

kanel cinnamon
  ~ **bulle** cinnamon roll

kanin rabbit

kantarell chanterelle mushroom

kapris caper

karljohanssvamp boletus mushroom

kassler lightly smoked loin of pork

kastanj chestnut

kastanjepuré chestnut purée

katrinplommon prune

kaviar caviar
  röd ~ cod's roe (red, salted)
  svart ~ black caviar, roe from lumpfish

keso a type of cottage cheese

kex biscuit (US cookie)

knyte filled puff pastry (US turnover)

knäckebröd crisp bread (US hardtack)

kokad boiled, cooked

kokos grated coconut
  ~ **kaka** coconut macaroon

kokt boiled, cooked

kolasås caramel sauce

kolja haddock

kompott stewed fruit

korv sausage

krabba crab

krasse cress

kronärtskocka artichoke

kronärtskocksbotten artichoke bottom

kroppkakor potato dumplings stuffed with minced bacon and onions, served with melted butter

krusbär gooseberry

krusbärspaj gooseberry tart/pie

krydda spice

kryddnejlika clove

kryddost hard semi-fat cheese with cumin seeds

kryddpeppar allspice

kryddsmör herb butter

kräftor freshwater crayfish boiled with salt and dill, served cold

(Swedish speciality available only during August and September)

kräm 1) cream, custard 2) stewed fruit or syrup thickened with potato flour

kummin cumin

kuvertavgift cover charge

kuvertbröd French roll

kyckling chicken
~ **bröst** breast
~ **lever** liver
~ **lår** leg

kål cabbage
~ **dolmar** cabbage leaves stuffed with minced meat and rice
~ **pudding** layers of cabbage leaves and minced meat
~ **rot** turnip

käx biscuit (US cookie)

körsbär cherry

körvel chervil

kött meat
~ **bullar** meat balls

köttfärs minced meat
~ **limpa** meat loaf
~ **sås** meat sauce for spaghetti

lagerblad bay leaf

lake burbot (freshwater fish)

lamm lamb
~ **bog** shoulder
~ **bringa** brisket
~ **kotlett** chop
~ **sadel** saddle
~ **stek** roast

landgång a long, open sandwich with different garnishes

lapskojs lobscouse; casserole of potatoes, meat and vegetables

lax salmon
~ **pudding** layers of flaked salmon, potatoes, onions and eggs, baked

laxöring salmon trout

legymsallad blanched vegetables, served in a mayonnaise sauce

lever liver
~ **korv** sausage
~ **pastej** paste

limpa rye bread; loaf

lingon lingonberry, small cranberry
~ **sylt** lingonberry jam

lutfisk specially treated, poached stockfish, served with white sauce (Christmas speciality)

låda casserole

lättstekt underdone (US rare)

löjrom vendace roe often served on toast with onions and sour cream

lök onion

lövbiff thinly sliced beef

majonnäs mayonnaise

majs maize (US corn)
~ **kolv** corn on the cob

makaroner macaroni

makrill mackerel

mandel almond
~ **biskvi** almond biscuit (US cookie)

marinerad marinated

marmelad marmalade

marsipan marzipan, almond paste

maräng meringue

marängsviss meringue with whipped cream and chocolate sauce

matjessill marinated herring fillets, served with sour cream and chives

matsedel bill of fare

mejram marjoram

meny menu, bill of fare

mesost whey cheese

messmör soft whey cheese

middag dinner

mixed grill pieces of meat, onions, tomatoes and green peppers grilled on a skewer

mjukost soft white cheese

morkulla woodcock

morot (pl morötter) carrot

mullbär mulberry

munk doughnut

murkelstuvning creamed morel mushrooms

murkelsås morel mushroom sauce

murkla morel mushroom

muskot nutmeg

mussla mussel, clam

märg marrow
~ ben marrow bone

njure kidney

nota bill (US check)

nypon rose-hip
~ soppa rose-hip soup (dessert)

nässelsoppa nettle soup

oliv olive

olja oil

orre black grouse

ost cheese
~ bricka cheese board
~ gratinerad oven-browned, with cheese topping
~ kaka kind of curd cake served with jam
~ stänger cheese straws

ostron oyster

oxbringa brisket of beef

oxfilé fillet of beef (US tenderloin)

oxjärpe meatball of minced beef

oxkött beef

oxrulad beef olive; slice of beef rolled and braised in gravy

oxstek roast beef

oxsvanssoppa oxtail soup

oxtunga beef tongue

paj pie, tart

palsternacka parsnip

panerad breaded

pannbiff hamburger steak with fried onions

pannkaka pancake·

paprika (grön) (green) pepper

parisare minced beef with capers, beetroot and onions served on toast, topped with a fried egg

pastej pie, patty, pâté

peppar pepper
~ kaka ginger biscuit (US ginger snap)
~ rot horseradish
~ rotskött boiled beef with horseradish sauce

persika peach

persilja parsley

persiljesmör parsley butter

piggvar turbot

pilgrimsmussla scallop, coquille St. Jacques

pirog Russian pasty; stuffed pasty (caviar, cheese, fish or vegetables)

plankstek a thin steak served on a wooden platter (US plank steak)

plommon plum
~ späckad fläskkarré roast loin of pork flavoured with prunes

plättar small, thin pancakes

pommes frites chips (US French fries)

potatis potato
färsk ~ new potatoes
~ mos mashed potatoes

pressgurka marinated sliced, fresh cucumber

pressylta brawn (US head cheese)

prinsesstårta sponge cake with vanilla custard and whipped cream, covered with green almond paste

prinskorv cocktail sausage, small frankfurter

pudding mould, baked casserole
purjolök leek
pyttipanna kind of bubble and squeak; fried pieces of meat, sausage, onions and potatoes, served with an egg-yolk or a fried egg and pickled beetroot
päron pear
pölsa hash made of boiled pork and barley
rabarber rhubarb
raggmunk med fläsk potato pancake with bacon
rapphöna partridge
ren reindeer
  ~ **sadel** saddle
  ~ **skav** in thin slices
  ~ **stek** roast
revbensspjäll spare-rib
rimmad, rimsaltad slightly salted
ris rice
risgrynsgröt rice pudding served with milk and cinnamon
riven, rivna grated
rom roe
rosmarin rosemary
rostat bröd toast
rostbiff roast beef
rotmos mashed turnips
russin raisin
rysk kaviar caviar
rå raw
  ~ **biff** steak tartare: finely chopped raw beef with egg-yolks, capers, onions, pickled beetroot and seasoning
rådjur venison
rådjurssadel saddle of venison
rådjursstek roast venison
råkost uncooked shredded vegetables
rån small wafer
rårörda lingon lingonberry (small cranberry) jam preserved with-

out cooking
rädisa radish
räka shrimp
räkcocktail shrimp cocktail
rättika black radish
rödbeta beetroot
rödbetssallad beetroot salad
röding char (fish)
rödkål red cabbage
rödspätta plaice
rökt smoked
rönnbär rowanberry (mountain ashberry)
rönnbärsgelé rowanberry jelly
rött (pl **röda**) **vinbär** redcurrant
saffran saffron
saffransbröd sweet saffron loaf or rolls
sallad salad
salta biten salted boiled beef
saltad salted
saltgurka salt-pickled gherkin
sardell anchovy
  ~ **smör** anchovy butter
sardin sardine
schalottenlök shallot
schweizerost Swiss cheese
schweizerschnitzel cordon bleu; veal scallop stuffed with ham and cheese
selleri celery
  ~ **rot** celery root
senap mustard
serveringsavgift service charge
sik whitefish
  ~ **löja** vendace (small whitefish)
  ~ **rom** whitefish roe
sill herring
  ~ **bricka** board of assorted herring
  ~ **bullar** herring dumplings
  ~ **gratäng** baked casserole of herring, onions and potatoes

~ **sallad** herring salad with pickled beetroot and gherkins, apples, boiled potatoes, onions and whipped cream

~ **tallrik** portion of assorted herring

sirap treacle, molasses

sjömansbiff beef casserole with carrots, onions and potatoes, braised in beer

sjötunga sole

sjötungsfilé fillet of sole

skaldjur shellfish

skarpsås mayonnaise enriched with mustard and herbs

skinka ham

skinklåda ham-and-egg casserole

skinkomelett ham omelet

skiva slice

sky dripping, gravy

sköldpaddssoppa turtle soup

slottsstek pot roast flavoured with brandy, molasses and marinated sprats

slätvar brill

smultron wild strawberry

småfranska French roll

småkaka fancy biscuit (US fancy cookie)

småvarmt small hot dishes (on *smörgåsbord*)

smör butter

smörgås open sandwich

~ **bord** a buffet offering a wide variety of appetizers, hot and cold meats, smoked and pickled fish, cheese, salads, relishes, vegetables and desserts

sniglar snails

snöripa ptarmigan

socker sugar

~ **kaka** sponge cake

~ **ärter** sugar peas

solöga marinated sprats, onions,

capers, pickled beetroot and raw egg-yolk

soppa soup

sotare grilled Baltic herring

sparris asparagus

~ **knopp** asparagus tip

spenat spinach

spettekaka tall, cone-shaped cake made on a spit

spicken sill salted herring

spritärter green peas

spädgris suck(l)ing pig

stekt fried, roasted

~ **(salt) sill** fried (salt) herring

stenbitssoppa lumpfish soup

strömming fresh Baltic herring

strömmingsflundra fried double fillets of Baltic herring stuffed with dill or parsley

strömmingslåda baked casserole of Baltic herring and potatoes

stuvad cooked in white sauce, creamed

~ **spenat** creamed spinach

sufflé soufflé

supé (late) supper

sur sour

~ **kål** sauerkraut

~ **stek** marinated roast beef

~ **strömming** specially processed, cured and fermented Baltic herring

svamp mushroom

~ **stuvning** creamed mushrooms

~ **sås** mushroom sauce

svart (pl **svarta**) **vinbär** blackcurrant

svartsoppa soup made of goose blood

svartvinbärsgelé blackcurrant jelly

sveciaost hard cheese with pungent flavour

sylt jam
syltad 1) preserved (fruit)
   2) pickled (vegetables)
syltlök pickled pearl onion
sås sauce, dressing, gravy
söt sweet
T-benstek T-bone steak
timjan thyme
tjäder wood-grouse, capercaillie
tomat tomato
tonfisk tunny (US tuna)
torkad frukt dried fruit
torr dry
torsk cod
   ~ rom cod's roe
tranbär cranberry
tryffel truffle
tunga tongue
tunnbröd unleavened barley
   bread
tårta cake
ugnsbakad baked
ugnspannkaka kind of batter
   pudding
ugnstekt roasted
vaktel quail
valnöt walnut
vanilj vanilla
   ~ glass vanilla ice-cream
   ~ sås vanilla custard sauce
varm warm
   ~ rätt hot dish, main dish
vattenmelon watermelon
vaxbönor butter beans (US wax
   beans)
vilt game
vinbär currant (black, red or
   white)
vindruva grape
vinlista wine list
vintersallad salad of grated carrots,
   apples and cabbage
vinäger vinegar
vinägrettsås vinegar-and-oil

dressing
vispgrädde whipped cream
vitkål cabbage
vitling whiting
vitlök garlic
våffla waffle
välling soup made of cereal,
   gruel
välstekt well-done
västerbottenost pungent, hard
   cheese, strong when mature
västkustsallad seafood salad
Wallenbergare steak made of
   minced veal, egg-yolks and
   cream
wienerbröd Danish pastry
wienerkorv wiener, frankfurter
wienerschnitzel breaded veal
   cutlet
ål eel
   inkokt ~ jellied
ägg egg
   förlorat ~ poached
   hårdkokt ~ hard-boiled
   kokt ~ boiled
   löskokt ~ soft-boiled
   stekt ~ fried
   ~ röra scrambled
   ~ stanning baked egg custard
äggplanta aubergine (US egg-
   plant)
älg elk
   ~ filé fillet (US tenderloin)
   ~ stek roast
äppelkaka apple charlotte, apple
   pudding
äppelmos apple sauce
äpple apple
ärter peas
   ~ och fläsk yellow pea soup
   with diced pork
ättika white vinegar
ättiksgurka pickled gherkin
   (US pickle)

Drinks

akvavit aquavit. spirits distilled
from potatoes or grain, often
flavoured with aromatic seeds
and spices
alkoholfri(tt) non-alcoholic
apelsinjuice orange juice
apelsinsaft orange squash
(US orange drink)
brännvin aquavit
1) **Absolut rent brännvin
(Renat)** unflavoured
2) **Bäska droppar** bitter and
flavoured with a leaf of worm-
wood
3) **Herrgårds Aquavit** flavoured
with herbs and slightly sweet
4) **O.P. Anderson Aquavit**
flavoured with aniseed,
caraway and fennel seeds
5) **Skåne Akvavit** less spicy
than *O. P. Anderson*
6) **Svart-Vinbärs-Brännvin**
flavoured with blackcurrants
choklad chocolate drink
kall ~ cold
varm ~ hot
exportöl beer with high alcoholic
content
fatöl draught (US draft) beer
folköl light beer
fruktjuice fruit juice
glögg similar to mulled wine,
served with raisins and al-
monds
grädde cream
Grönstedts French cognac bottled
in Sweden
husets vin open wine
härtappning imported wine
bottled in Sweden

julmust a foamy, malted drink
served at Christmas
julöl beer specially brewed at
Christmas
kaffe coffee
~ **med grädde och socker** with
cream and sugar
~ **utan grädde och socker**
black
koffeinfri(tt) ~ caffeine-free
Kaptenlöjtnant liqueur and
brandy
karaffvin wine served in a carafe
Klosterlikör herb liqueur
konjak brandy, cognac
kärnmjölk buttermilk
likör liqueur
lingondricka cranberry drink
läskedryck soft drink, lemonade
~ **med kolsyra** fizzy (US car-
bonated)
~ **utan kolsyra** flat (US non-
carbonated)
lättmjölk skim milk
lättöl beer with low alcoholic
content
mjölk milk
kall ~ cold
varm ~ hot
portvin port (wine)
punsch a yellow liqueur on a base
of arrack (spirit distilled from
rice and sugar) served hot with
pea soup or ice-cold as an
after-dinner drink with coffee
rom rum
saft squash (US fruit drink)
slottstappning produced and
bottled at the château
snaps glass of aquavit

sodavatten soda water
spritdrycker spirits
starksprit spirits
starköl beer with high alcoholic
content
te tea
  ~ **med citron** with lemon
  ~ **med mjölk** with milk
  ~ **med socker** with sugar
vatten water
  is~ iced
  mineral~ mineral
vin wine

mousserande ~ sparkling
röd~ red
stark~ fortified
sött ~ sweet
torrt ~ dry
vitt ~ white
vindrinkar wine cobblers, long
drinks on a wine base
äppelmust apple juice
öl beer
  ljust ~ light
  mörkt ~ dark
örtte infusion of herbs

Mini Grammar

Articles

All Swedish nouns are either common or neuter in gender.

1. Indefinite article (a/an)

common:	**en man**	a man
neuter:	**ett barn**	a child

2. Definite article (the)

Where we, in English, say "the house", the Swedes say the equivalent of "house-the", i.e. they tag the definite article onto the end of the noun. Common nouns take an **-(e)n** ending, neuter nouns an **-(e)t** ending.

common:	**mannen**	*the* man
neuter:	**barnet**	*the* child

Nouns

1. As already noted, nouns are either common or neuter. There are no easy rules for determining gender. Learn each new word with its accompanying article.

2. The plural is formed according to one of five declensions.

	singular		indefinite plurals	
Declension 1	**flicka**	girl	**flickor**	girls
2	**bil**	car	**bilar**	cars
3	**dam**	lady	**damer**	ladies
	sko	shoe	**skor**	shoes
4	**äpple**	apple	**äpplen**	apples
5	**hus**	house	**hus**	houses
			definite plurals	
			flickorna	the girls
			äpplena	the apples
			husen	the houses

There are also various irregular plurals.

3. Possession is shown by adding **-s** (singular and plural).
Note: There is no apostrophe.

Görans bror	George's brother
hotellets ägare	the owner of the hotel
veckans första dag	the first day of the week
den resandes väska	the traveller's suitcase
barnens rum	the children's room

Adjectives

1. Adjectives agree with the noun in gender and number. For the indefinite form, the neuter is formed by adding -t; the plural by adding -a.

(en) stor hund	(a) big dog	**stora hundar**	big dogs
(ett) stort hus	(a) big house	**stora hus**	big houses

2. For the definite declension of the adjective, add the ending **-a** (common, neuter and plural). This form is used when the adjective is preceded by **den, det, de** (the definite article used with adjectives) or by a demonstrative or a possessive adjective.

den stora hunden	the big dog
de stora hundarna	the big dogs
det stora huset	the big house
de stora husen	the big houses

3. Demonstrative adjectives:

	common	neuter	plural
this/these	**den här/** **denna**	**det här/** **detta**	**de här/** **dessa**
that/those	**den där/** **den**	**det där/** **det**	**de där/** **de**

4. Possessive adjectives agree in number and gender with the noun they modify, i.e. with the thing possessed and not the possessor.

	common	neuter	plural
my	**min**	**mitt**	**mina**
your	**din**	**ditt**	**dina**
his her its	**sin**	**sitt**	**sina**
our	**vår**	**vårt**	**våra**
your	**er**	**ert**	**era**
their	**sin**	**sitt**	**sina**

The forms **er, ert, era** correspond to the personal pronoun **ni** and refer to one or several possessors.

The forms **sin, sitt, sina** always refer back to the subject:

Han har sin bok.	He has his (own) book.
De har sina böcker.	They have their (own) books.

The genitive forms of the personal pronouns (see p. 325) are also used to show possession. However, the meaning changes:

Han har hans bok.	He has his (another person's) book.

5. Comparative and superlative:

The comparative and superlative are normally formed either by adding the endings -(a)re and -(a)st, respectively, to the adjective or by putting **mer** and **mest** (more, most) before the adjective.

Hans arbete är lätt.	His work is easy.
Hans arbete är lätt*are*.	His work is easier.
Hans arbete är lätt*ast*.	His work is easiest.
Er bil är stor.	Your car is big.
Er bil är stör*re*.	Your car is bigger.
Er bil är stör*st*.	Your car is the biggest.
Det är imponerande.	It's impressive.
Det är *mer* imponerande.	It's more impressive.
Det är *mest* imponerande.	It's most impressive.

Adverbs

Adverbs are generally formed by adding -t to the corresponding adjective.

Hon går snabbt.	She walks quickly.

Personal pronouns

	subject	object	genitive
I	jag	mig	–
you	du/ni	dig/er	–
he	han	honom	hans
she	hon	henne	hennes
it	den/det	den/det	dess
we	vi	oss	–
you	ni	er	–
they	de	dem	deras

Like many other languages, Swedish has two forms for "you". The formal word **ni**, traditionally the correct form of address between all but close friends and children, is now giving way to the informal **du**.

Verbs

Here we are concerned only with the infinitive, imperative, and present tense. The present tense is simple, because it has the same form for all persons. The infinitive of most Swedish verbs ends in **-a** (a few verbs of one syllable end in other vowels). Here are three useful auxiliary verbs:

	to be	to have	to be able to
Infinitive	**(att) vara**	**(att) ha**	**(att) kunna**
Present tense (same form for all persons)	**är**	**har**	**kan**
Imperative	**var**	**ha**	**—**

The present tense of Swedish verbs ends in **-r**:

	to ask	to buy	to believe	to do/make
Infinitive	**(att) fråga**	**(att) köpa**	**(att) tro**	**(att) göra**
Present tense (same form for all persons)	**frågar**	**köper**	**tror**	**gör**
Imperative	**fråga**	**köp**	**tro**	**gör**

There is no equivalent to the English present continuous tense. Thus:

Jag reser.   I travel/I am travelling.

Negatives

Negation is expressed by using the adverb **inte** (not). It is usually placed immediately after the verb in a main clause. In compound tenses **inte** comes between the auxiliary and the main verb.

Jag talar svenska.	I speak Swedish.
Jag talar inte svenska.	I do not speak Swedish.
Hon har inte skrivit.	She has not written.

Questions

Questions are formed by reversing the order of the subject and the verb:

Bussen stannar här.	The bus stops here.
Stannar bussen här?	Does the bus stop here?
Jag kommer i kväll.	I am coming tonight.
Kommer ni i kväll?	Are you coming tonight?

Irregular Verbs

The following list contains the most common irregular Swedish verbs. Only one form of the verb is shown below as the form is conjugated the same for all persons within a given tense. There is a large number of prefixes in Swedish, like *an-, av-, be-, efter-, fram-, från-, för-, in-, med-, ned-, ner-, om-, und-, upp-, ut-, vid-, åter-, över-*, etc. A prefixed verb is conjugated in the same way as the stem verb. The supine form is a special form of the past participle; the past participle itself is only used as an adjective. The perfect tense is formed by using the auxiliary *att ha* (to have) together with the supine.

Infinitive	Present	Imperfect	Supine	
be(dja)	ber	bad	bett	*ask, pray*
binda	binder	band	bundit	*bind, tie*
bita	biter	bet	bitit	*bite*
bjuda	bjuder	bjöd	bjudit	*offer; invite; bid*
bli(va)	blir	blev	blivit	*become; remain*
brinna	brinner	brann	brunnit	*burn*
brista	brister	brast	brustit	*burst*
bryta	bryter	bröt	brutit	*break*
bära	bär	bar	burit	*carry*
böra	bör	borde	bort	*ought to*
dra(ga)	drar	drog	dragit	*pull*
dricka	dricker	drack	druckit	*drink*
driva	driver	drev	drivit	*propel, drive*
dyka	dyker	dök/dykte	dykt	*dive*
dö	dör	dog	dött	*die*
dölja	döljer	dolde	dolt	*conceal*
falla	faller	föll	fallit	*fall*
fara	far	for	farit	*go away, leave*
finna	finner	fann	funnit	*find*
flyga	flyger	flög	flugit	*fly*
flyta	flyter	flöt	flutit	*float, flow*
frysa	fryser	frös	frusit	*be cold; freeze*
få	får	fick	fått	*get, may*
förnimma	förnimmer	förnam	förnummit	*perceive*
försvinna	försvinner	försvann	försvunnit	*disappear*
ge (giva)	ger	gav	gett/givit	*give*
gjuta	gjuter	göt	gjutit	*cast (iron)*
glida	glider	gled	glidit	*glide, slide*
glädja	gläder	gladde	glatt	*delight, please*
gnida	gnider	gned	gnidit	*rub*
gripa	griper	grep	gripit	*seize, grasp*
gråta	gråter	grät	gråtit	*weep, cry*
gå	går	gick	gått	*go, walk*
göra	gör	gjorde	gjort	*do, make*
ha	har	hade	haft	*have*
hinna	hinner	hann	hunnit	*have time, catch*
hugga	hugger	högg	huggit	*hew, cut*
hålla	håller	höll	hållit	*hold, keep*
kliva	kliver	klev	klivit	*stride, climb*

328

klyva	klyver	klöv	kluvit	split
knipa	kniper	knep	knipit	pinch
knyta	knyter	knöt	knutit	tie
komma	kommer	kom	kommit	come
krypa	kryper	kröp	krupit	crawl, creep
kunna	kan	kunde	kunnat	can
le	ler	log	lett	smile
lida	lider	led	lidit	suffer
ligga	ligger	låg	legat	lie
ljuda	ljuder	ljöd	ljudit	sound
ljuga	ljuger	ljög	ljugit	tell a lie
låta	låter	lät	låtit	let; sound
lägga	lägger	lade	lagt	lay, put
måste*	måste	—	—	must
niga	niger	neg	nigit	curtsy
njuta	njuter	njöt	njutit	enjoy
nypa	nyper	nöp	nupit	pinch someone
nysa	nyser	nös/nyste	nyst/nysit	sneeze
pipa	piper	pep	pipit	chirp
rida	rider	red	ridit	ride
rinna	rinner	rann	runnit	run, flow
riva	river	rev	rivit	tear; demolish
ryta	ryter	röt	rutit	roar
se	ser	såg	sett	see
sitta	sitter	satt	suttit	sit
sjuda	sjuder	sjöd	sjudit	seethe
sjunga	sjunger	sjöng	sjungit	sing
sjunka	sjunker	sjönk	sjunkit	sink
ska*	ska	skulle	—	shall
skina	skiner	sken	skinit	shine
skjuta	skjuter	sköt	skjutit	shoot; push
skrida	skrider	skred	skridit	stride, stalk
skrika	skriker	skrek	skrikit	shout
skriva	skriver	skrev	skrivit	write
skryta	skryter	skröt	skrutit	boast
skära	skär	skar	skurit	cut
slippa	slipper	slapp	sluppit	not need to
slita	sliter	slet	slitit	wear out; tear
sluta	sluter	slöt	slutit	close
slå	slår	slog	slagit	beat; strike
smita	smiter	smet	smitit	slip away
smyga	smyger	smög	smugit	sneak, snuggle
smörja	smörjer	smorde	smort	grease
snyta (sig)	snyter	snöt	snutit	blow one's nose
sova	sover	sov	sovit	sleep
spinna	spinner	spann	spunnit	spin; purr
spricka	spricker	sprack	spruckit	burst, crack
sprida	sprider	spred	spritt	spread
springa	springer	sprang	sprungit	run

* present tense

sticka	sticker	stack	stuckit	*sting*
stiga	stiger	steg	stigit	*rise*
stinka	stinker	stank	—	*stink*
stjäla	stjäl	stal	stulit	*steal*
strida	strider	stred	stridit	*fight*
stryka	stryker	strök	strukit	*iron*
strypa	stryper	ströp/ strypte	strypt	*strangle*
stå	står	stod	stått	*stand*
suga	suger	sög	sugit	*suck*
supa	super	söp	supit	*booze*
svida	svider	sved	svidit	*smart*
svika	sviker	svek	svikit	*betray, let down*
svälja	sväljer	svalde	svalt	*swallow*
svär(j)a	svär	svor	svurit	*swear; curse*
säga	säger	sa(de)	sagt	*say*
sälja	säljer	sålde	sålt	*sell*
sätta	sätter	satte	satt	*place, set*
ta(ga)	tar	tog	tagit	*take*
tiga	tiger	teg	tigit	*be silent*
tjuta	tjuter	tjöt	tjutit	*yell*
tvinga	tvingar	tvingade/ tvang	tvingat/ tvungit	*force*
umgås	umgås	umgicks	umgåtts	*associate with*
vara	är	var	varit	*be*
veta	vet	visste	vetat	*know*
vika	viker	vek	vikit/vikt	*fold*
vilja	vill	ville	velat	*want, will*
vina	viner	ven	vinit	*howl, whine (storm)*
vinna	vinner	vann	vunnit	*win*
vrida	vrider	vred	vridit	*twist, wrench*
välja	väljer	valde	valt	*choose; elect*
vänja	vänjer	vande	vant	*accustom, get used to*
äta	äter	åt	ätit	*eat*

Swedish Abbreviations

AB	*aktiebolag*	Ltd., Inc.
ank.	*ankomst, ankommande*	arrival, arriving
anm.	*anmärkning*	remark
avd.	*avdelning*	department
avg.	*avgång, avgående*	departure, departing
avs.	*avseende; avsändare*	respect; sender
bet.	*betydelse; betalt*	meaning; paid
bil.	*bilaga*	enclosure, enclosed
c./ca	*cirka*	approximately
doc.	*docent*	senior lecturer, associate professor
D.S.	*densamme*	the same (as above)
dvs.	*det vill säga*	i.e.
eftr.	*efterträdare*	successor (firm)
e.Kr.	*efter Kristus*	A.D.
el./elektr.	*elektrisk*	electrical
e.m.	*eftermiddag*	(in the) afternoon
f.d.	*före detta*	former, ex-
f.Kr.	*före Kristus*	B.C.
f.m.	*förmiddag*	(in the) morning
f.n.	*för närvarande*	at present
FN	*Förenta Nationerna*	UN
frk.	*fröken*	Miss
fr.o.m.	*från och med*	as of
f.v.b.	*för vidare befordran*	please forward
HKH	*Hans/Hennes Kunglig Höghet*	His/Her Royal Highness
hr	*herr*	Mr.
ind.omr.	*industriområde*	industrial area
inv.	*invånare*	inhabitants, population
JK	*justitiekansler*	Attorney General
JO	*justitieombudsman*	Ombudsman for the Judiciary and Civil Administration
KAK	*Kungliga Automobilklubben*	Royal Automobile Club
KF	*Kooperativa Förbundet*	Consumers' Cooperative Organization
kl.	*klockan; klass*	o'clock; class
K.M:t/ Kungl. Maj:t	*Kunglig Majestät*	His Royal Majesty (= the government)
kr.	*krona (kronor)*	crown(s) (currency)

LO	*Landsorganisationen*	Association of Swedish Trade Unions
moms	*mervärdeskatt*	VAT, value added tax
n.b.	*nedre botten*	ground floor (exit)
o.s.a.	*om svar anhålles*	please reply
osv.	*och så vidare*	etc.
p.g.a.	*på grund av*	because of
RÅ	*riksåklagare*	Director of Public Prosecutions
sa/s:a	*summa*	the sum, total
SAF	*Svenska Arbetsgivar-föreningen*	Swedish Employers' Confederation
sek.	*sekund*	second (clock)
sid.	*sidan*	page
SJ	*Statens Järnvägar*	Swedish National Railways
skr.	*svenska kronor*	Swedish crowns
SR	*Sveriges Radio*	Swedish Broadcasting Corporation
st.	*styck*	piece
STF	*Svenska Turistföreningen*	Swedish Tourist Association
t.h.	*till höger*	to the right
tim.	*timme*	hour
t.o.m.	*till och med*	up to (and including)
tr.	*trappa (trappor)*	stairs; floor
t.v.	*till vänster; tills vidare*	to the left; until further notice
UD	*Utrikesdepartementet*	Swedish Foreign Office
vard.	*vardagar*	working days
VD	*verkställande direktör*	managing director
v.g.	*var god*	please
v.g.v.	*var god vänd*	P.T.O., please turn over
ö.g.	*över gården*	across/in the courtyard
ö.h.	*över havet*	above sea level

Numerals

Cardinal numbers		Ordinal numbers	
0	noll	1:a	första
1	en/ett	2:a	andra
2	två	3:e	tredje
3	tre	4:e	fjärde
4	fyra	5:e	femte
5	fem	6:e	sjätte
6	sex	7:e	sjunde
7	sju	8:e	åttonde
8	åtta	9:e	nionde
9	nio	10:e	tionde
10	tio	11:e	elfte
11	elva	12:e	tolfte
12	tolv	13	trettonde
13	tretton	14	fjortonde
14	fjorton	15	femtonde
15	femton	16	sextonde
16	sexton	17	sjuttonde
17	sjutton	18	artonde
18	arton	19	nittonde
19	nitton	20	tjugonde
20	tjugo	21	tjugoförsta
21	tjugoen/tjugoett	22	tjugoandra
30	trettio	23	tjugotredje
31	trettioen/trettioett	24	tjugofjärde
40	fyrtio	25	tjugofemte
41	fyrtioen/fyrtioett	26	tjugosjätte
50	femtio	27	tjugosjunde
51	femtioen/femtioett	28	tjugoåttonde
60	sextio	29	tjugonionde
61	sextioen/sextioett	30	trettionde
70	sjuttio	31	trettioförsta
80	åttio	40	fyrtionde
90	nittio	50	femtionde
100	hundra	60	sextionde
101	hundraen/hundraett	70	sjuttionde
200	två hundra	80	åttionde
1 000	tusen	90	nittionde
2 000	två tusen	100	hundrade
1 000 000	en miljon	1 000	tusende
2 000 000	två miljoner	10 000	tiotusende

Time

Although official time in Sweden is based on the 24-hour clock, the 12-hour system is used in conversation.

If you have to indicate that it is a.m. or p.m., add *på morgonen, på förmiddagen, på eftermiddagen, på kvällen, på natten.*

Thus:

klockan sju på morgonen	7 a.m.
klockan elva på förmiddagen	11 a.m.
klockan två på eftermiddagen	2 p.m.
klockan sju på kvällen	7 p.m.
klockan två på natten	2 a.m.

Days of the Week

söndag	Sunday	*torsdag*	Thursday
måndag	Monday	*fredag*	Friday
tisdag	Tuesday	*lördag*	Saturday
onsdag	Wednesday		

Conversion tables/
Omvandlingstabeller

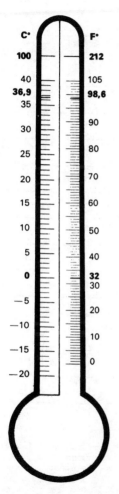

Meter och fot
Siffran i mitten gäller för både meter och fot, dvs. 1 meter = 3,281 fot och 1 fot = 0,30 meter.

Metres and feet
The figure in the middle stands for both metres and feet, e.g. 1 metre = 3.281 ft. and 1 foot = 0.30 m.

Meter /Metres		Fot /Feet
0.30	1	3.281
0.61	2	6.563
0.91	3	9.843
1.22	4	13.124
1.52	5	16.403
1.83	6	19.686
2.13	7	22.967
2.44	8	26.248
2.74	9	29.529
3.05	10	32.810
3.66	12	39.372
4.27	14	45.934
6.10	20	65.620
7.62	25	82.023
15.24	50	164.046
22.86	75	246.069
30.48	100	328.092

Temperatur
För att räkna om Celsius till Fahrenheit multiplicerar man med 1,8 och lägger till 32. För att räkna om Fahrenheit till Celsius, drar man ifrån 32 och dividerar med 1,8.

Temperature
To convert Centigrade to Fahrenheit, multiply by 1.8 and add 32.
To convert Fahrenheit to Centigrade, subtract 32 from Fahrenheit and divide by 1.8.

Notes